MEDELLÍN

Dados Internacionais de Catalogação na Publicação (CIP)
(Câmara Brasileira do Livro, SP, Brasil)

Medellín : memória, profetismo e esperança na América Latina /
Ney de Souza, Emerson Sbardelotti, (organizadores). – Petrópolis, RJ :
Vozes, 2018.

Vários autores.
Bibliografia.
ISBN 978-85-326-5713-8

1. Conferências episcopais católicas – América Latina 2. Evangelização – América Latina 3. Igreja Católica – América Latina – História 4. Igreja e problemas sociais – Igreja Católica 5. Renovação da Igreja – América Latina I. Souza, Ney de. II. Sbardelotti, Emerson.

18-12455 CDD-282.8

Índices para catálogo sistemático:
1. América Latina : Igreja Católica : História   282.8

**NEY DE SOUZA
EMERSON SBARDELOTTI**
ORGANIZADORES

MEDELLÍN

*Memória, profetismo e esperança

na América Latina*

Petrópolis

© 2018, Editora Vozes Ltda.
Rua Frei Luís, 100
25689-900 Petrópolis, RJ
www.vozes.com.br
Brasil

Todos os direitos reservados. Nenhuma parte desta obra poderá ser reproduzida ou transmitida por qualquer forma e/ou quaisquer meios (eletrônico ou mecânico, incluindo fotocópia e gravação) ou arquivada em qualquer sistema ou banco de dados sem permissão escrita da editora.

CONSELHO EDITORIAL

Diretor
Gilberto Gonçalves Garcia

Editores
Aline dos Santos Carneiro
Edrian Josué Pasini
Marilac Loraine Oleniki
Welder Lancieri Marchini

Conselheiros
Francisco Morás
Ludovico Garmus
Teobaldo Heidemann
Volney J. Berkenbrock

Secretário executivo
João Batista Kreuch

Editoração: Leonardo A.R.T. dos Santos
Diagramação: Mania de criar
Revisão gráfica: Fernando S.O. da Rocha /Nivaldo S. Menezes
Capa: Érico Lebedenco

ISBN 978-85-326-5713-8

Editado conforme o novo acordo ortográfico.

Este livro foi composto e impresso pela Editora Vozes Ltda.

Sumário

Lista de abreviaturas, 7
Prefácio, 9
    José Oscar Beozzo
Apresentação, 19
    Ney de Souza e Emerson Sbardelotti

Parte I – Contexto histórico-teológico, 21

1. Notas sobre os antecedentes históricos da Conferência de Medellín, 23
    Ney de Souza
2. A teologia de Medellín, 41
    Mario de França Miranda
3. A Igreja diante da história – O impacto da Conferência de Medellín na sociedade e na Igreja no Brasil, 53
    Sérgio Ricardo Coutinho
4. Medellín e a leitura da Bíblia, 70
    Rafael Rodrigues da Silva
5. A mulher na Conferência de Medellín, 86
    Maria Cecilia Domezi
6. Povos com mística terrena, 99
    Diego Irarrazaval
7. Medellín como recepção conciliar, 110
    Alex Villas Boas e Welder Lancieri Marchini
8. 50 anos de Medellín – Carisma vivo na história em mudança, 122
    João Décio Passos

Parte II – Promoção humana, 149

1. A justiça em Medellín e as categorias da tradição eclesial libertadora, 151
    Agenor Brighenti
2. Paz com sentido plenamente humano, 167
    Edson Donizete Toneti
3. A família no centro dos desafios da Igreja: de Medellín a Francisco, 182
    Celia Soares de Sousa

4 A opção pelos jovens e o caminho das juventudes no século XXI, 197
   Rosemary Fernandes da Costa
5 A juventude em Medellín – Memória, desafios e perspectivas, 50 anos depois, 211
   Emerson Sbardelotti

Parte III – Evangelização e crescimento na fé, 227
1 Pastoral popular – Com ênfase na caminhada das CEBs, 229
   Benedito Ferraro
2 Pastoral das elites, 243
   Francisco de Aquino Júnior
3 Medellín e a renovação da catequese na América Latina, 257
   Luiz Alves de Lima
4 Medellín e a liturgia, 274
   Gabriel dos Santos Frade
5 Medellín, o ponto de partida do ecumenismo da Igreja Católica na América Latina e no Caribe, 287
   Elias Wolff

Parte IV – A Igreja visível e suas estruturas, 303
1 Identidade e missão dos presbíteros na "atual transformação da América Latina à luz do Concílio", 305
   Boris Agustín Nef Ulloa
2 A profecia da vida consagrada, um olhar sobre o documento 12 das *Conclusões de Medellín* 50 anos depois, 317
   Marcelo Barros
3 Pobreza da Igreja, 329
   Antonio Manzatto
4 Pastoral de conjunto e colegialidade em Medellín, 343
   Paulo Sérgio Lopes Gonçalves
5 Meios de comunicação social: princípios que não envelhecem, 356
   Joana T. Puntel

Os organizadores, 368
Os autores, 369

Lista de abreviaturas

AA – *Apostolicam Actuositatem*

AAS – *Acta Apostolicae Sedis*

AL – *Amoris Laetitia*

Asli – Associação dos Liturgistas do Brasil

CA – *Centesimus Annus*

CAL – Pontifícia Comissão para a América Latina

CD – *Christus Dominus*

CDSI – Compêndio da Doutrina Social da Igreja

CEB – Comunidade Eclesial de Base

Cela – Conferência Evangélica Latino-americana

Celam – Conselho do Episcopado Latino-americano

Ceseep – Centro Ecumênico de Serviço à Evangelização e Educação Popular

CF – Campanha da Fraternidade

Claf – *Comité Latinoamericano de la Fe*

Clar – Conferência Latino-Americana e Caribenha de Religiosas e Religiosos

CMI – Conselho Mundial de Igrejas

CNBB – Conferência Nacional dos Bispos do Brasil

CRB – Conferência dos Religiosos do Brasil

CV – *Caritas in Veritate*

DAp – Documento de Aparecida

DCE – *Deus Caritas Est*

Decos – Departamento de Comunicação Social [do Celam]

DNC – Diretório Nacional de Catequese

DSI – Doutrina Social da Igreja

DV – *Dei Verbum*

EG – *Evangelii Gaudium*

EN – *Evangelii Nuntiandi*

GS – *Gaudium et Spes*

HV – *Humanae Vitae*

IOR – Instituto de Obras Religiosas, Banco do Vaticano

LF – *Lumen Fidei*

LG – *Lumen Gentium*

LS – *Laudato Si'*

Med – Documento de Medellín

MM – *Mater et Magistra*

NA – *Nostrae Aetate*

OE – *Orientalium Eclesiarum*

PJ – Pastoral da Juventude

PP – *Populorum Progressio*

PT – *Pacem in Terris*

REB – *Revista Eclesiástica Brasileira*

RM – *Redemptoris Missio*

SC – *Sacrosanctum Concilium*

SIC-68 – Semana Internacional de Catequese de 1968

UR – *Unitatis Redintegratio*

Prefácio

José Oscar Beozzo

Ney de Souza e Emerson Sbardelotti souberam colher o momento certo para promover uma revisitação de Medellín, com o olhar focado na atualidade. Desafiaram, por sua vez, os demais articulistas para que se voltassem igualmente para o futuro e que indagassem acerca das perspectivas e prospectivas que se abrem por ocasião da celebração dos 50 anos do maior evento eclesial na história da Igreja da América Latina e do Caribe.

Na primeira parte os colaboradores exploraram o contexto histórico e teológico de Medellín; na segunda, os temas relacionados à promoção humana: justiça (Med 1 e 2), família (Med 3), vindo até os recentes sínodos sobre a família e a exortação apostólica *Amoris Laetitia* do Papa Francisco; educação (Med 4) e juventude (Med 5), tema praticamente ausente no Vaticano II, mas central em Medellín e uma das opções de Puebla.

Na terceira parte, foram exploradas as *Conclusões* de Medellín atinentes à evangelização e crescimento da fé, com a pastoral popular (Med 6) e a pastoral das elites (Med 7), a catequese (Med 8) e a liturgia (Med 9). Acrescentou-se uma reflexão de Elias Wolff sobre o ecumenismo, dimensão muito presente em Medellín, mas que não ganhou um documento próprio como *Unitatis Redintegratio* (UR) no Concílio Vaticano II.

A quarta e última parte foi consagrada à Igreja visível e às suas estruturas, com a identidade e missão dos presbíteros (Med 11 e 13), vida consagrada e profecia (Med 12), pobreza da Igreja (Med 14), pastoral de conjunto e colegialidade (Med 15) e, finalmente, os meios de comunicação social (Med 16).

A primeira parte oferece duas aproximações históricas: a de Ney de Souza que remonta à prática sinodal que precedeu Medellín, o Concílio Plenário Latino-americano, realizado em Roma, em 1899 e a I Conferência Geral do Episcopado Latino-americano, no Rio de Janeiro por ocasião do XXXIV Congresso Eucarístico Internacional, em 1955; e a de Sérgio Coutinho que se debruça sobre os trepidantes acontecimentos sociais e políticos do ano de 1968, dos quais Medellín torna-se a principal referência no campo eclesial, com claros desdobramentos nas sociedades latino-americanas e caribenhas.

Traz também o relevante estudo de França Miranda que colhe, no seu nascedouro, a teologia subjacente às *Conclusões* de Medellín, embrião dos posteriores desdobramentos da teologia latino-americana. Pena que o autor não tivesse prosseguido com seu estudo, para retraçar a rica floração teológica posterior e também as vicissitudes que se abateram sobre a Teologia da Libertação, com as duas instruções romanas: a prevalentemente crítica *Libertatis Nuntius*, sobre alguns aspectos da Teologia da Libertação (06/08/1984) e a *Libertatis Conscientia* sobre a liberdade cristã e a libertação (22/03/1986). Esta, a pedido da Igreja do Brasil, resgatou os aspectos positivos dessa reflexão teológica enraizada na prática pastoral das Igrejas do continente, mas não conseguiu impedir o clima de perseguição que se abateu sobre os principais teólogos e teólogas latino-americanos e sobre a teologia em si (cf. BEOZZO, 2014: 327-380[1]; BINGEMER, 2017).

Igualmente relevante a pesquisa, à maneira de quem faísca diamantes escondidos sob camadas de cascalho, que faz Cecília Domezi acerca da presença, papel e contribuição das poucas mulheres religiosas e leigas, peritas ou auxiliares da secretaria, presentes na conferência, para o seu desenrolar e para as *Conclusões* de Medellín.

Ao tomar as camadas populares e os pobres como sujeitos na construção de nova maneira de ser Igreja, Medellín deparou-se, mesmo se com certa desconfiança, com a incontornável dimensão da assim chamada "religiosidade popular". Diego Irarrazaval traça com maestria a trajetória da crescente aproximação, aprendizado e respeito, por parte do magistério, dos tesouros da fé popular, de sua confiante espera e entrega a Deus, que se tornou esperança militante, nas CEBs e pastorais sociais.

Por fim, nos trabalhos de Alex Villas Boas, Welder Marchini e João Décio Passos, toda a trama da recepção do Vaticano II na conferência de Medellín e nas cinco décadas posteriores é documentadamente analisada e criticamente revisitada.

Das quatro constituições do Vaticano II, Medellín escolheu como seu norte a que foi aprovada por último, na véspera do encerramento do Concílio e que apontava para uma "Igreja em saída" e aventurando-se pelas estradas e veredas do mundo: a *Gaudium et Spes*.

A *Gaudium et Spes* dá o norte para todo o trabalho de Medellín e inspira diretamente os seus dois primeiros documentos, o sobre a justiça (Med 1) e o sobre a paz (Med 2). Por outro lado, Medellín questiona profundamente a *Gaudium et Spes*, ao deixar claro que não bastava à Igreja aventurar-se pelas estradas do mundo, mas que devia tomar resolutamente o caminho dos pobres; acampar em seu meio e assumir suas causas e lutas. Isso foi apontado no parágrafo inicial da *Gaudium et Spes* ao

---

1. Com permissão da Urbanian University Press, o IHU-Unisinos publicou o mesmo texto nos *Cadernos de Teologia Pública* (ano XII, n. 93, vol. 12, 2015, p. 65).

dizer programaticamente que a Igreja queria voltar-se para os homens de hoje, sobretudo os pobres e sofredores:

> As alegrias e as esperanças, as tristezas e as angústias dos homens de hoje, sobretudo dos pobres e de todos aqueles que sofrem, são também as alegrias e as esperanças, as tristezas e as angústias dos discípulos de Cristo; e não há realidade alguma verdadeiramente humana que não encontre eco no seu coração (GS 1).

O que fora assinalado no proêmio da *Gaudium et Spes*, mas não inteiramente concretizado ao longo do documento, foi abraçado pela assembleia de Medellín. Assim, o documento que em Medellín, corresponde à *Lumen Gentium*, ganha por título, sem qualquer rodeio: "A pobreza da Igreja" (Med 14).

A *Sacrosanctum Concilium* encontra no documento 9 de Medellín seu correspondente. Medellín não dedicou, entretanto, nenhum dos seus 16 documentos conclusivos à *Dei Verbum* e foi escasso o enraizamento bíblico da conferência.

Na posterior evolução da Igreja latino-americana, a Palavra de Deus, com o jeito próprio de acolhê-la e interpretá-la nas comunidades de base, através da *leitura popular da Bíblia*, ganhou uma dimensão central e paradigmática tanto na vida cotidiana dessas comunidades, dos círculos bíblicos e famílias, quanto nas celebrações.

Por isso, é muito relevante que este volume tenha acolhido o capítulo de Rafael Rodrigues da Silva, com um denso e documentado estudo sobre a trajetória e o lugar da leitura bíblica nas comunidades do continente e a rica produção pastoral, mas também hermenêutica que Medellín desencadeou na América Latina.

Em uma entrevista ao jornalista Peter Seewald, o então prefeito da Congregação para a Doutrina da Fé, Cardeal Joseph Ratzinger, apontava a leitura popular da Bíblia como uma importante contribuição da Igreja da América Latina e do Caribe e, mais precisamente da Teologia da Libertação, para o conjunto da Igreja (sobre o método da leitura popular da Bíblia, cf. MESTERS, 2004: 143-156).

Dizia textualmente o papa emérito Bento XVI, ao responder à pergunta do jornalista Peter Seewald:

> Lembrar a dimensão espiritual não significaria também que teríamos de voltar a nos lembrar precisamente da fé simples que corresponde aos elementos fundamentais do cristianismo? Às vezes parece ser tão complicado que se julga que só os estudiosos podem ter uma visão de conjunto. A exegese deu-nos muitos elementos positivos, mas também fez com que surgisse a impressão de que uma pessoa normal não é capaz de ler a Bíblia, porque tudo é tão complicado. Temos de voltar a aprender que a Bíblia diz alguma coisa a cada um e que é oferecida precisamente aos simples. Nesse caso, dou razão a um movimento que surgiu no seio

da Teologia da Libertação que fala da *interpretación popular*. De acordo com essa interpretação, o povo é o verdadeiro proprietário da Bíblia e, por isso, o seu verdadeiro intérprete. Não precisam conhecer todas as nuanças críticas; compreendem o essencial. A teologia, com os seus grandes conhecimentos, não se tornará supérflua, até se tornará mais necessária no diálogo mundial das culturas. Mas não pode obscurecer a suprema simplicidade da fé que nos põe simplesmente diante de Deus, e diante de um Deus que se tornou próximo de mim ao fazer-se homem" (RATZINGER, 1997: 210-211).

Já assinalamos, anteriormente, que Medellín não oferece, entre seus 16 documentos, algum que corresponda ao tratamento que o Concílio dispensa à revelação e à Palavra de Deus, na sua constituição dogmática *Dei Verbum*, uma das peças basilares do Vaticano II.

Uma única vez, Medellín recorre à constituição (DV 24), quando trata da formação do clero, convocado a "escutar fielmente a Palavra de Deus", como caminho para o discernimento, "à luz da fé, das situações e exigências da comunidade" (Med 13,10).

Acrescentamos algumas outras dimensões que merecem destaques em relação a Medellín:

1) Como muitos já o enfatizaram, Medellín sela a ata de nascimento de uma Igreja com rosto latino-americano, assumida também com maior ou menor intensidade no Caribe e pelos "latinos" nos Estados Unidos e Canadá.

2) Traduziu na prática a definição de Igreja como "Povo de Deus", no capítulo II da *Lumen Gentium*, por comunidades eclesiais de base. Há uma feliz e certeira definição de Medellín acerca das CEBs:

> Assim, a comunidade cristã de base é o primeiro e fundamental núcleo eclesial, que deve, em seu próprio nível, responsabilizar-se pela riqueza e expansão da fé, como também pelo culto que é sua expressão. É ela, portanto, célula inicial de estruturação eclesial e foco de evangelização e atualmente fator primordial de promoção humana e desenvolvimento (Med 15,10).

3) Medellín fez da denúncia das injustiças, da opção preferencial pelos pobres e de uma Igreja servidora e pobre, aliada dos pobres e de suas causas, o fio condutor do seu projeto eclesial.

4) O método ver-julgar-agir, já ensaiado por João XXIII na *Mater et Magistra* e proposto na *Gaudium et Spes*, de se examinar nos acontecimentos os "sinais dos tempos", como ponto de partida para a reflexão teológica, foi integralmente abraçado por Medellín. Sua ênfase deslocou-se, entretanto, do ver e do julgar, para a urgência do agir, como acentua a Mensagem aos povos da América Latina:

A *hora* atual não deixou de ser a *hora* da "palavra", mas já se tornou, com dramática urgência, a *hora da ação*. Chegou o momento de inventar com imaginação criadora a *ação* que cabe realizar e que, principalmente, terá que ser levada a cabo com a audácia do Espírito e o equilíbrio de Deus" (Med Intr.).

5) Entre o exercício da colegialidade episcopal em sua plenitude nos concílios e sua forma apequenada e apenas consultiva adotada nos sínodos, Medellín distanciou-se da última e aproximou-se da primeira, oferecendo para a Igreja universal seu modelo de conferências episcopais deliberativas e com magistério próprio.

6) Abriu caminho para uma colegialidade não apenas episcopal, mas eclesial e ecumênica, quando leigos e leigas, religiosos e religiosas e convidados de outras Igrejas cristãs participaram intensamente de todo o processo de elaboração das *Conclusões* nos dezesseis grupos de trabalho, contribuindo para a elaboração dos textos, propondo emendas e votando. Apenas o voto de aprovação final ficou reservado aos bispos e aos religiosos delegados da Clar. Medellín deu os primeiros passos na direção do sonho de que caminhássemos não apenas para conferências episcopais, mas para assembleias do Povo de Deus, como forma mais acabada de realização do que está proposto na *Lumen Gentium,* ao definir a Igreja como "povo de Deus", ou seja, um povo, em que todos os batizados e batizadas gozam de plena cidadania dentro da Igreja.

7) O clima de comunhão e corresponsabilidade alcançado nas preces e trabalhos diários, nas conversas de corredores e nas refeições culminou na celebração final, onde os convidados das outras Igrejas solicitaram e foram atendidos no seu desejo de celebrarem juntos a Eucaristia.

8) No Brasil, o texto integral das *Conclusões*, em uma tradução do dominicano Benevenuto de Santa Cruz, fundador da Livraria e Editora Duas Cidades, enviado especial do Jornal *Folha de S. Paulo*, saiu publicado em um caderno especial já na edição do dia seguinte do jornal, a 8 de setembro de 1968. Assim, sua primeira difusão não se deu pelos canais internos da Igreja, mas por um grande jornal diário, que soube captar sua relevância para a opinião pública em geral e não apenas para os círculos internos da Igreja.

O Regional Sul I da CNBB patrocinou a publicação de outra tradução logo nas semanas seguintes ao término da conferência, assim como a recém-fundada revista *Sedoc* no seu número de agosto de 1968. A primeira edição oficial, com os poucos retoques solicitados por organismos da Cúria Romana, só veio à luz em abril do ano seguinte em publicação da Editora Vozes.

9) No Brasil, nunca houve publicação integral dos documentos de Medellín que constavam de dois diferentes tomos na edição do Celam: *Ponencias* e *Conclusio-*

nes. O tomo das *Ponencias*, ou seja, das conferências apresentadas nos primeiros dias da Conferência de Medellín, como subsídios para a reflexão, ao lado do documento de trabalho, não tiveram uma tradução ao português. Essa é uma dívida que precisaria ser resgatada neste cinquentenário.

10) Por fim, detemo-nos no fato de que Medellín gerou por todo os quadrantes da América Latina, uma Igreja de mártires.

O maior tesouro das primeiras comunidades cristãs eram os seus mártires, aqueles que haviam enfrentado o cárcere, a tortura e mesmo a morte para permanecerem fiéis à sua fé. Sobre o seu túmulo era celebrada a eucaristia, unindo na mesma memória a sua morte e a morte de Jesus na cruz. Até hoje, na consagração de novos altares, são colocadas relíquias dos mártires. A Igreja da América Latina, à raiz do seu compromisso com os pobres e sua libertação, tornou-se uma Igreja de mártires. Já em 1979, a Conferência de Puebla, na IV parte do seu documento, no capítulo I, que tomava como título "De Medellín a Puebla", constatava que, a partir de Medellín, a Igreja havia feito "uma clara e profética opção preferencial e solidária pelos pobres" (DP 1.134); que os pobres "alentados pela Igreja começaram a organizar-se para uma vivência integral de sua fé e, portanto, para reclamar seus direitos" (DP 1.137).

As consequências haviam sido duras e cruéis: "A denúncia profética da Igreja e seus compromissos concretos com o pobre trouxeram-lhe, em não poucos casos, perseguições e vexações de diversa índole: os próprios pobres foram as primeiras vítimas das ditas vexações" (DP 1.138). Sem usar diretamente a palavra martírio, Puebla constata o espírito de sacrifício e abnegação "de muitos pastores no serviço ao Evangelho, seja na pregação, seja na celebração dos sacramentos ou na defesa da dignidade humana, enfrentando a solidão, o isolamento, a incompreensão e, às vezes, *a perseguição e a morte*" (DP 668).

O que em Puebla era tratado de maneira velada, com receio até de pronunciar a palavra martírio, em Aparecida é claramente assumido: a Igreja da América Latina foi duramente perseguida e milhares de seus fiéis, leigos e leigas, religiosas e religiosos, padres e bispos sofreram prisão, tortura e martírio, na defesa dos pobres, na denúncia das injustiças e na luta por superá-las.

Aparecida reconhece que esse foi um caminho apostólico abraçado com coragem pelas comunidades:

> Nossas comunidades levam o selo dos apóstolos e, além disso, reconhecem o testemunho cristão de tantos homens e mulheres que espalharam em nossa geografia as sementes do Evangelho, vivendo valentemente sua fé, *inclusive derramando seu sangue como mártires*. Seu exemplo de vida e santidade constitui um presente precioso para o caminho cristão dos latino-americanos e, simultaneamente, um estímulo para imitar suas virtudes nas novas expressões culturais da história. Com a paixão de seu

amor a Jesus Cristo, foram membros ativos e missionários em sua comunidade eclesial. Com valentia, perseveraram na promoção dos direitos das pessoas, foram perspicazes no discernimento crítico da realidade à luz do ensino social da Igreja e críveis pelo testemunho coerente de suas vidas. Nós, cristãos de hoje, acolhemos sua herança e nos sentimos chamados a continuar com renovado ardor apostólico e estilo evangélico de vida que nos transmitiram (DAp 275).

Seguir Jesus é compartilhar seu destino, que o levou ao martírio da cruz:

Identificar-se com Jesus Cristo é também compartilhar seu destino: "Onde eu estiver, aí estará também o meu servo" (Jo 12,26). O cristão vive o mesmo destino do Senhor, inclusive até a cruz: "Se alguém quer vir após mim, negue-se a si mesmo, carregue a sua cruz e me siga" (Mc 8,34). Estimula-nos o testemunho de tantos missionários e mártires de ontem e de hoje em nossos povos que têm chegado a compartilhar a cruz de Cristo até à entrega da própria vida (DAp 140).

Aparecida, enfim, renova aquele compromisso de Medellín, tendo consciência de que caminhar com os pobres, pode levar diretamente ao martírio:

Comprometemo-nos a trabalhar para que a nossa Igreja latino-americana e caribenha continue sendo, com maior afinco, companheira de caminho de nossos irmãos mais pobres, *inclusive até o martírio*. Hoje queremos ratificar e potencializar a opção preferencial pelos pobres feita nas conferências anteriores. Que seja preferencial implica que deva atravessar todas as nossas estruturas e prioridades pastorais. A Igreja latino-americana é chamada a ser sacramento de amor, solidariedade e justiça entre nossos povos (DAp 396).

Aparecida reconhece que

na experiência eclesial de algumas Igrejas da América Latina e do Caribe, as comunidades eclesiais de base têm sido escolas que ajudam a formar cristãos comprometidos com sua fé, discípulos e missionários do Senhor, *como o testemunha a entrega generosa, até derramar o sangue*, de muitos de seus membros. Elas abraçam a experiência das primeiras comunidades, como estão descritas nos Atos dos Apóstolos (At 2,42-47) (DAp 178).

Os mártires da América Latina foram prontamente reconhecidos e venerados em suas comunidades inclusive liturgicamente, nas romarias dos mártires em muitos lugares, como a que celebra a cada ano, o aniversário de morte do Padre Ezequiel Ramin (†24/07/1985), em Cacoal, na Diocese de Ji-Paraná (RO), ou a que relembra o martírio do Padre João Bosco Penido Burnier (†12/12/1976), no Santuário dos Mártires, em Ribeirão Cascalheira, na Prelazia de São Félix do Araguaia (MT). O mesmo sucede na aldeia dos bororos, em Meruri, na Diocese de Barra do Garça (MT) onde foram assassinados o índio Simão Bororo e do Padre Rudolfo Lunkenbein (†13/07/1976), em defesa da demarcação das terras da aldeia e onde se celebra a cada ano a sua memória. A Irmã Dorothy Stang (†12/02/2005), assassinada por pistoleiros em Anapu (PA), tem suas virtudes reconhecidas por todo o povo e seu martírio pela diocese que iniciou seu processo de reconhecimento de sua santidade martirial.

Ameaçada de morte, Irmã Dorothy declarou: "Não vou fugir nem abandonar a luta desses agricultores que estão desprotegidos no meio da floresta. Eles têm o sagrado direito a uma vida melhor em uma terra onde possam viver e produzir com dignidade sem devastar".

O reconhecimento do rosto martirial da Igreja latino-americana passou por muitas vicissitudes e encontrou via livre, só após a eleição, em março de 2013, de um latino-americano para a Sé de Roma, o arcebispo de Buenos Aires, Cardeal Jorge Bergoglio, hoje Papa Francisco.

Bergoglio, uma vez papa, apressou-se, em um gesto de profundo simbolismo para todo o continente, a destravar o processo de beatificação do arcebispo de El Salvador, o mártir Dom Oscar Arnulfo Romero, que fora formalmente aberto pela Arquidiocese de El Salvador em 1990, e que, uma vez encaminhado a Roma em 1996, encontrava-se paralisado desde 2007 nos escaninhos da Congregação para a Causa dos Santos. O pretexto aplicado a praticamente todos os mártires latino-americanos era de que sua morte fora causada por razões políticas e não de fé. O anúncio do desbloqueio do processo foi dado pelo Arcebispo Vincenzo Paglia, postulador da causa de Dom Romero, no domingo 21 de abril de 2013, ao final de sua homilia dedicada à memória de Antonio "Tonino" Bello, bispo de Molfetta, no 20º aniversário de sua morte. Bello é conhecido como um dos principais "bispos da paz" na Itália. Paglia anunciou: Hoje, no dia da morte de Don Tonino, a causa da beatificação de Dom Romero foi desbloqueada![2]

Bem antes desse feliz anúncio, por todo o continente e mesmo em outros quadrantes, surgiram capelas, santuários e até mesmo paróquias sob a invocação de Santo Oscar Romero, com festividade no dia 24 de março, dia do seu martírio. Segue-se, assim, com Romero e com tantos mártires do continente, delegados e delegadas da Palavra, religiosas, sacerdotes e bispos, a antiga e venerável tradição da Igreja de que mártires estavam já canonizados pela entrega corajosa de suas vidas pela fé e pela justiça.

Na Argentina, cuja hierarquia em sua grande maioria apoiou a ditadura militar que deixou mais de 30 mil mortos e desaparecidos, um punhado de bispos[3], entre os

---

2. A reportagem de John L. Allen Junior, publicada no sítio do *National Catholic Reporter* (22/04/2013), foi traduzida por Moisés Sbardelotto e colocada no site do IHU, aos 23/04/2013.
3. Jaime de Nevares, bispo de Neuquén, Jorge Novak de Quilmes e Miguel Hesayne de Viedma.

quais Enrique Angelelli[4] de La Rioja, no norte argentino, denunciou vigorosamente o regime, seus assassinatos, torturas e atropelos aos direitos humanos. Como jovem bispo, Angelelli fora padre conciliar participando da primeira, da terceira e da quarta sessão do Vaticano II. Somou-se ao grupo da "Igreja dos pobres" e foi um dos 42 bispos que no dia 16 de novembro de 1965, após a concelebração da missa nas Catacumbas de Santa Domitila, assinou o Pacto das Catacumbas, sinalizando seu evangélico compromisso com os pobres e com a causa da justiça, o que acabou lhe custando a vida (cf. BEOZZO, 2015).

Contrariando a versão dos militares de que sua morte (†04/08/1976) fora simplesmente um acidente de carro e a atitude reticente do episcopado, o povo sempre considerou aquele um acidente provocado e Angelelli, um mártir. No dia 4 de agosto de 2006, ao cumprir-se 30 anos de sua morte, o então presidente da Conferência Episcopal Argentina, o Cardeal Bergoglio declarou em sua homilia na Catedral de La Rioja que Enrique Angelelli "recebia pedradas por pregar o Evangelho e, por ele, derramou seu sangue!"

Em muitas Igrejas particulares do continente, surgiram figuras de pastores que souberam, a partir da herança do Concílio e de Medellín, caminhar profeticamente com seu povo, de modo particular com os pequenos e pobres, de maneira corajosa, na defesa dos seus direitos e na promoção de sua dignidade e libertação.

Vários deles, como Dom Enrique Angelelli da Argentina[5], Dom Oscar Arnulfo Romero de El Salvador[6], Juan Jose Gerardi Conedera da Guatemala[7], ao lado de milhares de outros cristãos e cristãs, delegados da Palavra, militantes, religiosas e religiosos, sacerdotes, sofreram o martírio, por fidelidade ao Evangelho e aos pobres e pequenos.

Eles e elas são como luzeiros a iluminar e a animar a caminhada da Igreja latino-americana que forjou sua maioridade na fé, na experiência coletiva do Concílio e

---

4. * Córdoba, 18/07/1923, † La Rioja, 04/08/1976.

5. Angelelli, bispo de La Rioja, na Argentina, morreu em um acidente de carro, provocado pelos militares, aos 4 de agosto de 1976. Depois de décadas de controvérsias, foram condenados à prisão perpétua os generais responsáveis pelo seu assassinato.

6. Dom Romero, arcebispo de El Salvador, foi assassinado no altar, enquanto celebrava a eucaristia, no dia 24 de maio de 1980.

7. Dom Jose Gerardi, nascido em 27/12/1922 foi bispo de Las Verapaces, em 1967 e do Quiché, em 1974. Por causa da repressão, teve que sair da diocese com seus agentes de pastoral em 20 de julho de 1980. Desde 24 de agosto de 1984, foi bispo auxiliar e vigário geral da Arquidiocese da Guatemala. Fundou a Oficina dos Direitos Humanos da Arquidiocese e encarregou-se da Comissão de Memória. Na sexta-feira, dia 24 de abril, Dom Gerardi havia entregue o informe da Comissão encarregada do Projeto de Recuperação da Memória Histórica (*Guatemala Nunca Más* – Informe del Proyecto Interdiocesano Remhi – Recuperación de la Memória Histórica. 06/06/1998), que registrara as milhares de violações dos Direitos Humanos e assassinatos durante a repressão guatemalteca. Dois dias depois, no domingo, ele foi assassinado, ao retornar de noite para casa (26/04/1998).

principalmente no assumir, em Medellín, colegialmente e na perspectiva mais ampla de todo o Povo de Deus, seu próprio rumo e construção.

São Paulo, 12 de dezembro de 2017.
Festa de N.S. de Guadalupe – Padroeira da América Latina

Referências

BEOZZO, J.O. *O Pacto das Catacumbas*. São Paulo: Paulinas, 2015.

_____. "O êxito das teologias da libertação e as teologias americanas contemporâneas". In: TREVISION, A. (org.). *In ascolto dell'America* – Popoli, culture, religioni, strade per il futuro. Roma: Urbanian University Press, 2014, p. 327-380.

BINGEMER, M.C. *Teologia Latino-americana*: raízes e ramos. São Paulo/Rio de Janeiro: Vozes/PUC-Rio, 2017.

MESTERS, C. "Critérios e método da leitura popular da Bíblia". In: BEOZZO, J.O. *Educar para a justiça, a solidariedade e a paz* – XVIII Curso de Verão. São Paulo: Paulus/Ceseep, 2004, p. 143-156.

RATZINGER, C.J. *O sal da terra*: O cristianismo e a Igreja Católica no limiar do terceiro milênio – Um diálogo com Peter Seewald. Rio de Janeiro: Imago, 1997, p. 210-211.

Apresentação

Ney de Souza
Emerson Sbardelotti

Três anos após o Concílio Vaticano II (1962-1965), o Conselho Episcopal Latino-americano – Celam, preparou a II Conferência Geral do Episcopado Latino-americano, em Medellín (1968), de 24 de agosto a 6 de setembro de 1968. Continua valendo a preocupação e o problema de uma autêntica *promoção humana* em uma sociedade que a cada dia se torna mais fundamentalista, preconceituosa, racista e individualista.

Neste redescobrimento do Documento de Medellín, busca-se reafirmar e reassumir a opção pelos pobres, o Pacto das Catacumbas da Igreja pobre e servidora, o método ver-julgar-agir, acrescido do rever-celebrar-sonhar, que, para muitas pessoas será a primeira experiência desse chamado do Espírito Santo que há cinco décadas ecoa por este chão continental semeado com o sangue dos mártires da caminhada no seguimento do Mártir Jesus de Nazaré. O Povo de Deus ainda continua andando no deserto, apesar dos ares primaveris trazidos por Francisco, o papa vindo do fim do mundo.

Os bispos em Medellín desejavam uma "Igreja livre de amarras temporais, conveniências e prestígio ambíguo" (Med 18) e que esteja "próxima dos pobres" (Med 9). Os pobres em Medellín são tratados como "sujeitos"! Eis a novidade do documento: os pobres não são reduzidos a "objetos" de cuidado, ou de práticas assistencialistas.

Entre a justiça e a paz proclamada e querida por Medellín surge a palavra "libertação"! Medellín é o documento fundante, por assim dizer, da Teologia da Libertação no continente, seguido, anos mais tarde, pelas contribuições de Gustavo Gutiérrez, Leonardo Boff e tantos outros.

Em 2018, a Conferência de Medellín completa 50 anos, e uma forma de homenagear esse acontecimento é reunir teólogos e teólogas de vários estados do Brasil e de fora do país para apresentarem reflexões (a partir do texto de Medellín) e proporem discussões em que Medellín seja atualizada, criando-se perspectivas e prospectivas que estejam em sintonia com o pensamento e as ações do Papa Francisco.

As intuições primeiras de Medellín já apontavam para uma Igreja em saída!

O livro *Medellín, memória, profetismo e esperança na América Latina* apresenta capítulos que procuram resgatar e manter viva a memória desse acontecimento histórico na vida da Igreja Católica latino-americana e caribenha; que, após o Vaticano II, foi recepção, atualização, ampliação e aplicação de temas que Medellín conseguiu desenvolver a partir da realidade vivida: pobreza, justiça, paz, libertação, juventude, entre outros.

Os autores verificam se, ao longo de 50 anos, a Igreja conseguiu responder aos problemas encontrados e apontados por Medellín; quais foram os avanços, as descontinuidades e o que ainda se tem a fazer. Medellín faz parte do passado ou os novos desafios que surgem na sociedade e na vida eclesial requerem um retorno às fontes? Medellín era o retrato de uma Igreja profética, dos pobres, popular... E hoje?

O objetivo desta obra feita em mutirão é manter viva a memória de Medellín: uma Igreja pobre, popular, de pastoral libertadora; apresentando um modelo de Igreja baseada na colegialidade e samaritana às novas gerações; pois Medellín é inteiramente fiel ao Vaticano II, e quer ser uma Igreja para fora, com o cheiro das ovelhas, como pede Papa Francisco.

Parte I
Contexto histórico-teológico

1
Notas sobre os antecedentes históricos da Conferência de Medellín

Ney de Souza

Introdução

O que pensava o episcopado latino-americano na virada do século XIX para o século XX? A resposta a essa pergunta é de grande importância para se entender os desdobramentos históricos no continente antes do Vaticano II (1962-1965). O que será apresentado aqui é um percurso histórico sintético no intuito de refletir sobre o passado. O filósofo Gadamer afirmou que o indivíduo sem horizontes sobrevaloriza o presente, enquanto aqueles que os têm são capazes de perceber o significado relativo do que está perto e longe, daquilo que é grande e pequeno (cf. GADAMER, 1975: 269, 272). Assim, ao realizar o percurso partindo do Concílio Plenário Latino-americano (1899), será possível verificar que, "como na navegação, fatos distantes são mais eficientes na história do que fatos próximos no sentido de nos dar um posicionamento mais preciso" (MURRAY: 285-324). Neste percurso será analisada também a I Conferência no Rio de Janeiro (1955) e a criação do Celam. Em seguida, o grande evento da Igreja no século XX: o Concílio Vaticano II. Diante desse quadro se apresenta a preparação para a Conferência de Medellín (1968). O texto objetiva identificar no itinerário da história do catolicismo na América Latina e do Caribe a ação institucional religiosa diante dos inúmeros desafios encontrados no século XX: o empobrecimento constante dessa população, as ditaduras militares (cf. WASSERMAN, 2004; PRADO, 2004; GUAZZELLI, 2004). Diante do quadro será possível perguntar se a Igreja Católica mudou a compreensão que tinha de si mesma e construiu uma recepção criativa no território diante do evento Vaticano II. O estudo histórico certamente contribuirá para uma outra leitura dos textos dos colegas pesquisadores que serão apresentados neste livro sobre Medellín.

1.1 A evangelização na América Latina: O Concílio de 1899

No final do século XIX alguns eclesiásticos sentiram a necessidade de celebrar um concílio que reunisse todos os bispos "ibero-americanos". A finalidade era tratar problemas do final do século que se colocavam diante da Igreja e da sociedade do continente (SOUZA, 1999: 101-106). A Igreja dos Estados Unidos celebrara o III Concílio de Baltimore. Muitos bispos viam ali um exemplo a seguir. Havia naquele momento uma tomada de consciência de que a população do continente possuía uma raiz comum. Os dois elementos que constituíam o temperamento desta população eram "o católico" e "o latino".

A nova nomenclatura de *América Latina* estava entrando na linguagem comum. Sua origem mais remota se deve ao mexicano Lucas Alamán e ao norte-americano Henry Clay. Em 1823, o chanceler mexicano Alamán queria estabelecer uma série de pactos de união entre os novos países hispano-americanos (sem incluir o Brasil) que deveria incluir uma preferência ou união aduaneira. Começava a atuar essa política com um acordo com Nova Granada (Colômbia). Os Estados Unidos através de seu embaixador Poinsett exigiu o mesmo tratamento. A oposição política norte-americana fez naufragar essa política econômica. A razão era que os Estados Unidos queriam um sistema comercial onde todas as novas nações, inclusive o Brasil, girassem em torno dele. O projeto dos americanos também fracassou devido à forte oposição da Inglaterra.

Em 1847 surgia a União Latino-americana, impulsionada pelo colombiano José María Torres Caicedo, que incluía expressamente o Brasil. Por isso se justificava a opção "latino-americana" no lugar de hispano-americana, que se limitava somente aos de língua castelhana. O termo foi uma contraposição ao outro polo geopolítico, o anglo-saxão. Em seguida, a terminologia se difundiu no campo eclesiástico ao fundar-se o seminário-colégio Pio Latino-americano, em Roma (1858) (Sobre o tema "América Latina", cf. ARDAO, 1980; MEDINA ASCENSIO, 1979; SOUZA, 1999). A nomenclatura foi utilizada nos documentos da Santa Sé. Assume um grande valor político: a justificação da formação de um bloco "latino" na América contra um anglo-americano (GONZÁLEZ FERNÁNDEZ, 1997: 356) e um valor eclesiástico como indicação do território continental e cultural-eclesial.

Diante desta primeira divisão, latino-americanos e anglo-saxões, faz-se necessário assinalar que novos conflitos foram surgindo, não somente econômicos, mas culturais. A América Latina é mestiça, muito diferente dos Estados Unidos. Os latino-americanos têm uma raíz indígena pre-colombiana, mas sua cultura é um conjunto totalmente ocidental, por mediação hispano-lusitana, tendo a peculiaridade de ser um ocidente subdesenvolvido em vários aspectos. A conclusão é que o continente americano divide-se em duas áreas culturais distintas (METHOL FERRÉ, 1995: 12-13).

Essa problemática e esses acontecimentos influíram no nascimento, no seio da Igreja, de uma consciência de pertencer a uma realidade histórica precisa que começava a se chamar *América Latina*. Nasce, assim, a necessidade da celebração do Concílio Plenário, necessidade que fará novas conferências no século XX: Rio de Janeiro (1955), Medelín (1968), Puebla (1979) e Santo Domingo (1992).

1.1.1 A convocação e preparação do Concílio Plenário

O Cardeal Rampolla, secretário de Estado do Vaticano, escreveu em 1897 que as graves necessidades espirituais que afligiam a população católica latino-americana e os mais graves perigos que ameaçavam a sua fé, preocupavam a Santa Sé (cf. CHÁVEZ SÁNCHEZ, 1986: 356). O Papa Leão XIII (1878-1903) estava informado sobre os acontecimentos na América Latina pelos núncios, bispos e visitadores apostólicos. Em 1892, completavam-se 400 anos do "descobrimento"; Leão XIII enviou uma carta ao episcopado das duas Américas, Espanha e da Itália (*Quarto abeunte saeculo*). Finalmente, em 25 de dezembro de 1898, o papa convoca o Concílio, assinalando os seus objetivos: "assegurar a unidade e a disciplina eclesiástica e ao mesmo tempo a santidade dos costumes" (*Cum diuturnum*, 21-23). O pontífice recordava também o IV centenário da América que havia impulsionado a convocação do Concílio Plenário.

Começava uma preparação do Concílio em cada país latino-americano. Alguns eclesiásticos não viam com bons olhos esses concílios prévios em preparação ao grande concílio em Roma. Pensavam que fosse uma intromissão da Santa Sé na ordem eclesiástica existente. Assim pensava o bispo mexicano Ignacio Montes de Oca (CHÁVEZ SÁNCHEZ, 1986: 291). O México possuía, naquele momento, o maior episcopado da América Latina, 13 bispos.

A preparação esteve a cargo da Congregação do Concílio que redigiu um esquema dos diversos temas que, em 1897, foi enviado aos bispos para estudo e sugestões. A cidade de Roma foi escolhida para receber o Concílio por ser a sede papal e pela maior facilidade para viajar, pela instabilidade política na América Latina e pela possível interferência dos governos. Não faltaram oposições por conta da enorme distância, do desconhecimento da América Latina por parte de Roma, da idade de alguns bispos. Foram apresentadas alternativas: Cidade do México, Santiago e Lima. A preparação foi repleta de discussões, especialmente sobre o lugar da realização do Concílio. No final, os bispos inclinaram-se para a Cidade Eterna. A maioria, por motivos políticos e práticos (dificuldades de viajar no continente) e afetivos (devoção ao papa). Os motivos de ordem política tiveram um peso especial. Não se encontrava um lugar adequado e seguro e não se queria ferir a sensibilidade de cada nação. Era necessário evitar as interferências governamentais. Assim, com sede em Roma, o

Concílio Plenário Latino-americano foi aberto aos 28 de maio de 1899 e concluído aos 9 de julho de 1899.

1.1.2 A celebração do Concílio

Na Festa da Santíssima Trindade foi aberto o Concílio na Capela do Colégio Pio Latino-americano em Roma. Era um concílio (com autoridade legislativa sobre toda a América Latina) plenário (de todos os episcopados). Ao Concílio estiveram 13 arcebispos e 40 bispos. Faltaram quatro bispos: dois por problemas políticos, Ricardo Casanova (Guatemala) e Miguel Taborga (La Plata Charcas); outros dois por enfermidade, Críspulo Uzcátegui (Caracas) e Fernando de Meriño (Santo Domingo). Os países mais representados foram México com 13 bispos; Brasil com 11; e Colômbia e Argentina com seis cada um. Chama a atenção a idade média dos bispos, entre 51 e 60 anos e a sua jovem experiência no ministério episcopal (a maioria com menos de 10 anos), mas todos marcados pelas dolorosas experiências conflitivas.

O objetivo do Concílio foi, sobretudo, pastoral: a maior glória de Deus, a defesa e propagação da fé católica, o aumento da religião, a salvação das almas, o explendor das Igrejas, a disciplina do clero, defesa e ampliação da ordem episcopal.

As fontes documentais dos 998 artigos são: Concílio de Trento, Concílio Vaticano I, Magistério de Pio IX e Leão XIII, declarações dos sínodos latino-americanos antigos e recentes, doutrina das congregações romanas, Catecismo Romano e outros documentos canônicos. A influência romana foi evidente, especialmente no aspecto doutrinal e canônico. Na celebração falava-se muito dos concílios americanos coloniais e nos sínodos diocesanos, mas não se fez uso de suas decisões. O Concílio Plenário ateve-se à programação e metodologia propostas pela Santa Sé e foi fiel a elas, consciente de que com esse propósito os bispos teriam ido a Roma.

1.1.3 Luzes e sombras

Entre luzes e sombras, o Concílio foi um ponto privilegiado de encontro: da Igreja latino-americana com a Santa Sé e o papa e dos bispos entre si. Naquele momento apareceram os problemas comuns e as possíveis soluções para o cristianismo latino-americano. Os decretos, demasiadamente canônicos, foram o marco de referência para a primeira parte do século XX. Os apelos de Leão XIII foram de grande estímulo para a América Latina: formação de sacerdotes, preocupação primordial com os seminários, cultivo das ciências eclesiásticas de acordo com a doutrina de Santo Tomás, preocupação com o clero e paróquias, catequese, missões rurais e pelos exercícios espirituais do clero.

A decisão de celebrar frequentes reuniões em cada província eclesiástica abriu perspectivas para a formação das conferências episcopais e para a constituição do Celam, da Pontifícia Comissão para a América Latina (CAL, 1958)[8] e da Clar e também a celebração periódica de conferências gerais do episcopado latino-americano.

A predominância do aspecto doutrinal e canônico impediu a análise da problemática da América Latina: a pobreza, as minorias étnicas (negros e índios), a evangelização em ambientes hostis pelas políticas estatais, a escassez de clero, da extensão e incomunicabilidade das dioceses e paróquias, do apostolado laical.

Com todos os acontecimentos relatados e as limitações, que são apenas lógicas de uma Igreja latino-americana que estava recobrando sua "romanidade", obscurecida pelo padroado de séculos, girando ao redor dos conflitos entre Estado e Igreja, o I Concílio Plenário criou uma nova consciência continental de vastas perspectivas. A América Latina se sentiu parte de uma Igreja universal, de possuir um influxo popular, capaz de superar as maiores crises políticas e de ter uma força interna de coesão que a permitiria analisar seus próprios problemas e buscar as soluções. No final do Concílio Plenário, o episcopado resolvia que deveria se reunir com frequência. Devido a situações internas e externas à instituição eclesiástica o próximo evento só aconteceu 56 anos depois, em 1955, no Rio de Janeiro.

1.2 *Conferência do Rio de Janeiro (1955)*

A I Conferência do Episcopado Latino-americano aconteceu no Rio de Janeiro. Sua realização se deu entre 25 de julho e 4 de agosto de 1955. O objetivo fundamental deste evento foi refletir sobre a escassez de clero, especialmente secular. Esse fato impedia a Igreja de realizar suas atividades pastorais e de responder aos novos desafios que surgiam na realidade latino-americana. Um dos desafios era o crescimento do protestantismo e os ataques provenientes da maçonaria (SOUZA, 2008: 127-146).

Essas preocupações são vistas nitidamente na carta apostólica do Papa Pio XII, dirigida ao Cardeal Giovanni Piazza que foi o presidente da Conferência. Além de expressar um apreço pela vitalidade da Igreja na América Latina, demonstra preocupação em relação ao número de sacerdotes e à maçonaria. Assim escrevia o papa na carta *Ad Ecclesiam Christi*:

> Uma trêmula ansiedade ao não ver ainda resolvidos os graves e sempre crescentes problemas da Igreja na América Latina, especialmente o que

---

8. A Pontifícia Comissão para a América Latina organizou um Simpósio (Roma, 21 a 25 de junho de 1999) de caráter histórico para comemorar o Centenário do Concílio Plenário Latino-americano. Este evento teve como tema *"Los últimos Cien Años de la Evangelización en América Latina"*.

com angústia e com voz de alarme é denunciado justamente como o mais grave e perigoso: a insuficiência de clero. Muitos são, desgraçadamente, os assaltos de astutos inimigos e para rechaçá-los é necessária uma enérgica vigilância: como as insidias maçônicas, a propaganda protestante, as diversas formas de laicismo, de superstição e de espiritismo... (*Ad Ecclesiam Christi*, 1993: 35-39).

No título III, número 37 do documento final da Conferência será vista essa mesma preocupação. O texto afirma que a preocupação central da Conferência é abordar o problema da escassez de "forças apostólicas".

O bispo auxiliar do Rio de Janeiro, Dom Helder Câmara, constatava que um continente de 163 milhões de habitantes, dos quais 153 milhões eram católicos, ou seja, 32% da população católica mundial, só dispunha de 7% do clero. Em 1946, calculavam-se 5.969 habitantes por sacerdote; em 1955, 5.282. As estatísticas realizadas por diversos bispos variavam em uma cifra que ia de 29 a 32 mil sacerdotes na América Latina. Para atender aos católicos seria necessário adicionar 74 mil sacerdotes.

As soluções propostas estavam na linha de fomentar as vocações, melhorar a formação nos seminários, apelar para a solidariedade das Igrejas europeias e norte-americana. Junto com essas propostas, estava aquela de aproveitar a colaboração de leigos que, de diversas maneiras, poderiam contribuir para a presença da Igreja nas regiões afastadas e entre os indígenas. Tanto Dom Helder, como Dom Manuel Larraín, bispo de Talca, no Chile, destacaram a importância da Ação Católica, presente em vários países da América Latina.

A Conferência abordou com especial cuidado a questão das missões entre os indígenas, os negros e os camponeses (documentos 26, 27, 39); como também os meios de comunicação social (título VI); os imigrantes (título X); a educação e a cultura.

1.2.1 Os desafios à Igreja latino-americana e seus problemas sociais

No título III, números 69-78, é assinalada como uma das grandes preocupações o avanço do protestantismo, do espiritismo, da superstição e da maçonaria. Entre as várias medidas sugeridas para enfrentar tais desafios, destaca-se a recomendação de intensificar o movimento bíblico e melhorar o nível de formação do clero e dos leigos.

O crescimento do protestantismo se deu pela chegada de muitos missionários que haviam deixado suas tarefas apostólicas na China e Coreia. Esses missionários tiveram o apoio econômico norte-americano e foram destinados à América Latina. De acordo com as estatísticas, os protestantes em 1890 eram 50 mil, em 1925 somavam 325.795 e em 1952, 3.353.021.

À diferença de Medellín e Puebla, que terão como centro de preocupação pastoral da Igreja a situação dos pobres, a Conferência do Rio de Janeiro não teve como atenção aos problemas sociais da América Latina.

O tema social aparece no capítulo III, título IV quando declara que o "Apostolado social é responsabilidade do cristão na vida cívico-política", e é retomado em forma ampla no título VIII, nos números 79-84, com o título "Problemas sociais".

Os bispos constatam a América Latina como um continente em expansão que acolhe um grande contingente de imigrantes vindos da Europa. O índice de natalidade é alto, assim como são grandes os contrastes sociais, a desnutrição e o analfabetismo. A população é majoritariamente rural, tendo problemas sociais específicos, como o do indígena e do negro.

Ao ler o documento percebe-se que a situação política do continente não interessou aos bispos. A afirmação torna-se convincente quando não se encontra nada no texto sobre as ditaduras na Nicarágua, Cuba, Colômbia, Venezuela, Paraguai, Argentina. O documento não faz considerações sobre as relações da América Latina com os Estados Unidos e Europa.

A primeira Conferência do Episcopado latino-americano não tem o profetismo de Medellín e de Puebla. Alguns trabalhos apresentados, como o de Dom Ramon Bogarin, bispo auxiliar de Assunção (Doc. 44), do bispo de Tucancingo, Dom Dario Miranda (Doc. 58) e o de Dom Manuel Larrain (Doc. 56), mostram claramente que uma elite episcopal e clerical havia compreendido o mais grave desafio da Igreja: o destino dos marginalizados. Essas intervenções, assim como as de Dom Helder, antecipam a denúncia profética que acontecerá em Medellín.

É necessário ter presente que em 1955 não havia acontecido o Concílio Ecumênico Vaticano II. Pio XII não colocou a ideia em prática. Somente o Papa Bom, João XXIII, iniciou essa assembleia conciliar de abertura para a Modernidade. Medellín é fruto desse Concílio.

1.2.2 A constituição do Celam

No Rio de Janeiro colocaram-se as bases do Celam. O título XI, número 97, afirma: "A Conferência Episcopal por unanimidade concordou em pedir, e atentamente pede à Santa Sé Apostólica, a criação de um Conselho Episcopal Latino-americano".

Os bispos desejavam instalar a sede central do Celam em Roma. O Vaticano preferiu que a sede seria estabelecida na América Latina. Instalou-se, portanto em Bogotá, na Colômbia, e o primeiro presidente foi Dom Manuel Larrain. O Celam iniciava um profundo trabalho de renovação teológica e pastoral que preparou o terreno para o grande evento de Medellín.

1.3 Vaticano II, continuidade de uma inspiração criativa

Em outubro de 1958 faleceu Pio XII, depois de uma longa enfermidade. O conclave, que se reuniu no mesmo mês, elegeu o patriarca de Veneza, Cardeal Angelo Roncalli com o nome de João XXIII (1958-1963). Sua eleição foi recebida com grande surpresa. Era, para o grande público, um desconhecido. Sua eleição parecia ser mais uma daquelas de simples transição, o cardeal era idoso, 77 anos. Não havia se destacado como núncio na Bulgária e na França, nem em outro campo eclesiástico. Havia certa decepção com o nome anunciado depois da eleição. Podia-se esperar dele, neste contexto, a abertura e compreensão das necessidades do mundo moderno? Até fisicamente diferenciava-se do seu antecessor, pois era de corporalidade volumosa e pequena estatura. É evidente que, nessas circunstâncias, os boatos começaram a correr. Alguns afirmavam que o conclave o havia escolhido, pois não havia entrado em acordo sobre outro candidato mais qualificado. Teria sido uma aliança entre cardeais conservadores e progressistas. Tendo em conta sua idade avançada, seu anonimato, tudo levava a pensar que essa era uma ideia aceitável.

Logo vieram as surpresas, não só pela sua "jovialidade" e simpatia, muito diferente de Pio XII, mas por seu projeto: convocar um concílio. Três meses depois de ocupar a Cátedra de São Pedro, em janeiro de 1959, após uma missa pela unidade de todos os cristãos, na Basílica São Paulo Fora dos Muros, revelou sua intenção de iniciar, durante o seu pontificado, uma ampla reforma da Igreja, através de um concílio ecumênico. Os cardeais Lercaro e Montini manifestaram preocupação. Era evidente que, apesar de ter se comentado anteriormente o desejo de realizar um concílio para concluir os trabalhos do Vaticano I, não existia, de fato, um desejo insistente nesse sentido, sobretudo na própria Cúria Romana. A cúria sempre pensou que a direção da Igreja estava lá e que estava em boas mãos. Sendo assim, uma assembleia internacional com membros do episcopado de todos os recantos, causaria mais confusão do que vantagens. Esse fato ilustra bem a vitalidade espiritual e a coragem de João XXIII. É bem provável que o papa não havia compreendido, no seu contexto, a revolução que seria o Concílio. Não é inverossímil que ele quisesse uma reforma do sistema, mas não pensava ao fim de uma época. Contudo, a história iria em direção diferente e superava as intenções de Roncalli.

Em várias ocasiões o papa explicou suas motivações de convocar um concílio. Era necessário limpar a atmosfera de mal-entendidos, de desconfiança e de inimizade, que durante séculos tinham obscurecido o diálogo entre a Igreja Católica e outras Igrejas cristãs. A mais importante contribuição para a unidade, por parte da Igreja e tarefa essencial do Concílio seria o programa mencionado por João XXIII, o *aggiornamento*. Uma atualização da Igreja, uma inserção no mundo moderno, onde o cristianismo deveria se fazer presente e atuante. O ponto fundamental dos seus discursos estava no fato de explicitar com clareza as falhas da Igreja e insistir na necessidade de profundas mudanças.

Ao contrário de outros eclesiásticos do passado e do seu próprio tempo, não via nesse reconhecimento das limitações e lacunas da Igreja um sinal de fraqueza, mas de força. Aos poucos foi se saboreando o significado teórico e prático deste pontificado. No início, era um clima. No seu decorrer vieram as encíclicas sociais *Mater et Magistra* e *Pacem in terris*, encíclicas que mudaram o pensamento político da Igreja.

Durante o seu pontificado houve outros acontecimentos marcantes. Nomeou cardeais de outros âmbitos, não só italianos ou europeus, mas alargou seu colégio cardinalício com a nomeação de um negro, um filipino, um japonês. Iniciou contatos ecumênicos com o arcebispo anglicano de Cantuária, o monge protestante de Taizé, Roger Schutz, o patriarca ortodoxo Antenágoras. No aniversário de 80 anos do líder soviético Khruchtchev envia-lhe um telegrama de felicitações, criando um vínculo de relações com o mundo comunista. Tempos depois, recebe Alexei Adjubei, diretor do *Isvezstia* e membro do comitê central do Partido Comunista soviético.

Seria uma grande ingenuidade histórica concluir que todo o seu pontificado foi inovador. Em diversos âmbitos permanecia restrito a questões conservadoras. O que é necessário observar é que as possibilidades colocadas nesse pontificado foram agarradas e transformadas em um grande diálogo com a Modernidade. Esses passos continuaram, como se observará a seguir, na preparação para o evento conciliar.

João XXIII antecipou inúmeras vezes a data da abertura do Concílio. Inicialmente marcado para 1963, abriu-se a 11 de outubro de 1962. Uma atenção especial foi dada às outras Igrejas cristãs. Fundou-se o Secretariado para a Unidade dos Cristãos; inicialmente dirigido pelo cardeal alemão Agostinho Bea. Esse órgão ecumênico se tornou um dos elementos mais dinâmicos da Cúria Romana. Uma de suas maiores tarefas foi estabelecer conversações que deveriam levar a uma representação oficial de todas as Igrejas cristãs ao Concílio. Tais Igrejas já haviam sido convidadas para o Vaticano I, mas a maneira como isso havia sido feito, o tom do convite, com a exigência de reconhecimento, do erro e da necessidade de voltarem ao seio da Igreja-Mãe (Mansi, 50, col. 1.255-1.261; *Collectio Lacensis*, 7-10), fez com que ficassem sem resposta.

Para o Concílio Vaticano II, o procedimento foi totalmente diferente do Vaticano I. As Igrejas não unidas a Roma foram convidadas como irmãs, com quem a Igreja estava ligada, em virtude de sua fé em Cristo e no seu Evangelho. Houve respeito pelo próprio ser dessas Igrejas e por sua maneira de viver. O que aproximava todas era o desejo comum de maior unidade. Assim, as Igrejas cristãs foram convidadas a enviarem observadores, que assistiriam a todas as sessões do Concílio, embora sem direito de voto. Viriam como hóspedes do papa e não como pecadores arrependidos que deveriam retornar ao seio materno. O sucesso foi grande: no início do Concílio 17 Igrejas ou organizações eclesiais estavam representadas.

A preparação do Concílio foi realizada de maneira efetiva durante dois anos. Criaram-se as comissões preparatórias. Eram 79 os países nelas representados, 300 bispos, 146 professores, 11 reitores, 44 responsáveis de instituições e 17 diretores de revistas e jornais. Apesar disso, 80% eram europeus e uma notável ausência de leigos poderia ser verificada, inclusive na comissão do apostolado dos leigos. A comissão central, grande novidade na história da Igreja, foi constituída a 16 de junho de 1960.

Em um ano e meio, dez comissões e os dois secretariados prepararam 75 projetos de valor desigual, sem perspectivas de futuro: as transformações culturais da sociedade ocidental, os graves problemas sociais da América Latina e as consequências produzidas pela descolonização sobre a Igreja asiática e africana eram praticamente ignoradas, enquanto predominavam a preocupação de salvaguardar o centralismo romano e de reagir contra tudo o que pudesse lembrar um renascimento do modernismo. A comissão central iria rever todos esses esquemas. O Concílio não os ratificaria, mas tomando pulso da situação, traçaria um perfil diferenciado da Igreja diante do mundo moderno.

Outra importante atividade de preparação ao Concílio foi a sondagem de opinião entre o episcopado mundial. Pediu-se a todos os bispos e Universidades Católicas que elaborassem listas de assuntos que, em sua opinião, deveriam ser tratados. A intenção do papa era clara: a assembleia conciliar não poderia limitar-se a certo número de assuntos, previamente selecionados por Roma. A oportunidade foi aproveitada, chegando mais de duas mil respostas a Roma.

1.3.1 O grande evento conciliar[9]

Em 11 de outubro de 1962, João XXIII abriu a primeira sessão do Concílio, na Basílica de São Pedro. O texto de abertura (*Enchiridium Vaticanum*, 40-43) do Concílio é de fundamental importância, e exerceu profunda influência na redação de todos os documentos conciliares. Três pontos devem ser destacados. Em primeiro lugar o papa se dirige aos profetas que anunciam apenas desgraças, não sem machucar nossos ouvidos, vendo no mundo moderno somente declínio e catástrofes, comportando-se como se não aprendessem nada da história.

Em segundo lugar, o ponto central do Concílio não será somente uma discussão de um ou outro artigo da doutrina fundamental da Igreja, repetindo e proclamando o ensino dos padres e dos teólogos antigos e modernos, pois se supõe que isso já seja bem presente e familiar. Para isso, não haveria necessidade de um concílio. Trata-se

---

9. Diversos pesquisadores reconhecem o Vaticano II como o maior evento da Igreja Católica no século XX: CODINA (2005: 89); ABREU (2014: 104-121).

de uma renovada, serena e tranquila adesão a todo o ensino da Igreja, na sua integralidade, como brilha nos atos conciliares, desde Trento até o Vaticano I. O espírito cristão, católico e apostólico do mundo inteiro espera um progresso na compreensão doutrinal e na formação das consciências, em correspondência mais perfeita com a doutrina autêntica; espera também que a doutrina seja estudada e exposta por meio de formas de indagação e formulação literária condizentes com o pensamento moderno. Uma é a substância da antiga doutrina do *depositum fidei*, e outra é a formulação que a reveste: e é disso que se deve ter em grande conta, medindo tudo nas formas e proporções do magistério prevalentemente pastoral.

Em terceiro lugar, a Igreja sempre se opôs aos erros; muitas vezes até condenou com maior severidade. Ela, porém, levando por meio do Concílio o facho da verdade religiosa, deseja mostrar-se mãe amorosa de todos, benigna, paciente, cheia de misericórdia com seus filhos separados. O Concílio chegou ao fim com dezesseis constituições, decretos e declarações (*Conciliorum Oecumenicorum Decreta*, 1991: 802-113). Há um consenso de que a *Lumen Gentium* e a *Gaudium et Spes* sejam o eixo do Concílio.

Na primeira, a Igreja procurou se conhecer melhor para renovar-se no espírito da sua origem e da sua missão. Se a Igreja pretende ter um futuro no terceiro milênio, é necessário deixar sua paixão pela Idade Média, enraizar-se em sua origem cristã e concentrar suas tarefas no presente. Na segunda constituição, a Igreja apresenta-se ao mundo expressando sua vontade de dialogar e contribuir para a construção de uma sociedade nova, baseada nos genuínos valores humanos e cristãos. É necessário uma religião de cunho transformador e libertador na vida concreta da humanidade, na sua existência social, no seu cotidiano.

A Igreja teve coragem de olhar para o seu passado, refletir e criar uma relação nova no presente. A continuidade do diálogo e de todos os frutos que ele gerou continua acontecendo. O evento conciliar teve duas grandes personalidades à sua frente: João XXIII, que morreu após a primeira sessão do Concílio, aos 82 anos, e Paulo VI (1963-1978), que o substituiu. Montini (Paulo VI) tomou a sério sua grande tarefa de continuidade do Concílio, evidentemente com uma tônica diferente. Roncalli (João XXIII) era pastor e Montini era personagem da cúria. Nesse sentido, a análise do pós-concílio merece uma reflexão sobre os avanços e os retrocessos dentro do próprio evento conciliar. Apesar das concessões sobre a reforma da liturgia, sobre a renovação da Igreja Católica e o diálogo ecumênico desejado por João XXIII, o Concílio não teve um avanço, mas sim uma estabilidade. Historicamente era muito cedo, apesar da janela aberta, para perceber na prática cotidiana relações de transformações absolutas, abrindo a janela, portas, limpando o grande pó dos móveis e principalmente dos seus interiores. Já era um grande passo para o diálogo com a Modernidade. Algumas vezes tornou-se, novamente, monólogo.

1.4 Medellín (1968), preparação

Na América Latina, a recepção criativa e dinâmica do Vaticano II foi acontecendo a partir dos diversos níveis eclesiais. Em certos momentos, com dinamicidade maior; em outros, com passos lentos. Desde a liturgia até o ecumenismo, perpassando pela eclesiologia, pelo laicato, pelo episcopado e pela formação do clero não faltaram esforços para consumar o Concílio convocado de maneira imprevista e surpreendente pelo Papa João XXIII (BEOZZO, 2015: 806).

O episcopado latino-americano sonhava com um Vaticano III para propor temas que não haviam sido suficientemente debatidos no Vaticano II (SOUZA, 1999: 224): eis um dos momentos, ainda no Vaticano II, que revelam as origens da Conferência de 1968.

A Conferência de Medellín foi fruto da gestão realizada pelo então presidente do Celam, Dom Manuel Larrain, bispo de Talca (Chile). A sua intenção era propiciar um *Aggiornamento* da Igreja latino-americana, mediante a aplicação do espírito e orientação do Vaticano II. Como se sabe, Dom Larrain faleceu em 1966 e foi Dom Avelar Brandão Vilela, arcebispo de Teresina (Brasil) que o sucedeu na presidência do Celam e tocou adiante o projeto da realização de Medellín.

Medellín foi um momento decisivo na história do catolicismo latino-americano. Pela primeira vez o catolicismo tomou consciência da gravíssima situação de injustiça social e com voz profética criticou uma situação de violência institucionalizada.

Os documentos sociais gerados na América Latina mostraram um crescente envolvimento social e uma convicção de que as distintas formas de convivência humana devem orientar-se pela prática da justiça social, como uma condição *sine qua non* do reto exercício do amor.

Os documentos da Conferência Episcopal Chilena de 1962 e as declarações do episcopado latino-americano reunido em Mar Del Plata (1966), expressam a firme e decidida vontade da Igreja em empenhar-se para melhorar a situação dos empobrecidos, assumindo este compromisso como parte de sua missão evangelizadora.

O Concílio Vaticano II, em particular, a constituição *Gaudium et Spes* (1965) e a encíclica do Papa Paulo VI, *Populorum Progressio* (1967) sobre o desenvolvimento de todo o homem e de todos os homens, proporcionaram os fundamentos teológicos e as orientações doutrinais necessárias para orientar o compromisso assumido pelo catolicismo na América Latina. Destacam-se personalidades excepcionais que, em suas atitudes, demonstraram esse compromisso, não só neste continente. Dentre estes está Dom Helder Câmara.

Os documentos imediatamente anteriores a Medellín insistem não só na prática da caridade assistencial, que sempre foi uma genuína missão eclesial no cumprimento da diaconia, mas estes postularam profundas reformas indispensáveis para desarraigar as causas estruturais da pobreza e da marginalidade. Um número significativo de Igrejas locais (Chile, Equador, Costa Rica...) apoiaram a criação de movimentos sociais de inspiração cristã: sindicatos, cooperativas e instituições de investigação socioeconômica e de promoção humana. Entre esses destacaram-se os centros de investigação e ação social da Companhia de Jesus, os jesuítas, espalhados por grande parte do continente.

Para dar testemunho, os bispos chilenos, Manuel Larrain (Talca) e Raul Silva Henríquez (Santiago) entregaram as terras de sua propriedade aos camponeses que nelas trabalhavam, proporcionando-lhes assistência técnica para assegurar uma adequada gestão. Assim, contribuíram de forma simbólica para conscientizar a necessidade urgente de uma reforma agrária que acabaria com o latifúndio improdutivo oferecendo nova condição de vida aos camponeses.

O bispo de Talca, Dom Larrain, acompanhou este gesto com uma carta pastoral *Desarollo: exito o fracasso en America Latina?* O texto mereceu destacada menção na *Populorum Progressio* (1967).

Em janeiro de 1968 (KLOPPENBURG, 1968: 623), uma comissão formada por bispos e peritos reuniu-se em Bogotá para aprofundar o tema proposto pelo episcopado para a Conferência: A Igreja na atual transformação da América Latina à luz do Concílio Vaticano II. A comissão elaborou um texto-base (*REB*, 1968: 432-461) composto de três tópicos: a) a realidade social, econômica, cultural e religiosa da América Latina; b) a Igreja em sua unidade visível na América Latina e, por fim, c) a celebração do mistério litúrgico na América Latina. Na primeira parte apresentava-se uma análise com dados numéricos revelando aspectos políticos sociais, bem como a religiosidade dos povos latinos. Na segunda parte, bispos, presbitérios, seminários, religiosos, diáconos e organismos eclesiais são analisados em perspectiva dicotômica, positivo e negativo, como sinais visíveis da unidade da Igreja. E, na terceira parte, a realidade celebrativa da Igreja na América Latina é enfatizada e, de modo particular, a tibieza e as parcas ações concretas para dar corpo aos postulados da *Sacrosanctum Concilium* no continente. Esse texto-base, em junho do mesmo ano, foi reformulado e apresentado em sua versão final aos bispos para ilustrar a reflexão em Medellín.

O processo histórico da gestação de Medellín é de enorme importância para o seu resultado final. Essa gestação se deu através de diversos encontros (DUSSEL, 1989: 41; DUSSEL, 1981: 70; BEOZZO, 1998: 826-827), organizados pelos departamentos do Celam que repercutirão no documento conclusivo. Dentre eles, destacam-se o Encontro Episcopal sobre a Educação em Baños, no Equador (junho de 1966); as assembleias ordinárias do Celam sobre o desenvolvimento, integração latino-americana e pastoral social, realizadas em outubro de 1966 na cidade de Mar del Plata, Argentina e em Itapuã no Brasil. O encontro sobre pastoral missionária em

Melgar, Colômbia, em 1968 e, por fim, os Anais do Primeiro Encontro Latino-americano de Catequese realizado na cidade-sede da Conferência em agosto de 1968. A respeito desses eventos e sua influência em Medellín, escreve Morás:

> [...] Para além do conteúdo singular de cada um desses documentos, eles revelam o enorme interesse na preparação de Medellín e também indicam a perspectiva e o teor das temáticas a partir das quais o episcopado continental entendia repensar um processo de evangelização mais condizente com o contexto local (1998: 797).

O próprio Papa Paulo VI veio à América Latina para inaugurar a Conferência de Medellín. Nos três dias previstos para sua estada em Bogotá realizou 21 alocuções a diferentes públicos. No discurso de abertura da Conferência (PAULO VI, 1968: 690-697), o bispo de Roma frisou que com sua presença inaugurava-se "um novo período da vida eclesiástica" (PAULO VI, 1968: 691) na América Latina. Em vias de iniciar as atividades de Medellín, dirigiu-se aos bispos com um claro intuito de orientá-los. Escolheu em sua admoestação três pontos a serem refletidos com o episcopado: o espiritual, o pastoral e o social.

No discurso que se refere ao espiritual, Paulo VI instigou os bispos a viverem com intensidade os mistérios divinos antes de dispensá-los aos outros. Na mesma linha, chamou a atenção para certa desconfiança vigente em relação à fé, bem como a adesão a "filosofias da moda, muitas vezes tão simplistas quanto confusas" (PAULO VI, 1968: 692), inclusive de teólogos. Disse ainda que cabe ao episcopado, para o bem espiritual dos fiéis, promover a reforma litúrgica e a formação espiritual do povo de Deus.

Na ótica pastoral, o papa afirma em sua alocução que "encontramo-nos no campo da caridade" (PAULO VI, 1968: 693). Exorta o episcopado a continuar a reflexão e assegura que "a caridade com o próximo depende da caridade com Deus" (PAULO VI, 1968: 693) e os alerta contra as tendências que denomina de secularizantes e pragmáticas do cristianismo, bem como uma visão dualista da Igreja, onde a carismática prescinde da institucional que já é expressão superada do cristianismo. Nesse sentido, para aplainar visões distorcidas do cristianismo, prossegue o discurso, duas categorias merecem especial caridade e atenção: os sacerdotes e a juventude. Sem prescindir das outras categorias: "trabalhadores do campo, da indústria e similares" (PAULO VI, 1968: 695).

O Papa Paulo VI, na continuidade do discurso, apresenta a recomendação de uma atenção à Doutrina Social da Igreja e às recentes declarações do episcopado e de congregações religiosas, especialmente os jesuítas e salesianos, sobre as questões sociais. O dever da Igreja, segundo o papa, é afirmar os valores primordiais de justiça e do bem comum, formar sacerdotes que ajudem a enfrentar e a sanar as dificuldades sociais. A instituição necessita promover a justiça para dar testemunho, sem recorrer a doutrinas errôneas para reparar as claudicações do passado e expensas de cometer novas injustiças, contrárias ao Evangelho. Finalizou exortando o episcopado a uma justa compreensão da mensagem da sua última encíclica, *Humanae Vitae*, e reconhecendo que era dever de Medellín "diante de qualquer problema espiritual, pastoral e social prestar seu serviço de verdade e amor com vistas à construção de uma civilização moderna e cristã" (PAULO VI, 1968: 697).

Este discurso de Paulo VI é elencado dez vezes, em sete dos dezesseis documentos da Conferência de Medellín, sendo superado apenas pela *Populorum Progressio* que foi citada trinta vezes. O texto é mais recorrido do que dez de dezesseis documentos conciliares (BEOZZO, 1998: 843-844), aos quais a Conferência pretendia reler na América Latina.

As atividades da assembleia começaram no dia 26 de agosto com os pronunciamentos de Dom Avelar Brandão Vilela, presidente do Celam e arcebispo de Teresina; do Cardeal Antônio Samoré, presidente da Pontifícia Comissão para a América Latina e do Cardeal Juan Landruzi Ricketts, arcebispo de Lima. Aos delegados pontifícios que presidiam a Conferência associava-se um grupo numeroso que compunha a plenária. Eram 6 cardeais, 45 arcebispos, 86 bispos, 41 padres diocesanos, 30 padres de institutos religiosos, 3 religiosos não clérigos, 7 religiosas, 13 leigos, 6 leigas e 12 observadores não católicos (GODOY, 2015: 211). São 249 participantes, destes somente 130 com direito a voz e voto. Entre eles, 25 eram do Brasil (KLOPPENBURG, 1968: 623). A Conferência ainda contou com a presença de Dom Geraldo de Proença de Sigaud (CALDEIRA, 2011), arcebispo de Diamantina, que contestou a eleição dos delegados da CNBB na assembleia e foi a Medellín por conta própria para, inicialmente, tomar parte de maneira arbitrária e ilegítima na Conferência, e, em um segundo momento, criar uma espécie de anticonferência (BEOZZO, 1994: 158).

Essa quantidade numerosa de bispos, padres, religiosos, leigos, peritos e assessores se reuniu por mais de dez dias com a finalidade de refletir as transformações pelas quais passava a Igreja Latino Americana à luz do evento e dos documentos do Vaticano II. A América Latina, como afirma o tema da Conferência, contemplava uma eclosão de transformações que exigiam respostas contundentes da Igreja.

Considerações finais

Este capítulo apresentou notas dos antecedentes da Conferência de Medellín. Sem o conhecimento crítico prévio sobre os antecedentes e o seu contexto é um risco analisar o evento. Importante conhecer e refletir sobre a conjuntura e a situação eclesial da América Latina na recepção do Concílio Vaticano II às vésperas de Medellín. O que foi acolhido e o que foi rejeitado pela instituição religiosa latino-americana.

O estudo revela o contexto social da América Latina e a coragem profética de setores do episcopado, resultando assim, em uma opção de fazer a Igreja servidora da humanidade, particularmente dos pobres, como propunha o Papa João XXIII através de sua radiomensagem um mês antes da abertura do Concílio Vaticano II.

O extremo empobrecimento da população, as injustas condições de vida e a violência institucionalizada que grassavam entre a população eram marca desse território. É nesse sentido que o episcopado em Medellín assumiu como imperativo de ação a consolidação da justiça, a promoção da paz, a educação libertadora e uma Igreja pobre em defesa dos pobres.

Ao refletir sobre os antecedentes não só é possível entender melhor o evento e o documento final, mas também os desdobramentos eclesiais e eclesiásticos na América Latina. Revisitando criticamente o passado é possível ter elementos históricos que revelam as situações contraditórias do presente, a descontinuidade não somente em relação a Medellín, mas em relação ao Vaticano II e, ao mesmo tempo, reconhecer práticas pastorais que realizaram e realizam a recepção do Vaticano II e de Medellín em território latino-americano.

Referências

ABREU, E.H. "Concílio Vaticano II: Tradição e renovação, exigência de uma hermenêutica conciliar". In: SOUZA, N. & ABREU, E.H. (orgs.). *Concílio Vaticano II: memória e esperança para os tempos atuais*. São Paulo: Paulinas/Unisal, 2014.

Actas y decretos del Concilio Plenario de la América Latina celebrado en Roma en año del Señor de MDCCXCIX. Roma, 1906, XXI-XXIII.

ARDAO, A. *Genésis de la idea y el nombre de América Latina*. Caracas, 1980.

BEOZZO, J.O. "Recepção do Concílio Vaticano II". In: PASSOS, J.D. & SANCHEZ, W.L. (orgs.). *Dicionário do Concílio Vaticano II*. São Paulo: Paulinas/Paulus, 2015.

_____. "Medellín: inspirações e raízes". *REB*, 232, 1998, p. 826-827.

_____. *A Igreja do Brasil*: De João XXIII a João Paulo II. De Medellín a Santo Domingo. Petrópolis: Vozes, 1994, p. 158.

CALDEIRA, R.C. *Os baluartes da tradição*: o conservadorismo católico brasileiro no Concílio Vaticano II. Curitiba: CRV, 2011.

CHÁVEZ SÁNCHEZ, R.E. *La Iglesia em México hacia el Concilio Plenario Latinoamericano (1896-1899)*. Roma, 1986.

CODINA, V. "O Vaticano II, um concílio em processo de recepção". *Perspectiva Teológica*, 37, 2005, p. 101.

Conciliourum Oecumenicorum Decreta. Bolonha: Dehoniana, 1991.

"Documentação". *REB*, 28, 1968, p. 432-461.

DUSSEL, E. *História da Igreja latino-americana (1930-1985)*. São Paulo: Paulus, 1989.

_____. *De Medellín a Puebla*: uma década de sangue e esperança. Vol. 1. São Paulo: Loyola, 1981.

Enchiridion delle Encicliche. Vol. 7. Bolonha: Dehoniane, 1994.

Enchiridium Vaticanum, 40-43.

GADAMER, H.G. *Truth and Method*. New York: Continuum, 1975.

GODOY, M. "Conferências gerais do episcopado latino-americano". In: PASSOS, J.D. & SANCHEZ, W.L. (orgs.). *Dicionário do Vaticano II*. São Paulo: Paulus/Paulinas, 2015, p. 211.

GONZÁLEZ FERNÁNDEZ, F. "Um antecedente del Sínodo de América: el Concilio Plenario Latinoamericano de 1899". *Ecclesia*, 1997, p. 356.

GUAZZELLI, C.A.B. *História Contemporânea da América Latina 1960-1990*. Porto Alegre: UFRGS, 2004.

KLOPPENBURG, B. "Documentação". *REB*, 28, 1968, p. 623.

LEÃO XIII. *Quarto abeunte saeculo*. In: *ASS XXV*, 1892-1893, 3-7.

Mansi, 50, col. 1.255-1.261 [*Collectio Lacensis*, 7-10].

MEDINA ASCENSIO, L. *Historia del Colegio Pio Latinoamericano (Roma 1858-1978)*. México, 1979.

METHOL FERRÉ, A. *Nueva dialéctica histórica en América Latina*. México, 1995.

MORÁS, F. "Evangelização das classes médias e solidariedade com os pobres: o legado de Medellín". *REB*, 58, 1998, p. 797s.

MURRAY, A. "Religion Among the Poor In Thirteenth-Century France". *Traditio*, 30.

PAULO VI. "Normas para a II Conferência Geral do Episcopado Latino-americano". *REB*, 28, 1968.

PIO XII. "Ad Ecclesiam Christi". In: *Episcopado latinoamericano – Conferencias generales* – Rio de Janeiro, Medellín, Puebla, Santo Domingo – Documentos Pastorales. Chile: San Pablo, 1993.

PRADO, L.F.S. *História contemporânea da América Latina 1930-1960*. Porto Alegre: UFRGS, 2004.

SOUZA, L.A.G. "A caminhada de Medellín à Puebla". *Perspectiva Teológica*, 31, 1999.

SOUZA, N. "Do Rio de Janeiro (1955) a Aparecida (2007): Um olhar sobre as conferências gerais do episcopado da América Latina e Caribe". *Revista de Cultura Teológica*, 64, 2008, p. 127-146.

_____. "Memória do Concílio Plenário Latino-Americano (1899-1999)". *Vida Pastoral*, 205, 1999.

_____. "Um concílio na virada do século: centenário do Concílio Plenário Latino-americano (1899-1999)". *Revista de Cultura Teológica*, 27, 1999.

WASSERMAN, C. *História Contemporânea da América Latina 1900-1930*. Porto Alegre: UFRGS, 2004.

2
A teologia de Medellín

Mario de França Miranda

Introdução

O objetivo deste texto é duplamente desafiador. Primeiramente, por se tratar de um documento episcopal de cunho intencionalmente pastoral, cuja teologia, portanto, deve se encontrar *subjacente* ao próprio texto. Mesmo posta a descoberto essa teologia se revela de tal amplitude que exige opções prévias por algum de seus temas. Observemos ainda que o contexto sociocultural e eclesial da Assembleia Episcopal de Medellín era bem diverso do que hoje vivemos. E como todo texto só se desvela como tal em seu contexto próprio pede este fato um esforço maior do leitor atual para não deformar seu sentido verdadeiro.

Outra questão prévia à nossa reflexão diz respeito à relação entre o evento eclesial em Medellín e o Concílio Vaticano II. Ninguém duvida da influência desse Concílio na Igreja universal, mas aqui se põe outra questão: Houve uma simples aplicação das ideias do Concílio à realidade latino-americana ou nos deparamos de fato com uma "recepção criativa" de sua doutrina? Devemos acolher esta última asserção, pois na compreensão de qualquer texto está inevitavelmente presente e atuante o sujeito que o entende, o qual, por sua vez, implica seu contexto vital, seu horizonte de compreensão com seus desafios e preocupações próprias que acabarão por influenciar sua leitura e sua recepção do texto que lhe é oferecido. Essa afirmação será confirmada ao longo da nossa reflexão. Portanto, as contínuas e fundamentadas referências ao Concílio Vaticano II não implicam uma mera aplicação local de sua doutrina, afirmação esta que se impõe como uma tarefa indispensável nesta nossa reflexão.

Sua metodologia é bastante simples. Vamos abordar alguns temas do texto de Medellín e procurar fazer emergir a teologia que os sustém, sem a preocupação de hierarquizá-los, embora reconheçamos de antemão que alguns são mais importantes e centrais para a fé cristã.

2.1 Um evento único e decisivo para a Igreja na América Latina

Hoje já é reconhecido por todos que a Assembleia Episcopal de Medellín representa um momento decisivo na história da Igreja em nosso continente. Motivados pelas primeiras palavras da *Gaudium et Spes* que afirma serem as alegrias e os sofrimentos da humanidade também as alegrias e os sofrimentos da Igreja, os bispos se voltaram para a situação de carência e pobreza vivida pelo povo desta região, refletindo-a à luz da fé cristã e assumindo as práticas requeridas para sua superação, como bem expressa o início da *Introdução às Conclusões*. Essa perspectiva irá marcar a totalidade do documento, libertando-o de um pronunciamento meramente doutrinal e conferindo-lhe uma índole profética de tal envergadura que não consegue ser alcançada pelas assembleias posteriores do Celam. Seus participantes tinham plena consciência de viver um momento único da história do continente e da Igreja nele presente, em que urgia uma corajosa tomada de posição. As recomendações concretas presentes no texto indicam que os bispos não quiseram propositadamente se limitar a orientações doutrinárias. Podemos mesmo constatar em vários capítulos que a iluminação teológica apenas aparece como fundamentação das recomendações pastorais, essas sim voltadas para responder concretamente à dramática situação em que viviam os pobres. Assim a Assembleia de Medellín pode ser superada por outras assembleias do Celam que apresentam melhor elaboração teológica ou mesmo melhor apresentação da complexa realidade latino-americana, mas de modo algum por sua *força profética* que inicia um *gênero novo* de pronunciamentos eclesiais. Observemos ainda que a liberdade que experimentaram seus participantes jamais pode ser constatada nas assembleias posteriores. Pareceu-nos importante frisar, logo de início, este ponto já que vamos nos ocupar mais com o aspecto doutrinal do documento.

2.2 A soteriologia de Medellín

Vários fatores de cunho teológico contribuíram para uma adequada compreensão do que se entende por *salvação cristã*. A superação da funesta separação entre natureza e graça, que tornava a realidade humana (cultura, sociedade, política, vida profissional) sem pertinência para a salvação, representou um passo gigantesco que permitiu a entrada desses setores vitais no âmbito propriamente teológico. Mesmo que na Bíblia a salvação se apresentasse mais amplamente, a compreensão teológica do passado era de cunho espiritualista, reduzida à salvação da alma. A visão unitária de natureza e graça indica que salvação sempre diz respeito ao ser humano em sua totalidade, em todas as dimensões de sua pessoa, não podendo ser reduzida apenas ao âmbito espiritual. Nessa perspectiva a salvação cristã não pode prescindir do entorno sociocultural da pessoa humana, sem o qual ela seria apenas uma ideia sem maior repercussão na vida real do indivíduo. Desse modo a salvação não se limita mais ao âmbito "religioso", pois acontece de fato no espaço outrora caracterizado como "profano". Daí a clara afirmação de Medellín: "Na busca da salvação devemos evitar o dualismo que separa as tarefas temporais da santificação" (Med 1,5). Daí decorre também a identificação do autenticamente humano com o verdadeiramente cristão: "Contamos com elementos e critérios profundamente humanos e essencialmente cristãos" (*Mensagem*).

Se a salvação cristã diz respeito à totalidade da realidade humana, então ela implica necessariamente a *história da humanidade*, não só como palco onde essa salvação se desenrola; mas, sobretudo, como componente intrínseco e comprovante seguro dessa mesma salvação. Uma verdade presente e patente na Bíblia, mas esquecida na teologia tradicional. Recuperada no Vaticano II, sobretudo na *Dei Verbum* e na *Gaudium et Spes*, ela terá forte influência nos participantes da Assembleia de Medellín, que se encontravam em um continente cristão com desigualdades sociais e econômicas escandalosas, onde a grande maioria de sua população vivia em condições desumanas, evidenciando deste modo a funesta separação entre fé e vida[10] que tanto marca esta região. A presença de bispos e teólogos, já bastante conscientes das exigências sociais decorrentes da própria fé cristã, fará surgir uma modalidade de *reflexão teológica peculiar*, na qual as reais condições de vida da população não podem ser omitidas na própria compreensão teológica da salvação cristã. Embora não explicitamente tematizadas em Medellín, apenas mencionada na *Mensagem*[11], as posteriores teologias da libertação surgidas na América Latina partem desta fonte comum.

Portanto, a salvação de Jesus Cristo implica "libertar todos os homens de todas as escravidões a que o pecado os sujeita: a fome, a miséria, a opressão e a ignorância, em uma palavra, a injustiça e o ódio que têm sua origem no egoísmo humano" (Med 1,3). Esta verdade aparece já na mensagem introdutória: "Nossa missão é a de contribuir para a promoção integral do homem e das comunidades do continente". Ou ainda: "Nosso propósito é estimular os esforços, acelerar as realizações, aprofundar-lhes o conteúdo, penetrar todo o processo de mudanças com os valores evangélicos". Esta preocupação inspirou os *Compromissos da Igreja latino-americana*, apresentados nesta mesma mensagem.

Mesmo reconhecendo a necessidade de mudanças nas estruturas da sociedade, os bispos estão conscientes de que tais estruturas injustas são produzidas pelo próprio homem. Daí a necessidade da *conversão*: "não teremos um continente novo,

---

10. *Mensagem aos povos da América Latina*: "Devem acabar as separações entre fé e vida 'pois em Cristo Jesus [...] vale a fé que opera pela caridade' (Gl 5,6)".

11. *Mensagem*: "Por vocação própria, a América Latina tentará obter sua libertação a custo de qualquer sacrifício".

sem novas e renovadas estruturas; mas, sobretudo, não haverá continente novo sem homens novos, que à luz do Evangelho saibam ser verdadeiramente livres e responsáveis" (Med 1,3). E o argumento teológico aparece logo em seguida: "O amor [...] não é apenas o mandamento supremo do Senhor, é também o dinamismo que deve mover os cristãos a realizar a justiça no mundo" (Med 1,4).

Outro ponto presente no Concílio Vaticano II e que terá forte repercussão na América Latina diz respeito à *noção de revelação* como gesto *salvífico* de Deus que acontece no curso da história. Mais do que desvelar verdades de cunho doutrinal, inacessíveis ao ser humano, trata-se da iniciativa do próprio Deus, livre e gratuita, de se doar à humanidade para levá-la a participar de sua vida e de sua felicidade. A economia salvífica precede e justifica a teologia, pois é salvando que Deus se revela. Portanto, a história é prenhe de eventos salvíficos, por mais simples e anônimos que sejam. A partir desse fato, podemos compreender a ação dos grandes líderes religiosos e dos profetas em Israel. E ainda hoje podemos detectar a ação salvífica de Deus, seus desígnios salvíficos para nossa situação histórica, a saber, seus impulsos iluminadores e encorajantes por meio da atuação de seu Espírito.

Naturalmente, a percepção dessa ação de Deus pressupõe a *fé*, seja como dom de Deus, seja como chave hermenêutica para a leitura cristã da história. Como dom de Deus porque humanamente inalcançável, já que implica uma opção livre tornada possível pela presença atuante do próprio Deus em nós, como bem afirma São Paulo (1Cor 12,3). O mesmo Apóstolo Paulo nos ensina que só o Espírito conhece as coisas de Deus, e que esse Espírito nos é dado "a fim de que conheçamos as coisas dadas por Deus" (1Cor 2,11s.). Como chave hermenêutica porque todo conhecimento traz em seu bojo uma interpretação, sempre inserida no interior de um horizonte de compreensão. Para os que têm fé este horizonte de compreensão nos é legado pela tradição cristã.

A percepção, à luz da fé, da ação divina na história emergiu claramente na constituição pastoral *Gaudium et Spes*. Ela aparece expressa como os "sinais dos tempos", eventos, aspirações e exigências da humanidade que podem assinalar a presença ou os desígnios de Deus (GS 11), sinais esses que devem ser perscrutados e interpretados à luz do Evangelho para que a Igreja desempenhe como deve a sua missão (GS 4). Esta verdade da nossa fé, que pressupõe toda uma reflexão teológica levada a cabo nos anos anteriores ao Concílio, terá grande impacto em Medellín: "Esta evangelização deve ser relacionada com os 'sinais dos tempos'. Não pode ser atemporal nem a-histórica. Com efeito, os 'sinais dos tempos' que, em nosso continente se manifestam, sobretudo na área social, constituem um 'lugar teológico' e interpelações de Deus" (Med 7,13).

Porém a história humana não constitui apenas o lugar onde se dá a revelação de Deus, mas também onde *acontece a salvação* trazida por Jesus Cristo. Medellín enfatiza "a unidade profunda que existe entre o plano divino de salvação, realizado em Cristo, e as aspirações do homem; entre a história da salvação e a história humana" (Med 8,4). Por conseguinte, o que nela tem lugar implica relação direta com a realização do Reino de Deus, o qual já tem início nesta vida, sendo que suas realizações serão assumidas, purificadas e transfiguradas no reino definitivo em Deus (Med 10,10). Embora seja uma realidade imperfeita, como qualquer uma vigente no interior da história, esse Reino, por outro lado, deve acontecer em nosso mundo para que não se reduza a um ideal utópico, sempre buscado, mas nunca experimentado; sempre ansiado, mas jamais alcançado. Pelo contrário, toda vez que um ser humano se volta para seu semelhante doando-se a si próprio, toda vez que acontece um autêntico amor fraterno efetivo e não apenas afetivo, aí irrompe o Reino de Deus.

Naturalmente como o ser humano é um ser social, ele pode se encontrar em um contexto sociocultural e social que significam para ele sofrimento, humilhação, carência. Neste caso o amor fraterno, se é sincero, significa sem mais combater mentalidades, ideologias e estruturas que condicionam e plasmam o contexto vital de seus semelhantes mais marginalizados. A transformação da sociedade antecipa a plenitude escatológica enquanto significa "conquistas como sinais indicadores do futuro [...] mediante uma atividade realizada no amor" (Med Intr., 5). De fato, mesmo sem confundir progresso temporal com Reino de Deus, entretanto o primeiro "enquanto pode contribuir para ordenar melhor a sociedade humana, interessa em grande medida ao Reino de Deus" (Med 1,5).

Ao tratar da paz na América Latina os bispos reconhecem sinceramente as tensões e os conflitos presentes no continente, bem como as diversas causas que os provocam. Em seguida repetem com o Concílio que "a paz é, antes de tudo, obra da justiça", "tarefa permanente" e "fruto do amor". E terminam afirmando que "a paz com Deus é o fundamento último da paz interior e da paz social. Por isso mesmo, onde a paz social não existe, onde há injustiças, desigualdades sociais, políticas, econômicas e culturais, rejeita-se o dom da paz do Senhor; mais ainda, rejeita-se o próprio Senhor" (Med 2,14).

Também a compreensão cristocêntrica da *criação*, atestada no Novo Testamento, qualifica não somente toda a realidade criada a ser conduzida a Cristo, mas também atribui ao ser humano a responsabilidade de orientá-la a esse fim. Portanto, a cultura, a organização social, as leis, em uma palavra, a sociedade, deve estar a serviço da salvação da pessoa humana. Caso contrarie esta sua finalidade faz-se mister denunciar e combater ideologias e estruturas que a desumanizem e oprimam. À mesma conclusão poderíamos chegar ao reconhecer no amor ao próximo o imperativo central da fé cristã. Pois querer que o próximo viva, significa libertá-lo de tudo o que diminui ou impede sua vida plena. Em uma sociedade com estruturas injustas de dominação, que acarretam sofrimentos e carências entre os mais fracos, a luta pela salvação implica a luta por condições justas de vida para os mais prejudicados pela injustiça institucionalizada. Fé cristã e promoção da justiça sempre caminham juntas, quando então se comprova a autenticidade da própria fé. Essa verdade vai ocasionar as assim chamadas teologias da libertação na América Latina, já presentes em suas linhas principais no evento eclesial de Medellín.

Coerente com estas premissas o capítulo dedicado à *educação* propugna uma "educação libertadora", a saber, uma educação "que transforma o educando em sujeito de seu próprio desenvolvimento" levando-o a condições mais humanas de vida e antecipando um "novo tipo de sociedade na América Latina" (Med 4,8), alcançando assim "sua integração na sociedade" (Med 4,11) como "agente consciente de seu desenvolvimento integral" (Med 4,16). E o capítulo dedicado à catequese afirma: "As situações históricas e as aspirações autenticamente humanas são parte indispensável do conteúdo da catequese" (Med, 8,6).

2.3 Cristologia

Os bispos reunidos em Medellín não se preocuparam em oferecer uma concepção cristológica específica e explícita. Em parte, porque as cristologias não apresentavam, no tempo do Concílio, a riqueza de elaborações cristológicas, de cunho neotestamentário ou sistemático, que hoje dispomos. Porém nos deixaram algumas afirmações sobre Jesus Cristo que indicam uma rica compreensão do mesmo à semelhança de pontos visíveis de um profundo *iceberg*. Vejamos.

"É o mesmo Deus que na plenitude dos tempos envia seu Filho para que, feito carne, venha libertar todos os homens, de todas as escravidões a que o pecado os sujeita: a fome, a miséria, a opressão e a ignorância, em uma palavra, a injustiça e o ódio que tem sua origem no egoísmo humano" (Med 1,3). Aqui já se manifesta a missão salvífica de Jesus Cristo, não só concebida de um modo geral como a redenção do pecado, mas também libertando a humanidade de suas consequências sociais. O texto enuncia ainda de onde brotam tais males: "A origem de todo desprezo ao homem, de toda injustiça, deve ser procurada no desequilíbrio interior da liberdade humana, que necessita sempre, na história, de um permanente esforço de retificação". E em seguida afirma: "A originalidade da mensagem cristã não consiste tanto na afirmação da necessidade de uma mudança de estruturas quanto na insistência que devemos na conversão do homem, que exige imediatamente esta mudança".

Esta mudança de vida exigida para que haja justiça e paz social vai se efetuar tendo como modelo a própria pessoa de Jesus Cristo. Assumindo uma importante afirmação da constituição pastoral *Gaudium et Spes* de que Cristo manifesta ao homem o mistério do homem (Med Intr., 1), a assembleia episcopal deste continente reafirma que "Cristo pascal, imagem do Deus invisível (Cl 1,15), é a meta e o desígnio que Deus estabelece para o desenvolvimento do homem, para que alcancemos todos a medida da idade madura da plenitude de Cristo" (Ef 4,13).

Subjacente a tais afirmações se encontra a verdade teológica de que toda antropologia é uma cristologia deficiente e igualmente que toda cristologia é uma antropologia em seu ponto máximo. A fundamentação teológica de tal concepção encontra-se na própria Santíssima Trindade. De fato, o amor infinito e eterno do Pai por seu Filho só poderia dirigir-se a outros seres fora da Trindade se o Filho assumisse sua humanidade pela encarnação. Com outras palavras, o Filho eterno de Deus, pelo fato de ser distinto do Pai, pode sair da Trindade e fazer surgir o ser humano. Porém a encarnação do Filho pressupõe toda a realidade do mundo criado, todo o desenrolar da história do universo, enquanto condição de possibilidade para o nascimento do Filho de Deus. Então o amor do Pai atinge também os que estão fora da Trindade enquanto criados à imagem do Filho (Rm 8,29).

Assim Jesus Cristo é não somente o fundamento último de toda a criação como aparece no Novo Testamento (1Cor 8,6; Cl 1,15-18a; Jo 1,1-3; Hb 1,1-4), mas ainda imagem de Deus (2Cor 4,4) e à *sua imagem* somos também imagens de Deus. A afirmação do Antigo Testamento do ser humano como "imagem de Deus" (Gn 1,26) era ainda indeterminada. Com a vinda de Cristo, que surge como nossa matriz (Rm 8,29), nós sabemos que somente assumindo sua existência histórica em nossas vidas poderemos realizar o desígnio divino ao nos criar e assim chegar à ressurreição final (Rm 8,11). Essa existência histórica foi a do Filho de Deus que manifestou em toda a sua vida uma obediência filial ao Pai. Desse modo podemos também dizer que "criados em Cristo" temos na atitude vivida de obediência a Deus, à semelhança de Jesus Cristo, o que constitui a nossa própria *identidade* mais profunda, o que realmente confere sentido e consistência à nossa vida. Consequentemente ao assumir a mesma atitude que marcou a vida de Jesus, aceitamos a soberania de Deus sobre nós e sobre toda a humanidade, que concretiza o que conhecemos como o Reino de Deus.

Também outra afirmação do texto de Medellín implica toda uma subjacente e bem determinada visão teológica: "Por isso, 'todo crescimento em humanidade' (PP 15,16 e 18) capacita-nos a reproduzir a imagem do Filho, para que este seja o primogênito entre muitos irmãos (Rm 8,29)" (Med 4,9). Realmente se Cristo constitui o ser humano em sua verdade e em sua autenticidade, então podemos também concluir que o autenticamente *humano é também cristão*. Daqui podemos tirar duas consequências. Primeiramente, podemos encontrar o que chamamos "divino" no humano autêntico que, enquanto tal, corresponde à sua matriz, Jesus Cristo. O humano verdadeiro nunca é simplesmente humano já que corresponde ao desígnio eterno de Deus de destiná-lo em sua plenitude à vida eterna em Deus. Quanto mais nos conformamos com *esse humano*, revelado para nós na vida e nas palavras de Jesus de Nazaré, mais estamos respondendo à nossa vocação cristã, ao sentido último de nossa existência. Sabemos que esse dinamismo filial, presente e atuante em cada um de nós, corresponde à ação do Espírito Santo em nós (Rm 8,14-16; Gl 4,6), como também já acontecera na vida de Jesus (Mc 1,12; Lc 4,18; At 10,38), cuja entrega por nós em sua paixão e morte de cruz se deu "em virtude do Espírito eterno" (Hb 9,14). É esse mesmo Espírito que o ressuscita dos mortos (Rm 1,1-4; 1Tm 3,16; 1Pd 3,18) e através do qual Deus também nos ressuscitará (Rm 8,11).

A outra consequência da afirmação do texto de Medellín concerne nossa resposta ao desígnio salvífico de Deus revelado em Jesus Cristo. Se o humano autêntico nunca é meramente humano, pois é o humano realizado na vida de Jesus, que foi Deus entre nós (Emanuel), é o humano divinizado pela ação do Espírito Santo, então realmente podemos encontrar Deus cada vez que nos comportamos como autenticamente humanos à semelhança de Jesus Cristo, cada vez que nos voltamos para o humano necessitado e carente, cada vez que atestamos uma sensibilidade humana por nosso próximo como a teve o Mestre de Nazaré. É o que nos garante o evangelista Mateus na cena do juízo final: "toda vez que fizestes isso a um desses meus irmãos menores a mim o fizestes" (Mt 25,40). Portanto, o cristianismo nos ensina que não podemos prescindir do humano quando buscamos responder e corresponder à vontade de Deus. Verdade que é confirmada pelos sinóticos na estreita união do amor a Deus e ao próximo, que estão sempre juntos (Mt 22,39s.; Mc 12,31), por Paulo com o hino à caridade (1Cor 13) e por João (1Jo 4,20s.). Retomemos o texto de Medellín, acima citado, à luz desta reflexão teológica, quando só então atingimos toda a sua verdade e a sua profundidade.

Outra afirmação cristológica oferecida no texto de Medellín diz respeito à *pobreza* vivida por Jesus Cristo. Questão que já havia aflorado no Concílio Vaticano II, manifestada por um grupo de bispos que não tiveram muito êxito em sua declaração, visto que o tema é apenas mencionado brevemente na *Lumen Gentium* (LG 8), sem que tais afirmações alcançassem a devida repercussão no âmbito da Igreja institucional. Entretanto, o tema é retomado com mais coerência pelos bispos latino-americanos: "Cristo, nosso Salvador, não só amou aos pobres, mas também, 'sendo rico se fez pobre', viveu na pobreza, centralizando sua missão no anúncio da libertação aos pobres e fundou sua Igreja como sinal dessa pobreza entre os homens" (Med 14,7).

Tendo presente que Jesus Cristo nos revela o Pai, que Ele é o acesso que temos para podermos conhecer mesmo imperfeitamente este mistério infinito que nos envolve, então toda a sua vida, palavras e ações, nos revelam o rosto e a conduta de Deus para conosco. E sua vida sempre foi uma existência voltada para os mais pobres, carentes, e marginalizados de seu tempo (Lc 4,18), já manifestada no carinho de Javé pelos *anawim* do povo de Israel. Esse dado da Escritura nos comprova que a opção pelos pobres está perfeitamente fundamentada teologicamente, pois foi primeiramente a opção do próprio Deus. Daqui poder e dever a comunidade eclesial assumir a mesma, voltando-se para estes preferidos de Deus.

Ainda mais. A Igreja deveria se apresentar na simplicidade, na pobreza, na impotência diante dos poderes deste mundo, pois só assim se manifesta a força de Deus que tudo pode (2Cor 12,9). A tentação do poder e das riquezas acompanhará sempre a Igreja, mas Jesus já deixou clara sua atitude diante desta tentação: "não deve ser assim entre vós" (Mc 10,42-45). Também afirma que o apego aos bens deste mundo impede o acolhimento da oferta salvífica de Deus em sua pessoa (Lc 16,13). Por outro lado, os bispos reunidos em Medellín manifestam plena consciência acerca da complexidade desta questão pela diversidade das pessoas, dos contextos vitais, das tarefas a serem desempenhadas pela Igreja, pois ela necessita utilizar os meios adequados para sua missão evangelizadora. Consequentemente distinguem a pobreza enquanto carência de bens como um mal em si, a pobreza espiritual enquanto atitude de abertura para Deus e a pobreza enquanto compromisso assumido livremente por amor aos necessitados (Med 14,4). E concluem: "todos os membros da Igreja são chamados a viver a pobreza evangélica. Mas nem todos da mesma maneira" (Med 14,5). Entretanto, recomendam que "a Igreja da América Latina, dadas as condições de pobreza e subdesenvolvimento do continente, sente a urgência de traduzir esse espírito de pobreza em gestos, atitudes e normas, que a tornem um sinal mais lúcido e autêntico do Senhor" (Med 14,7).

2.4 Fé e cultura (religiosidade popular)

A temática da relação entre fé e cultura já havia aflorado no Concílio Vaticano II, embora de modo incipiente, seja na recomendação de se respeitar as tradições das Igrejas católicas orientais (OE 2), seja reconhecendo o valor dessas tradições provenientes da era apostólica (UR 14), dando como fundamento dessas asserções a própria encarnação do Filho de Deus (AG 10, 22). Entretanto, só a constituição pastoral *Gaudium et Spes* aborda explicitamente a noção de cultura (GS 53) e considera sua relação com o Evangelho (GS 58), sendo que a recepção da fé nas diversas culturas resultará em um enriquecimento mútuo (GS 58). Este tratamento insuficiente dado ao tema explica porque também em Medellín essa questão, tão desenvolvida nas assembleias posteriores, tenha recebido uma atenção apenas secundária no capítulo destinado à catequese (Med 8,15) e à liturgia (Med 9,1), que recomendam o respeito às diversas culturas.

Por outro lado, um tema conexo com esta questão vai merecer outro tratamento no texto de Medellín, que dedica todo seu capítulo VI à *religiosidade popular*. Inicialmente reconhece certas ambiguidades e insuficiências nessa piedade tradicional com seus votos e promessas, com suas devoções, até em alguns casos com sua ótica utilitarista buscando resolver situações difíceis ou conseguir maior segurança na vida (Med 6,2; 6,4; 6,6). Por outro lado, Medellín valoriza essa religiosidade que, embora com participação discreta no culto oficial, apresenta "uma enorme reserva de virtudes autenticamente cristãs, especialmente no que diz respeito à caridade" (Med 6,2). Também não nega que expressões imperfeitas ou deficientes da fé possam mediatizar uma autêntica fé em Deus (Med 6,4). Entretanto, tais expressões não devem ser acolhidas sem mais na catequese, mas sim revistas para purificá-las de seus elementos inautênticos e valorizar seus elementos positivos (Med 8,1).

A justificação teológica apresentada no próprio texto antecipa já elaborações posteriores e mais sofisticadas sobre esta questão (Med 6,5). O acolhimento da Palavra de Deus na fé sempre acontece no interior de um horizonte sociocultural, fato que implica já uma inevitável diversidade na vivência, nas expressões e nas práticas da fé (Med 6,3). Embora não entre diretamente na problemática mais recente sobre a evangelização da cultura e a inculturação da fé, os bispos participantes afirmam um dinamismo interior do Espírito Santo que aperfeiçoa "o momento da apropriação salvífica transformando-o em ato de doação e entrega absoluta de si" (Med 6,7). Além disso, ao valorizar os elementos religiosos e humanos presentes nessa religiosidade, o texto pressupõe que a ação do Espírito Santo atinja não somente as tradições religiosas, mas também os legados culturais dos diversos povos. Pois tanto as tradições religiosas quanto as culturais são produtos do ser humano que é alcançado por essa ação. Isso abre os horizontes das diversas culturas capacitando-as a acolher, expressar e viver a fé cristã.

2.5 Eclesiologia

A visão da Igreja elaborada no Concílio Vaticano II terá uma influência direta e marcante no texto de Medellín, como comprovam, sejam os temas tratados, sejam as citações desse Concílio. Portanto não nos surpreende que a ampla temática da *colegialidade* seja enfatizada e aplicada aos vários âmbitos da vida eclesial, ainda que não apresente grande originalidade. A sagração episcopal insere os bispos em um corpo episcopal que os torna também solícitos pelas demais Igrejas (Med 15,21), sendo que este corpo episcopal de uma região constitui uma conferência episcopal voltada para suas características e necessidades próprias (Med 15,22s.) e em contato com a Santa Sé e com as demais conferências episcopais (Med 15,28). Em nível continental, Celam concretiza este espírito colegial (Med 15,29-33).

Mas também no interior de cada diocese este espírito colegial deve existir nas relações entre o bispo e seus presbíteros concretizado no diálogo e na participação de todos nos assuntos abordados (Med 11,14s.). Para tal, o bispo deverá contar com um conselho presbiteral e um conselho pastoral, este último com membros que representem a diversidade dos estados de vida (Med 15,18), constituindo "uma das instituições mais originais sugeridas pelo Concílio" (Med 11,24). Todos na diocese, bispos, presbíteros, leigos e leigas, religiosos e religiosas, estão comprometidos com a missão salvífica da Igreja e devem colaborar para a mesma (Med 11,16). Portanto de todos se exige uma "adequada corresponsabilidade" (Med 11,20), que se manifesta também na celebração de sínodos diocesanos (Med 15,3).

Depois de enumerar certos fatores que dificultam esse espírito de comunhão eclesial (Med 15,4), o texto de Medellín defende uma adequada revisão e renovação das estruturas eclesiais em vista da comunhão e da catolicidade (Med 15,5). Todos gozam de igual dignidade na Igreja (Med 15,6), mas na unidade da missão há diversidade de carismas e ministérios (Med 10,7) que devem ser exercidos de forma solidária (Med 15,7), evitando-se a formação de comunidades fechadas (Med 15,8). Esta ação partilhada por todos os membros da Igreja em colaboração mútua é denominada "pastoral de conjunto" (Med 12,14s.) e constitui todo um capítulo do texto (Med 15). Esse último enfatiza ainda a ação do laicato no compromisso com "tarefas de promoção humana" em vista dos "signos da libertação, da humanização e do desenvolvimento", nas quais "goza de autonomia e responsabilidade próprias" (Med 10,9). Entretanto, o texto limita essa ação "às ocupações e condições ordinárias de vida familiar e social" por meio especialmente do testemunho de vida (Med 10,11). Falta aqui, como se deu também nos textos conciliares, a explícita menção da participação ativa do laicato no interior da Igreja não apenas como instância de consulta, mas também de deliberação.

Em um ponto da eclesiologia o texto de Medellín se mostra original com relação ao Concílio, a saber, quando aborda o tema das Comunidades Eclesiais de Base, caracterizadas como "comunidades cristãs de base" e descritas como um grupo homogêneo de fiéis por partilharem o mesmo contexto vital. Ela constitui "o primeiro e fundamental núcleo eclesial", "foco da evangelização" e "fator primordial da promoção humana e do desenvolvimento" (Med 15,10). Tais comunidades constituem a forma comunitária de vida cristã (Med 8,10), celebram a Eucaristia em pequenos grupos (Med 9,12) e praticam a revisão de vida (Med 7,14). Sua importância se comprovou nos anos seguintes, apesar das dificuldades experimentadas com determinadas autoridades eclesiásticas. Hoje já assumidas por muitos países, indicam mesmo o modo adequado de ser Igreja no futuro.

Considerações finais

Confrontando a Assembleia de Medellín com as seguintes (Puebla, Santo Domingo, Aparecida) constatamos que elas desenvolveram e aperfeiçoaram muitas características já presentes em Medellín, que por sua vez demonstrou audácia e originalidade em suas linhas pastorais. Medellín inaugura um novo modo de a Igreja desempenhar sua missão, não tanto através de doutrinamentos vindos de cima, mas na utilização do método "ver-julgar-agir", explicitamente mencionado na mensagem inicial e retomado nas assembleias seguintes, apesar da oposição injustificada que experimentou. Daqui o valor único por seu pioneirismo, a validez permanente de seu grito profético, fonte constante de inspiração para a Igreja na América Latina ainda em nossos dias.

Referências

AZCUY, V. "El discernimiento teológico-pastoral de los signos de los tiempos en Medellín". *Revista Teología*, vol. 49, n. 107, 2012, p. 125-150.

BRIGHENTI, A. "Vaticano II – Medellín: intuições básicas e eixos fundamentais". *REB*, vol. 69, n. 273, 2009, p. 5-26.

CADAVID DUQUE, A. "Actualidad de Medellín para la Iglesia Latinoamericana y del Caribe y su proyección en Aparecida". *Medellín*, vol. 34, n. 135, 2008, p. 489-520.

CASTILLO, J.M. *La humanización de Dios*. Madri: Trotta, 2010.

FRANÇA MIRANDA, M. *A Igreja que somos nós*. São Paulo: Paulinas, 2015.

_____. *A salvação de Jesus Cristo*. São Paulo: Loyola, 2011.

_____. *Inculturação da fé*. São Paulo: Loyola, 2001.

LOHFINK, G. *Deus precisa da Igreja?* São Paulo: Loyola, 2008.

SPADARO, A. & GALLI, C.M. (orgs.). *La reforma e le riforme nella Chiesa*. Bréscia: Queriniana, 2016.

3
A Igreja diante da história
O impacto da Conferência de Medellín na sociedade e na Igreja no Brasil

Sérgio Ricardo Coutinho

Introdução

Houve "1968" para todos os gostos. Foi "o êxtase da história", conforme definiu o sociólogo francês Edgar Morin. Por todos os cantos, a juventude parecia iniciar uma revolução planetária. Na Europa, os estudantes gritavam que a transformação do mundo estava ao alcance das mãos. Da Bolívia (Che Guevara) até o Sudeste Asiático (Vietnã, Camboja e Laos), o Terceiro Mundo vivia em convulsão. O bloco soviético esmagava "primaveras dissidentes" (Tchecoslováquia). Os Estados Unidos, abalados por assassinatos de grandes figuras públicas (Martin Luther King e Robert Kennedy) e conflitos raciais, sofriam em uma guerra inglória no Vietnã.

Ao contrário de outros países onde 1968 acabou definido por liberdade sexual e rompimento com costumes da geração anterior, no Brasil a marca da geração foi a política. E o marxismo, sua religião secular. Os jovens universitários tiveram a adolescência cortada pelo golpe militar e se encontravam à margem da representação parlamentar. Eles estavam convencidos de que tinham perdido em 1964 porque os trabalhadores não reagiram. A política, então, ganhou as ruas e a luta armada começou a parecer a única saída.

É diante destes muitos acontecimentos que formulamos a questão que nos interessa: A II Conferência do Episcopado Latino-americano, conhecida por "Conferência de Medellín" (1968), foi relevante para aquele momento? Se foi, que marca deixou?

Parece estranho construir essa pergunta quando a Conferência de Medellín é reconhecida por muitos analistas (teólogos, sociólogos, historiadores) como uma espécie de "Concílio Vaticano II da América Latina" (cf. BRIGHENTI, 2009). No entanto, há quem matize a importância de Medellín para a Igreja naquele período:

> Superestimada pela literatura acadêmica e militante como ponto de partida para as mudanças em curso na Igreja Católica do continente, a importância de Medellín decorre muito mais por ter sido um marco de institucionalização de posições que já vinham, há algum tempo, sendo adotadas cotidianamente por bispos, padres e leigos (SANTOS, 2011: 7).

Afinal, Medellín é ponto de chegada das muitas transformações socioeclesiais ou ponto de partida? Como tratar o "acontecimento-Medellín"?

François Dosse revela três significados com que os historiadores compreendem o "acontecimento": o primeiro significado vê o acontecimento enquanto forma de causalidade processual, ou seja, como um desfecho, um resultado, atrelado às condições de possibilidade para a sua realização (cf. SANTOS, 2011: 7). Um segundo significado designa tudo o que acontece com alguém, positiva ou negativamente; e o terceiro interpreta como uma "ruptura inesperada no percurso do tempo", uma surpresa, um fato não previsto. Dessa forma, nas narrativas historiográficas ou literárias, segundo ele, o "acontecimento" aparece contemplando tanto a ideia de um resultado causal como a de um fenômeno inesperado (DOSSE, 2013: 4).

O "acontecimento-Medellín" não foi um evento inesperado, mas também não foi somente o resultado de uma "causalidade processual". François Dosse gostaria que os historiadores superassem estes dois modos mais comuns de interpretação do "acontecimento" e o vissem muito mais "como desfecho e abertura de possíveis" (DOSSE, 2013: 6). Ou seja, analisá-lo em sua dinâmica dialética: o "acontecimento" é "instituído" como também "instituinte".

A trama dialética entre "instituinte", "instituído" e de "institucionalização" que um "acontecimento" proporciona, faz com que a realidade histórica seja "realidade inacabada", "projeto em construção". Como em Koselleck, no "presente" de todo "acontecimento" estão entrelaçados o "espaço da experiência" (passado) e o "horizonte de expectativa" (futuro) (cf. KOSELLECK, 2006). O "instituinte" não deve ser pensado como força que resulta em "instituído", mas como relação de forças permanente, que comporta tanto o poder como as singularidades de resistência e produção de novos sentidos. Contra as forças instituintes e sua rebeldia, a institucionalização busca formas mais estáveis, rígidas e duradouras; e contra o instituído e sua imutabilidade busca mudanças inovadoras nas formas até então utilizadas.

É dessa forma que queremos abordar este texto: a partir da realidade socioeclesial brasileira, apresentar a conjuntura ideológico-histórica imediatamente anterior (seu espaço de experiência) ao "acontecimento-Medellín" e os "horizontes de expectativas" futuras ("permanências" *versus* "mudanças", "desenvolvimento" *versus* "libertação") proporcionadas por este mesmo "acontecimento".

3.1 "1968: o ano que não terminou" para a Igreja[12]

O "acontecimento-Medellín", como dissemos, não foi uma surpresa. Foi preparado cuidadosamente pela Igreja latino-americana desde o final do Concílio Vaticano II.

Segundo Oscar Beozzo, em carta ao presidente da CAL (Pontifícia Comissão para a América Latina), o Cardeal Confalonieri, Dom Manoel Larrain, bispo de Talca (Chile) e presidente do Celam, transmitia o conteúdo da resolução aprovada, ao iniciar-se a IV sessão do Concílio (set./1965):

> [...] os delegados do Celam autorizaram a presidência, que, em acordo com a CAL, busque a maneira de fazer desta iniciativa (Congresso Eucarístico de Bogotá, Colômbia, em 1968) a ocasião para realizar uma obra prática, concreta, efetiva e de conjunto entre o episcopado latino-americano, naquelas matérias que se considerem mais úteis e urgentes para o desenvolvimento do apostolado no continente (Apud BEOZZO, 1998: 823).

Entre os objetivos dessa nova conferência estava uma revisão das *Conclusões* da I Conferência Geral do Rio de Janeiro (1955); mas, sobretudo, a aplicação à América Latina dos documentos do Concílio Vaticano II.

Em novembro de 1965, o Papa Paulo VI faz um discurso para os cerca de 600 bispos latino-americanos, por ocasião do décimo aniversário do Celam, e ali acena, pela primeira vez, com a realização da II Conferência, como meio de estabelecer um plano de pastoral para a aplicação do Concílio no continente.

Apesar das muitas dificuldades postas pela CAL, em matéria de organização do evento e que, com isso, atrasou a convocação da II Conferência (que só chegou às mãos da presidência em janeiro de 1968), o Celam realizou uma série de eventos preparatórios para Medellín.

Poderíamos citar os seguintes: o segundo encontro de teólogos latino-americanos, no Chile, em julho de 1966, dando continuidade à reflexão iniciada em Petrópolis (1964); o encontro em Mar del Plata (Argentina), outubro de 1966, que ficou marcado pela mensagem de Paulo VI incentivando os bispos a assumirem participação ativa no processo de transformação em curso e nas "sugestões fraternas" de Dom Helder, ao criticar a ideologia do desenvolvimento no sentido de esconder uma relação de dependência em relação aos países capitalistas; a X Reunião do Celam, em Chaclacayo, Peru, em novembro de 1967; a reunião de especialistas em Bogotá, em janeiro de 1968 quando se elaborou o documento de trabalho e definidos as 16 "áreas de trabalho" para a Conferência e que seriam a base para agrupar as 16 comissões que dariam a estrutura para o documento final de Medellín; o encontro sobre

---

12. O título se inspira na obra *1968: o ano que não terminou*, de Zuenir Ventura.

a pastoral das missões na América Latina, em Melgar, Colômbia, em abril de 1968; o encontro de presidentes das comissões episcopais de ação social, em Itapoã, Bahia-Brasil, em maio de 1968; o encontro dos leigos do Departamento para o Laicato do Celam, reunidos para rever o documento de trabalho, em junho de 1968, em Lima (Peru) (ALMEIDA, 2005: 17).

Todas essas atividades estavam sempre regadas por uma "nova postura" dos bispos entre si, um novo "princípio de organização social": a colegialidade episcopal (não tão nova assim, mas retomada com muita força a partir do Concílio Vaticano II, depois de séculos de "esquecimento") (cf. SANTOS, 2015).

Enquanto isso, no Brasil, a conjuntura social e política daquele ano de 1968 atingia diretamente a atuação da Igreja. Essa conjuntura eclesial brasileira teve um impacto consistente durante e depois de Medellín.

O ano se inicia com um encontro dos bispos do Regional Nordeste I da CNBB (Maranhão, Piauí e Ceará), o IV Encontro de pastoral de conjunto, onde discutiram qual deveria ser a missão da Igreja naqueles três estados. A rejeição ao projeto de "desenvolvimento" e, em seu lugar, a proposição de um projeto de "libertação" começava a ganhar força.

Um grupo de técnicos expôs a situação do homem nordestino. Essa reflexão só veio a confirmar a impressão de todos: de um Nordeste vítima de gritante injustiça, impelido por forte desejo de desenvolvimento, que, no entanto, estava sendo implantado unilateralmente em algumas áreas em proveito de pequena minoria. "Enquanto isso a maioria de nossos irmãos nordestinos continuam marginalizados, condenados a uma miséria cada vez mais desumana e desumanizante, em que já vivem, de há muito afogados", afirmavam os bispos.

Por isso, estavam conscientes de que a missão da Igreja era ajudar aquele homem a se libertar daquela situação de escravidão: "E salvá-lo é prioritariamente *libertá-lo* das injustiças e misérias, frutos do pecado" (destaque nosso). Por outro lado, constatavam que "infelizmente o homem do Nordeste não tem encontrado na ação da Igreja a ressonância plena de seus anseios de *libertação*" (destaque nosso).

Dessa forma, assumem um compromisso todo embasado na *Gaudium et Spes* e que já colocam suas dioceses nos passos que seriam dados pela Conferência de Medellín:

> Fiéis, portanto, a Deus e ao homem do Nordeste queremos encaminhar a nossa pastoral numa linha de promoção humana. [...]. Em sua missão profética, "a Igreja a todo o momento tem o dever de perscrutar os sinais dos tempos e interpretá-los à luz do Evangelho, de tal modo que possa responder, de maneira adaptada, a cada geração..." (GS n. 4) [...]. *Nem nos escapam os grandes riscos de semelhante opção*. Poderemos ser incompreendidos, mal-interpretados e até mesmo caluniados. [...] *Pode-*

> *remos ter que enfrentar reações ainda maiores e ser mesmo vítimas de perseguição e violência*, previstas pelo próprio Cristo: "Bem-aventurados sereis quando vos caluniarem; quando vos perseguirem e disserem falsamente todo mal contra vós por causa de mim" (Mt 5,11) [destaques nossos] (*Sedoc*, 1968: 53-55).

De fato, o "horizonte de expectativa" que os bispos daquela região previam era da perseguição e do martírio por causa das opções que assumiam. E as expectativas acabaram por se realizar.

Ainda no Nordeste, no Recife, em abril de 1968, o recém-criado Instituto de Teologia Regional (Iter) iniciava a discussão de um documento em vista da Conferência de Medellín. Esse foi produzido pelo experiente teólogo e sociólogo belga, radicado na América Latina já há vários anos (e convidado por Dom Helder Câmara para ser o prefeito de estudos dos cursos de teologia): Padre Joseph Comblin.

Esse texto teve uma repercussão enorme e ficou conhecido por "Documento Comblin". A partir do documento de trabalho para Medellín, Comblin elaborou um texto crítico e duro sobre a realidade social, econômica, cultural e eclesial da América Latina. O mesmo deveria discutido em um grupo restrito de teólogos e professores do Iter (25 pessoas ao todo), incluindo Dom Helder.

No entanto, o texto chegou às mãos de jovens universitários, que eram acompanhados pelo Padre Antônio Henrique Pereira Neto, que foi reproduzido e distribuído amplamente nos círculos juvenis. E este acabou caindo no colo do vereador recifense Vandenkolk Wanderley (do partido do governo – Arena) e divulgado pela imprensa. Juntamente com Wanderley, o deputado estadual Adije Maranhão (Arena) abriu um processo judicial contra Dom Helder Câmara para que este fosse para a cadeia e expulsar do país o Padre Comblin, pois o documento era "altamente subversivo"[13].

---

13. No jornal *Correio da Manhã*, o vigário Mons. Marcelo Cavalheira defende ação de Comblin (1968, p. 15). O *Correio da Manhã* fez parte do movimento que atuou na articulação do golpe contra o governo Jango. Em 31 de março de 1964 foram publicados dois editoriais que entraram para a história: "Basta!" ("O Brasil já sofreu demais com o governo atual. Agora Basta") e "Fora!" ("Só há uma coisa a dizer ao Sr. João Goulart: Saia!") No entanto, dois dias após a queda do presidente, o jornal denunciou o empastelamento de emissoras de rádio, televisão e de jornais como o *Última Hora*, que teve seu prédio e veículos de distribuição dos jornais depredados, e a *Tribuna da Imprensa*, de Carlos Lacerda, opositor ferrenho de Jango. Quando tiveram início as cassações de políticos, o jornal publicou comentários que revelavam desconfianças sobre o futuro, sugerindo que a democracia estava ameaçada porque o país parecia caminhar no rumo de uma ditadura militar. Dias antes da decretação do AI-5 (dez./1968), uma bomba foi jogada na sede do jornal. No dia seguinte, no editorial intitulado "O responsável", a direção do periódico denunciou o Presidente Costa e Silva pelo atentado. Em 13 de dezembro, horas depois do anúncio do novo ato repressor, a sede do jornal foi cercada pelo Dops, censores se instalaram na redação e os diretores foram presos.

O Documento Comblin estava organizado em quatro partes: "Situação histórica da América Latina", "Responsabilidade da Igreja no subdesenvolvimento histórico na América Latina", "Problemas políticos" e "Questões pastorais". O Padre Comblin definia a Igreja no continente como uma das instituições mais subdesenvolvidas e apontava as causas para isso: abandono das massas camponesas; solidariedade com a elite dominante; colonialismo; ensino classista; assistencialismo bem-intencionado, mas sem base na realidade; indiferença para com o trabalhador; burocracia cartorial; e incapacidade de organização. Sobre a realidade latino-americana, Comblin via, "ao lado de uma categoria de mestiços, pobres e marginalizados, uma aristocracia branca, que acumula a totalidade do poder, das riquezas e da cultura" e a Igreja adota a mesma postura dos grandes proprietários: "desconhece a existência das massas rurais, o seu caráter humano".

Para a implantação das reformas sociais e do fim dos privilégios por meios violentos, Comblin afirmava:

> Seria errôneo pensar que "a Igreja" ou "a moral" condenam as ações de força para a conquista do poder. Mas uma insurreição militar não é também o caminho. A ação militar só é útil quando as forças armadas já foram desmoralizadas e não têm mais condições para resistir. Até o século XX, a Igreja nunca condenou a força. Os exemplos são vários. Um deles: a Igreja não condenou, mas aceitou a ação da força que fez a Revolução de 1964 no Brasil [...] (COMBLIN, 1968: 18).

E para a realização de uma Igreja verdadeiramente pobre (como era o desejo de Dom Helder e de outros bispos que realizaram o Pacto das Catacumbas durante o Concílio Vaticano II) foi bem taxativo:

> Um gesto significativo seria a distribuição imediata aos pobres de todos os bens eclesiásticos improdutivos (terras não cultivadas, prédios insuficientemente utilizados etc.). Esse gesto não seria nada heroico, seria apenas gesto de justiça, pois, de acordo com a doutrina social da própria Igreja, a propriedade privada é ilegítima quando não contribui para o bem comum. Seria apenas restituir aos pobres o que lhes pertence *ex justitia*. Gesto mais significativo seria a distribuição aos pobres dos bens acumulados com fins de capitalização [...]. Isto, sim, seria um sinal (COMBLIN, 1968: 18)[14].

---

14. Somos da opinião que o documento tenha influenciado, não em toda a sua exigência, o pacto assumido por 48 bispos (numa espécie de "Pacto das Catacumbas brasileiro") durante a IX Assembleia Geral da CNBB (jul./1968). As folhas que coletaram as assinaturas tinham um texto com o seguinte teor: "Na linha e no espírito do Vaticano II, que apresenta, segundo o Evangelho, a imagem de uma Igreja pobre e servidora, inserida no meio do povo, como sinal eficaz de salvação, trazemos à IX Assembleia Geral dos Bispos do Brasil a seguinte proposição:

Aqui já estavam os indícios suficientes para que fosse taxado de "subversivo-comunista". Por isso mesmo, além dos deputados pernambucanos, o deputado Carvalho Neto, líder da bancada da Arena na Assembleia Legislativa do antigo Estado da Guanabara (atualmente, parte do Estado do Rio de Janeiro), fez um pedido ao Presidente Costa e Silva que promovesse a imediata expulsão do Padre Comblin e do presidente da Associação Católica da Guanabara, o padre barnabita Vicente Adamo, pois eram elementos "que formam uma corja que vem pregando a subversão e a intranquilidade no Brasil" (CARVALHO NETO, 1968: 3)[15].

Também setores eclesiais mais conservadores reagiram fortemente. O movimento integrista Tradição, Família e Propriedade (TFP) fez diversas manifestações em São Paulo e Belo Horizonte. No Rio de Janeiro, por exemplo, vinte homens fizeram uma manifestação em frente à Igreja do Colégio Santo Inácio dos padres jesuítas. Com seus estandartes distribuíam panfletos (um manifesto redigido pelo seu fundador Plínio Corrêa de Oliveira) contra Dom Helder e Padre Comblin. O Padre Rubem Ferreira, que presidia a missa, pediu aos fiéis que não aceitassem as provocações e defendessem a Igreja das ofensas da TFP. No mesmo local, coincidentemente, estava acontecendo um encontro de jornalistas. O padre pediu a ajuda dos mais de cem jornalistas que organizaram uma "parede humana" e passaram a gritar "Fora fascistas!" O grupo da TFP deixou o local assustado porque a movimentação acabou por atrair a atenção das pessoas da vizinhança e acabou por deixar seus cartazes e faixas, imediatamente queimadas pelos populares (*Correio da Manhã*, 1968: 2).

O Documento Comblin, de certa forma, animou muito a ala mais "jovem" da Igreja, ou mais "progressista", que passou a se manifestar publicamente com mais veemência, especialmente tomando parte em passeatas promovidas pelo movimento estudantil.

De fato, a partir de 1967, as passeatas estudantis foram a forma mais significativa de oposição da sociedade ao regime militar, agregando cada vez mais manifestantes por evento e refletindo a crescente insatisfação com a ditadura. A maior e mais significativa delas foi a Passeata dos Cem Mil. Aos 26 de junho de 1968, aproximadamente cem mil pessoas ocuparam as ruas do centro da cidade do Rio de Janeiro para protestar contra o ambiente de opressão e violência que dominava a sociedade brasileira do período.

Vladimir Palmeira, um dos protagonistas daquela grande manifestação, lembra que padres e freiras se juntaram em uma grande ala, trazendo faixas com dizeres

---

Que renunciamos aos nossos títulos honoríficos de tratamento de Eminência e Excelência, expressão dominante de uma época passada e sejamos tratados normalmente como os demais cristãos e de acordo com os costumes locais" (CDI-CNBB, 1968, p. 165-169).

15. Na edição de 30/06/1968, no 4º caderno deste mesmo jornal (p. 6), o intelectual católico Antonio Carlos Villaça escreve um longo artigo intitulado "Comblin: sociologia", onde defende a análise do padre belga como um texto totalmente "sociológico" e que nada tinha de subversivo.

"Fazer calar nossos moços é violentar nossas consciências" e repetindo *slogans* como "A Igreja quer justiça", "Liberdade para os presos", "Os alunos têm razão". Entre os participantes estavam o bispo auxiliar e vigário-geral do Rio, Dom Castro Pinto, o Cardeal Dom Jaime Câmara, o Padre Vicente Adamo, representantes dos colégios São Vicente de Paulo, Santo Agostinho, Sion, Zacarias, membros da Ordem dos Lázaros, além de madres e irmãs vicentinas, ursolinas e marianas[16].

Por isso, naquele segundo semestre de 1968, as autoridades militares passaram a perseguir líderes estudantis, políticos e artistas, como também padres, religiosas e leigos, críticos ao regime.

Diante do aumento dos níveis de violência (seja pelo governo, seja pelos grupos de resistência armada), Dom Helder Câmara propôs uma "revolução dentro da paz" (CÂMARA, 1968), por meio da formação de um "movimento de opinião pública", usando a "força das ideias" e de "pressões democráticas" – em franca oposição à opção pela luta armada – conduzisse uma transformação das "estruturas" sociais. Esse movimento foi chamado por ele de Pressão Moral Libertadora (CDI-CNBB, 1968)[17].

O movimento foi legitimado durante a IX Assembleia Geral da CNBB (jul./1968), onde recebeu o apoio de 43 bispos (cerca de 25% do total de 174 bispos participantes). O lançamento estava previsto para o centenário de nascimento de Gandhi (02/10/1968) com a expectativa de acontecer em 40 cidades em todo o Brasil. Além disso, estavam prevendo outras duas manifestações: no Dia de Finados (02/11) para uma celebração dos mártires da liberdade e no dia 10/12 para a celebração do 20º ano da Declaração Universal dos Direitos do Homem (CDI-CNBB, 1968: 4).

No entanto, durante a realização da Conferência de Medellín, Dom Helder levou seu projeto, com o desejo de expandi-lo por toda América Latina, e o apresentou em uma reunião informal com alguns bispos, padres, religiosos leigos e observadores evangélicos. O grupo não ficou muito satisfeito com o nome do movimento, pois o achava "falho e provisório" e que se tornava "urgente adotar um nome mais positivo e mais largo". Por isso, o movimento de Pressão Moral Libertadora passou a se chamar

---

16. Cf. as fotos das alas dos padres e das freiras na Passeata dos Cem Mil na home-page de Vladimir Palmeira, líder estudantil em 1968: http://www.vladimirpalmeira.com.br/ano1968_4.html

17. O jornal *A Tribuna* noticiou o lançamento do movimento na cidade por Dom David Picão e que recebeu o apoio de vereadores locais e do Centro de Estudantes de Santos. Um gesto concreto dessa "pressão moral libertadora" foi a manifestação de cerca de 100 padres e freiras, que saíram da Catedral Metropolitana do Rio de Janeiro até a Rua 1º de Março, com faixas e cartazes de protestos contra a expulsão do padre-operário francês Pierre Vaulthier que havia participado da greve operária em Osasco (SP) na metade daquele ano. A manifestação durou 10 minutos e todos ficaram em silêncio. O mesmo ato já havia ocorrido em São Paulo e Porto Alegre. Foi distribuído um manifesto com o título "Por que estamos nas ruas". Uma das faixas dizia "Fomos expulsos de nossa Missão junto ao Povo" (cf. *Jornal do Brasil*, 1968, capa e p. 7).

Ação Justiça e Paz, "um movimento vigilante e decidido a trabalhar pela paz, fazendo justiça, na América Latina" (CDI-CNBB, 1968: 1-2)[18].

No dia 13 de dezembro de 1968, o governo edita o AI-5, ato institucional que acabava definitivamente com as liberdades individuais e reprimia violentamente todo ato de insubmissão contra a ditadura. Ele atingiu em cheio a Igreja e seus membros[19].

3.2 Medellín, a "crise da história" e o Seminário Missão da Igreja e Transformação da Sociedade Brasileira (1971)

Quando do encerramento da Conferência de Medellín, Dom Helder deu uma declaração em que revelava suas "expectativas futuras":

> [Os textos aprovados terão de ser aplicados na prática] custe o que custar. Vamos ser chamados de comunistas, mas sabemos que significa reforma no papel. [...] Na América Latina, a política ainda é propriedade dos grupos dominantes, dos que têm poder. As massas não têm acesso a ela. Quando começarmos um trabalho de conscientização, de mudanças de estrutura, seremos chamados de comunistas e subversivos (CÂMARA, 1968: 11)[20].

O AI-5 pôs por terra qualquer possibilidade de trabalho de conscientização política com alguma liberdade de expressão. Além disso, os textos de Medellín tinham gerado muito mais inseguranças do que propriamente clareza nos caminhos e ações

---

18. De fato, e seguindo a programação estabelecida, aos 02/10/1968 o movimento Ação Justiça e Paz foi lançado em São Paulo (SP), Rio de Janeiro (RJ), Recife (PE), Barra do Piraí (RJ), Campina Grande (PB), Campinas (SP), Goiânia (GO), Manaus (AM) e João Pessoa (PB) conforme os recortes de jornais coletados pela equipe de coordenação (CDI-CNBB, 1968).

19. Alguns poucos exemplos disso: março de 1969, o Padre Antonio Henrique Pereira Neto, foi sequestrado, torturado e morto em Recife; novembro de 1969, a morte do guerrilheiro Carlos Marighela e a prisão de vários religiosos dominicanos, entre eles Frei Betto e Frei Tito Alencar; setembro de 1970, agentes do Dops e do I Exército invadem a sede do Instituto Brasileiro de Desenvolvimento Social (Ibrades) e prendem padres, leigos da JOC e o secretário-geral da CNBB, Dom Aloísio Lorscheider.

20. O *Jornal do Brasil* mandou uma equipe a Medellín e fez uma cobertura diária do evento. Esse jornal teve papel relevante na articulação do golpe de 1964 e comemorou sua vitória. Alguns dias depois da mudança no poder, expressou apoio ao novo governo, demonstrou entusiasmo pela posse de Castelo Branco e quando foi decretado o AI-2, defendeu as restrições políticas impostas pelo governo como a intervenção no Judiciário, fim do pluripartidarismo e estabelecimento de eleições indiretas. Após a decretação do AI-5, o jornal publicou a notícia nos seguintes termos: "Tempo negro. Temperatura sufocante. O ar está irrespirável. O país está sendo varrido por ventos fortes: máx. 38°, em Brasília, e min. 5°, nas Laranjeiras". No dia seguinte, o periódico não circulou como forma de protesto contra a ordem de prisão de um de seus diretores. Apesar de ter conquistado grande influência política entre militares na década de 1960, o *Jornal do Brasil* acabou perdendo prestígio durante os "anos de chumbo".

que deveriam ser tomadas. Maria Carmelita de Freitas afirma que os documentos (atas, deliberações, decisões) da X Assembleia da CNBB (jul./1969) não revelavam grandes dissenções em torno de Medellín, mas também não revelavam entusiasmo especial. Naquele momento, relembra, as tensões e atenções no interior do episcopado estavam polarizadas e essa conjuntura explicaria "em parte a escassa ressonância de Medellín nos textos referentes à pastoral de conjunto" (FREITAS, 1997: 204).

A CNBB estava atônita e perplexa com todos os acontecimentos de 1968, 1969 e 1970. Chegava-se ao fim o 1º Plano de Pastoral de Conjunto (PPC) (1966-1970)[21] e não se sabia muito bem que passos seguir diante de uma conjuntura radicalizada aos extremos. A causa dessa estranheza era a dificuldade de se encontrar com a "história", com a "historicidade" de todas as coisas, com as "acelerações" das mudanças sociais que não seguiam mais os mesmos ritmos de tempos anteriores. O dilema era: Aceitar o *status quo* ou encarar de frente o "fenômeno da mudança social"? Como ser "Igreja" e como agir como "Igreja" naquela situação?

Em relação aos textos de Medellín, projetam-se duas tendências marcantes: de um lado, a consciência de que Medellín catalisa e sanciona uma década inteira de evolução e de mudanças profundas na maneira de ser Igreja no continente e que não se podia negar esse acontecimento e suas intuições, opções e decisões. Por outro lado, a perplexidade e a hesitação, diante da novidade; que trouxe, consequentemente, uma insegurança na hora de pôr Medellín no "chão concreto" das práticas pastorais. Essas duas tendências vão refletir na hora de dar continuidade, ou não, ao processo de planejamento e eventual elaboração de um segundo Plano de Pastoral de Conjunto.

Por isso, a Comissão Central da CNBB, em 1970, resolveu promover um encontro com pessoas com "nível intelectual bastante elevado" para que pudessem oferecer aos bispos "uma interpretação mais precisa do que se fez em Medellín". Assim, em janeiro de 1971, no Rio de Janeiro, em uma reunião reservada e com a participação de poucas pessoas (ao todo 28 pessoas: 09 bispos, 11 padres e 08 leigos)[22], a CNBB

---

21. O 1º PPC foi aprovado na VII Assembleia da CNBB (15/11/1965) durante a última sessão do Concílio Vaticano II, sendo fixada em 1º de janeiro de 1966 para sua entrada em vigor.

22. *Bispos:* Vicente Scherer (presidente da CNBB); Aloísio Lorscheider (secretário geral da CNBB); Avelar Brandão (presidente do Celam); Candido Padin (presidente do Departamento de Educação do Celam); Eugênio Sales (pres. Depto. Ação Social Celam); Paulo Evaristo Arns (Arcebispo de São Paulo); Helder Câmara (Arcebispo de Olinda-Recife); Ivo Lorscheiter (secr. Teologia CNBB) e Luis Fernandes (Bispo auxiliar de Vitória). *Padres:* Cirilo Gomes (RJ); Fernando Bastos Avila (RJ); Henrique Lima Vaz (MG); Hugo de Vasconcelos Paiva (RJ); Jospe Marins (BA); José Vasconcelos (RJ), Joseph Romer (BA); Marcelo Azevedo (MG); Virgílio Rosa Netto (RJ); Mascarenhas Roxo (SP) e Leonardo Boff (RJ). *Leigos e leigas*: Arno Schilling (RS); Cândido Mendes de Almeida (RJ); Antonio Dias Leite (RJ); José Francisco (MG); Luis Arrobas Martins (SP); Madre Maria Luiza Ribeiro de Oliveira (MG); Maria de Lourdes Santos (BA) e Oto Guerra (RN).

organizou o seminário de estudos "Missão da Igreja e transformação da sociedade brasileira" (CDI-CNBB, 1971)[23].

Na abertura do evento, o presidente da CNBB, o conservador arcebispo de Porto Alegre, Dom Vicente Scherer, afirmava que os documentos de Medellín tinham se convertido "em pomo de discórdia e em sinal de contradição", pois vinham sendo feitas leituras reducionistas, precipitadas e com enfoque exclusivamente sociológico sobre os problemas socioeconômicos: "a promoção humana [...] virá como efeito e exigência de conversão e mudança interior dos corações". Um exemplo dessa leitura precipitada foi a que fizeram diversos teólogos em um simpósio ocorrido em Bogotá, em março de 1970, intitulado *Teología de la Liberacíon*, onde todas as conferências seguiam uma mesma linha que interpretavam "libertação" enquanto exclusiva libertação dos sofrimentos, dos males físicos e sociais. "Mas – conclui Dom Vicente Scherer com sua visão eclesiológica – tal esforço não é objeto direto e primário de nossa ação especificamente cristã e eclesial ou salvadora, e não foi para a solução dessa ordem de necessidades que o Verbo se fez carne e fundou sua Igreja" (CDI-CNBB, 1971: 2).

Medellín explicitou para a Igreja no continente o problema colocado pela *Gaudium et Spes*: a relação Igreja-mundo e Igreja-história. Assumir uma postura de distanciamento em relação ao mundo (postura neoagostiniana) ou de diálogo e de proximidade (postura neotomista)? (cf. FAGGIOLI, 2013).

Na verdade, os bispos da CNBB viviam uma "crise do tempo" (HARTOG, 2013). No documento final da XI Assembleia Geral, "crise" era uma das palavras que mais se aplicava "à presente realidade da Igreja". Tinham consciência de que a Igreja, por ser uma realidade humana, também sofria com as crises na "história". E a "representação do tempo histórico" que tinham era aquela formulada por uma visão idealista da filosofia hegeliana da história: "crise é um modo de *ser* da História e um modo de *pensar* a História, entendida como marcha progressiva do espírito humano". Desse modo, percebiam que as categorias que possuíam para dar sentido à "ordem do tempo" não estavam mais dando conta de explicar a experiência daquele "tempo novo":

> Nesse processo, defrontamo-nos muitas vezes com momentos nos quais uma radical confusão e uma desorientação existencial parecem comandar os acontecimentos e pautar o comportamento dos homens. O quadro de certezas, a escala de valores, a visão mesma do mundo, tudo parece ter perdido sua vigência e não mais poder nortear a vida. É o momento da *crise*. É o trânsito todo especial que a define. Ao avançar-

---

23. Não temos conhecimento de trabalho histórico-teológico que tenha se debruçado sobre essa documentação, nem mesmo a densa e importante pesquisa de Maria Carmelita de Freitas o fez. Por isso, estamos diante de um material inédito.

mos então na vida e no tempo, parece que não nos acompanha o mundo de nossas convicções, valores e soluções. Vive-se uma experiência de impasse. É isso propriamente a crise (CDI-CNBB, 1970: 178).

Assim, o seminário queria enfrentar a "crise do tempo" buscando nos textos de Medellín algum princípio ou conceito histórico que pudesse dar-lhe sentido. Em outras palavras, buscava-se um princípio, condensado em um conceito, que pudesse nortear a leitura da realidade histórica e a práxis eclesial a partir de Medellín.

Na exposição do Padre Virgílio Rosa Netto[24], ele percebia que havia nos textos de Medellín um "problema de linguagem". Ela apresentava os dados da realidade (às vezes de uma forma banal) e conduzia para um engajamento mais concreto na história, mas não trazia os instrumentos teóricos para isso. Se no passado a Igreja estava bem-dotada, segundo ele, de instrumentos categóricos para falar de "direito natural" ou da "ordem do bem comum", ou seja, categorias metafísicas e da neoescolástica, naquele momento, diante dos textos de Medellín, parecia que lhe faltava "alguma filosofia". Dizia ele: "a gente não encontra quase referência a uma interpretação do que seja um processo histórico, do que seja um processo dialético. [...] Todas essas noções aparecem [...], mas sem uma consciência, sem uma percepção nítida do seu alcance". Na sua visão, não se tratava de descobrir "princípios abstratos", mas de encontrar algum conjunto de princípios que pudessem ajudar a "iluminar a conjuntura". Havia, para ele, "um problema de epistemologia eclesiástica" (CDI-CNBB, 1971: 74-77).

Para problematizar ainda mais a questão, Padre Virgílio apresentou três documentos que circulavam amplamente entre os muitos grupos de cristãos católicos e que possuíam uma hermenêutica de Medellín que acabava por trazer muitas dificuldades no diálogo com as forças do governo militar e que justificavam as radicalizações de posição.

Os documentos eram: "Exemplo de uma leitura marxista das *Conclusões* de Medellín"; "Pastoral da Juventude" e uma proposta de texto com uma fundamentação teológica sobre o "Projeto do governo de Educação Moral e Cívica". Todos eles, ao seu modo, buscavam e exigiam que a Igreja apoiasse o "projeto de sociedade" que defendiam e que estimulasse os cristãos para entrarem na "militância política".

O primeiro documento estava amplamente divulgado no país tanto entre os grupos de uma Igreja engajada como entre os grupos de militância não cristã. O texto tentava operacionalizar, a partir dos textos de Medellín, um "compromisso real de transformação": "os textos de Medellín são respostas a quase um catecismo marxista".

No documento "Pastoral da Juventude", os jovens criticavam a linguagem da Igreja deslocada dos problemas reais exatamente porque lhe faltava uma "análise his-

---

24. Secretário de Pastoral da CNBB e primeiro presidente do Instituto Nacional de Pastoral (INP).

tórica situada". Defendiam a "anterioridade do processo histórico sobre sua interpretação". Ao invés de usarem o conceito de "liberdade", optavam pelo termo "libertação"[25] e o conceito de "verdade" estava associado à "eficácia histórica", entendida como "eficácia histórica de transformação da sociedade concreta".

O último documento se fixava no conceito de "sinais dos tempos" (que também aparece no documento anterior). Era entendido como a "mediação socioanalítica imprescindível para elaborar critérios de opção e [...] de opções no plano estratégico-prático dos projetos políticos e econômicos". Criticavam a postura da CNBB que, na XI Assembleia, revelou-se incapaz de criticar o "caminho desenvolvimentista" e assumia um papel "legitimador deste tipo de projeto histórico", pois este era um projeto "neocapitalista" consubstanciado em um caminho tecnocrático, setorial, seletivo e excludente. Assim, o projeto do governo de Educação Moral e Cívica era "a propugnação ideológica explícita deste caminho tecnocrático neocapitalista" (CDI-CNBB, 1971: 77-87).

Diante desses problemas, coube ao Prof. Cândido Mendes de Almeida[26], como representante da *intelligentsia* católica, construir alguns princípios de "mediação"

---

25. *Libertação* se torna uma *ideia-força*. Foi durante a II Guerra Mundial, nas lutas de resistência contra a ocupação nazista, que a palavra *libertação* entrou em uso político corrente, devido ao sucesso do jornal clandestino *Libération*. O jornal legou essa categoria política à esquerda de inspiração existencialista, que chegou ao Brasil pela mediação de Jean-Paul Sartre e de Emmanuel Mounier, este último em ambientes católicos. A categoria *libertação* precisou da mediação *existencialista*, para se tornar uma ideia-força na chamada "esquerda católica" dos anos de 1960. Mas por quê? O *existencialismo* é uma corrente filosófica oriunda da crise da civilização ocidental, o que explica sua enorme difusão no pós-guerra. No Brasil, a crise de civilização foi percebida diante da descoberta do que então se chamava "realidade brasileira": a indignação da juventude contra as desigualdades sociais expostas no período democratizante e desenvolvimentista dos anos de 1950. Não encontrando categorias satisfatórias para explicar essa realidade no marxismo (engessado pelo stalinismo e transformado em doutrina do Partido Comunista), essa juventude recorre às ciências sociais, na época debruçada sobre as questões do subdesenvolvimento (e da dependência) com o personalismo, que postulava o "engajamento" pessoal como caminho para libertar-se das opressões e alienações que impediam a plena realização humana, resultou na categoria *libertação* como processo político. No plano teórico, passava-se das teorias do desenvolvimento (que usavam indicadores para mostrar as distâncias entre os países ricos e pobres) para as teorias da dependência (que explicam o subdesenvolvimento como um efeito da dominação neocolonial) e destas para as teorias da dominação (que enfatizavam a opressão exercida pelas classes dominantes do próprio país) (cf. OLIVEIRA, 2007, p. 40-42).

26. Após o movimento político-militar de março de 1964, que depôs o Presidente João Goulart, Cândido Mendes empenhou-se em lutar, ao lado da Igreja Católica, na defesa de presos e perseguidos políticos, buscando o fim dos crimes políticos e a manutenção do Estado de direito. Em 1969, Cândido Mendes fundou o Instituto Universitário de Pesquisas do Rio de Janeiro (Iuperj), instituição que abrigou alguns professores e intelectuais impedidos de trabalhar sob acusação, pelo regime militar, de serem subversivos. Ainda nesse ano, tornou-se subsecretário da CNBB e, em 1971, passou a integrar, como membro, a Comissão Pontifícia de Justiça e Paz do Secretariado Leigo dedicado ao estudo do tema da justiça no Sínodo Romano; e foi vice-presidente da *Pax Romana* (cf. *Dicionário Histórico Biográfico Brasileiro pós-1930*, 2001).

para fugir das posições extremadas e que pudessem nortear tanto o trabalho pastoral da Igreja como o diálogo com o governo e demais grupos cristãos a partir dos textos de Medellín.

Para ele, a palavra-chave de Medellín era mesmo "desenvolvimento": "é a placenta do real" que Medellín colocava. Havia também uma outra palavra que combinava com a anterior, e que estava muita clara inclusive na *Populorum Progressio* (1967)[27]: a palavra "promoção". Para Cândido Mendes, a Igreja tinha "toda uma definição praxística do que seja esta relação Igreja-mundo. Essa palavra [promoção] contêm outras [presentes também nos textos de Medellín]: opção, projeto, processo" (CDI-CNBB, 1971: 66-69).

Na interpretação dele, os textos de Medellín já traziam uma "doutrina social cristã do desenvolvimento" amadurecida. E os princípios que caracterizavam essa doutrina geral eram: 1) um princípio de que o *status quo* de fato envolvia ou induzia a uma *marginalidade social* ("A não posição do *status quo* é bastante claramente expressa dentro de Medellín em termos de desenvolvimento"). 2) A defesa da *sincronia* das mudanças sociais, ocorridas em todos os patamares dessa mesma realidade. 3) A necessidade da *aceleração da mudança* a partir de mecanismos de conscientização ("há que acelerar o desenvolvimento através da tarefa de conscientização"). 4) princípio de *transformações* globais, audazes, urgentes e profundamente *renovadoras*.

Cândido Mendes defendia a necessidade de se conjugar os princípios da "marginalidade", da "sincronia" e da "aceleração do desenvolvimento", mas que havia um princípio que parecia muito importante: o de que a mudança é intrinsicamente constitutiva da legítima definição de ordem social.

Assim, esses princípios poderiam permitir fazer uma leitura da realidade e favorecer a uma ação pastoral da Igreja a partir da formulação de uma doutrina integrada, ampla e coerente do desenvolvimento que estava presente em Medellín (CDI-CNBB, 1971: 377).

Considerações finais

Para Maria Carmelita de Freitas, do ponto de vista do planejamento pastoral, os textos de Medellín só se integraram de maneira lenta e fragmentada a partir de 1970, quando foram elaborados os planos bienais dos organismos nacionais e quando, em 1974, são elaboradas as Diretrizes Gerais da Ação Pastoral para o quadriênio 1975-1979. Pode-se dizer que a influência de Medellín chega às bases eclesiais por meio

---

27. Encíclica social do Papa Paulo VI "Sobre o desenvolvimento dos povos" e foi o documento mais voltado para os problemas do chamado "terceiro mundo". Colaborou na redação o padre Joseph Lebret, fundador do Movimento Economia e Humanismo, profundo conhecedor de ética social, econômica e política. Sua inspiração vinha de uma visão tomista realista.

do planejamento; mas, segundo ela, também "chega de maneira decisiva por outros caminhos" (FREITAS, 1997: 357). Esses caminhos foram o do enfrentamento político: o enfrentamento com a dinâmica da "história".

A opção por construir uma "epistemologia eclesiástica da história", de buscar princípios hermenêuticos nos textos de Medellín que pudessem "desacelerar" a história, que pudessem "mediar" o diálogo com os dois lados radicalizados daquele momento, procurando incorporar "permanência" e "mudança" em uma "doutrina social cristã do desenvolvimento", não surtiram efeito.

Medellín chegou por outros caminhos. Foram necessárias a experiência da perseguição e a evidência dos "desvios" do regime para que a hierarquia passasse a agir. Após as hesitações dos primeiros anos, a Igreja, entre a "prudência" de uma submissão inconfessada e os riscos imprevisíveis da "resistência profética", teve que optar abertamente pela segunda alternativa.

Não foi fruto de análises técnicas, nem o resultado de uma estratégia friamente calculada por meio de seminários de estudos com seus intelectuais orgânicos. Foi através de uma experiência direta e imediata das consequências do regime e dos seus custos políticos, econômicos e humanos, que a Igreja tomou consciência das pretensões totalizantes e da lógica implacável de um "sistema" cada vez mais anônimo, impessoal e incontrolável.

Envolvida sem retorno na dinâmica desses acontecimentos, a Igreja aprendeu, através deles, a difícil linguagem do Espírito e da liberdade evangélica. Na verdade, os conflitos eram apenas a face visível do *iceberg*: neles emergia, por um lado, o desequilíbrio profundo de um organismo social retratado, negativamente, na denúncia às injustiças reais; por outro, eles eram a expressão de uma consciência eclesial nova, em gestação ainda, que iria desabrochar mais tarde nas pastorais sociais e nas CEBs. Com a opção decidida de uma Igreja que se compreende cada vez mais a partir das bases e não do poder (ou das relações com o Estado). Esta tomada de consciência progressiva foi provocada pelo contato imediato e persistente com o sofrimento real do povo nas suas múltiplas manifestações.

Ao optar pela "resistência" (e pela recuperação da liberdade do Evangelho) a Igreja perdia a sua imunidade (censura, difamação, fiscalização, torturas, prisões etc.) e deixava de ser um refúgio seguro. Na verdade, o perigo não estava na Igreja nem na sua atuação política. A própria natureza explosiva da sociedade brasileira, ao ser confrontada com um cristianismo livre e mais evangélico, conferia à atuação profética da Igreja um caráter diretamente político (PALACIO, 1979: 30).

Medellín, de fato, foi "instituído" por muitos acontecimentos e "instituinte" das opções pastorais de resistência ao regime, e a Conferência de Puebla (1979) irá receber todo este caldo socioeclesial. Mas isso já é uma outra história.

Referências

ALMEIDA, J.C. *Teologia da Solidariedade*: uma abordagem da obra de Gustavo Gutierrez. São Paulo: Loyola, 2005.

BEOZZO, J.O. "Medellín: Inspiração e raízes". *REB*, 232, 1998.

BRIGHENTI, A. "O contexto de uma ousadia que continua fazendo caminho: a propósito dos 40 anos de Medellín". *Pistis e Praxis*, vol. 1, n. 2, jul./dez. 2009.

CÂMARA, H. *Revolução dentro da paz*. Rio de Janeiro: Sabiá, 1968.

Dicionário Histórico Biográfico Brasileiro pós-1930. 2. ed. Rio de Janeiro: FGV, 2001.

DOSSE, F. *Renascimento do acontecimento*: um desafio para o historiador. SP: EdUnesp, 2013.

FAGGIOLI, M. *Vaticano II*: a luta pelo sentido. São Paulo: Paulinas, 2013.

FREITAS, M.C. *Uma opção renovadora*: a Igreja no Brasil e o Planejamento Pastoral – estudo genético-interpretativo. São Paulo: Loyola, 1997.

HARTOG, F. *Regimes de historicidade*: presenteísmo e experiências do tempo. Belo Horizonte: Autêntica, 2013.

KOSELLECK, R. *Futuro passado*: contribuição à semântica dos tempos históricos. Rio de Janeiro: Contraponto/PUC-Rio, 2006.

OLIVEIRA, P.R. "Libertação: ideia-força da esquerda católica". In: SOUZA, L.A.G. (org.). *Relativismo e transcendência*. Rio de Janeiro: Educam, 2007.

PALACIO, C. "Uma consciência histórica irreversível". *Síntese: Revista de Filosofia*, vol. 06, n. 17, 1979.

SANTOS, M.R.B. "Por debaixo da batina: padres e bispos sob a vigilância do Dops/SP". In: *XXVI Simpósio Nacional de História*: Anpuh: 50 anos, 2011, São Paulo. Anais do XXVI simpósio nacional da Anpuh – Associação Nacional de História. São Paulo: Anpuh-SP, julho 2011. vol. 1 (mimeo).

SANTOS, S.R.C. *"Verbalização do sagrado" em tempos de fronteira*: a recepção do Concílio Vaticano II no Maranhão, 1959-1979. Goiânia: Universidade Federal de Goiás, Faculdade de História, Programa de Pós-Graduação em História, 2015 [Tese de doutorado].

VENTURA, Z. *1968: o ano que não terminou*. 3. ed. São Paulo: Planeta, 2008.

Fontes de pesquisa

CDI-CNBB. Doc. n. 14.821 (05538). *Seminário de Estudos "Missão da Igreja e transformação da sociedade brasileira (aplicação à realidade nacional das Conclusões da II Conferência Geral do Episcopado Latino-americano – Medellín – Colômbia)"*. RJ: 25-29/01/1971.

_____. *Atas da X Assembleia Geral da CNBB*. Brasília, 16 a 27 de maio de 1970.

_____. *Atas da IX Assembleia Geral da CNBB*. Rio de Janeiro, 15-20/07/1968.

_____. Doc. n. 15.894-2 (07429). *Pressão Moral Libertadora*: o que é; como e quando surgiu, como vai atuar; programação para 1968; concretamente o que fazer (Elaborado e remetido pelo Centro Coordenador da Pressão Moral Libertadora – Recife, Pernambuco – Brasil). Caderno n. 1, 2º semestre, 1968.

_____. Doc. n. 15.894-6 (07433). *Encontrado o nome que procurávamos*. Caderno n. 5 – Elaborado e remetido pelo Centro de Informação da "Ação Justiça e Paz" – Recife Pernambuco – Brasil, setembro de 1968.

_____. Doc. n. 15.894-1 (07428). *O Lançamento da "Ação Justiça e Paz pelo Brasil"* – outubro de 1968.

CDI-CNBB. *Atas da IX Assembleia Geral da CNBB*. Rio de Janeiro, 15-20/07/1968.

Jornal A Tribuna (Santos-SP).

Jornal Correio da Manhã (Rio de Janeiro-RJ).

Jornal do Brasil (Rio de Janeiro-RJ).

Sedoc. Petrópolis: Vozes, 1968.

4
Medellín e a leitura da Bíblia

Rafael Rodrigues da Silva

Introdução

Na segunda metade do século passado as Igrejas cristãs do Brasil e da América Latina foram marcadas por um vento novo que soprou e entrou por suas janelas. E, desde então, as Igrejas Cristãs e a Teologia subjacente a esse novo ardor missionário e comprometido, marcou um novo jeito de se achegar às Escrituras. Certamente nesse caminhar com os oprimidos e com uma leitura engajada da Bíblia teve avanços, recuos e muitos enfrentamentos e embates. Esse vento novo que balançou as Igrejas, a meu ver, é marcado por dois mo(vi)mentos dentro das Igrejas: o primeiro se dá no âmbito das Igrejas protestantes históricas provocada a redimensionar sua missão e sua eclesiologia; o segundo, é o *aggiornamento* na Igreja Católica com o Concílio Vaticano II.

Se, de um lado, o protestantismo histórico compreendeu a sua missão a partir da realidade social e foi impulsionado pela contribuição de Richard Shaull para uma teologia com os oprimidos, do outro, a Igreja Católica buscou caminhar com os oprimidos a partir das conferências episcopais latino-americanas de Medellín (1968) e de Puebla (1979), enquanto marcas do *aggiornamento* para a teologia e a eclesiologia apontadas pelo Concílio Vaticano II.

Nesses 50 anos da Conferência de Medellín é importante olhar para o processo que esteve em seu nascedouro: o resgate da força social do Evangelho e das comunidades cristãs como fermento de uma sociedade justa e fraterna; bem como, refletir os desafios que foram enfrentados junto com os frutos que colhemos no âmbito da leitura da Bíblia. A leitura da Bíblia a partir das condições sociais desde os anos de 1950 e a irrupção dos pobres na Igreja depois de Medellín são dimensões imprescindíveis nesta celebração.

Pensar esta memória para a caminhada da Igreja comprometida com os pobres e o anúncio do Evangelho nos remete à fala de Milton Schwantes na abertura do vídeo de entrevistas produzido por Faustino Teixeira pelo Iser Assessoria – "Bíblia: Deus Vivo":

Este é um fenômeno em nossas Igrejas: que a nova leitura da Bíblia na América Latina representa um grande desafio. A Bíblia sempre foi um livro muito importante e em muitos momentos da história ela desafiou a Igreja. Neste momento, a Bíblia revigora essa sua presença a partir de perguntas novas, e uma delas é que há um novo sujeito histórico lendo a Bíblia na América Latina: são os empobrecidos. O novo desafio é que a Bíblia hoje é um livro das Igrejas e não de uma Igreja. Ela traz uma contribuição importante para a unidade das Igrejas. A Bíblia hoje é lida a partir das experiências do povo: as experiências das praças e das casas. Qual é a contribuição da leitura da Bíblia na constituição do novo cidadão latino-americano. Por certo há novos enfoques que hoje estão sendo trazidos à tona na América Latina.

4.1 A Bíblia e o Jornal: Leitura desde as condições sociais

As Igrejas protestantes deram passos importantes para uma nova forma de ser Igreja a partir da dimensão missionária e revolucionária apresentadas pela atuação de Richard Shaull no Seminário Teológico de Campinas:

> Há homens que veem mais longe do que os outros e apontam para horizontes novos. Um deles foi Richard Shaull, missionário norte-americano. Estrangeiro, ele nos entendeu melhor do que nós mesmos e nos revelou o nosso destino. Identificou-se com a América Latina e assumiu-a como sua pátria. Tornou-se um profeta, e toda uma geração de estudantes universitários, seminaristas, jovens e leigos comprometidos com o destino do nosso continente foi marcada pelo seu pensamento e pelos seus atos. [...] Naqueles anos, meados da década de 1950, antes do Concílio Vaticano II, e início da década de 1960, antes de qualquer coisa que se parecesse com Teologia da Libertação, antes das Comunidades Eclesiais de Base, as palavras de Shaull eram profecias, visões de futuros ainda não nascidos. Dentro deste livro, memórias de um passado em que uma coisa nova começou, testemunhos passados do presente em que vivemos (ALVES, 1985: 13-14).

Ele provocou muitos estudantes e líderes das Igrejas para uma inserção na vida do povo, pois uma Igreja missionária tem de responder aos desafios e estar atenta às mudanças e transformações da sociedade. Esse grande teólogo e missionário conseguiu cativar uma juventude que naqueles tempos estava cansada do conservadorismo e do proselitismo tão forte nas Igrejas e era preciso provocar as Igrejas para fora dos seus muros. Assim, descobrem através de Richard Shaull em suas aulas e escritos uma nova maneira de ler a Bíblia, uma atração jamais sentida outrora pela reflexão teológica, e um desejo imenso de assumir os riscos da fé nas dimensões seculares da vida (ALVES, 1985: 26-27). Ao ressaltar a contribuição da Bíblia nas lutas sociais, teologicamente evoca a figura de Javé, Deus libertador dos escravos e a radicalização do ideal "democrático" de Jesus e, socialmente, apresenta a provocação de que a atuação dos membros da Igreja não pode se reduzir à dimensão espiritual, ou seja, é preciso levar em conta as exigências de compromisso político.

> Se lemos a Bíblia sem ideias preconcebidas, dispostos a permitir que ela nos oriente, fica claro que o Deus da Bíblia está atuando politicamente na história em todo tempo. Se seguimos o que Ele manda, teremos que fazer o mesmo. Podemos dizer ainda mais: nosso Deus revela-se através de ações de caráter político. Ele dá início a seu povo escolhido através de uma rebelião de escravos. Ele é o líder desse povo numa insurreição. A vida de seu Filho, Jesus Cristo, é tal que Ele é atacado fortemente pelos líderes religiosos e políticos de seu tempo, denunciado como subversivo e condenado à morte. E como já temos assinalado, a vinda do Espírito Santo levou todos os crentes a organizarem a sua vida comunitária de uma forma que hoje teríamos que chamar socialista. Para Jesus, somos chamados a fazer de nossas vidas uma expressão dinâmica e total de amor. Porém, se realmente amamos aos que estão morrendo de fome, poderemos estar satisfeitos dando um pouco de comida a alguns povos? Ou teremos a responsabilidade de lutar para organizar a vida econômica de tal forma que não haja famintos? Se amamos os oprimidos, as vítimas da exploração e da injustiça, basta orar por eles? Ou teremos que lutar para mudar as estruturas da sociedade a fim de que não haja tais injustiças? Há outra coisa que para mim é mais séria. Se pensamos que não devemos entrar nas lutas sociais e políticas, não é porque tenham lido isto na Bíblia, é porque muitos líderes dos movimentos evangélicos nos têm ensinado essa atitude. Porém, o problema é que muitos dos que assim nos ensinam – dizendo que os cristãos devem preocupar-se somente com as coisas espirituais – muitos deles estão metidos completamente na política. Estão fazendo um trabalho político a todo instante, dando, entretanto, uma impressão contrária (ALVES, 1985: 220-221).

Em sua teologia, Shaull considera que Deus age redimindo a vida humana e produzindo reconciliação dentro do processo histórico e fica clara a elaboração de uma leitura da Bíblia marcada por uma teologia comprometida com os pobres e oprimidos. Suas reflexões teológicas frente à crise eclesiológica, de um lado, impõem profundamente uma urgente e necessária reforma nas Igrejas protestantes e, de outro, muito se aproximam das intuições e aspectos apresentados pelo Documento de Medellín e pelo caminhar teológico da Igreja dos Pobres. Antônio Gouveia Mendonça apresenta quatro pontos na reflexão teológica de Richard Shaull e a crise eclesiológica:

1) não fazem nenhuma espécie de análise conjuntural; não visualizam os grandes problemas sociais que as cercam;
2) não superaram o conceito de "verdade" e "racionalidade" que as leva a separar "vida cristã" (viver segundo "verdades" racionalmente aceitas) e "acidentes de percurso" (contingências da vida material e moral);
3) não superaram o conceito de que as Igrejas do Norte têm essa "verdade";
4) perderam a "leitura da Bíblia" por causa da intermediação de doutrinas e de chaves hermenêuticas consideradas como verdades universais (MENDONÇA, 1989: 180).

Antônio Mendonça ressalta: faz-se necessário que as Igrejas se habituem a fazer análise conjuntural e se coloquem em sintonia com o mundo; que haja liberdade e profundidade nos estudos bíblicos e uma renovação na educação teológica com ênfase nos estudos bíblicos sem anteparos ideológicos, no estudo da história do pensamento cristão, sem perder de vista o contexto em que surgiram as grandes correntes e na elaboração de uma pastoral que supere a "consolação" em favor da utopia do Reino (MENDONÇA, 1989: 181).

4.2 O sujeito histórico da leitura da Bíblia a partir de Medellín

É difícil falar da leitura da Bíblia no período pós-Medellín sem se referir à leitura popular da Bíblia instaurada por Frei Carlos Mesters e o Cebi; à leitura sociológica difundida e amplamente praticada por Frei Gilberto Gorgulho e Ana Flora Anderson; à leitura socioeconômica e inserida nas lutas populares de Milton Schwantes; à leitura da Bíblia com a utilização de ferramentas da fenomenologia, antropologia e análise literária difundida por Severino Croatto; e à chave política na leitura da Bíblia e da história de Israel incentivada por Jorge Pixley na sua *História de Israel a partir dos pobres*. Claro e evidente que há outros expoentes e aspectos que foram aparecendo na caminhada nesses 50 anos.

Com a Conferência de Medellín (1968), a Igreja Católica explicitou sua opção pelo povo, pelos pobres, pela sua libertação integral e pelas comunidades eclesiais. Nessa opção, se propõe a ser um novo modelo: a Igreja dos pobres e que se torna um desafio para o ecumenismo (SANTA ANA, 1980, 1985). A Igreja que se orienta a partir de Medellín se assenta no mundo dos pobres e lê o Evangelho em conexão com as suas preocupações por pão, terra e vida digna. A Igreja se insere no submundo dos oprimidos e olha o povo de Deus desde a "periferia" (a Igreja que nasce da periferia). É a irrupção dos pobres na Igreja, pois eles passam a interpelar, converter e transformar. Fazem com que a Igreja se dê conta do que sempre devia ser. E, para a Igreja ser dos pobres, ela os deve acolher e proclamar a justiça, a solidariedade e a libertação, e imitar Jesus pobre entre os pobres, mostrando um Deus que quer libertar. É inaceitável a situação econômica na América Latina que faz os pobres permanecerem pobres cada vez mais pobres. Para tal, a Igreja deve pastoralmente "despertar nos homens e nos povos uma viva consciência da justiça, inspirando-lhes um sentido dinâmico de responsabilidade e solidariedade". Deve também defender o direito dos pobres e oprimidos segundo o Evangelho e fazer com que os governos e as classes dirigentes eliminem as injustiças, a inércia e a insensibilidade, instrumentos destruidores da paz social.

A raiz desse novo modelo de Igreja está na certeza de que Deus vive e se revela no mundo dos pobres e nas suas lutas por libertação. Por isso, "o credo dos pobres" não consiste tanto em afirmar que Deus existe, mas sim proclamar com a vida que Deus caminha nos passos do povo, que Deus luta nas batalhas cotidianas dos humildes. Daí vemos que a Igreja dos pobres procura discernir entre o Deus verdadeiro e os falsos deuses (cf. RICHARD; CROATTO & PIXLEY, 1982). Portanto, a questão não é dizer que cremos em Deus, mas dizer em qual Deus cremos. A força do vento que carrega este barquinho eclesial é que o Deus da Bíblia toma partido em favor dos oprimidos. Esta constatação está presente em toda a Bíblia e se torna motor, força e luz para descobrir a presença de Deus hoje. A leitura da Bíblia anda de mãos dadas com a dinâmica que se instaurou de uma busca profunda da educação libertadora para resgatar os pobres das servidões injustas (MESTERS, 1986: 569-577).

A fé profética latino-americana e a Teologia da Libertação se baseiam no Deus que liberta e defende seu povo pobre da opressão e da injustiça. Deus é um Deus da vida e não da morte, pois quer estabelecer o direito e a justiça. Na experiência do êxodo, temos a chave hermenêutica para compreender a caminhada do povo de Israel e o sentimento de libertação e revelação de Deus na história. O êxodo revela que Javé é "serei o que serei" (Ex 3,14), no entanto, um texto belíssimo da leitura de mulheres escravizadas ao redor do poço aponta para Javé como o "Deus que vê a mim" (Gn 16,13). Demonstra o Deus presente e atuante que ouve os gritos e vê a opressão e conhece, pois, a sua dor. Também é um Deus que promete uma vida nova, diferente da situação de opressão/servidão, que é a promessa de o povo habitar numa "terra que mana leite e mel". Aí está a manifestação política e libertadora de um Deus que rompe com a situação de opressão.

Na experiência profética, vemos que os profetas de Israel e Judá entram em conflito e em uma luta constante contra os ídolos da opressão, que fabricam a injustiça contra o povo. E assim o profeta faz um discernimento da vontade de Deus na história. Denuncia a injustiça e anuncia a promessa. Desse modo, o profeta toma partido, ou melhor, faz uma opção clara pelos pobres e marginalizados da sociedade. Um profeta como Amós chega a chamar a elite de Israel de "vacas bem-nutridas" (Am 4,1), ou Isaías que condena aqueles que juntam casa a casa e que amontoam campo a campo (Is 5,8-24), ou ainda Jeremias, Oseias, Miqueias, Habacuque que condenam a religião idolátrica e prostituída e o Estado que "edificam suas casas sem justiça" e que "derramam o sangue inocente" (Jr 21,13-17). Eles manipulam, pisoteiam, atropelam o direito e devoram a carne do meu povo (Os 4,4-6; Mq 3,1-5; Am 2,6-8; 5,7-13). Mas nessa situação conflitante com os grandes que promovem a injustiça, a corrupção, a opressão, a prostituição e a idolatria, os profetas encontram a face de um Deus que se coloca ao lado dos pobres e oprimidos e, por isso, vão anunciar ao seu povo a vontade deste Deus que caminha nos passos do povo desde a terra do Egito (Os 12,10; 13,4). Ao Deus dos profetas não agradam os sacrifícios e holocaustos com os bens adquiridos pelo roubo e exploração dos pobres. O que lhe agrada o conhecimento, a prática da justiça e do direito, a solidariedade e o conhecimento de Deus (Os 6,6).

Em Jesus de Nazaré, que é a encarnação-habitação do Deus libertador na tenda dos pobres, temos o anúncio do Reino de Deus, que é destinado aos pobres (Mt 5 e Lc 6), às prostitutas, aos publicanos, aos leprosos, aos doentes, às mulheres, às crianças, aos famintos, ao povo humilde, aos excluídos e seres negados pelo sistema político, econômico e religioso. É o que podemos ver na proclamação do texto de Is 61 na sinagoga de Nazaré: "O Espírito do Senhor está sobre mim, para anunciar a boa notícia aos pobres... (Lc 4). Na sua prática coerente com o projeto do Deus libertador, Jesus caminha na contramão, rompe com esquemas, desconcerta e provoca resistências. Através de seus atos e palavras, testemunha o Reino que é anunciado aos pobres. Promove esperança e certeza de libertação. Jesus anuncia o Deus dos pobres e das bem-aventuranças em contraposição ao Deus dos ricos e poderosos (Lc 6,20-26 e Mt 5,3-12). O Deus do Reino e da vida em abundância em contraposição ao Deus dos fariseus e do Templo.

Assim, os pobres e a Igreja dos pobres vão descobrindo que o Deus libertador da Bíblia não é igual ao deus dos senhores[28]: "Tu és o Deus dos pobres, o Deus humano e simples, o Deus que sua na rua, o Deus de rosto curtido" (Carlos Mejía Godoy), como cantamos pelos caminhos da América e do Caribe.

> A experiência de fé no seio das comunidades de base põe de manifesto a importância central da Bíblia nessa nova forma de ser Igreja na América Latina. A Palavra de Deus é a referência para o povo que procura orientar sua ação em meio às situações que lhes cabe viver. O princípio de *Sola Scriptura*, tão importante na Reforma do século XVI, é revitalizado pela prática da Igreja dos pobres. A Bíblia é tomada como fonte de fé e conduta. Os pobres vão até ela para lançar-se em ação na sociedade. Não fazem uma "leitura privada" da Escritura, mas a estudam comuni-

---

28. "O Deus dos dominadores, dos que despojam e matam o povo, não é o Deus dos pobres" (Gustavo Gutiérrez. *Itinerário eclesial*). "Na realidade o dominador é, em última instância, um não crente no Deus da Bíblia" (Gustavo Gutiérrez, *A força histórica dos pobres*).

tariamente para logo atuar como grupo em situações concretas: no bairro, no sindicato e na própria Igreja. Desse modo, começam a perceber a grande capacidade de motivação para a ação que contém a Palavra de Deus, que promove liturgias e celebrações. O conhecimento dos símbolos com os quais a Bíblia refere-se ao Reino permite aos pobres perceber a presença do mesmo no processo histórico (SANTA ANA, 1985: 118).

Nas décadas de 1970 a 1990 vimos florescer aos poucos a Leitura da Bíblia a partir do povo, tanto nas academias de teologia, nas Comunidades Eclesiais de Base e nos movimentos e pastorais sociais. Frei Carlos Mesters, qual andarilho da Palavra e caixeiro-viajante, divulgou o seu método de leitura da Bíblia a partir de três ângulos: realidade-texto-comunidade. Sua leitura é apresentada como "flor sem defesa" em sua obra *Por trás das palavras* (obra fundamental sobre a leitura da Bíblia a partir do povo no processo do *aggiornamento* da Igreja e na tarefa de uma leitura ecumênica, militante e libertadora da Bíblia). Por isso, Milton Schwantes pode dizer sem titubear em uma palestra no Curso de Extensão Universitária da PUC-RS em setembro de 1981: "Carlos Mesters não é patrimônio católico ou quiçá carmelita. Nós todos o estamos lendo e aprendendo de sua sabedoria bíblica" (SCHWANTES, 1981: 1).

> Um dinamismo surpreendente marca o movimento bíblico na América Latina. Em toda parte, se desenvolve e se desdobra o interesse pelo uso e pelo conhecimento da Escritura. A questão que se coloca é como promover, animar, incentivar, aprofundar o novo jeito de se achegar à Escritura na América Latina. Certamente já foram dados passos decisivos nessa direção. Mas o desafio permanece. E precisará ser enfrentado com criatividade, pois tão somente estamos no início de um movimento que, à sua frente, ainda vai ter muitos desdobramentos (SCHWANTES, 1990: 23).

Marcas desse dinamismo, o próprio Carlos Mesters nos anos de 1980 já apontava para o surgimento de uma teologia bíblica como fruto de uma leitura popular da Bíblia, especialmente nas Comunidades Eclesiais de Base:

> Está surgindo aqui no Brasil uma nova "teologia bíblica". Essa novidade não vem dos exegetas, formados na escola oficial. Vem de outro canto. Vem do chão, onde a semente da Palavra foi lançada. Vem do povo que retomou a Bíblia em suas mãos e começou a ler a Palavra de Deus, partindo dos problemas da sua vida e da sua luta... Essa nova "teologia bíblica", que fermenta nas Comunidades Eclesiais de Base, expressa-se na maneira de o povo ler a Bíblia. Por ora, é uma teologia apenas falada. Fraca e forte, como a própria palavra falada. Não é escrita, ela se transmite de maneira diferente do que a ciência escrita. Não é através de livros publicados, mas através de uma tradição oral, através de cele-

brações e benditos, de histórias e dramatizações, de poesias e cânticos, de encontros, cursos e reuniões, de visitas, festas e assembleias. Exatamente como a própria Palavra de Deus, antes de ela receber a sua forma escrita na Bíblia (MESTERS, 1987: 8-9).

Nas comunidades eclesiais as pessoas conseguem fazer a associação das lutas diárias do povo da Bíblia com as suas próprias lutas, tornando-se pessoas e lutas parecidas, onde Deus foi e continua sendo parceiro. A leitura torna-se uma atividade comunitária, uma prática orante, um ato de fé. A Bíblia é valorizada como livro da comunidade e gera nelas liberdade frente à Bíblia. Fazem uma leitura obediente, isto é, respeitam profundamente o texto. Desarmadas, colocam-se à escuta do que Deus tem a dizer, dispostas a mudar e a lutar se Ele o exigir. Transparece uma atitude de fidelidade de quem não só ouve a Palavra, mas também procura colocá-la em prática.

Os pobres leem a Bíblia não como um simples texto, mas fundamentalmente com o propósito de discernir a presença e a revelação de Deus: perceber como Deus fala hoje (o famoso triângulo da interpretação proposto por Carlos Mesters em seu método tem como questão central a descoberta do que Deus fala hoje).

A leitura da Bíblia feita pelos pobres nas suas comunidades se orienta pelos seguintes critérios: primeiro, os pobres levam para dentro da Bíblia os problemas da sua vida, ou seja, leem a Bíblia a partir da sua realidade e luta; segundo, fazem uma leitura obediente e respeitam o texto, pois se colocam à escuta do que Deus tem a dizer; e, terceiro, é uma leitura feita em comunidade, pois representa um ato de fé, uma prática orante e uma atividade comunitária.

Para Carlos Mesters o método dos pobres se caracteriza por três ângulos: a Bíblia, a comunidade e a realidade. Esses elementos devem estar integrados e, na falta de um deles, a interpretação não avança e a Bíblia perde a sua função.

> ...acontece o que aconteceu no curso que dei lá no Ceará. Eles pediram para eu contar as histórias de Abraão, de Moisés, Jeremias, de Jesus e eu fui contando. Mas nas reuniões de grupo e nos plenários, a Bíblia desapareceu. Quase não se falou de Bíblia, só se falou da vida e da luta deles. Até na revisão à noite, o vigário que estava lá pediu para eles dizerem o que acharam do dia. Todo mundo achava bom discutir a vida, ninguém falou de Bíblia. Aí eu pensei: "Será que me enganei? É curso de Bíblia e só se fala da vida!" E eu me perguntava: "Será que devo estar satisfeito ou devo ficar frustrado?" Resolvi ficar satisfeito, porque a Bíblia atingiu o seu objetivo. Desapareceu como sal dentro da comida e temperou o encontro. É como quando você pega uma esponja e a coloca numa poça de água, a água some e desaparece dentro da esponja. No fim da revisão, o vigário perguntou: "E o que acharam das exposições sobre a Bíblia?" Eles apertaram a esponja, deixaram cair umas duas

gotas e eu percebi que a esponja estava cheia de água! Na celebração final do encontro, que durou quatro horas, apertaram a esponja toda e veio para fora tudo que estava lá dentro. E eu percebi que, quando os três pontos estão integrados (Bíblia, comunidade, realidade), a Palavra de Deus se torna um reforço, um motivo de esperança, de coragem e vai vencendo o medo aos poucos (MESTERS, 1981: 24-25).

A leitura da Bíblia a partir do povo é uma leitura que tem os pobres como intérpretes, onde, por um lado, o texto é incorporado à sua vida e sua vida ao texto e, por outro, o texto é percebido como fruto de uma comunidade que luta pela vida, que crê em um Deus da vida (DIETRICH, 2007: 13).

Na *Introdução ao comentário bíblico*, Comblin destaca seis elementos na leitura da Bíblia a partir dos pobres enquanto prática implicada nos movimentos de libertação dos oprimidos:

> a) *A prática dos pobres nas lutas de libertação*, na qual "a religião não está fora da libertação, nem a libertação fora da religião. Muito pelo contrário. A libertação dos pobres fica bem no centro da religião, e no âmago da libertação está a fé cristã... Os pobres e os simples estão descobrindo a Bíblia. Estão lendo e ouvindo a Palavra de Deus sem intermédio dos doutores. Na Bíblia, descobriram que se tratava deles. A Bíblia não fala somente de Deus, mas também dos oprimidos: ela mostra como há uma aliança entre Deus e os oprimidos, e como Deus está comprometido com os pobres".
>
> b) *A Bíblia, memória dos pobres*. A Bíblia é lida, escutada, estudada, comentada, assimilada nas comunidades populares. Ajuda a formar uma consciência.
>
> c) *A Bíblia, livro da esperança dos pobres*, pois sentem que a história permanece aberta e que, apesar de todos os sinais de morte, a vida será mais forte.
>
> d) *A Bíblia, oração do povo de Deus*. Pela Bíblia, os sofrimentos, as angústias e as esperanças dos pobres encontram uma expressão. Pelos pobres, a liturgia cristã se humaniza e perde o formalismo.
>
> e) *A Bíblia, livro ecumênico* que deixou de separar os cristãos e começou a uni-los.
>
> f) *Em vista da prática*, os pobres nas comunidades não procuram na Bíblia uma fonte de erudição. Buscam uma fonte de vida, ânimo e perseverança. A Bíblia lembra as grandes prioridades do agir dos pobres: a confiança em Deus, a libertação na cruz de Cristo, a firmeza na perseguição, a fraternidade dos pobres, a força da comunidade, a necessidade do compromisso radical (COMBLIN, 1985: 6-11).

Decisivo é que a leitura da Bíblia impulsionada pelo Concílio, a *Dei Verbum* e as conferências de Medellín e Puebla, tem hoje o seu lugar vivencial nas comunidades e sua vinculação com os movimentos sociais. Aí está o coração da leitura da Bíblia a partir do povo. No entanto, como aponta Milton Schwantes, os agentes de pastoral são os animadores, pois ajudam a concretizar a memória bíblica e os biblistas acadêmicos ajudam decisivamente a desbloquear a leitura tradicional.

> Se vejo bem, no início as novidades estavam mais restritas à caminhada das Igrejas no Brasil. Por aqui foram ensaiados os primeiros passos. Carlos Mesters nos mostrou como correlacionar os "fatos da vida" e os "fatos da Bíblia". Encorajou-nos a crer nas comunidades dos empobrecidos como leitores privilegiados da memória bíblica. Mas este jeito de ler a Bíblia também foi tomando forma em outras partes, em outros países, porque a própria realidade o exigia. Hoje, por toda parte se exercita essa leitura situada da Bíblia (SCHWANTES, 1990: 24).

Os alcances e caminhos novos da leitura da Bíblia junto à pastoral, aos movimentos sociais e às Comunidades Eclesiais de Base são muitos e variados, no entanto, permanece a certeza de que a Bíblia se torna "como a sarça ardente a partir da qual o Senhor nos chama a assumir a missão de comunhão com os oprimidos e de apoio à sua libertação" (SOUZA, 1990: 22). Neste sentido a Bíblia passa a iluminar as ações de diferentes frentes de luta por transformação da vida degradada e desumanizada: a luta indígena (Cimi), a luta pela terra e reforma agrária (CPT e MST), as lutas pelas causas dos trabalhadores (CPO), a educação e emancipação de militantes cristãos (Ceseep, Cedi e Iser), a luta das mulheres marginalizadas (Pastoral da Mulher Marginalizada), a defesa dos menores (Pastoral do Menor) e dos moradores de rua entre outras tantas pastorais e movimentos espalhados pelo Brasil e América Latina. O Centro de Estudos Bíblicos (Cebi), que nasceu junto a estes movimentos e pastorais, tem uma origem sem pretensões, pois "nasceu a partir da necessidade bem concreta, sentida por muita gente, havia vários anos, de se articular um serviço que ajudasse o povo das comunidades cristãs no uso e na interpretação da Bíblia. Pois a Bíblia estava sendo, de fato, o combustível escondido da renovação das Igrejas a partir da base e a luz que ilumina o engajamento de muitos cristãos na luta pela transformação da sociedade" (LOPES, 1991: 14).

A interpretação dos textos bíblicos na América Latina foi criticada, perseguida e censurada no pontificado de João Paulo II através da Congregação para a Doutrina da Fé. Se bem que poderíamos dizer que essa congregação não lançou nenhum documento acerca da interpretação da Bíblia; mas justamente na Instrução de 1984 acerca da Teologia da Libertação na América Latina deparamos com a crítica de que a Teologia da Libertação faz uma leitura política dos textos bíblicos, usando referenciais marxistas. Aqui nos deparamos com uma leitura equivocada do que se produziu de interpretação dos textos bíblicos na América Latina e representa muito mais os conflitos de posições políticas e econômicas do que a discussão precisa acerca da interpretação da Bíblia. Aliás, a instrução ao tratar dos fundamentos bíblicos tenta reforçar muito mais aspectos de uma fé e posição intimista do que a dimensão social presente nos próprios termos que aparecem na tradição bíblica, como o conceito de libertação, por exemplo. Se atentarmos, veremos que a chave de interpretação bíblica a partir das comunidades eclesiais e populares não é política e pode ser uma chave de interpretação cultural e religiosa. Essas interpretações têm diversas consequências políticas. As hermenêuticas bíblicas praticadas na América Latina e Caribe são muito variadas e em grande medida têm raízes populares, pastoral e militante.

> Os pobres leem a Bíblia em uma situação de sofrimento e de dominação econômica e política. Não é uma leitura teórica nem uma busca de ideias. É uma questão de vida ou morte, de liberdade ou dominação. Buscam na Bíblia a verdade que os liberte, luz para analisar a sociedade e suas estruturas de violência, força que sustente sua resistência e sua luta por um mundo novo de vida, de liberdade e de solidariedade. Os pobres creem e confiam na palavra da Bíblia como luz e força de sua luta de libertação (GORGULHO, 1990, p. 170) [Tradução livre].

Não pretendemos entrar nas grandes questões da hermenêutica e do debate das interpretações na América Latina. Mas, para entender onde se situam algumas das hermenêuticas que se fizeram presentes nos estudos bíblicos e na academia, faz-se necessário levar em conta os conflitos eclesiais no período do *aggiornamento* e suas teologias: modelo eclesial tradicional em confronto com modelos eclesiais conciliares, marcadamente participativos e descentralizados, resultando no choque entre a teologia tradicional e conservadora com a Teologia da Libertação e popular. Dentre as inúmeras experiências e o debate hermenêutico que refletirá nos estudos bíblicos, ressaltamos no âmbito da eclesiologia latino-americana, a hermenêutica sociolinguística ou semiótica de José Severino Croatto, a hermenêutica sociológica de Gilberto Gorgulho e Ana Flora Anderson e a hermenêutica socioeconômica de Milton Schwantes.

José Severino Croatto, em sua exegese e interpretação da Bíblia, aproxima a exegese tradicional e o método histórico-crítico com a leitura arqueológica. No entanto, dá um passo além nessa aproximação ao levantar o questionamento de que para a compreensão dos textos não se pode simplesmente ficar preso à situação vital na qual foi escrito o texto sem se preocupar com a situação atual da comunidade eclesial. É preciso buscar o sentido do texto e, para isso, serão imprescindíveis as contribuições das ciências da linguagem (a linguística e a semiótica). É a busca do sentido do texto através da análise linguística. É a compreensão gramatical do texto como resultado de uma produção de sentido. O caminho proposto por Croatto resulta da complementação da linguística e semiótica com a fenomenologia da religião. Na década de 1970, Croatto demonstrou a importância da contribuição da fenomenologia da religião para compreender o sentido do texto. Um exemplo está na sua leitura sobre os relatos míticos de Gn 1–11 (cf. CROATTO, 1974; 1986; 1997), onde o mito é uma expressão de compreensão dos eventos históricos por meio de textos e narrativas que são supra--históricos e, assim, o sentido do mito transcende as limitações dos fatos históricos. Nessa direção, aponta o mito em sua relação primordial com os fatos fundantes e lido em situações semelhantes, mas diferentes historicamente, acrescenta novos elementos e/ou reformula a interpretação. É a reserva de sentido dos textos[29].

No que se refere à leitura sociológica de Gilberto Gorgulho e Ana Flora Anderson é preciso ressaltar que vai transitar na América Latina, principalmente no Brasil, os vários ramos ou escolas da leitura sociológica da Bíblia: a escola francesa (Fernando Belo, Michel Clevenot), a escola norte-americana (Gottwald) e a escola de Heidelberg (Gerd Theissen, Westermann). O caminho proposto por Gorgulho e Ana Flora tem como lugar hermenêutico: uma leitura a partir dos pobres, levando em conta a interpretação da realidade e seus conflitos. A Bíblia é uma coleção de textos que registram situações semelhantes à situação social atual. É o princípio da "conaturalidade" entre os textos e a realidade proposto no discurso de Paulo VI aos exegetas. Para Gorgulho e Ana Flora, somente depois da análise do modo de produção é possível começar a precisar o sentido do texto, tanto em relação ao seu contexto quanto em relação à nossa situação atual[30]. Assim, a busca do sentido do texto passa pela descoberta de sua função social. E a partir daí é possível precisar a indicação dos conflitos, seja de ordem antropológica, econômica, religiosa e social, que o texto busca enfrentar.

Milton Schwantes muito ensinou a ler o texto e sua teologia totalmente integrada com uma análise precisa do modo de produção. Em sua interpretação dos textos e, de modo especial, da profecia e de Gn 12–25, é imprescindível a descoberta do modo de produção e a formação social que subjaz ao texto. E constantemente levanta, de maneira sutil para seus leitores, a questão das mediações necessárias para passar da redação de um texto escrito no contexto do modo de produção tributário para uma leitura feita no modo de produção capitalista ou no modo de produção socialista. Ou seja, como correlacionar elementos históricos tão desiguais? O seu precioso comentário do livro de Amós nos leva a essa correlação a partir da pergunta fundamental

---

29. Na *Revista de Interpretação Bíblica Latino-Americana* dedicada ao estudo do Pentateuco, temos o artigo de Croatto que trata do mito como interpretação da realidade.

30. Este aspecto da interpretação tem correlação com o *sitz im lebem* do método histórico-crítico ou o "pré-texto" proposto por Carlos Mesters.

acerca das provocações que o texto aponta para a nossa conjuntura e contexto socioeconômico (SCHWANTES, 1987). Entre as marcas de sua leitura precisa sobre o texto e as condições daquele tempo sem perder de vista a realidade atual está a sua tese de doutorado: *O direito dos pobres* (SCHWANTES, 2013).

Muito se teria que escrever sobre a leitura da Bíblia encarnada, inserida e na defesa dos pobres na América Latina e no Brasil. Percorrer todo esse caminho nos passos das Igrejas e seus agentes que ensinaram e ainda ensinam uma leitura libertadora e comprometida com o Evangelho e a construção do Reino em comunidade. Muitos que hoje criticam a interpretação da Bíblia a partir da vida são os que não conseguem enxergar o que Deus pede e que os pobres precisam e acabam "demonizando" aqueles que colocam a Palavra a serviço da libertação e da dignidade humana; e, ao mesmo tempo, salvam muitos que expropriam, exploram, cometem injustiças e violentam o povo em nome de seu sagrado ritualístico, doutrinal e moral. A conferência de Medellín nos convoca, antes de tudo, a distinguir e ter bem claro a dimensão da pobreza:

> A pobreza como carência dos bens deste mundo, necessários para uma vida humana digna, é um mal em si. Os profetas a denunciam como contrária à vontade do Senhor e, muitas vezes, como fruto da injustiça e do pecado dos homens. A pobreza espiritual, que é o tema dos pobres de Javé (cf. Sf 2,3; *Magnificat*). A pobreza espiritual é a atitude de abertura para Deus, a disponibilidade de quem tudo espera do Senhor (cf. Mt 5). Embora valorize os bens deste mundo, não se apega a eles e reconhece o valor superior dos bens do Reino (cf. Am 2,6-7; 4,1; 5,7; Jr 5,28; Mq 6,12-13; Is 10,2 etc.). A pobreza como compromisso, assumida voluntariamente e por amor à condição dos necessitados deste mundo, para testemunhar o mal que ela representa e a liberdade espiritual frente aos bens do Reino. Continua, nisso, o exemplo de Cristo, que fez suas todas as consequências da condição pecadora dos homens (cf. Fl 2) e que sendo "rico se fez pobre" (2Cor 8,9) para salvar-nos (Med 14,4).

Assim a leitura da Bíblia a alimentar e impulsionar a Igreja dos pobres precisa sempre ser uma leitura inclusiva e a serviço da vida. E, por sua vez, as *Conclusões* de Medellín foram e sempre serão um guia para que a interpretação da Bíblia não se distancie do objetivo de revelar Deus na história de transformação das realidades de opressão.

Dedico este texto aos grandes mestres que não estão mais entre nós, mas que nos deixaram a sua paixão pela leitura a partir dos pobres e que souberam apresentar as intuições de Medellín: José Severino Croatto, José Comblin, Milton Schwantes e Gilberto Gorgulho. Dedico também este texto aos grandes mestres que entre nós são fonte e alimento na teimosia da esperança da Flor sem defesa: Carlos Mesters e tantos exegetas e biblistas formados na leitura popular da Bíblia, no Cebi e no Ceseep. Dedico este texto aos pobres e o povo das comunidades, que são os grandes hermeneutas, pois leem a Bíblia com a sua vida sofrida. Ajudam aos estudiosos da Bíblia a não se distanciarem do chão em que pisamos e que jamais olvidem Medellín.

Referências

ALVES, R. (org.). *De dentro do furacão*: Richard Shaull e os primórdios da Teologia da Libertação. São Paulo: Cedi/Clai/Programa Ecumênico de Pós-Graduação em Ciências da Religião, 1985.

BRIGHENTI, A. & HERMANO, R. (orgs.). *A Teologia da Libertação em prospectiva* – Congresso Continental de Teologia. São Paulo: Paulus/Paulinas, 2013.

CELAM. *II Conferência Geral do Episcopado Latino-Americano – Conclusões de Medellín*. 6. ed. São Paulo: Paulinas, 1968.

COMBLIN, J. *Introdução geral ao Comentário Bíblico* – Leitura da Bíblia na perspectiva dos pobres. Petrópolis/São Bernardo/São Leopoldo: Vozes/Imprensa Metodista/Sinodal, 1985.

CONSELHO NACIONAL DO CEBI. *"Venha o teu Reino"* – O Cebi e sua vocação política. Belo Horizonte/São Leopoldo: Cebi, 1991.

CROATTO, J.S. *El hombre en el mundo*. Vol. 3: Exilio y Sobrevivencia.Tradiciones contraculturales en el Pentateuco. Comentario de Génesis 4,1–12,9. Buenos Aires, Lúmen, 1997.

_____. *El hombre en el mundo*. Vol. 2: Crear y amar en libertad – Estudio de Génesis 2:4-3:24. Buenos Aires: La Aurora, 1986.

_____. *El hombre en el mundo*. Vol. 1: Creación y designio: Estudio de Génesis 1:1-2:3. Buenos Aires: Biblioteca de Estudios Teológicos. La Aurora,1974.

DIETRICH, L.J. "Raízes da leitura popular da Bíblia". *Estudos Bíblicos*, 96, 2007, p. 11-23.

ELLACURÍA, I. & SOBRINO, J. *Mysterium Liberationis* – Conceptos fundamentales de la Teología de la Liberación. Madri: Trotta, 1990.

FELIX, I.A. *Anseio por dançar diferente* – Leitura popular da Bíblia na ótica da hermenêutica feminista crítica de libertação. São Bernardo do Campo: Umesp, 2010 [tese de doutorado].

FERREIRA, J.A. "Transformação social e a literatura bíblica". In: *Caminhos*, vol. 11, n. 1, 2013, p. 4-21.

GORGULHO, G.S. "Hermenéutica bíblica". In: ELLACURÍA, I. & SOBRINO, J. *Mysterium Liberationis* – Conceptos fundamentales de la Teología de la Liberación. Madri: Trotta, 1990, p. 169-200.

ISER. *Bíblia: Deus Vivo*, 1990 [Disponível em: https://www.youtube.com/watch?v=Z737ICp8oX8 e https://www.youtube.com/watch?v=Ib-zSOj1Ty0].

LIBANIO, J.B. *Concílio Vaticano II*: em busca de uma primeira compreensão". São Paulo: Edições Loyola, 2005.

LOPES, E. "Os 60 anos do Frei Carlos". *Revista de Interpretação Bíblica Latino-Americana*, n. 10, 1991, p. 9-18.

MENDONÇA, A.G. "A Bíblia cativa, Cristo no céu e a Igreja ausente". *Estudos de Religião*, ano IV, n. 6, 1989, p. 167-182.

MESTERS, C. *Por trás das palavras* – Um estudo sobre a porta de entrada no mundo da Bíblia. 8. ed. Petrópolis: Vozes, 1998.

_____. "Como se faz Teologia Bíblica hoje no Brasil". *Estudos Bíblicos*, n. 1, 1987, p. 7-19.

_____. "Como a água do rio que carrega o barquinho das comunidades – Sobre o uso da Bíblia no VI Encontro Intereclesial das Comunidades de Base". *REB*, 46, 1986, p. 569-577.

_____. *Flor sem defesa* – Uma explicação da Bíblia a partir do povo. Petrópolis: Vozes, 1983.

_____. "Sobre a interpretação popular". *Por trás da Palavra*, ano 2, n. 7, nov.-dez./1981, p. 23-33.

_____. *Por trás das palavras. Um estudo sobre o uso da Bíblia na Igreja* (Texto mimeografado, sem data e não publicado).

RICHARD, P.; CROATTO, S. & PIXLEY, G. *A luta dos deuses*. São Paulo: Paulinas, 1982.

SANTA ANA, J. *A Igreja dos Pobres*. São Bernardo do Campo: Imprensa Metodista/Programa Ecumênico de Pós-Graduação em Ciências da Religião, 1985 [produzido por um grupo ecumênico de trabalho do CMI].

_____. *Pelas trilhas do mundo, a caminho do Reino*. São Bernardo do Campo: Imprensa Metodista, 1985.

_____. *A Igreja e o desafio dos pobres* – Um estudo sobre o desafio dos pobres e da pobreza à comunidade cristã, desde os primeiros séculos de sua história até o final da Idade Média. Petrópolis/Rio de Janeiro: Vozes/Tempo e Presença, 1980.

SCHWANTES, M. *O direito dos pobres*. São Bernardo do Campo/São Leopoldo: Editeo/Oikos, 2013.

_____. "Movimento bíblico e pastoral". *Tempo e Presença*, 253, ano 12, 1990, p. 23-25.

_____. *Projeto de Deus na Bíblia* – Anotações para uma palestra no Curso de Extensão Universitária "Fé e Educação Política", promovido pelo Diretório Acadêmico do Instituto de Teologia. Porto Alegre: PUC-RS, 30/09/1981 [texto mimeografado].

SILVA, R.R. "Deus caminha nos passos do povo". *Tempo e Presença*, 233, 1988, p. 32-34.

SILVA, R.R.; TAKAHASHI, M. & BEDOYA, L.T. "Metodologia Bíblica-Popular: uma experiência, uma proposta". *Por trás da palavra*, ano 7, n. 43, p. 13-30.

SOUZA, M.B. "Uma lamparina na madrugada – A Bíblia, símbolo da caminhada". *Tempo e Presença*, 253, ano 12, 1990, p. 20-22.

VV.AA. *Revista Estudos de Religião*, ano IV, n. 6, abril de 1989.

WEGNER, U. *Exegese do Novo Testamento* – Manual de metodologia. 5. ed. São Leopoldo/São Paulo: Sinodal/Paulus, 1998.

5
A mulher na Conferência de Medellín

Maria Cecilia Domezi

Introdução

Por que as mulheres são mantidas em uma quase total invisibilidade no Documento da II Conferência Geral do Episcopado da América Latina e do Caribe?

Sabemos que essa conferência, desafiando o terror do autoritarismo militar neste continente, tomou radical posição em favor da libertação integral, tanto dos povos pisoteados pelas botas imperialistas como de cada pessoa humana empobrecida, discriminada, excluída e vitimada por múltiplas formas de opressão. E o clamor por libertação integral era tanto mais pungente quanto mais acentuada se fazia a opressão pautada na desigualdade por classe social, gênero, raça/etnia, cultura, geração.

É justamente o caráter de integralidade desta libertação que traz à tona o paradoxo do continuísmo da dominação patriarcal-clerical no interior da Igreja Católica. A minimização das mulheres expõe, também em Medellín, quão distantes da justiça nas relações de gênero estão as práticas, a linguagem e a estrutura da Igreja.

Passado meio século, urge tirar do silêncio as vozes das mulheres que se fizeram presentes e atuaram nessa conferência tão importante que se constituiu um divisor de águas para a Igreja Católica na América Latina e no Caribe.

Também será importante considerar, como observa Beozzo, que Medellín foi uma conferência de preparação muito rápida, cujo grande mérito foi a consolidação de uma consciência de identidade eclesial latino-americana, com clareza dos imensos desafios e novas tarefas para os cristãos. Também foi pouco numerosa, diferente do Concílio Vaticano II que convocou todos os bispos e superiores maiores, contou com um grande número de teólogos e peritos, observadores e outros convidados (BEOZZO, 1988: 771-774; BEOZZO, 1993: 153).

As mulheres da Conferência de Medellín serão encontradas na expressiva e evangélica horizontalidade desse evento, perfeitamente confraternizadas e sintonizadas com a justiça social em favor dos pobres. Entretanto, o peso da discriminação e da exclusão ainda as manteve encurvadas, em uma Igreja de velha estrutura patriarcal que, até mesmo ao concretizar de modo original e profético os ideais do Concílio Vaticano II, não se deu conta da gravidade desse pecado.

Buscamos esses sujeitos femininos insubstituíveis que ali atuaram na gratuidade e eficácia, apesar da desvantagem no exercício do poder, em meio à esmagadora maioria dos sujeitos masculinos. Em marcas um tanto escondidas, elas se deixaram ficar no documento dessa conferência, com suas histórias, contextos e múltiplas contribuições.

5.1 Laicato minoritário e bem-vindo

O regulamento da Conferência de Medellín, como explica Schickendantz (2012), estabelecia duas categorias de participantes: a dos membros efetivos, todos com direito deliberativo, e a dos simples participantes, nem todos com esse direito. Na categoria dos simples participantes estavam, por exemplo, 21 membros dirigentes da Clar, mas somente 13 deles podiam votar, justamente os que eram sacerdotes. Os demais, três religiosos e cinco religiosas, convidados na qualidade de expertos ou peritos, não podiam votar.

No entanto, a dança dos números não é tão simples e inclui alguma rotatividade por diversos motivos, como a ausência de alguns que constavam na lista, a participação de outros apenas em alguns momentos e o fato de alguns bispos levarem assessores pessoais. A Conferência foi oficialmente inaugurada na catedral de Bogotá, com o discurso do Papa Paulo VI, na manhã de 24 de agosto de 1968. E no dia 26, quando todos os participantes foram transportados de avião para Medellín, os números eram estes: 146 membros do Episcopado, entre bispos, arcebispos e cardeais; 20 pessoas da vida religiosa consagrada, sendo 14 religiosos e 6 religiosas; 15 pessoas do laicato, sendo 11 homens e somente 4 mulheres. Teríamos que somar aí os consultores de diversos níveis (SCATENA, 2007: 440). A Conferência, que iria até 6 de setembro, estava apenas começando.

Conforme a crônica de Hemán Parada (1975), foram convidadas 23 pessoas do laicato, das quais 10 eram mulheres, e destas, 6 eram membros de congregações ou institutos religiosos.

O número reduzido de pessoas leigas, homens e mulheres, foi alvo de advertências. Aqui cabe a observação de Francisco Catão (1998: 274-275) a respeito do modo de tratar os leigos que transparece no Documento de Medellín. Para o Vaticano II, o ponto de partida são todos os fiéis cristãos que, como batizados, constituem a Igreja. Por sua vez, a Conferência de Medellín parte do "movimento de leigos", dentro da temática da Igreja visível com suas estruturas. Em virtude do direcionamento dado pela firme opção metodológica, que parte do diagnóstico da realidade e prioriza a ação da Igreja no mundo, o foco dessa Conferência está mais na estrutura da Igreja do que na sua realidade comunional-comunitária.

Entretanto, Beozzo (1998), ao destacar essa eficiente novidade metodológica, explica como ela também favoreceu uma noção ampliada de colegialidade:

> Em Medellín, pela mecânica de trabalho adotada, trabalharam lado a lado, nas 16 comissões e subcomissões, bispos, peritos, sacerdotes, religiosos e religiosas, além de observadores não católicos, participando todos ativamente da elaboração dos textos. Simbolicamente, a Igreja toda estava ali implicada na busca dos caminhos para melhor servir ao povo latino-americano, no sentido de sua redenção e libertação, ainda que nas votações tomassem parte apenas os bispos e outra pequena fração da assembleia constituída pelos sacerdotes diocesanos ou religiosos.

Os participantes sentiam algo novo na composição da Conferência: além dos bispos, ali estavam padres e pessoas leigas, religiosos, religiosas e também representantes de outras confissões cristãs. Ali estava o Irmão Roger, fundador da Comunidade de Taizé. Mas a novidade mais importante estava na metodologia e na temática abordada (LLORA, 2007).

Nesse clima de novo modo e novos rumos da Conferência, foi positivamente comentada a participação do laicato, embora bastante escassa. Um casal do Panamá, convidado como representante das nascentes CEBs, participou com seu jeito simples e discreto. Pela primeira vez, a Igreja na América Latina explicitava sua teologia desde o cotidiano e no acontecer da vida das pessoas, com sua realidade, opressão e sentido de libertação. Assim, na convicção de que um novo impulso vinha do Espírito Santo naquele momento histórico, a maioria dos participantes se encheu de alegria e dinamismo missionário (BENJUMEA, 2011).

Comblin (2008: 16-17) assinala que ali os bispos ultrapassaram o tradicional autoritarismo clerical e o ar de superioridade com que tentavam disfarçar seu medo dos leigos, medo de ter que ouvir suas denúncias e propostas, e assim conquistaram a liberdade perante os leigos. Muitos daqueles bispos estavam em uma entusiasmada recepção da doutrina do Vaticano II a respeito do laicato. Além disso, por terem sido formados pela Ação Católica, sabiam estabelecer relação de amizade e colaboração com as pessoas leigas, inclusive as mais pobres, escutando-as e levando em conta suas opiniões. Por sua vez, os leigos pobres também perderam o medo e se aproximaram dos bispos quando viram a porta aberta e se sentiram acolhidos.

Sabemos que diversas dificuldades surgiram entre julho e agosto de 1968, por causa das nomeações dos participantes da Conferência. Instaurada certa tensão entre o Celam e a Pontifícia Comissão para a América Latina, temia-se um excessivo controle da assembleia por parte de Roma (SCATENA, 2007: 440-441, 345).

No desenrolar da Conferência esses temores se foram dissolvendo e reinou plena liberdade de expressão, oral e escrita, em um ambiente fraterno, marcado pela simplicidade (SCHICKENDANTZ, 2012).

É no pequeno segmento de participantes não clérigos que buscamos as mulheres. Elas estiveram, como nos informa a secretaria do Celam, dentro do total dos 249 participantes da Conferência de Medellín. Aos 138 bispos com direito a votar, somaram-se 111 delegados e observadores, dos quais 70 eram sacerdotes e religiosos, 7 eram religiosas, 19 eram pessoas do laicato católico e 9 eram observadores não católicos.

5.2 *Mulheres que se fizeram sujeitos*

A Conferência de Medellín contou com a participação de 13 mulheres, 7 delas pertenciam a congregações ou institutos religiosos e 6 pertencentes à categoria dos chamados leigos. Vindas de 5 países da América Latina e constituindo apenas 5,2% do total dos participantes, elas foram sujeitos ativos nas Comissões. Ao menos duas participaram como "perito", termo que constou na listagem em sua forma masculina.

Vejamos as mulheres por país.

Do Brasil: Senhorita Marina Bandeira, do Rio de Janeiro, convidada como representante de organização latino-americana, que era o MEB (Movimento de Educação de Base); também duas religiosas, ambas membros da congregação das Missionárias de Jesus Crucificado: Dirce Galvão de Moura, do Rio de Janeiro, conselheira da Clar; Irany Vidal Bastos, da pastoral paroquial de Nísia Floresta, RN, além de coordenadora nacional da pastoral das religiosas, convidada como "perito".

Da Argentina: Senhorita Elena Cumellag, de Buenos Aires, membro da Umofc (União Mundial das Organizações Femininas Católicas); Senhorita Margarita Moyano Llerena, também de Buenos Aires, atuante em movimentos juvenis e na Secretaria da Federação Mundial da Juventude Feminina Católica, convidada como "perito". Também a religiosa Clara Guillermina Emmert K., de Buenos Aires, da congregação das Religiosas de São José e superiora geral dessa congregação, além de conselheira da Clar.

Do Peru: Senhorita América Penichet B., de Lima, representante de organização latino-americana por ser diretora da OCIC (Organização Católica Internacional de Cinema na América Latina); Senhorita Amparo Ferrer Pereirano, também de Lima, membro da Secretaria Executiva do Departamento do Apostolado dos Leigos do Celam; a religiosa Maria Rosa Castro B., HC, de Lima, membro da congregação das Filhas da Caridade de São Vicente de Paulo, 3ª vice-presidente da Clar e secretária da assembleia na Conferência de Medellín.

Da Colômbia: As religiosas Elvia Salazar, SCJ, de Bogotá, conselheira da Clar; Margarita Ochoa, também de Bogotá, membro da congregação das Missionárias de Madre Laura Montoya e superiora geral dessa congregação, convidada especial.

Do México: Senhora María Cristina Alcocer, casada, da Cidade do México, representante de organização latino-americana, por ser copresidente do MFC (Movimento Familiar Cristão) na América Latina; a religiosa Maria de los Angeles Ramos A., da mesma cidade, membro da congregação das Irmãs de São José de Lyon e conselheira da Clar.

Vemos que quatro delas vinham da Clar, que enviou para Medellín uma delegação (KLOPPENBURG, 1968: 623-626). Essa organização continental de religiosos e religiosas, fundada em 1958, já havia apresentado para o Concílio Vaticano II muitas sugestões, e agora assumia com coragem e comprometimento o seu programa de renovação da vida religiosa, voltando-se principalmente para o mundo dos pobres. Por isso, religiosas e religiosos, em número significativo, inseriam-se em meio às CEBs emergentes. Justamente o modo de ser Igreja dessas pequenas comunidades fazia o Concílio tomar figura (MEYER, 1992: 647-648).

Pelo menos duas dessas 13 mulheres estiveram no Concílio Vaticano II: a argentina Margarita Moyano Llerena, que trabalhava com a juventude em âmbito internacional, e participou do Concílio como auditora; e a brasileira Marina Bandeira que, ligada a Dom Helder Câmara, atuou no Concílio pelo lado de fora e nos bastidores (DOMEZI, 2016: 61, 87, 125-126).

Marina Bandeira era a única mulher entre as 30 pessoas da delegação brasileira. Também a única mulher no grupo de quatro peritos, escolhidos pela CNBB de uma relação de 15 indicados. Os outros três peritos eram: Padre José Marins; Padre Afonso Felipe Gregory, que depois seria bispo; Frei Boaventura Kloppenburg. Mas outros brasileiros também se fizeram presentes na assembleia, como Frei Benvenuto, dominicano, enviado pelo jornal *Folha de S. Paulo*, e também outra mulher, Irmã Irany Bastos, missionária de Jesus Crucificado (BEOZZO, 1993: 157-159).

Já em 1954, Marina Bandeira dava uma pausa em seu trabalho no Departamento de Imprensa da Embaixada da Índia. Foi quando conheceu Dom Helder Câmara e passou a integrar o seu grupo no Rio de Janeiro. Mesmo perseguida pelos militares da ditadura, continuou com sua marcante atuação a favor da justiça social. Ajudou na fundação do MEB (Movimento de Educação de Base) e da Comissão Justiça e Paz no Brasil, além de participar da rede nacional de emissoras católicas (BANDEIRA, 2015).

Temos este testemunho de Dom Helder durante o Concílio: "Volta a nossa Marina. Ela hoje, com título ou sem título, é impressionante *Public Relation* do Brasil e da CNBB" (71ª Circ., 19-20/11/1965).

Em Medellín, Marina denunciou publicamente, em uma coletiva de imprensa, a tentativa de uma conferência paralela, que também foi chamada de anticonferência, empreendida pelo arcebispo brasileiro de Diamantina, Dom Geraldo de Proença Sigaud. Depois de publicar em jornal uma acusação à CNBB de "manobra hábil" e de fraude na eleição dos bispos enviados a Medellín (*Última Hora*, 21/08/1968), Dom

Sigaud decidiu por conta própria ir à Conferência. Como não conseguiu entrar, tentou criar essa conferência paralela, inclusive fazendo declarações aos jornais (BEOZZO, 1993: 198; 1988: 778-779).

Irany Bastos, que também estivera em Roma no período final do Concílio, foi para a Conferência de Medellín porque participava da Clar. No entanto, sendo superiora na pequena comunidade religiosa de Nísia Floresta, na Arquidiocese de Natal, levava consigo uma experiência pioneira. Desde 1964 era vigária da paróquia ali situada, uma paróquia sem padre (BASTOS, 1968).

A atuação de Irmã Irany, juntamente com três coirmãs da congregação das Missionárias de Jesus Crucificado, naquela comunidade paroquial situada na periferia da Arquidiocese de Natal, marcou uma rápida e profunda sintonia com o Concílio, principalmente pela atitude de serviço àquelas pessoas pobres e pelo fomento da participação comunitária.

Dom Helder Câmara compartilhava cheio de esperança aquela experiência, elogiando a iniciativa de Dom Eugênio Sales, arcebispo de Natal, que havia dirigido ao Papa Paulo VI uma petição, através do Cardeal Suenens, com a proposta de se confiar a religiosas a condução pastoral de uma comunidade paroquial. Naquela petição, Dom Eugênio Sales fazia alusão à experiência de Nísia Floresta.

Dom Helder apresentou em detalhes a atuação pastoral da pequena comunidade religiosa de Nísia Floresta, em sua 31ª carta circular de 1963, escrita durante o Concílio quando se discutia a promoção apostólica das religiosas. Nessa mesma circular transmitiu o conteúdo de uma carta de Irany Bastos, datada de 11 de outubro daquele ano, que qualificou como "um documento da Igreja primitiva".

Em outra circular, a 67ª de 1965, ele testemunhou a "ajuda preciosa à causa da renovação da vida religiosa" que Madre Irany Bastos dava, juntamente com outras e outros religiosos. Em vários lugares eles falavam às superioras gerais de importantes ordens e congregações religiosas, como também a bispos de todos os continentes e à Comissão de Apostolado das Religiosas.

Obviamente outras mulheres estiveram entre os grupos e movimentos que chegaram à Conferência com suas manifestações. Segundo Beozzo (1993: 153-154), foram centenas de manifestações de operários, movimentos de leigos e grupos de sacerdotes, sintonizados com o Concílio e conscientes de que ali em Medellín, naqueles dias, algo importante estava em jogo para o futuro da Igreja no continente.

Entretanto, é de justiça lembrarmos as mulheres servidoras que permaneceram anônimas, mas por cujas mãos, olhar, suor, passos, inteligência, habilidades, engajamento e coração passou toda a grandeza dessa Conferência.

Um grupo de mulheres que fazia apoio logístico garantia o bem-estar dos participantes cuidando dos quartos, dos serviços da cozinha e da limpeza. "Ali estiveram como mulheres invisíveis, dando o melhor de sua vida para o futuro da Igreja" (BENJUMEA, 2011).

Podemos destacar as quatro secretárias que trabalharam com o mimeógrafo, serviço de central importância quando ainda não se dispunha de computador e nem se sonhava com a internet. Valemo-nos aqui da crônica-testemunho escrita por Olga Benjumea, que era uma delas (BENJUMEA, 2011):

> Elas chegaram carregando às costas seus instrumentos de trabalho. Isso não escapou dos comentários jocosos de alguns seminaristas voluntariamente dedicados à tarefa de retirar o lixo. Para aqueles jovens curiosos e ávidos de conhecer as novidades, ler os papéis de rascunho antes mesmo dos bispos e da imprensa era a oportunidade de medir diariamente a "temperatura" da Conferência.

O trabalho exaustivo dessa equipe de mulheres era multiplicar os documentos, tirando cópias dos *stencils* que eram datilografados em máquinas elétricas. A cada manivelada imprimiam um pensamento, um suspiro, uma vibração nas formulações que, transitando entre as comissões e a assembleia, eram destinadas à votação. Madre María Agudelo, a coordenadora, no dizer de Benjumea era a "santa e sábia mulher de figura pequena" que entrava e saía do salão da Conferência, sempre correndo, para trazer os documentos produzidos pelas Comissões de trabalho. As outras três eram missionárias da Usemi (União Secular de Missionários): Beatriz Montoya, Helena Yarce e Olga Lúcia Álvarez Benjumea, a autora deste testemunho. Eficientes e sem dar trégua para o cansaço, muitas vezes levaram trabalho para as suas casas.

O silêncio e o anonimato não as impediam de vibrar com cada novidade portadora de esperança. Nos momentos de pausa, sentiam o clima de intenso e fraterno compartilhamento de experiências e contribuições. Acompanhavam a atuação de bispos missionários que levantavam sua voz pelos sem voz, como Gerardo Valencia Cano, da Colômbia; Leônidas Proaño, do Equador; Victor Garay Gordobi, espanhol que também havia trabalhado no Equador; Samuel Ruiz e Sérgio Méndes Arceo, do México; Helder Câmara, Pedro Casaldáliga e Cândido Padin, do Brasil; José Dammert, do Peru; Ramón Bogarin, do Paraguai. Impressionava-as a figura do Padre Arrupe, superior geral dos jesuítas, que era chamado "Papa Negro": discretamente um sábio e santo que havia vivido a experiência de Hiroshima no Japão. Alegravam-se com a presença dos bispos cubanos. Emocionavam-se com o ecumenismo ali reinante, que deixava uma porta aberta para a comunhão inter-religiosa.

Benjumea lembra a importância dos muitos mimeógrafos que, em toda a América Latina, serviram para dar a palavra às múltiplas comunidades cristãs de base, no campo e na cidade. Onde não havia eletricidade utilizava-se o gelatonógrafo. Muitas mulheres e muitos homens deram movimento a esses instrumentos para anunciar Jesus libertador no campo, nas periferias urbanas, nos sindicatos e na Igreja, Povo de Deus, em assembleias e caminhadas. Reproduziam retalhos dos evangelhos, davam a conhecer as atas das reuniões das comunidades, faziam a educação popular, punham em caminhada por todo o continente as decisões do Vaticano II e fariam o mesmo com as *Conclusões* de Medellín.

5.3 As mulheres no Documento de Medellín: por trás das palavras

Logo em seu início, o Documento de Medellín traz esta contundente afirmação: "A mulher reivindica sua igualdade, de direito e de fato, com o homem" (Med 1,2). Porém, todo o restante do documento parece esquecer ali essa pérola. Com uma linguagem não inclusiva, o termo "mulher" aparece geralmente no singular e pende para uma forma genérica. As mulheres são tratadas entre os pobres, mas sem explicitar que elas são, muitas vezes, as mais pobres dentre os pobres.

Durante o Concílio Vaticano II, nas discussões e nos trabalhos era repetidamente lembrada a afirmação do Papa João XXIII de que o ingresso da mulher na vida pública constituía um sinal dos tempos. De fato, na *Pacem in Terris* (n. 39-42) ele reconheceu como sinais dos tempos os processos de emancipação das classes trabalhadoras, da mulher e dos povos dominados.

Com sua sensibilidade, olhar aberto e atitude dialógica, e na perspectiva da nova teologia emergente na Europa, João XXIII captou a força dos movimentos culturais que, identificados com a Modernidade, defendiam a afirmação dos sujeitos individuais com sua liberdade e dignidade. Captou também que o mais importante desses movimentos era o das mulheres. Elas, negando-se a continuar como meras reprodutoras das regras estabelecidas em seu prejuízo, saíam do recôndito da vida privada e mostravam sua eficiente atuação na vida pública, inclusive gerindo coletivamente as mudanças sociais. Muitas mulheres já se haviam mostrado capazes de valer-se do próprio processo desencadeado pelas revoluções modernas, apesar das contradições desse processo, em favor da mudança na sua condição de mulheres (DOMEZI, 2016: 24-25).

O Concílio, embora sem dar resposta às fortes insistências para que mulheres fossem admitidas ao ministério ordenado em igualdade com os homens, fez algumas importantes referências à sua promoção, principalmente na *Gaudium et Spes* e na *Apostolicam Actuositatem*.

Na *Gaudium et Spes* há uma categórica afirmação da igualdade fundamental entre todos os seres humanos, feita dentro do paradigma dos direitos humanos e em sintonia com o mundo moderno: "Qualquer forma de discriminação nos direitos fundamentais da pessoa, seja ela social ou cultural, ou funde-se no sexo, raça, cor, condição social, língua ou religião, deve ser superada e eliminada, porque contrária ao plano de Deus..." (GS 29). O mesmo documento, ao tratar do direito de todos aos benefícios da cultura, afirma o que havia sido uma intervenção da auditora Gertrud Ehrle:

As mulheres já trabalham em quase todos os serviços da vida. É conveniente, porém, que possam assumir plenamente, de acordo com a própria índole, o papel que lhes toca. É dever de todos reconhecer e promover a participação específica e necessária da mulher na vida cultural (GS 60).

O decreto *Apostolicam Actuositatem*, ao citar os diversos campos de atividade apostólica das pessoas leigas, afirma: "Uma vez, porém, que em nossos dias as mulheres, cada vez mais, tomam parte mais ativa em toda a vida da sociedade, é de grande importância sua participação mais ampla também nos vários campos de apostolado da Igreja" (AA 9).

É importante lembrar que o Concílio teve a participação de 23 mulheres convidadas como auditoras, que foram muito além do papel de simples presença simbólica a elas atribuído. Imbuídas da dignidade batismal que as fez entrar ativamente no coração do mistério da Igreja, elas deram importante contribuição nas discussões, nas redes de influência e na redação dos textos conciliares (DOMEZI, 2016).

Além disso, temos de levar em conta a irrupção da Igreja dos pobres na América Latina, com tantas mulheres e tantos homens dos meios populares exercendo novos ministérios eclesiais, notadamente nas comunidades eclesiais de base e nos círculos bíblicos. Tudo isso era muito novo, mas configurava-se uma Igreja mais humana, popular, leiga e feminina, com eficácia transformadora da sociedade.

Podemos dizer que teria feito diferença em favor das mulheres trazer a sensibilidade de João XXIII para Medellín, não obstante as contradições mais ferozes do capitalismo moderno serem sentidas na América Latina, o que levava os bispos daqui a centrarem forças na denúncia da violência estrutural e sistêmica.

Ocorre que 1968, o ano da Conferência de Medellín, estava sendo marco de importantes revoluções culturais modernas, como a rebeldia da juventude em âmbito mundial contra os autoritarismos e a favor dos direitos humanos. E por ser o ano da publicação da obra da norte-americana Mary Daly, intitulada *A Igreja e o segundo sexo*, também foi marco da irrupção da teologia feminista (DALY, 1986).

Beozzo entende que, entre as lacunas da Conferência de Medellín, esteve a pouca atenção à dimensão cultural da realidade que atravessa a experiência humana, desde a mais pessoal até às estruturas econômicas, sociais e políticas. E a ausência da perspectiva de gênero, segundo ele, era uma lacuna da cultura geral da época (1998).

A isso podemos acrescentar a visão de Comblin acerca dos limites dessa conferência: Era uma Igreja branca e latina, com dificuldade de visão da multiplicidade cultural, com fraqueza em sua autocrítica e que mostrou ambiguidade em suas propostas para o desenvolvimento. O Documento de Medellín também põe à mostra a dificuldade da linguagem inclusiva: o vocábulo "homem", que aparece 128 vezes, é o mais utilizado; a seu lado destaca-se o vocábulo "pobre", que aparece 56 vezes (1988: 826-827).

No entanto, o pobre ali é um termo genérico, que carece da multiplicidade de rostos com as respectivas subjetividades. Como observa Paulo Suess, ficam ausentes os rostos latino-americanos dos pobres, bem como a subjetividade das populações afro-americanas, e os índios são inadequadamente chamados de "grupos étnicos semipagãos" (Med 6,1). Além disso, no interior da Igreja, enquanto as reformas não têm desdobramentos estruturais e as "quase revoluções progressistas" são vacilantes, reversíveis e recuperáveis, fica a dever a questão do protagonismo constitucional dos pobres (SUESS, 1988: 866-867).

Vale destacar a crítica de Kloppenburg, embora aqui ele se refira mais à não concessão do presbiterado a homens casados:

> A Conferência mostrou-se valente, livre e desinibida quando examinava as estruturas sociais, econômicas e políticas, para propor mudanças globais, profundas, urgentes e audazes, exigindo a livre formação de estruturas intermediárias sem a intervenção indevida da autoridade ou de grupos dominantes. Mostrava-se, porém, tímida, inibida e ineficiente quando se via colocada diante das estruturas eclesiásticas, demonstrando pouca coragem em propor ou exigir transformações nas estruturas intermediárias ou em protestar contra as indevidas intervenções da autoridade ou de grupos dominantes (KLOPPENBURG, 1968: 626).

Como avalia Pilar de Aquino, em Medellín perpetuou-se a visão androcêntrica da Igreja, na linguagem sexista excludente e no conteúdo. Por outro lado, embora com pouca referência à problemática da mulher, o Documento de Medellín abre eixos de reflexão teológica que potencializam o processo de participação da mulher na renovação da Igreja da América Latina, como Igreja do povo, comunitária e na busca de alternativas libertadoras em consonância com as aspirações dos pobres, marginalizados e oprimidos. Isso servirá de base para a incorporação das necessidades das mulheres enquanto sujeitos de fato. Ademais, o claro posicionamento a favor da libertação integral dos pobres como forma de realizar a salvação passa pelas mulheres, com suas experiências históricas concretas, físicas e espirituais (AQUINO, 1997).

Olga Caro vê no Documento de Medellín ao menos uma brecha para a perspectiva de gênero. Ao tratar do tema da família, faz alusão à sua mudança, na passagem da sociedade rural para a urbana, e constata que a família é do tipo patriarcal (Med 3,2). Assim, mesmo que indiretamente, remete à necessidade de se considerar a perspectiva de gênero para melhor responder a esta mudança que a realidade urbana produz na configuração das famílias (CARO, 2013: 463).

Margarita Moyano Llerena, que participou da Conferência de Medellín a convite do Celam, como perita em juventude, e que também fora auditora no Concílio, tem sua convicção de que "o Vaticano II foi concebido sobretudo por europeus e a partir da Europa", enquanto a América Latina vivia uma dramática realidade. Por isso, diferentemente do Concílio, no qual predominou uma impressão otimista perante as conquistas do progresso humano, os bispos em Medellín tomaram como ponto de partida uma "desencarnada análise da realidade do continente, vista, julgada e denunciada como 'situação de pecado'" (LLERENA, 1988: 909).

Llerena mostra que sua participação em Medellín foi um passo à frente em relação à de auditora no Concílio. Ela afirma: "Desta vez não limitadas apenas a escutar. Participávamos com voz e voto nas comissões. Ombro a ombro, fomos elaborando os documentos: leigos, bispos, sacerdotes, algumas religiosas". Ali as mulheres participaram da produção dos textos, perfeitamente integradas nos esforços dos trabalhos durante 15 dias, mas todos imbuídos da presença do Espírito de Deus e com um saudável senso de humor que temperava as confrontações vigorosas (LLERENA, 1988: 909)

Na Conferência de Puebla, em 1979, algumas mulheres tentaram, nos bastidores, passar para os bispos algumas ideias que lembrassem a dignidade da mulher latino-americana. E conseguiram mostrar a presença e atuação das mulheres na Igreja, através dos serviços os mais variados. Não foi em vão. O Documento de Puebla reconhece o seu valor e lhes consagra algumas linhas que salientam sua dignidade e contribuição à evangelização do continente (GEBARA, 1989: 5).

A mulher aparece com rosto, e reconhecida em sua situação de dupla opressão em razão do sexo e da condição socioeconômica (DP 1.135n.). E na categoria dos pobres fala-se dos indígenas, camponeses, operários, marginalizados da cidade e, nestes setores sociais, destacam-se as mulheres, por sua condição de duplamente oprimidas e marginalizadas (CARO, 2013: 470).

Infelizmente, no interior da Igreja Católica continua como desafio uma relação de gênero pautada na justiça, na fundamental igualdade e na fraternidade evangélica, enquanto o patriarcalismo clericalista persiste e até avança, em um modo de Igreja ainda distante da eclesiologia do Vaticano II.

É oportuna e necessária a chamada do Papa Francisco para uma permanente reforma na Igreja que, atingindo sua própria estrutura, supere o clericalismo. Entre suas exortações e ações em favor das mulheres está o apelo para que se ampliem "os espaços para uma presença feminina mais incisiva na Igreja". E o papa justifica isso com a eclesiologia conciliar: "As reivindicações dos legítimos direitos das mulheres, a partir da firme convicção de que homens e mulheres têm a mesma dignidade, colocam à Igreja questões profundas que a desafiam e não se podem iludir superficialmente" (EG 103-104).

Referências

AQUINO, M.P. *A teologia, a Igreja e a mulher na América Latina.* São Paulo: Paulinas, 1997.

BANDEIRA, M. "Entrevista concedida a Nayá Fernandes". *Família Cristã*, 952, abr./2015.

BASTOS, I. *Relato da experiência de Nísia Floresta.* [Mímeo], 1968.

BENJUMEA, O.L.A. "Un Mimeografo con Historia de Iglesia – Medellín 1968". *Evangelizadoras de los apostoles*, 7/05/2011 [Disponível em: https://evangelizadorasdelosapostoles.wordpress.com/2011/05/07/un-mimeografo-con-historia-de-iglesia-medellin-1968/].

BEOZZO, J.O. "Medellín: inspiração e raízes, 1998". *RELaT*, 202 [Disponível em: www.servicioskoinonia.org/relat/202.htm].

_____. *A Igreja do Brasil:* De João XXIII a João Paulo II, de Medellín a Santo Domingo. Petrópolis: Vozes, 1993.

_____. "Medellín: vinte anos depois (1968-1988)". *REB*, 48, n. 192, 1988, p. 771-805.

CÂMARA, H. *Obras Completas* – Vaticano II: Correspondência conciliar. MARQUES, L.C. & FARIA, R.A. (Orgs.). Recife: Ed. Universitária da UFPE [T. 1, 2004; T. 2 e T. 3, 2009].

CARO, O.C.V. "Ciudad y Mujer: una apuesta evangelizadora". In: *Medellín*, vol. 39, n. 155, 2013, p. 453-471.

CATÃO, F. "Aos trinta anos de Medellín". In: *Conclusões da Conferência de Medellín – 1968. Texto Oficial.* Trinta anos depois, Medellín ainda é atual? São Paulo: Paulinas, 1998, p. 274-275.

CELAM. *Conclusões da Conferência de Medellín (1968).* Texto oficial, Trinta anos depois, Medellín é ainda atual? São Paulo: Paulinas, 1998.

_____. *Evangelização no presente e no futuro da América Latina* – Conclusões da Conferência de Puebla. Texto Oficial. São Paulo: Paulinas, 1979.

COMBLIN, J. "Conferência Episcopal de Medellín: 40 anos depois". *Cadernos de Teologia Pública*, ano 5, n. 36, 2008, p. 5-28 [Disponível em: http://www.ihu.unisinos.br/images/stories/cadernos/teopublica/036cadernosteologiapublica.pdf].

_____. "Medellín: Vinte anos depois. Balanço temático". *REB*, 48, n. 192, 1988, p. 806-829.

CONCÍLIO VATICANO II. *Compêndio do Vaticano II* – constituições, decretos, declarações. 20. ed. Petrópolis: Vozes, 1989.

DALY, M. *The Church and the Second Sex*: With the feminist poschristian. Beacon Press, 1986.

DOMEZI, M.C. *Mulheres do Concílio Vaticano II*. São Paulo: Paulus, 2016.

FRANCISCO. *Evangelii Gaudium*. São Paulo: Paulus/Loyola, 2013.

GEBARA, I. *As incômodas filhas de Eva na Igreja da América Latina*. São Paulo: Paulinas, 1989.

JOÃO XXIII. *Pacem in Terris*. São Paulo: Paulinas, 1990.

KLOPPENBURG, B. "A Segunda Conferência Geral do Episcopado Latino-Americano". *REB,* 28, n. 3, 1968, p. 623-626.

LLERENA, M.M. "Medellín: Vinte anos depois – O testemunho de uma mulher que o viveu por dentro". *REB*, 48, n. 192, 1988, p. 906-913.

LLORA, C. *Iglesia para El reino de Dios* – Em torno a Aparecida. Madri: PPC, 2007.

MEYER, J. "As ordens e congregações religiosas na América Latina". In: DUSSEL, E. (org.) *Historia Liberationis* – 500 anos de História da Igreja na América Latina. São Paulo: Paulinas/Cehila, 1992, p. 633-652.

PARADA, H. *Crónica de Medellín*: Segunda Conferencia General del Episcopado Latinoamericano. Bogotá: Indo-American Spress Service, 1975.

SCATENA, S. *In populo pauperum* – La Chiesa Latinoamericana dal Concilio a Medellín (1962-1968). Bolonha: Il Mulino, 2007 [Nuova Serie, 40].

SCHICKENDANTZ, C. "Único ejemplo de una recepción continental del Vaticano II". *Teología*, 109, 2012, p. 25-53.

SUESS, P. "Medellín e os sinais dos tempos". *REB*, 48, n. 192, 1988, p. 851-870.

6
Povos com mística terrena[31]

Diego Irarrazaval

Introdução
6.1 Inquietações

Nos últimos 50 anos, as práticas e espiritualidades de cada povo foram se transformando. Brotam inquietações; cada acontecimento merece discernimento. Como indicou Medellín: "não podemos partir de uma interpretação cultural ocidentalizada das classes média e alta urbanas" (Med 6,4). Por outro lado, é preciso reconhecer que "a primeira coisa para Deus não é a religião, mas uma vida digna e saudável para todos" (PAGOLA, 2014: 122). Nas últimas décadas cresceram associações de base e a renovação bíblica com os pés no chão[32].

Trata-se de transformações com ambivalências. Por exemplo, existem ritos que foram de neocristandade e que agora são geridos pela população; ou então transferências do coletivo ao privado; ou muito símbolo sincrético para obter bênçãos divinas; ou renovação bíblica em parte encarnada e em parte fundamentalista. Carlos R. Brandão oferece uma chave hermenêutica: os subalternos não só se apropriam de modos eruditos e impostos de crenças e práticas, mas também "criam, por sua conta e risco, os seus próprios modos sociais de produção do sagrado" (BRANDÃO, 1980: 17-18). Existe constante autogestão a partir da população crente. Isto não é compreendido por Igrejas que costumam tentar "elevar" práticas de pessoas comuns a níveis "superiores" (manejados por elites).

Em geral, trata-se de uma gama de vivências socioculturais, teologais, terrenas, a cargo de grupos e povos. Não é, portanto, um objeto (reduzível a uma mera "religiosidade, piedade"), nem são pessoas carentes de verdade e bondade. Ao contrário, são sujeitos que, em suas vivências humanas, recebem o Evangelho.

---

31. Traduzido por Gentil A. Titton.
32. Carlos Mesters anota: "A grande novidade eclesial dos últimos decênios está representada pelo reencontro dos pobres com a Palavra de Deus" (MESTERS, 2006: 21). Por outro lado, existe trabalho bíblico que situa a "história de salvação" fora do acontecer do povo.

Durante décadas, setores renovados estão inquietos e se reconectam com a fé popular e suas mediações sociorreligiosas. Estas continuam por rumos próprios; e de várias maneiras assumem traços cristãos. A seguir, desenvolvo vários temas. Primeiro: o acompanhar sofrimentos e festas que caracterizam a religião de cada dia. Segundo: a visão institucional desde Medellín até Aparecida. Depois comento processos de sacralização e secularidade que afetam os povos. Sobressai a cambiante mística cotidiana e terrena[33].

6.2 Acompanhar o sofrer e o festejar

Em contextos modernos predomina a individuação, à qual se contrapõe cada sujeito capaz de libertação (cf. TOURAINE, 2006: 129-179; MARTUCELLI, 2007: 117-134). Existem tensões entre, por um lado um autocentrar-se e, por outro, um transcendental acompanhar em situações de dor e em instâncias festivas. Hoje persistem ritos e devoções que pretendem apropriar-se de bênçãos divinas.

O acompanhar – tanto na crucifixão cotidiana como na esperança – é o que caracteriza a mística popular realista. Isto é sentido e compreendido, não tanto de modo conceitual, mas com transbordante cordialidade. Existe, portanto, qualidade humana e conteúdo espiritual ao carregar a cruz dos outros e a sua própria, e ao cultivar a contagiosa alegria que dá vida. Por isso, na mística, acompanhar equivale a amar.

Em centros urbanos expressam-se profundas crenças. Por exemplo, testemunhos dados em um santuário no Brasil. Uma mulher de 18 anos: "minha mãe estava com cálculo renal; ela sempre rezava para Santo Antônio no dia dele, e ficou curada. Eu pedi para Santo Antônio que se o rapaz que eu namorava não fosse me fazer feliz que ele me mostrasse; alguns dias depois eu terminei o namoro"; e um homem de 39 anos: "ter que agradecer ao santo pelas coisas que ele faz em minha vida. Venho há quinze anos, pois passei muita dificuldade na vida e ele me ajudou muito" (MENEZES, 2009: 120, 127). Em setores marginais do Peru, anoto experiências de um homem: "aqui acontece que muitos estão doentes, são devotos de São João e sararam bastante. Eu também, por uma doença que tive, dediquei-me ao Senhor, e até agora estou com saúde e bom"; e de uma mulher: "posso dizer a Nossa Senhora do Carmo: 'Ajuda-me; já que és como uma mãe, ajuda-me, salva-me de todos os perigos', quando preciso dela ou meu filho está doente; e não vou ficar pedindo só para mim, mas também pelos trabalhadores despedidos" (cf. MARZAL, 1985; 1998: 214-215). São crenças com implicações na atividade cotidiana.

---

33. Na poesia (p. ex. Esteban Gumucio no Chile, Pedro Casaldáliga no Brasil) a mística é absolutamente encarnada; por outro lado, assiste-se hoje "a uma revalorização da mística tanto em suas formas profanas como religiosas, que nada têm de alienantes e muito de subversivas" (TAMAYO, 2003: 204).

Ao narrar o cotidiano, a população enfatiza desolação, violência, esforço para sobreviver, contínuas enfermidades. Também se narra o acompanhar, entre amigos e familiares e comunidades. Além disso, confia-se em acompanhantes maiores, seja recursos do catolicismo (cruzes, água-benta), e sobretudo imagens de santos, invocações de Cristo e de Maria. Reza-se e pede-se aos que escutam e nos quais se confia, como a Virgem Mãe, o padroeiro do povoado, o Crucificado, Deus; existem, portanto, mediações (de caráter fenomenológico) e estas são, em menor ou maior grau, ícones (em termos teológicos). O sofrimento provoca acompanhar e ser acompanhado por quem é confiável. A partir da dor compartilhada é maior o clamor por salvação.

Outra vivência crucial é o festejo, com suas incontáveis formas e interpretações. Não há uniformidade nos complexos rituais e celebrações; cada região, cada grupo humano, e conforme idades e outros fatores, tem um leque de experiências irredutíveis. Parece-me que o fundamental é poder desfrutar a alegria com os outros e poder agradecer a Deus por ser feliz. Existe, portanto, abundante fenomenologia e também teologia da festa.

Os povos afro-americanos têm uma admirável criatividade, desde seus itinerários apesar de serem escravos, durante processos de democratização e no atual cenário pós-moderno. Principalmente se autoqualificam como cristãos e participam também do candomblé e da umbanda do Brasil, do vodu e da *santería* caribenha, e de incontáveis simbologias sincréticas. Nestas décadas poucos setores de Igreja assumem realidades afro[34]; e há escassos parágrafos no Documento de Santo Domingo (SD 246-251) e de Aparecida (DAp 88-97, 532-533). Quanto ao indígena e ao afro, a religião tem força e qualidade sociocultural; são recursos humano-espirituais que a Modernidade tenta esmagar e manipular.

O festivo é como que a coluna principal. Ayda Orobio anota que "por mais de 400 anos, o povo afrodescendente vai recriando o cristianismo em terras americanas e caribenhas" e lamenta a pauta "oficial romano-europeia" que desconfia diante de diversas culturas, diante "da beleza e da alegria do ritmo e da vida"; e Obdulio Mena acrescenta: "a festa dá grande valor à humanidade, ri-se, dança-se, compartilha-se", e não há dicotomia entre o religioso e o humano (OROBIO & MENA, 2010: 120, 139). Em outros contextos: "a festa, nas religiões afro-brasileiras, não é momento individual; cada pessoa encontra-se com o sagrado, mas isso é feito em comunidade [...] assim as oferendas, a música, os cantos, a dança, os atabaques, as indumentárias [...] ter festa é ter religião" (BERKENBROCK, 2002: 213, 219). Mais ainda, estar em uma celebração é estar em comunidade com Deus e suas mediações muito concretas.

---

34. Ressalta o que foi conseguido por organismos afro e por pastorais específicas no Brasil, Colômbia, Equador, áreas do Caribe; no entanto, grande parte da espiritualidade afro é discriminada, e é objeto de consumo turístico.

Portanto, a mística do acompanhar caracteriza de modo especial o aliviar sofrimentos de cada dia e o levar a cabo celebrações, segundo os códigos e sensibilidades de cada povo. Tudo isso tem densidade espiritual e teologal.

6.3 Visão institucional, desde Medellín até Aparecida

Por um lado, as pessoas comuns têm suas estruturas, lideranças, símbolos crentes. Por outro lado, existem instâncias cidadãs, estatais, econômicas, comunicacionais, que influem em âmbitos de Igreja e que marcam a religião das multidões (o que requer mais análise do que é possível neste breve ensaio). Além disso, organismos cristãos desenvolvem programas e interpretações. Em que medida são relevantes e dialogam com a fé do povo? Cooptam e desfiguram o que é vivido pela multidão? Quanta subordinação, quanta conjugação de responsabilidades? São realidades polifacéticas, onde há dominação, há populismo, há resistência e criatividade.

A seguir, só se consideram maneiras como os episcopados latino-americanos entendem o religioso e dão propostas sobre ele (e em especial sobre o catolicismo da maioria das pessoas). Junto com o apreciar passos dados no Concílio, em Medellín e em outros acontecimentos episcopais, constatam-se atitudes mais renovadoras e, ao mesmo tempo, preconceitos de elites em relação a crenças das pessoas. De Medellín em diante[35], organismos oficiais oferecem elementos empáticos e inovadores, que incluem diagnósticos, posturas teológicas e esforços de comunhão com o povo crente.

As grandes linhas do Concílio inspiram Medellín e o que acontece até o dia de hoje. Desde 50 anos atrás se conjuga melhor a fé com a cultura (GS 57-62, 92-93), é reconhecida a liberdade religiosa (DH), existem vínculos com religiões não cristãs (NA). Além disso, à população é reconhecida sua fé e a presença do Espírito. Esses e outros critérios abrem uma nova fase histórica. Diminuem as ondas de agressões e mal-entendidos em relação à religião popular. Há duas questões de fundo. Uma é como incluir formas religiosas no âmbito da fé; e outra questão é reconhecer ali a ação do Espírito. Empregam-se fórmulas como *sensus fidei* e *sensus fidelium*: "o senso sobrenatural da fé de todo o povo" e "senso da fé, excitado e sustentado pelo Espírito da verdade" (LG 12; GS 11). Dada a velha disjuntiva entre religião ou fé, e dado o vazio pneumatológico, essa perspectiva conciliar é um passo admirável. Vejamos quatro marcos.

---

35. Em cada documento coexistem várias atitudes em relação ao que às vezes é chamado religião, às vezes espiritualidade e piedade, ou então "mística popular" (DAp 262). A "pluralidade" eclesial permite um leque de interpretações e ações; principalmente procura-se entender, modificar e purificar formas populares. Só ressalto linhas gerais, sem sopesar cada documento, seu contexto, sua "recepção".

Um primeiro marco é retomar o Concílio para os desafios próprios de nosso continente. O significado da Conferência Medellín e sua "recepção" foi uma Igreja que se renova lendo sinais dos tempos e que opta pela justiça e pelo pobre. Os bispos pedem "descobrir nessa religiosidade a secreta presença de Deus [...] e a luz do Verbo" (Med 6,5). No entanto, existem atitudes de cima para baixo, por exemplo, ao lamentar o mágico e supersticioso na multidão (e não ver que setores sociais idolatram o poder e o dinheiro). Expõe-se que "a fé, ainda que imperfeita, é encontradiça mesmo nos níveis culturais mais baixos" e é enfatizada a "educação de nosso povo na fé" (Med 6,5; 6,8). São observações discriminatórias, a partir de uma superioridade cultural. Por outro lado, Medellín, sobretudo em seus textos sobre justiça, paz, e pobreza da Igreja, abriu de fato as portas à leitura de sinais sociais que "constituem um 'lugar teológico' e interpelações de Deus" (Med 7,13).

Um segundo marco, na Conferência de Puebla, foi o evangelizar a cultura, que inclui revalorizar e educar a religiosidade. Sublinha-se a "matriz cultural" com base no catolicismo do povo (DP 444). Setores opostos à prática e teologia forjada na América Latina tentaram fazer com que a opção pelo pobre fosse subordinada à pastoral da cultura (descrita com diagnósticos e olhos filosóficos). De modo positivo se entende "o Evangelho encarnado em nossos povos" e que a religiosidade popular seja "clamor por uma verdadeira libertação" e que "o povo se evangeliza continuamente a si próprio" (DP 446, 452, 450). São, portanto, propostas com acertos e limitações.

O terceiro marco continua sublinhando o evangelizar e agora enfatiza o inculturar a mensagem, e o que isto implica em vivências religiosas das pessoas. A Conferência de Santo Domingo afirma que "a religiosidade popular é uma expressão privilegiada da inculturação da fé", que merece ser purificada de "desvios [e os nossos povos] cheguem a encontrar seu lugar próprio em nossas Igrejas locais" (SD 36). O mais significativo é que são abordadas realidades indígenas, afro-americanas, mestiças (SD 230-251) com qualidade teológica e pastoral: "oferecer o Evangelho de Jesus com o testemunho de uma atitude humilde, compreensiva e profética" (no caso de povos indígenas) e "apoiar os povos afro-americanos na defesa de sua identidade e no reconhecimento de seus próprios valores" (SD 248-249). Ocorre, portanto, um assumir a causa dos povos.

Um quarto marco, com a temática do discipulado missionário, situa a espiritualidade popular no encontro com Jesus Cristo (DAp 258-265) e nela vê o "primado da ação do Espírito e a iniciativa gratuita do amor de Deus" (DAp 263). Há também maiores precisões sobre a mestiçagem, povos originários, afro-americanos (DAp 56-59, 246-251, 529-533); a disposição geral é ver a "espiritualidade encarnada na cultura dos simples, que nem por isso é menos espiritual, mas que o é de outra maneira" (DAp 263). Isto é crucial: reconhecer diferentes caminhos para Deus e ver a presença do Espírito na história e nas culturas.

Esses quatro acontecimentos eclesiais fazem parte de processos de renovação, com seus sucessos, retrocessos, vazios temáticos, inéditos desafios. Nos documentos sobressaem diagnósticos gerais, atitudes de empatia e tolerância e propostas de educar mais o povo e integrá-lo em programas oficiais. Pouco se vê o teologal em práticas da população. Elas não são examinadas de modo científico. Por exemplo, ser um continente com "supervalorização da subjetividade individual [...] e nova colonização cultural" (DAp 44-46) implica reconsiderar a religiosidade. Também cabe trazer à luz os complexos e amiúde ocultos fatores econômicos e políticos em torno da religiosidade. Por outro lado, a atenção é dirigida a estratos pobres e médios, e escassamente a poderosos que manipulam e deturpam o espiritual[36]. Simplificam-se traços positivos e negativos (cf. DP 454-456) com enfoque pastoralista e sem recurso às ciências humanas.

As visões institucionais costumam simplificar realidades distintas e suscitam interpretações e opções diversas. Em relação a religiosidades do povo, a visão pode ser encapsulada em uma "cultura cristã" (como foi tentado em Santo Domingo) ou pode abrir-se a povos protagonistas do Evangelho (como foi enunciado em Medellín, Puebla, Aparecida). Quanto à relevância e "recepção" dos documentos, no cenário latino-americano há setores mais criativos e outros mais acomodados. O denominador comum não é que especialistas e líderes eclesiais sejam interpelados pelas formas de fé do povo. Ao contrário, essas são incorporadas em algumas instâncias pastorais, mas não são compreendidas nem avaliadas como merecem.

Os maiores sucessos, a partir do dinamismo do Concílio e Medellín, são leituras de sinais dos tempos, lidos com os olhos do Evangelho que opta pela vida do pobre, e prestando atenção à sabedoria das pessoas comuns e também a abundantes trabalhos de especialistas. Concretamente, não se trata de amoldar a religião do povo a pautas institucionais, mas de diálogos entre diversos sujeitos culturais, e examinar experiências do sagrado (que esmagam, que consolam, que empoderam etc.) em populações marginalizadas. Vários modos de transcendência afetam o acontecer humano: a incessante e polifacética sacralização e tenazes opções por viver superando obstáculos.

6.4 Sacralizações e ressurgir místico

Ao sopesar a religiosidade popular muitos só veem ritos e representações (e o especificamente "religioso"). Não existe só isso. As sacralizações ocorrem em diversos âmbitos e com diversos procedimentos. Constatam-se poderes socioeconômicos aos quais se atribui caráter de salvadores, a egocultura globalizada com suas verdades e

---

36. Cf. diagnósticos simplistas de conservadores, desenvolvimentistas, revolucionários (Med 7,5-12). No contexto chileno, são estudos rigorosos: *Riqueza y Piedad* (THUMALA, 2007) e *El imperio del Opus Dei en Chile* (MONCKEBERG, 2016).

normas despóticas, mecanismos de autoajuda e de *coaching* que substituem tradições religiosas. Tudo isso marca o conjunto da sociedade e crentes do povo. Por isso, os ritos e as crenças não estão monopolizados por Igrejas e instâncias religiosas.

Por outro lado, persistem e ressurgem espiritualidades nos povos latino-americanos. Entremisturam-se tradições e inovações. As multidões urbanas, com seus cristianismos mestiços, estão reconfigurando o culto a imagens sagradas. Visitam-se santuários locais e regionais, para compartilhar expectativas e preces por vidas dignas, e para obter ajudas e "bênçãos" diante de situações desumanas. Na ritualidade católica, a multidão manifesta necessidades concretas de saúde, emprego, paz no coração e no meio de incontáveis conflitos. Essas realidades e sua transformação espiritual (cf. SANCHIS, 1994; MALLIMACI, 2008; GÓMEZ DE SOUZA, 2002; GALLI, 2014; TEIXEIRA; MENEZES, 2009; BAHAMONDES, 2014) geralmente manifestam crises existenciais, entendidas de modo individual e social. Existem, portanto, místicas, que em parte funcionam para a ordem estabelecida e em parte são críticas do modelo de Cristandade.

Nas regiões andinas sobressaem contraposições, devido a pautas de subordinação, por um lado, e à autogestão, por outro. Existe uma violência sacralizada de forma social e com ingredientes religiosos; também existe uma gama de esforços libertadores por parte de indígenas e mestiços. Entre esses polos se desenvolvem as existências andinas. Nestas regiões mestiças[37], muitos estudos e comunicações mostram a capacidade de modificar tradições e de gerar novas crenças.

Modernizam-se e instrumentalizam-se os ritos em torno da morte, cerimônias com a Mãe Terra, inovações católicas por pessoas migrantes, maneiras mestiças e originárias de compreender a fé. Isso tem um ritmo mais ou menos acelerado. Durante séculos o cristianismo foi inculcado de modo doutrinal e ritualista; e, em poucas décadas, a humanidade andina o reinterpreta e consegue reconfigurá-lo como consumo sagrado com alguns símbolos biocêntricos (cf. CÁCERES, 1988; FERNANDEZ, 1995; LARA, 2003; ARNOLD, 2009). Trata-se de longos processos interculturais, que se massificaram em diversos contextos. Por exemplo, em cerimônias em torno da morte se constata a persistente andinidade de caráter mais local e a massificada assimilação de recursos católicos, evangélicos e também de cerimônias não crentes. Por outro lado, em incontáveis celebrações de imagens católicas vão se impondo entretenimentos seculares e religiosidades com folclore e espetáculo. Além disso, a multidão pede favores milagrosos e, de modo mais privado e grupal, invoca Deus, a Virgem, outras entidades.

---

37. Sobressaem as indagações feitas por organismos acadêmicos, centros privados e públicos, no Equador, Peru, Bolívia, com seus incontáveis estudos sobre religiões de cada povo. O pensar secular inclui (e não desvaloriza) os fenômenos espirituais. Apesar disso, setores da Igreja só usam diagnósticos superficiais.

Também em regiões andinas (como em outros grandes processos afro-americanos, amazônicos, cidadania migrante na América Central e no Caribe) o religioso nem diminui nem desmorona diante da secularização. Ao contrário, foram se diversificando as buscas de sentido e o espiritual é recriado por diversos caminhos. Seria uma caricatura falar apenas de sacralização a cargo das elites, por um lado, e de místicas alternativas nas mãos de gente marginalizada, por outro lado. A sacralização do êxito material e tecnológico e a exaltação da felicidade privada afetam a gama de setores humanos e são assumidas por ela.

Além disso, místicas que podem chamar-se terrenas, e que são autogeridas por setores populares, têm impacto em outros setores sociais; um caso notável é a andina espiritualidade e política do bem-viver comunitário, o *Sumak Kawsay* (cf. FARAH; VASAPOLLO, 2011; HUANACUNI, 2010; TOKARSKI, 2010: 51-61). A força de vida ou *axé* também é invocada e celebrada em comunidades afro-americanas. De acordo com Reginaldo Prandi, trata-se de "energia, princípio da vida [...] é carisma, sabedoria nas coisas-do-santo [...] é a raiz que vem dos antepassados" (PRANDI, 1991: 103); e em uma metrópole (como São Paulo) o subjetivo dá sentido à religião e à magia. A cidadania migrante que enche espaços urbanos, e se move entre países e continentes, manifesta diversos modos de interação cultural e espiritual. Lucas Cerviño avalia o "habitar o presente a partir da profundeza-largura [que] é saber interagir com o manancial de presenças humano-divinas-cósmicas" (CERVIÑO, 2010: 157). Manifestam isto populações de todas as partes. A problemática condição humana, a invocação a Deus, a responsabilidade pelo meio ambiente são como que eixos da mística popular.

Em termos gerais, a cidadania moderna reconstrói o sagrado e o faz de modo especial no subjetivo e cotidiano. Ter êxito (no que é necessário para o povo e no que é supérfluo para as elites), obter saúde, estreitar vínculos, e outras necessidades terrenas são o que predomina em atividades éticas e mágicas. Ocorrem tanto em multidões marginalizadas como nos mais abastados; ainda que tenham significados diferentes. Trata-se de vivências místicas que ressurgem e enchem o coração humano para o bem ou para a maldade.

6.5 Considerações finais

Itinerários e prospectivas

Existem várias maneiras de interiorizar e ser interpelado por sinais de nossos tempos a respeito dos povos e seus caminhos de fé – desde o Concílio e Medellín até hoje. Estas páginas evocaram o que ocorre dentro, abaixo, para frente. Isso se condensa no que muitos chamam de espiritualidade e religiosidade, e que aqui é denominada mística terrena latino-americana. Sente-se e pensa-se a partir de dentro do sofrer humano e do compartilhar festejos. É também um optar, a partir de baixo, pela solidariedade com o pobre e lutando para que não haja fronteiras nem exclusões. Além disso, sem nostalgias de Cristandade, mas em cenários pós-modernos, são alimentadas esperanças concretas e transcendentes. Dentro, abaixo, para frente são maneiras de evocar intercâmbios com Deus, vivências do Evangelho do profeta e curador de Nazaré, e fidelidade ao amável Espírito no universo.

Ao lembrar itinerários de povos, a comunidade eclesial reconhece limitações e acertos. Expressaram-no instâncias episcopais desde Medellín até Aparecida. Ao considerar crenças e ritualidades, o católico mestiço e sincrético se abre a outras maneiras de sentir transcendência em nosso continente. Abrem-se janelas para a memória, e também portas para o futuro.

São lembrados os últimos 50 anos com coração agradecido e com olhar crítico. Como cada comunidade retoma o diálogo com a fé do pobre, e como se reinventam caminhos para frente? Aqui é preciso ser sagazes. Existem sacralizações de caráter desumanizante. Existem incontáveis sujeitos e comunidades com uma espiritualidade que tende à solidariedade ou que tende à intolerância. O reencontrar caminhos de vida implica interrogações e debates fecundos. Com que critérios confrontar crenças e ritos se são objetos de consumo obcecado pelo êxito e discriminador? Com que critérios se continua regenerando vínculos em uma humanidade sofrida e festiva? Quanta correlação existe entre estruturas religiosas do povo e seu *sensus fidei*? Nos anos vindouros, cada espaço eclesial pode escutar, celebrar, praticar o Evangelho da vida com as mediações místico-terrenas.

Referências

ARNOLD, S.P. *Ensayos Andinos.* Cochabamba: Verbo Divino, 2009.

BAHAMONDES, L. & VERA, A. (orgs.). *Representaciones religiosas y devocionales al margen.* Santiago: Universidad Alberto Hurtado, 2014.

BERKENBROCK, V. "A festa nas religiões afro-brasileiras". In: PASSOS, M. (org.). *A festa na vida.* Petrópolis: Vozes, 2002.

CÁCERES, E. *Si crees, los Apus te curan.* Cuzco: Centro de Medicina Andina, 1988.

CERVIÑO, L. *Otra misión es posible* – Dialogar desde espacios sapienciales e interculturales. Cochabamba: Instituto de Misionología, 2010.

CELAM. *Documento final de Aparecida.* Brasília/São Paulo: CNBB/Paulinas/Paulus, 2007.

_____. *Santo Domingo*. Petrópolis: Vozes, 1993.

_____. *Puebla*. Petrópolis: Vozes, 1979.

_____. *A Igreja na atual transformação da América Latina à luz do Concílio*. Petrópolis: Vozes, 1969.

FARAH, I. & VASAPOLLO, L. (orgs.). *Vivir bien:* ¿paradigma no capitalista? La Paz: Cides-Umsa, 2011.

FERNANDEZ, G. *El banquete aymara*. La Paz: Hisbol, 1995.

GALLI, C.M. *Dios vive en la ciudad*. Buenos Aires: Agape, 2014.

GÓMEZ DE SOUZA, L.A. (org.). *Desafios do catolicismo na cidade*. São Paulo: Paulus, 2002.

HUANACUNI, F. (coord.). *Buen Vivir, Vivir Bien*. Lima: Caoi, 2010.

IRARRAZAVAL, D. *La Fiesta, Símbolo de Libertad*. Lima: CEP, 1998.

IRARRAZAVAL, D. *Itinerario de la fe andina* – Rasgos originarios y mestizos. Cochabamba: Verbo Divino, 2013.

LARA, J. *Mitos, leyendas y cuentos de los quechuas*. La Paz: Amigos del Libro, 2003.

MALLIMACI, F. *Primera Encuesta sobre creencias y actitudes religiosas en Argentina*. Fondecyt, 2008 [Disponível em: www.ceil-conicet.gov.ar/wp-content/uploads/2013/02/encuesta1.pdf].

MARTUCELLI, D. *Cambio de rumbo*. Santiago: LOM, 2007.

MARZAL, M. *El sincretismo iberoamericano*. Lima: PUC, 1985.

MENEZES, R. "Santo Antônio no Rio de Janeiro". In: TEIXEIRA, F. & MENEZES, R. (orgs.). *Catolicismo popular*. Petrópolis: Vozes, 2009.

MESTERS, C. *Hacer arder el corazón*. Estella: Verbo Divino, 2006.

MONCKEBERG, M.O. *El imperio del Opus Dei en Chile*. Santiago: Penguin Random House, 2016.

OROBIO, A. & MENA, O. *Tradiciones religiosas afrocolombianas*. Popayán: Cepac, 2010.

PAGOLA, J.A. *Grupos de Jesús*. Buenos Aires: PPC, 2014.

PRANDI, R. *Os candomblés de São Paulo*. São Paulo: Edusp, 1991.

RODRIGUES BRANDÃO, C. *Os deuses do povo*. São Paulo: Brasiliense, 1980.

SANCHIS, P. "A dança dos sincretismos". In: *Comunicações do Iser*, 13/45, 1994.

TAMAYO, J.J. *Nuevo paradigma teológico*. Madri: Trotta, 2003.

TEIXEIRA, F. & MENEZES, R. *Catolicismo Plural*. Petrópolis: Vozes, 2009.

THUMALA, M.A. *Riqueza y Piedad* – El catolicismo de la elite económica chilena. Santiago: Debate, 2007.

TOKARSKI, I. "Un diálogo intercultural necesario para vivir bien". *Fe y Pueblo*, 17, 2010, p. 51-61.

TOURAINE, A. *Un nuevo paradigma*. Buenos Aires: Paidos, 2006.

7
Medellín como recepção conciliar

Alex Villas Boas
Welder Lancieri Marchini

Introdução

Quando a Igreja celebra um concílio, um dos maiores desafios é garantir que ele seja recebido pelas comunidades eclesiais. Caso contrário, o concílio fica à revelia dos estudiosos e das estruturas curiais, mas não se transforma em prática eclesial e muito menos pastoral. Medellín (1968) foi a Conferência responsável pela recepção do Vaticano II (1962-1965) a partir da realidade social e eclesial da América Latina.

Propomo-nos aqui a abordar a recepção em dois aspectos: primeiramente, Medellín como recepção do Vaticano II. Mas mesmo Medellín está distante do cenário local, seja o teológico ou o eclesial. Mesmo que consideremos a reverberação dos acontecimentos Vaticano II e Medellín, essa ressonância não acontece sem instrumentos que a facilite. Para entender a recepção de Medellín à realidade eclesial brasileira, tomaremos como amostra a *REB*, do Instituto Teológico Franciscano (ITF) e em seus números publicados em 1968.

A recepção do Vaticano por Medellín e da Conferência de 1968 pela Igreja no Brasil não acontece sem suas tensões, sistematizações teológicas e entendimentos eclesiais. Buscaremos trazer algumas características desse processo.

7.1 Sobre o conceito de recepção

Diante de acontecimentos da proporção do Vaticano II, que trazem mudanças paradigmáticas no organizar e agir da Igreja, três elementos tomam relevância: o evento em si, os documentos produzidos e aprovados e sua recepção (BEOZZO, 2015: 803). Sendo assim, podemos entender Medellín como parte do processo de recepção conciliar, definido por Beozzo como "o elemento de verificação mais importante, pois revela quais dimensões foram capazes de passar para o cotidiano da Igreja, que outras deixaram de ser assimiladas e até mesmo as que foram seletivamente abandonadas" (BEOZZO, 2015: 803).

O teórico da recepção Hans Robert Jauss (1921-1997) entende esse processo como algo que permite um novo juízo da obra recebida, enquanto funde e educa novas sensibilidades, permitindo identificar uma verdadeira "formação das sensibilidades" na medida em que responde às expectativas, bem como abre novas questões para ulteriores respostas. A recepção de uma obra acontece pelo seu "grau de verdade", como "em que medida reconhecemos nela alguma coisa, nos conhecemos e nos reconhecemos nela". Tal verdade pode ser tanto prazerosa e desveladora de possibilidades como também uma "frustração de expectativas", semelhante à "experiência de um cego que se choca em um obstáculo e aprende assim a sua existência", constatando que as hipóteses eram "falsas" e entrando "verdadeiramente em contato" com a "realidade", funcionando como "sentido criador da experiência negativa à práxis da vida", conduzindo a "renovar" a "percepção das coisas" (JAUSS, 2003: 48; 55-59). Desse modo, Medellín vai delineando os aspectos conciliares que mais são caros aos sentimentos e expectativas do Povo de Deus na América Latina, fazendo uma leitura de avanço conciliar que privilegiava a primazia da práxis ou seja, da *caritas* sobre a *veritas* na concepção de cristianismo.

Também o conceito de recepção é evocado pelo teólogo Yves Congar (1904-1955) como necessário para uma eclesiologia que melhor realizasse as tarefas teológico-pastorais do Concílio, apontando cinco áreas fundamentais: Teologia da Igreja como comunhão; teologia da Igreja local, uma teologia do Espírito Santo; uma teologia da tradição e uma teologia dos concílios (1972: 369-402). Uma das questões levantadas por Congar para a recepção da fé é que cada Igreja local preserva e transmite a Tradição de acordo com sua realidade e história, e por isso a "recepção de um concílio e sua eficácia" esta ligada ao reconhecimento de seu bem para uma Igreja local, sendo incorporado ao *sensus fidei* (VILLAS BOAS, 2014: 46s.).

Nesse sentido, a fé do povo latino-americano era inspirada por Medellín a concretizar as luzes lançadas à tradição católica pelo Vaticano II, para ser uma fé encarnada em seu contexto, sendo um critério de discernimento da ação de Deus no meio do povo.

A ideia de uma recepção em âmbito eclesial está diretamente relacionada ao modo como se vive a fé (PINHO, 1994: 22), pois o cristão é aquele que recebe a "oferta salvadora de Deus" (PINHO, 1994: 23). Contudo, esse é um processo eclesial, que não se esgota na relação das autoridades eclesiásticas com a comunidade de fé, constitui-se como atitude hermenêutica diante das instruções transmitidas.

A recepção, contudo, não é tão linear, mas traz consigo nuances que a caracterizam como processo. Theobald sistematiza o processo receptivo a partir de fases. A primeira delas seria a de *exaltação*, passando pela *integração* e desenvolvendo-se em *estabilização*. No caso específico do Vaticano II a recepção passa pela valorização e liberdade dos receptores (THEOBALD, 2015: 375-376, 497), que no contexto latino-americano se concretizará na realização de Medellín e em uma produção teológica própria. Para Gustavo Gutiérrez, Medellín nasce do "impulso do concílio" (1998: 237), sendo uma "rápida e criativa recepção da assembleia conciliar" (1998: 239).

7.2 A opção pelos pobres como recepção do Concílio?

Na organização da Igreja em contexto latino-america e caribenha, a Conferência de Medellín se dá como momento paradigmático, no sentido de uma construção teológica que dialogue com a história e a realidade local. Ainda sobre o espírito do *aggiornamento* conciliar, o episcopado da América Latina e do Caribe busca fazer uma leitura do Concílio a partir da própria realidade histórica latino-americana. Mas, para entendermos como este diálogo se estabelece, é necessário trazermos, mesmo que brevemente, as mudanças sociais que se faziam presentes neste continente.

Na década de 1960, a América Latina vive transformações políticas que impactaram diretamente na organização pastoral da Igreja. Os regimes ditatoriais irrompem em vários países financiados pelo governo norte-americano que queria frear a entrada do comunismo que, por sua vez, ganhava força com a revolução cubana (1959) e com a polarização da Guerra Fria. Em âmbito religioso, cria-se uma tendência de dividir o clero e o episcopado entre aqueles que se submetiam ou concordavam com os regimes totalitários, popularmente chamados de conservadores, e aqueles que eram vistos como comunistas por se identificarem com as lutas sociais, popularmente chamados de progressistas. Essa dicotomia será muitas vezes levada para dentro do ambiente eclesial.

Juntamente com essa situação política, apresentam-se também as consequências das sucessivas crises do capitalismo do século XX. É crescente a taxa de desemprego e diminuem-se os salários, as condições de alimentação e saúde. Consequentemente há uma maior mobilização popular principalmente envolvendo operários e camponeses (DUSSEL, 1983: 47). Os governos ditatoriais, espalhados por toda a América Latina, aumentam a repressão a qualquer forma de manifestação popular, trabalhista ou estudantil. No Brasil o Presidente Arthur da Costa e Silva emana o Ato Institucional n. 5, que dá plenos poderes ao presidente da república e é utilizado na prática como forma de repressão.

No âmbito religioso vive-se a efervescência do Concílio Vaticano II. A proposta de diálogo da Igreja com a Modernidade é recebida com bons olhos pelo episcopado latino-americano. Mas historicamente há um hiato. A América Latina e o Caribe vivem – paralelamente à modernidade europeia – reverberações de um processo de colonização. O diálogo da Igreja com o mundo moderno, impedido por Pio IX, não tinha o mesmo impacto em terras latino-americanas e caribenhas.

Os dilemas humanos que aqui se faziam presentes diziam respeito aos sistemas políticos e econômicos que a cada dia se mostravam mais incapazes de converter-se em dignidade à pessoa humana, ou no mínimo não estavam preocupados com isso. Esse diálogo com a Modernidade, no contexto latino-americano, ganhará contornos de um diálogo com a realidade social que culminará na opção pelos pobres. Libanio aponta os escritos do Vaticano II e também a encíclica *Populorum Progressio* (1967) como aberturas para a opção pelos pobres na Igreja latino-americana (2007: 22).

Somando-se as questões sociais, que estão latentes na América Latina e no Caribe, com as influências do Concílio Vaticano II, o episcopado latino-americano e caribenho se mobilizará para a organização de sua segunda conferência que acontecerá em Medellín e que será o momento de maior autonomia teológica e pastoral da Igreja deste continente. Se o Concílio Vaticano II dialoga com a Modernidade europeia, na América Latina a produção conciliar encontrará outros interlocutores que serão responsáveis por um processo de recepção.

7.3 *Medellín: a recepção latino-americana do Concílio Vaticano II*

Impulsionados pelas reflexões e pelo espírito de *aggiornamento* que tomava a Igreja no período pós-Vaticano II (1962-1965), o episcopado latino-americano organiza a sua segunda conferência. Na verdade, a Conferência de 1968 foi convocada pelo próprio Papa Paulo VI, mas acabou por transpor a ideia de uma simples conferência e constituiu-se um momento paradigmático para a Igreja latino-americana representando um forte momento eclesiológico.

Medellín rompe com a linha apologética presente na conferência do Rio de Janeiro (1955) e se enverada pelos caminhos da realidade social tão latente na América Latina da segunda metade do século XX (LIBANIO, 2007: 22). Deixou-se de lado uma construção teológico-dedutiva para assumir-se uma postura de dialogicidade com a sociedade latino-americana. Mais do que um momento de aplicação do Concílio, Medellín se concretiza como um momento histórico de descoberta da América Latina e do Caribe (DUSSEL, 1983: 66-67).

Na abertura do Congresso Eucarístico de Medellín, que antecedeu a Conferência, o enviado do papa, Dom Lercano, diz que "o congresso conclui uma era começada com a colonização da América Latina, com uma altiva e radical religiosidade católica, e abre uma nova era, alimentada pelo espírito do Vaticano II, singularmente atenta às mais profundas exigências do Evangelho" (DUSSEL, 1983: 69).

Nas palavras de Libanio, "em termos concretos, a Igreja da América Latina fez a corajosa opção pelos pobres, sem adjetivos, em todos os campos, no sentido da libertação em relação às estruturas de opressão" (2007: 24). Libanio se refere a Puebla, onde a opção pelos pobres ganhará adjetivos como, por exemplo, o da opção preferencial que nos remete à ideia de não exclusivismo.

A Conferência denuncia a pobreza material e deixa claro que fala especificamente da ausência de bens materiais, ao distingui-la da pobreza espiritual e da pobreza como compromisso evangélico assumido pelos religiosos (Med 14,4). Esse comprometimento leva a Igreja a assumir-se também como pobre, fazendo-se pobre com os pobres (Med 14,5-6). Surgem nessa época muitas comunidades religiosas na periferia com o intuito de fazer-se pobre com os pobres, de estabelecer um diálogo profundo e eficaz com os que vivem as piores consequências da crueldade das crises do capitalismo.

Se Medellín constitui-se momento paradigmático de recepção conciliar, também constrói um novo modo de ser da própria Igreja. Nesse período histórico que bispos como Dom Helder Câmara, em Olinda e Recife, Dom Antônio Fragoso, em Crateús e Dom Pedro Casaldáliga, em São Félix do Araguaia, optam por morar mais perto dos pobres e não mais nos palácios episcopais (BEOZZO, 2015: 803).

A opção pelos pobres feita em Medellín está para além de uma escolha pelo assistencialismo ou de uma ideia colonialista de evangelização onde o europeu traz uma verdade revelada e o colonizado a recebe (Med 14,9). O pobre passa a ser visto como sujeito de sua própria evangelização. Diz Domezi que "a Igreja dos pobres, que tomou corpo na América Latina, é aquela na qual os pobres são sujeitos e agentes de sua história e de sua comunidade eclesial" e continua dizendo que

> as Comunidades Eclesiais de Base (CEBs) são sua concretização mais visível. Com um novo modo de constituir Igreja, pela iniciativa e ação de cristãos, mulheres e homens, situados na base da pirâmide social e na base leiga da Igreja institucional, eles ainda eram insipientes em 1968 (DOMEZI, 2014: 69).

Não se explicita, nas *Conclusões* de Medellín, a opção pelos pobres, mas se faz uma reflexão da ação cristã diante da pobreza que é denominada, pós-conferência, como uma opção pelos pobres. O pobre será visto como sujeito de sua própria história e, consequentemente, de sua própria evangelização. Há, neste parâmetro, influências diretas do educador brasileiro Paulo Freire, com suas práticas pedagógicas visando à autonomia e à libertação do oprimido (LIBANIO, 2007: 22).

Medellín não é um acontecimento apenas de cunho latino-americano e caribenho. Ele é um acontecimento paradigmático que terá maior alcance eclesial e social. Ele dá voz à periferia, seja das cidades, seja do mundo subdesenvolvido ou oprimido. Medellín representaria uma Igreja na América Latina ou Igreja latino-americana? Dussel fala de um desejo de emancipação (1983: 64), mas não desejo cismático.

Medellín deixa transparecer uma Igreja que não mais se conforma em implantar um modelo europeu-colonial. Antes, ela quer possibilitar ao povo latino-americano e caribenho a experiência de Jesus de Nazaré que se dá historicamente. Como a realidade da pobreza latino-americana clama por justiça e atenção, é imprescindível fazer a opção pelo pobre.

7.4 A recepção conciliar documentada pela REB

Se o Concílio Vaticano II tem seu último período encerrado em 8 de dezembro de 1965, em contexto latino-americano a efervescência continua. Há, por parte do episcopado, o desejo de uma recepção que estabeleça um diálogo entre aquilo que foi pensado no Concílio e a realidade latino-americana.

O processo de recepção é dialógico. Ao mesmo tempo que Medellín só é possível por causa de uma teologia que era engendrada na América Latina, os ares de uma Teologia da Libertação serão expandidos e ventilados com a opção pelos pobres que sustenta as *Conclusões* de Medellín. A conferência será realizada no período de 24 de agosto a 6 de setembro de 1968 na cidade colombiana.

A *REB* mostra com certa clareza o processo de recepção do Concílio, via Medellín, trazendo as tensões e os embates de teólogos, bispos e das próprias diretrizes estabelecidas por Paulo VI. Se a *REB* não corresponde à totalidade, ela é uma boa amostra de como as questões conciliares são recebidas pela Igreja no Brasil, além de se constituir uma publicação de intersecção entre a Conferência de Medellín e o Vaticano II.

Se a Conferência acontece entre agosto e setembro, a *REB* traz a temática na recepção já na edição de junho de 1968. Na seção de documentação, a revista, com redação de Boaventura Kloppenburg[38], traz o parâmetro que rege a conferência de Medellín:

> Estudar-se-á a presença da Igreja do Vaticano II na América Latina e sua posição diante da realidade do homem latino-americano visto a estudá-lo do ponto de vista político, social, econômico e religioso. Pois de modo particular vale para o nosso continente o que o Concílio constatou acerca do mundo de hoje: que "o gênero humano se encontra em uma fase nova de sua história, na qual mudanças profundas e rápidas se estendem progressivamente ao universo inteiro" (GS 4b, 206). Nessa verificação estava a razão de ser do Concílio; e nela está também a justificação do II Encontro Geral dos Bispos da América Latina (*REB*, 1968: 431).

---

38. Karl Josef Boaventura Kloppenburg foi redator da *REB* entre 1951 e 1972. Em 1986 é nomeado bispo de Novo Hamburgo, RS, onde viveu até sua morte, em 2008.

Mas a recepção conciliar não acontece sem tensões com a Cúria Romana. A revista traz, na seção Documentação, o texto intitulado "Preocupação de Paulo VI" (1968). Destacamos aqui a tensão entre as instruções de Paulo VI sobre a recepção conciliar que, mesmo não dizendo diretamente sobre Medellín, expressa os conflitos de uma recepção conciliar.

> Depois do Concílio, a Igreja desfrutou, e ainda está desfrutando, de um grande e magnífico despertar, que a nós em primeiro lugar alegra reconhecer e promover; mas a Igreja também sofreu e sofre ainda por um turbilhão de ideias e fatos, que decerto não são conformes ao bom Espírito e não prometem aquela renovação vital que o Concílio prometeu e promoveu (PAULO VI, 1968: 467).

Se por um lado o Concílio representa um despertar de novas posturas dentro da Igreja, por outro há uma preocupação referente aos modos como essa leitura é feita. Há, por parte de Paulo VI, a ideia de renovação conciliar, mas não de autonomia no modo como essa leitura será feita. Nas palavras da revista, *"aggiornamento* e renovação, não subversão" (PAULO VI, 1968: 467).

Para Paulo VI, o *aggiornamento* e a renovação devem acontecer no campo da doutrina, com o intuito de se tornarem mais inteligíveis, normas que podem ser adaptadas às necessidades ao tempo presente, no caso, se referindo ao século XX (PAULO VI, 1968: 467). Mas o pontífice continua:

> Mas duas coisas especialmente não se podem pôr em discussão: as verdades de fé, autorizadamente sancionadas pela tradição e o magistério eclesiástico, e as leis constitucionais da Igreja, com a consequente obediência ao ministério de governo pastoral que Cristo estabeleceu e a sabedoria da Igreja desenvolveu e estendeu aos vários membros do Corpo Místico e visível da mesma Igreja, para guia e conforto da multiforme estrutura do Povo de Deus (PAULO VI, 1968: 467).

Se o papa entende a Igreja como Povo de Deus, também o submete à instituição eclesiástica, visto que deve obediência ao ministério. Assim, qualquer forma de recepção conciliar que viole a chancela curial, será vista como subversão. Enfaticamente continua o pontífice em seu discurso:

> Portanto: renovação, sim; mudança arbitrária, não! História sempre viva e nova da Igreja, sim; historicamente dissolvente do compromisso dogmático tradicional, não! Integração teológica segundo os ensinamentos conciliares, sim! Teologia conforme livres teologias subjetivas, muitas vezes colhidas em fontes adversárias, não![...] (PAULO VI, 1968: 467-468).

Não se trata aqui de questionar o conteúdo da exortação papal. Muito menos de chancelá-la. Isso seria tarefa para outro trabalho, visto que teríamos que analisar o conteúdo de cada afirmação e negação acima, fazendo um trabalho de cunho hermenêutico. Trata-se antes de entender que o processo de recepção conciliar não acontece sem tensão. Se o episcopado latino-americano faz uma leitura conciliar em Medellín, caminha sempre à beira da subversão.

Ainda em perspectiva europeia, encontramos a publicação do Cardeal Michele Pellegrino, arcebispo de Turim entre 1965-1977. Em comunicação intitulada *O que fica e o que muda após o Concílio*, o cardeal começa pela reflexão de que nem todas as mudanças se devem ao evento conciliar, mas que, em muitos casos, "o Concílio endossou de maneira mais autorizada as opiniões de teólogos, pastores, mestres de espiritualidade, que já eram acolhidas por alguns e hostilizadas por outros" (1968: 388).

O Concílio é uma inspiração de João XXIII, mas não está alheio a seu tempo. O contexto eclesial e social pré-conciliar engendra o Concílio. Pellegrino destaca, contudo, a importância da leitura conciliar como senso e processo históricos (1968: 396-398) que acontece em um movimento dialógico entre a fidelidade e a paciência. A Igreja deve ser fiel, sobretudo, à sua própria vocação (PELLEGRINO, 1968: 401) e cultivar a paciência como critério para que os processos históricos aconteçam no seio eclesial, caso contrário, os teólogos se transformam em hereges (PELLEGRINO, 1968: 403).

7.5 Uma teologia como consequência da recepção

A Igreja vive uma espécie de revolução copernicana com os anos que se passam desde o início do Concílio Vaticano II até a realização da Conferência de Medellín. As discussões conciliares do Vaticano II foram recebidas por Medellín e, consequentemente, pelas organizações eclesiais e pela própria produção teológica do período (KLOPPENBURG, 1968: 794-795). O fato de não ser o Vaticano II um concílio anti-herético (KLOPPENBURG, 1968: 797) abre as portas da Igreja a uma teologia mais dialógica, que se faz capaz de dialogar com a realidade sem contudo transitar pelo risco da heresia. Na América Latina, essa teologia receberá o contorno da Teologia da Libertação, suscitando uma gama de novos teólogos que formam um escopo e uma metodologia que lhe são próprias.

A teologia latino-americana fará a opção metodológica de estabelecer o cotidiano como lugar de onde a teologia brota, ao mesmo tempo que será esse cotidiano o receptor da teologia (cf. BOFF, 2015: 283). O Vaticano II traz em sua própria organização, e não apenas em seus escritos, o ideal de uma teologia que serve à Igreja no cotidiano da vida das comunidades eclesiais e de seus membros (cf. BARAÚNA, 1968: 815).

Assim o peruano Gustavo Gutiérrez (1928-) será contemporâneo a Medellín ao escrever, seu primeiro livro, intitulado *La pastoral de la Iglesia en América Latina: Análisis teológico* (1968) e *Hacia una teología de la liberación* (1969). Considerado o pai da Teologia da Libertação, será um dos grandes responsáveis pela sistematização teológica da opção preferencial pelos pobres.

Juan Luis Segundo (1925-1996), teólogo uruguaio, será outro expoente da Teologia da Libertação. Dentre tantos de seus escritos, destacamos a série em cinco volumes intitulada *Teología abierta para el laico adulto*, onde o teólogo jesuíta constrói um itinerário de formação para leigos buscando estabelecer um diálogo entre a teologia e a realidade latino-americana.

Posteriormente teremos o espanhol radicado em El Salvador, Jon Sobrino (1938-) que escreverá, dentre tantos livros, *Cristología desde América Latina* (1976), *Resurrección de la verdadera Iglesia: los pobres, lugar teológico de la eclesiología* (1981) e *Jesús en América Latina – Su significado para la fe y la cristología* (1982), dentre tantos outros que buscaram produzir uma teologia à luz das inspirações conciliares.

A Igreja brasileira também oferece um grande expoente do contexto de Medellín e da opção preferencial pelos pobres. José Comblin (1923-2011), belga que construiu sua vida teológica em território brasileiro, foi o acadêmico que acreditava que a teologia se produzisse a partir do contato com o povo. Já na década de 1980, organizara seu pensamento intitulado "Teologia da enxada". Comblin pensa a formação de padres que aprendam a partir do ambiente social dos seminaristas.

Nas publicações subsequentes a Medellín, a *REB* também demonstra esse ímpeto de uma produção teológica que dialogue tanto com as aspirações do mundo moderno como também com a realidade social e religiosa da América Latina. Na publicação de setembro de 1968, mês em que ocorreu a Conferência de Medellín, Kloppenburg traz uma clara tensão entre aqueles que apoiavam as mudanças trazidas e aqueles que sinalizavam para uma postura conservadora. É nítida a confiança nas inspirações de Medellín para a recepção do Vaticano II, quando relata:

> O valor positivo desta II Conferência Geral do Episcopado Latino-americano está sobretudo na mentalização dos bispos e do clero, com a consequente libertação de uma mentalidade superada em princípio pelo Vaticano II. Há, nos documentos, numerosas e vigorosas afirmações que permitem trabalhar aos que querem trabalhar; obrigam a fazer ao menos um pouco aos que não queriam fazer nada; e impedem aos reacionários e conservadores manter intransigentemente as portas fechadas. É o começo do "novo período da vida eclesiástica" na América Latina. Ao qual aludia Paulo VI no discurso de abertura, mas é apenas o início. Às declarações e aos propósitos deverão seguir os atos. Entretanto não se

> pode contestar o valor e o vigor desses propósitos (KLOPPENBURG, 1968: 624-625).

Se Boaventura traz duras críticas àqueles "que não queriam fazer nada" e aos "reacionários e conservadores", podemos entender que Medellín não ocorreu sem conflitos.

Mas há uma lacuna entre as bases eclesiais de Medellín e a recepção no cenário eclesial e teológico brasileiro. A *REB* não traz referências à opção preferencial pelos pobres. Na seção comunicações trata-se da motivação à organização das comunidades de base, "vivamente e repetidas vezes" (KLOPPENBURG, 1968: 625), fala do espírito profético assumido quando se denuncia

> as injustiças sociais, as ditaduras econômicas, o imperialismo ideológico, o armamentismo além do razoável, o imperialismo internacional do dinheiro, o afã de hegemonia de alguns países mais fortes, a violência institucionalizada, os poderosos que não querem mudança, os privilégios, a venalidade, a insensibilidade e inércia social dos ricos, a fuga de capitais e de pessoal competente, a distorção crescente do comércio internacional, os subterfúgios para escapar dos sistemas tributários estabelecidos, os monopólios internacionais (KLOPPENBURG, 1968: 626).

Se a *REB* não transcreve para seus escritos a opção pelos pobres que ficara implícita em Medellín; explicita, contudo, seu espírito profético com certo ar de militância religiosa.

Medellín foi responsável por traduzir à realidade da América Latina o espírito de *aggiornamento* do Concílio Vaticano II. E o mesmo espírito adentra tanto a teologia latino-americana quanto as comunidades eclesiais, que em muito dialogam com os teólogos. A *REB*, como interlocutora de Medellín e um dos meios responsáveis pela recepção e divulgação da Conferência de 1968 à Igreja no Brasil e quiçá na América Latina, expressa por seu redator o espírito do Vaticano II recebido por Medellín:

> Como resultado final mais positivo parece-me que se pode afirmar que as portas abertas pelo Vaticano II, e que em parte ainda se mantinham cerradas em algumas circunscrições, agora estão abertas também entre nós. Medellín foi um sinal verde para a Igreja na América Latina. Agora podemos ir para frente (KLOPPENBURG, 1968: 626).

Considerações finais

A Conferência de Medellín recebe a teologia conciliar com o tema *A Igreja na atual transformação da América Latina à luz do Concílio* fazendo algumas opções pastorais decisivas em que a Igreja não se vê como "desviada", mas "voltou-se para" o homem, consciente de que "para conhecer Deus é necessário conhecer o homem", pois Cristo é aquele em quem se manifesta o mistério do homem, e assim, procurou a Igreja compreender este momento histórico do homem latino-americano à Luz da Palavra, que é Cristo, para "tomar consciência mais profunda do serviço que lhe incumbe prestar neste momento" (Med, Intr.) distanciando-se definitivamente da Conferência do Rio de Janeiro que visava "à evangelização como defesa da fé e das vocações e a preparação do clero", vendo a "necessidade mais urgente da América Latina" (LIBANIO, 2007: 30) em prol das vocações sacerdotais e religiosas a fim de ampliar o "esforço contínuo por conservar e defender a fé católica" (LIBANIO, 2007: 45). Não sem já se fazer presente a consciência de um "Deus justo chama à justiça e à fraternidade" diante do "panorama social que apresenta o continente latino-americano" (LIBANIO, 2007: 65), contudo, em meio à visão de missão como recristianização da sociedade, imbuído de um "antimodernismo" e um "antiprotestantismo".

Nesse sentido, Medellín concretiza o convite de João XXIII de recuperar o apelo evangélico de buscar "em primeiro lugar o Reino de Deus" (MM 255), e a seu modo propunha a primazia da *caritas* sobre a *veritas* (VATTIMO, 2016: 19-23) e começa assim, a se repensar não mais como cultura dominante, mas como cultura alternativa que assume para si os desafios e sinais do Reino de Deus presentes em seu contexto, sendo a comunidade eclesial o efeito de um estilo de vida que assume o Reino de Deus como centro da existência, sendo essa a missão de Jesus Cristo.

Referências

"Documentos para a presença da Igreja pós-conciliar na América Latina". *REB*, 28/2, 1968, p. 431-432.

BARAÚNA, G. "Transcendência-Imanência, a difícil dialética da hora presente". *REB*, 28, 1968, p. 810-858.

BEOZZO, J.O. "Recepção do Concílio Vaticano II na Igreja do Brasil". In: PASSOS, J.D. & SANCHEZ, W.L. (orgs.). *Dicionário do Concílio Vaticano II*. São Paulo: Paulinas/Paulus, 2015, p. 803-812.

BOFF, C. *Teoria do método teológico*. 6. ed. Petrópolis: Vozes, 2015.

Conclusões da Conferência de Medellín. 2. ed. São Paulo: Paulinas, 2004.

CONGAR, Y. "La 'Réception' comme réalité ecclésiologique". *Revue des Sciences Philosophiques et Théologiques*, 56, 1972, p. 369-402.

DOMEZI, M.C. *O Concílio Vaticano II e os pobres*. São Paulo: Paulus, 2014 [Marco Conciliar].

DUSSEL, E. *Historia general de la iglesia em America Latina*: Introduccion general a la historia de la iglesia em America Latina. Salamanca: Sígueme, 1983 [Tomo I/1].

GUTIÉRREZ, G. "A atualidade de Medellín". In: *Conclusões da Conferência de Medellín – 1968*. 2. ed. São Paulo: Paulinas, 2004, p. 237-252.

JAUSS, H.R. *Literatura como provocação*: História da Literatura como provocação literária. Lisboa: Veja/Passagens, 2003.

JOÃO XXIII. *Mater et Magistra*. São Paulo: Paulinas, 1990.

KLOPPENBURG, B. "A segunda conferência geral do Episcopado Latino-Americano". *REB*, 28/3, 1968, p. 623-626.

_____. "Tradição e progresso no equilíbrio do Vaticano II". *REB*, 28/3, 1968, p. 793-807.

LIBANIO, J.B. *Conferências gerais do episcopado latino-americano*: do Rio de Janeiro a Aparecida. São Paulo: Paulus, 2007 [Temas de Atualidade].

PAULO VI. "Exortação". *REB*, 28/2, 1968, p. 466-469.

_____. "Normas para a Conferência Geral do Episcopado Latino Americano". *REB*, 28/3, 1968, p. 690-697.

PELLEGRINO, M. "O que fica e o que muda após o Concílio". *REB*, 28/2, 1968, p. 388-404.

PINHO, J.E.B. *A recepção como realidade eclesial e tarefa ecumênica*. Lisboa: Didaskalia, 1994.

SALES, E.A. "A Igreja na América Latina e a promoção humana". *REB*, 28/3, 1968, p. 537-554.

THEOBALD, C. *A recepção do Concílio Vaticano II*: acesso à fonte. São Leopoldo: Unisinos, 2015.

VATTIMO, G. *Adeus à verdade*. Trad. João Batista Kreuch. Petrópolis: Vozes:, 2016.

VILLAS BOAS, A. "Reforma eclesial e recepção conciliar: crise da linguagem teológica e recepção estética do Vaticano II". *Perspectiva Teológica*, 46/128, 2014, p. 45-70.

8
50 anos de Medellín
Carisma vivo na história em mudança

João Décio Passos

Introdução

Os 50 anos de Conferência de Medellín provocam a memória, interrogam a consciência do presente e atiçam a expectativa de futuro. A memória pergunta pelo significado do evento e da tradição que foi construída a partir dele: o processo de renovação desde então desencadeado nas Igrejas da América Latina e os desdobramentos subsequentes, em termos de permanência e rotina daquele carisma original. A consciência do presente busca no hoje os frutos da Conferência. A expectativa de futuro imagina e deseja o que Medellín projetou como bom para o continente à luz do Evangelho e das referências do Vaticano II.

Sem pretensões de fazer um balanço histórico tecnicamente correto, a presente reflexão sugere alguns pontos que ajudem a olhar de maneira mais analítica esses 50 anos de recepção do Vaticano II na América Latina, tempo curto em termos de recepção eclesial, porém longo, se se pensa nas testemunhas diretas do evento e na geração seguinte que o assumiu como causa e programa de vida e ação. A fase entusiasta da Conferência já passou. No entanto, o seu legado permanece, como manifesto do magistério episcopal continental e, portanto, como parte de uma tradição eclesial que compõe não somente a história eclesial local, mas também universal. O carisma emanado de Medellín foi dissolvido na Igreja como sal na massa e já não mostra mais o seu frescor original, bem como a organicidade de seu projeto nas Igrejas do continente. É preciso ler os sinais da grande Conferência no decorrer da história, os processos de recepção e as circularidades concretas daquelas referências definidas como critérios e programáticas com os variados contextos que sucederam o evento nessas cinco décadas. Há que se evitar, portanto, o olhar tradicionalista que se fixa nas referências do passado, sem admitir releituras e discernimentos, bem como o olhar que nega a relevância do projeto-Medellín para os dias de hoje, em nome de uma superação histórica.

A reflexão será estruturada em duas partes. A primeira resgata a II Conferência como um evento eclesial que pode ser entendido como ponto de chegada de um processo histórico-eclesial que tem como epicentro o Vaticano II e que constitui, como tal, um marco original da Igreja na América Latina, dando início a uma tradição eclesial local. A segunda parte pergunta pelo significado dessa tradição no decorrer dos seus 50 anos, bem como para os dias atuais. Medellín pode ser visto como um *carisma eclesial* que se expandiu na Igreja desde o seu estado original até nossos dias, sofrendo as mutações próprias de todo projeto renovador. O retorno a esse carisma para buscar de novo o seu significado substancial para a Igreja e para o mundo de hoje é uma questão de fidelidade ao próprio Vaticano II que ali tomou formas concretas, inserindo-se na realidade latino-americana. Com efeito, retornar às fontes é, antes de tudo, um ato de fé que exige confrontar em cada geração a Palavra com a realidade, como ensina o Vaticano II (cf. GS 5). Essa será a maneira correta de *passar Medellín adiante* (*traditio*), manter a sua tradição viva, nas condições históricas que se modificam.

8.1 O evento-Medellín como ponto de chegada

> Diante da variedade imensa, não só das situações, mas também das formas de cultura humana no mundo, esta exposição, em muitas de suas partes, apresenta deliberadamente um caráter genérico. Bem mais. Ainda que enuncie a doutrina já tradicional da Igreja, como não raro trata das realidades sujeitas a permanente evolução, deverá ser ainda prosseguida e ampliada. Confiamos porém que muitas coisas que enunciamos, apoiados na Palavra de Deus e no espírito do Evangelho, poderão trazer a todos um auxílio valioso, sobretudo depois que os cristãos, sob a orientação dos pastores, tiverem realizado a adaptação para cada povo e mentalidade (GS 91b).

Assim era concluído o último documento promulgado pelo Vaticano II. A consciência de que a Igreja vivenciava um processo de renovação em pleno curso era clara. O conjunto do povo de Deus era o sujeito ativo da recepção a ser feita do grande evento nos quadrantes do planeta, tendo como referências as realidades concretas de cada Igreja. A temática da recepção era, dessa maneira, central no processo de conclusão do *aggiornamento* assumido pelos padres conciliares como caminho e meta. O episcopado latino-americano acolheu com vigor e rigor essa tarefa logo no encerramento dos trabalhos conciliares e deu passos firmes na implementação das orientações conciliares. O planejamento e a realização da II Conferência foi o momento decisivo para uma virada eclesial no espírito e na letra conciliares, desde onde se pode falar em uma nova época para a Igreja no continente.

8.1.1 O paradigma conciliar

O Vaticano II construiu um novo paradigma eclesial quando o paradigma anterior já havia entrado em crise e dado sinais de dissolução. Thomas Kuhn explica a construção de um novo paradigma nessa dinâmica de superação do velho e emergência do novo, quando aquele já não consegue mais resolver os problemas a que se propõe (KUHN, 2001: 93, 105, 116). Essa intuição kuhniana ajuda a entender o que ocorreu na Igreja Católica durante o século XX na medida em que os tempos modernos apresentavam desafios incessantes ao antigo modelo. A Igreja Católica se tornara, de fato, um sistema antimoderno dentro de um mundo modernizado sob todos os aspectos. Suas concepções e práticas eclesiais reproduziam uma ordem há muito superada, do ponto de vista da racionalidade moderna que se impôs gradativamente como novos modos de pensar a realidade e de organizar a vida social e política. Tratava-se de uma racionalidade centrada na autonomia que se confrontava com uma racionalidade centrada na autoridade; duas mentalidades e duas práticas distintas que estruturavam visões de mundo e de ser humano e, por conseguinte, dos fundamentos últimos, dos meios e das finalidades das mesmas. No século XIX – Pio IX e Vaticano I – a Igreja afirmara sua autoridade suprema perante as autonomias modernas que já haviam tomado formas concretas como uma nova era da história humana. O século seguinte mostrou os limites das utopias e das tecnologias modernas com as duas grandes guerras, a grande crise econômica e a Guerra Fria. Contudo, uma nova ordem mundial estava configurada em termos econômicos e políticos e uma nova cultura expandia-se pelo planeta com o pensamento moderno e com as tecnociências. Ainda que a Igreja tenha sustentado sua racionalidade centrada na autoridade, as mentalidades e práticas modernas foram penetrando seus modos de pensar e agir. Os cristãos leigos deram os passos decisivos na medida em que se inseriam na sociedade moderna como sujeitos ativos e assumiam suas posturas em nome da fé. A Igreja rejeita em um primeiro momento essa postura; mas, em seguida, acolhe e incentiva essas ações como formas de levar o cristianismo para dentro da sociedade. Foi a postura adotada pelo Papa Leão XIII, de modo mais explícito na *Rerum Novarum*.

O pensamento moderno penetrava gradativamente o sistema teológico dedutivo de viés escolástico e fornecia novos modos de interpretar a fé, voltando às fontes – à Bíblia e à patrística – e adotando novos métodos emprestados das ciências humanas. O velho paradigma foi sendo penetrado pelo novo. E dentro da Igreja assumiu formas explícitas de movimentos de renovação de diversos aspectos da vida eclesial. Em meados do século, a teologia já havia produzido novos sistemas de pensamento na França, Bélgica e Alemanha. Os leigos já estavam organizados em nível mundial por meio da chamada Ação Católica. E já não se tratava mais de uma ação dos católicos no mundo – o braço da hierarquia presente no mundo –, mas da própria Igreja presente no mundo. O leigo não somente pertence à Igreja, mas é Igreja, dizia Pio XII. A partir dessas práticas do laicato começa a emergir uma nova eclesiologia. Pio XII recupera a ideia de corpo místico para fundamentar teologicamente a Igreja: todos os cristãos são membros da Igreja uma vez inseridos em Cristo pelo batismo. O mesmo papa vai assumir os novos métodos de estudos bíblicos como legítimos e convenientes. O Vaticano II foi um ponto de chegada desse processo (LIBANIO, 2005: 21-48). A Igreja constrói, de fato, uma nova visão de si mesma, do mundo e da relação entre ambos.

A América Latina havia participado desse movimento construtor do novo paradigma eclesial com suas possibilidades restritas de uma Igreja reflexa que, como todas as Igrejas periféricas, reproduzia as orientações do papa como líder supremo que tudo definia e orientava, sem necessitar da participação dos episcopados. A Ação Católica havia dado passos importantes no continente, contribuindo com a superação de uma visão eclesial centrada na hierarquia, embora essa eclesiologia ainda persistisse na prática. O continente despertava-se para a necessidade de organização dos segmentos católicos e das frentes de ação[39]. Na fase anterior ao Concílio, os cristãos já tomam consciência da realidade continental e muitos deles despontam como lideranças que passam a ocupar funções na esfera mundial[40]. A Ação Católica foi, de fato, uma espécie de solo de ancoragem de alguns teólogos que faziam refletir no continente as novas elaborações teológicas da *nouvelle théologie*, como nos casos de Carlos Josaphat, no Brasil, e José Comblin, no Chile. No episcopado desses mesmos países, as figuras de Helder Câmara e Manuel Larraín protagonizaram as primeiras renovações eclesiais, contribuindo com a construção de uma identidade eclesial latino-americana.

A realização do Concílio foi o despertar de uma nova consciência eclesial, referenciada por horizontes renovadores e legitimada pelas próprias decisões conciliares entregues à Igreja em 8 de dezembro de 1965. O episcopado latino-americano já agregado pelo Celam acolhe as decisões conciliares como programática concreta para as Igrejas do continente. A realização de uma segunda conferência era a oportunidade de concretizar esse propósito. Pode-se dizer que do macroparadigma do

---

39. São fundadas nesse período: em 1951, o Movimento Familiar Cristão; em 1953, a Conferência da Federação Internacional da Juventude Católica, a Organização das Universidades Católicas da América Latina (Oducal); em 1954, a Confederação Latino-americana dos Sindicalistas cristãos (Clasc); em 1955, o Celam e a União Cristã Americana de Educadores; em 1958, a Clar, a Organização dos Seminários Latino-americanos (Osla), Delegação de empresários Latino-americanos (Uniapac); em 1959, o Centro de Informação JOC e a União Latino-americana de Imprensa (Uclap); em 1961, o Instituto Latino-americano de Catequese (cf. DUSSEL, 1981: 24).

40. Exemplo dos brasileiros: Maria Angelina de Oliveira, vice-presidente da JOC internacional de 1969 a 1971, e Bartolo Perez, presidente da JOC internacional de 1962 a 1966 (PASSOS, 2014: 81-88; 171-183).

Vaticano II foi construído um mesoparadigma[41] latino-americano que vai identificar, orientar e sustentar as Igrejas do continente desde então: Medellín, assim designado.

8.1.2 O evento-Medellín

A Conferência de Medellín foi um evento novo, se comparado à anterior, realizada em 1955 no Rio de Janeiro. Tratava-se, então, de um episcopado que se reunia munido da aprendizagem conciliar do consenso e orientado pelas programáticas renovadoras conciliares. A programática renovadora da Igreja que estava em curso e a situação dramática em que se encontrava o continente em termos econômicos (a pobreza) e políticos (as ditaduras) fornecia o quadro de fundo do que viria a ser discutido nas reuniões preparatórias que aconteceram de junho de 1966 a agosto de 1968. Vale lembrar que o episcopado latino-americano não tivera como grupo uma participação expressiva no processo conciliar. As Igrejas locais se encontravam em um lento processo de transição, ainda reproduzindo as práticas pastorais anteriores ao Concílio e as práticas usuais da instituição dirigida pelo clero. As práticas religiosas estavam sedimentadas pela longa tradição de um catolicismo devocional autônomo, distinto da identidade tridentina, a organização pastoral era gestada nos padrões do Vaticano I e a formação do clero regida pela velha escolástica. O Vaticano II deu seus primeiros passos no continente encontrando chão mais fecundo naquelas realidades eclesiais já animadas pela ação do laicato organizado por meio da Ação Católica.

Para a realização do evento, o episcopado latino-americano contava com os impulsos e as tarefas renovadores do Concílio e com o incentivo de Paulo VI para que os pastores assumissem os rumos da Igreja continental. O próprio papa havia sugerido o tema da Conferência, em reunião com a direção do Celam em 1965, já no final dos trabalhos conciliares: *A Igreja na atual transformação da América Latina à luz do Vaticano II*. Os dois anos de preparação já colocavam o Vaticano II em prática, na medida em que agregavam em torno das temáticas em preparação pastores, teólogos e leigos e se criavam expectativas e compromissos concretos nas Igrejas do continente. As orientações conciliares eram acolhidas como sementes a serem lançadas no chão do continente, contando com o protagonismo dos vários sujeitos eclesiais, cleros, religiosos e leigos.

8.1.2.1 Medellín: a recepção do Vaticano II

Os processos de recepção são inerentes ao exercício do Magistério eclesial e da própria vida da Igreja. As orientações presentes nos documentos emitidos são, de

---

41. Categorias sugeridas por Hans Küng para classificar os modelos teológicos ao longo da história (1999: 162-181).

fato, o resultado de reflexões que visam a responder às situações históricas concretas e, uma vez publicizados, visam a obter a compreensão e a adesão de toda a Igreja. Se, por um lado, eles se legitimam pela força da autoridade, por outro, necessitam da recepção dos membros da Igreja (PINHO, 1994: 21-49). A recepção inclui, portanto, interpretação, adesão e vivência. Nesse sentido, há que distinguir *recepção*, como um processo que envolve os diversos sujeitos ativos na Igreja, de *reprodução*, que se define como interiorização passiva de regras. Foi assim com os concílios já realizados e com os documentos até hoje promulgados. Longe de estabelecerem novas práticas à maneira de decretos, as orientações do magistério, como o próprio nome indica, possuem uma dimensão pedagógica que envolve a relação entre os sujeitos de fé: os que exercem o ministério de ensinar e os que vivem a fé no corpo eclesial como membro vivo e ativo. Não há consenso imediato ou uma circularidade simples entre o texto promulgado e a vida de fé do povo, mas uma circularidade a ser construída pela ação conjunta de todos os membros. Do contrário, as orientações correm o risco de se tornarem teoria sem prática, ou norma aplicada sem a convicção e a adesão dos sujeitos eclesiais.

A Igreja sempre buscou os mecanismos de promoção da recepção das decisões de seus magistérios por meio de um novo concílio que aprofundava e reforçava o consenso em relação do anterior ou de sínodos regionais, de leis que visavam a colocar em prática tais decisões ou de textos interpretativos das mesmas decisões, ou, ainda, da instalação de um órgão dedicado a emanar a interpretação autorizada, como no caso emblemático do Concílio de Trento (ALBERIGO, 1995: 348).

O Vaticano II não adotou de imediato nenhuma dessas estratégias. As decisões conciliares promulgadas nos documentos finais foram entregues à Igreja como orientações a serem implementadas pelos diversos sujeitos eclesiais em suas realidades diversas. Paulo VI dizia no discurso de encerramento (exortação apostólica *Postrema Sessio*) do grande Sínodo que o Vaticano II estava entregando: "à Igreja a possibilidade de entabular um proveitoso diálogo com todo o mundo, isto é, com os homens e os povos de todos os credos e culturas, contribuindo assim para a defesa dos valores humanos e para a mais idônea solução dos problemas do homem, à luz da mensagem evangélica". Essa tarefa renovadora tinha como sujeitos responsáveis todos os "sagrados pastores" e, de modo particular, os leigos. "Na verdade – alertava o papa – deve-se começar uma imensa quantidade de trabalhos que exigem vossa prudência, vossa perseverança e vossa sagacidade de espírito; obra que requer, outrossim, a pronta e generosa colaboração de todo o povo cristão..." (KLOPPENBURG, 1966: 454). A Igreja estava, assim, lançada para um recomeço abrangente e profundo sobre a compreensão de si mesma e de sua missão no mundo. Inaugurava-se o tempo da ação conjunta de todos os membros na busca de uma presença ativa e de uma ação renovada da

Igreja na sociedade. A Igreja da América Latina assumia o processo conciliar como projeto de renovação a ser colocado em prática em toda a Igreja continental e como um chamado a ser presença solidária e profética na sociedade em transformação.

8.1.2.2 A construção de uma Igreja-fonte

A Conferência de Medellín fez o *aggiornamento* concreto da Igreja na América Latina, como desejou, decidiu e encaminhou o grande Sínodo. Operou, nesse sentido, uma autêntica recepção: um processo vivo de renovação que envolveu sujeitos e instâncias distintas, Igrejas locais e Igreja universal, adesão e vivência, abertura e acolhida, decisão e planejamento, conversão e avaliação (PINHO, 1994: 49-56). Esse processo provocou uma virada nas concepções e práticas eclesiais. De Igreja--reflexo que reproduzia as orientações vindas do centro, a Igreja da América Latina torna-se uma Igreja-fonte ao fazer germinar e tomar formas visíveis as orientações conciliares. Algumas Igrejas do mundo guardaram o Vaticano II como semente de estimação, por se tratar de um fruto do magistério extraordinário da Igreja e, portanto, de um elo da longa tradição; recepcionaram o Concílio de modo formal ou estético, sem implementarem as renovações de posturas e de ação, determinadas pelas decisões conciliares. A reforma litúrgica bastou para os renovadores estéticos, e a prática das normas tradicionais da burocracia eclesial encaminhava as rotinas administrativas, como se o Concílio não tivesse acontecido. Na América Latina o Concílio foi sendo efetivado e produzindo frutos em um movimento intenso de renovação que deu às Igrejas um rosto local: como povo de Deus situado concretamente no tempo e no espaço.

A realização da própria Conferência já desenhava esse novo rosto como encarnação das orientações conciliares. Na fase preparatória do grande evento já se podia perceber rumos claros nas opções eclesiais, nas reflexões e nas práticas concretas. A Conferência terá o papel de assumir e oficializar essa nova fisionomia como programa eclesial para todo o continente. Foi, nesse sentido, um ponto de chegada (assunção, agregação e legitimação) dos rumos antes traçados e, por conseguinte, um ponto de partida (fundamentação, sistematização e prospecção) para uma nova era eclesial. Em Medellín nasceu, de fato, uma identidade eclesial latino-americana que se expandirá pelo continente e se tornará uma espécie de vitrine para o mundo católico e cristão na medida em que vai produzindo seus frutos naqueles contextos adversos em que viviam os países do continente. A Conferência construiu uma identidade eclesial continental que, nos conceitos sugeridos por Manuel Castells, pode ser definida como *identidade de projeto*, uma vez que forneceu referências e rumos para as Igrejas do continente que, prontamente, vão traduzindo essas referências em projetos e práticas pastorais, e como *identidade de resistência* na medida em que as comunidades eclesiais assumem posturas proféticas em relação às situações de pobreza e de opressão espalhadas pelo continente (CASTELLS, 2001: 24).

A América Latina concretizou o paradoxo eclesial conciliar de uma Igreja universal que se faz nas particularidades, e vice-versa, de Igrejas locais que fazem a Igreja universal (cf. LG 23), colocando em crise um paradigma centralizador de viés platônico que entende a Igreja como uma ideia universal anterior à realidade concreta (KASPER, 2012: 345-349) e que toma formas concretas no modelo hierarcológico e papocêntrico fundado na eclesiologia do Vaticano I e estruturado politicamente na Cúria Romana. Nesse contexto, pode-se ver na Igreja que nasce de Medellín um projeto de resistência à centralização eclesial e eclesiástica, postura que colocará esse projeto em uma posição ambígua perante a gestão eclesial centralizada em Roma, de modo particular na Cúria Romana.

8.2 O projeto-Medellín como ponto de partida

> Não basta refletir, obter maior clareza e falar. É preciso agir. Esta não deixou de ser a hora da palavra, mas tornou-se, com dramática urgência, a hora da ação. É o momento de inventar com imaginação criadora a ação a ser realizada e, sobretudo, levá-la a término com a audácia do espírito e o equilíbrio de Deus. Esta Assembleia foi convidada a tomar decisões e estabelecer projetos unicamente se estivermos dispostos a executá-los como compromisso pessoal nosso, ainda que à custa de sacrifícios (Med Intr., 3).

Ação, audácia, criatividade e coragem são as atitudes que sustentavam a nova época que se abria com o projeto-Medellín. No contexto das crises econômica, política e ética que marcavam os povos do continente, a Igreja construía uma identidade local que superava as clássicas formas de universalismo e espiritualismo de sua imagem, de seu pensamento e de suas ações. Assume como fisionomia concreta aquilo que o Concílio lançara como princípio e como tarefa para o conjunto da Igreja. Essa identidade não foi, entretanto, edificada como pedra, mas como um projeto que assumiu as dinâmicas da história nas décadas posteriores a sua realização. O evento institucionalizado eclesial e eclesiasticamente abriu uma nova etapa para as Igrejas do continente na direção de uma identificação sempre maior com os pobres em nome do seguimento de Jesus Cristo. Nesse sentido, buscar Medellín no decorrer do tempo e, antes de tudo, verificar a presença de suas posturas fundamentais em cada contexto e não tanto encontrar seu projeto intacto como nos tempos primeiros.

8.2.1 Ao longo dos 50 anos

Com os conteúdos oferecidos pelo Vaticano II e com os desafios que vinham da realidade latino-americana, os padres de Medellín, colocaram a Igreja em uma nova época e em um processo de transformação de si mesma e de redirecionamento de sua missão. O impulso da Conferência foi para as Igrejas locais uma força revitalizadora que foi sendo traduzida em projetos e métodos de evangelização, em modelos de práticas eclesiais, em discursos teológicos e em atuação social e política dos cristãos. O projeto-Medellín construiu uma nova consciência eclesial que orientou as visões e as práticas dos sujeitos eclesiais, recolocando a Igreja em sua missão no mundo concreto do continente e como detentora de reservas utópicas que permitiam criticar as situações de injustiça em que se encontravam os povos. Medellín foi, sem dúvida, o marco histórico-eclesial mais fundamental do cristianismo no continente desde a sua chegada. Em seu epicentro nasceu uma nova Igreja, sob o impulso e as referências teológico-pastorais do Vaticano II.

50 anos depois, a pergunta inevitável deve ser: o que restou de Medellín? Ninguém pode afirmar, mesmo sem análises mais precisas, que aquele carisma inicial tenha permanecido o mesmo. Não se verifica mais o vigor de um projeto continental nem a nitidez de uma identidade eclesial, como nas duas décadas que se seguiram ao evento.

8.2.1.1 *O ensino de Medellín*

Uma primeira consideração é de ordem doutrinal. Antes de tudo há que considerar que os resultados da Conferência estão promulgados como documento do magistério do episcopado latino-americano e nesse *status* sobrevive como ensinamento para a posteridade, mesmo que sob o impacto das mais diversas leituras. Não se trata, evidentemente, de magistério papal, mas de um ensinamento do magistério local que integra o conjunto da tradição e dos ensinamentos da Igreja. Nesse sentido doutrinal, os resultados da Conferência permanecem vivos e autorizados a inspirar as compreensões e práticas eclesiais atuais, bem como as de cunho universal, como tem não somente ratificado o Papa Francisco em seus documentos (cf. EG 32; AL 3), mas também colocado em prática, na medida em que, invariavelmente, toma o cuidado de dialogar com as conferências episcopais dos diferentes continentes em seus textos (PASSOS, 2016: 85-88).

Os textos de Medellín são parte da tradição da Igreja do continente e da Igreja universal; continuam ensinando validamente, ainda que os contextos sociais e eclesiais tenham se modificado nesses anos:

- Ensinam do ponto de vista metodológico: como uma Igreja, em nome do Evangelho, concretizou o Vaticano II, na renovação de si mesma, no diálogo com a sociedade e na luta pela justiça.

- Ensinam do ponto de vista do conteúdo: ao sugerirem uma formulação e uma aplicação da doutrina naquele contexto. Exercita o que havia sugerido o princípio do *aggiornamento* de João XXIII e do próprio Concílio: o desafio de preservar a substância da fé renovando sua formulação.

Com efeito, o evento-Medellín ensina para além de sua textualidade canônica, como processo de tomada de consciência e de atuação da Igreja na história, de onde emergem experiências pastorais, reflexões e testemunhos que encarnaram o Evangelho na história:

- Ensina a ler a realidade à luz da Palavra e das ciências com o método ver-julgar-agir que se torna costume pastoral nos estudos bíblicos e regra nas análises de conjuntura, na elaboração de documentos eclesiais e na própria reflexão teológica.
- Ensina a sensibilidade para com os pobres e a indignação com as situações de injustiça.
- Ensina a Igreja a organizar-se em pequenas comunidades e em ministérios variados.
- Ensina a inserção social e política dos cristãos com vistas à transformação da realidade na busca do Reino de Deus.
- Ensina que a pobreza da Igreja é um testemunho concreto dos bispos, pastores e religiosos que adotam esse estilo de vida como seguimento de Jesus Cristo.
- Ensina que o testemunho de vida de cristãos pode chegar às últimas consequências com a entrega da própria vida.

A herança de Medellín é uma Igreja em permanente busca de sua fidelidade a Jesus Cristo e à realidade que a desafia. No final da década de 1970 já se podia fazer balanços dessa nova consciência eclesial e social estruturada como síntese orgânica entre a fé e a realidade, entre a história e o Reino e entre a oração e a ação (MUÑOZ, 1979) e constituída como uma autêntica tradição de Padres da Igreja no continente (MARINS, 1979). É, portanto, verdade que as *Conclusões* de Medellín codificaram um documento para a posteridade e impulsionaram um movimento histórico-eclesial renovador. Porém, é também verdade que todo texto, uma vez publicado, está entregue às interpretações e aos interesses dos sujeitos que dele se apropriam em cada tempo e lugar. Nenhum texto permanece fixo em seus significados, mesmo naqueles mais literais. Por outro lado, todo movimento renovador tem seu ciclo de atuação e tende a rotinizar-se com o passar das gerações e com o advento de novas necessidades históricas. Nesse aspecto, o destino histórico do projeto-Medellín não poderia ser diferente.

8.2.1.2 Os desgastes históricos

Portanto, o frescor inaugural de todo movimento renovador – o carisma *in statu nascendi* – tem seus limites inerentes, uma vez lançado na correnteza do devir histórico. Nenhum ideal ou projeto permanece vivo em suas promessas originais ou intacto em suas formulações. As sucessivas conjunturas históricas e as mudanças culturais provocam inevitavelmente adaptações, quando não superações daquilo que um dia se apresentou como ideal viável. Em analogia às categorias weberianas, todo carisma se rotiniza com o passar do tempo (WEBER, 1997: 197-201). Essas análises podem fornecer luzes sobre os desdobramentos históricos de Medellín nesses 50 anos. Nesse sentido, é oportuno verificar a hipótese de um desgaste do projeto eclesial de Medellín nessa temporalidade historicamente dinâmica, se olhada do ponto de vista do que ocorreu no mundo e no continente, bem como no interior da Igreja.

Nos anos que se seguiram ao evento, alguns fatos podem ajudar a entender os desgastes. O primeiro deles é o desaparecimento da geração dos pioneiros, de modo particular aquela geração de bispos ungidos pelo espírito de *aggiornamento* do Vaticano II e que havia construído Medellín. A superação da geração dos diversos sujeitos eclesiais que assumiram o projeto da II Conferência faz com que uma leitura e uma prática consensuais – uma cultura eclesial – não somente perdessem gradativamente sua mística e sua operacionalidade, mas também que se abrisse a possibilidade de diferentes releituras. A história da Igreja atesta esse dado desde o cristianismo primitivo que elaborou e escreveu as sucessivas leituras do carisma original até os concílios mais recentes. De fato, todo texto doutrinal paga esse preço inevitável de sua continuidade histórica como tradição a ser preservada: cada geração se apropria de seus significados, segundo as interrogações de seu tempo. Portanto, o exame do que se pode chamar de "desgaste do carisma de Medellín" pode ser olhado, tanto a partir das mudanças históricas que revelam os limites hermenêuticos de um texto paradigmático, na medida em que faz emergir novos problemas e novas interrogações que ele não mais responde, ou, do ponto de vista da própria luta pelo seu significado, desde o momento em que é promulgado. Pode-se afirmar que o primeiro movimento de desgaste é inerente à história dos modelos políticos e teóricos. O segundo parece ser inerente à Igreja, uma vez que os textos são elaborados em assembleias que trabalham na busca do consenso. E, sob os consensos estabelecidos, subjaz sempre o dissenso dos perdedores como germe de uma hermenêutica distinta daquela assumida como oficial. É evidente que as lutas hermenêuticas são feitas por sujeitos situados historicamente e dedicados a afirmar determinadas conjunturas como legítimas – no caso da Igreja, eclesialmente corretas – e negar a outras como ilegítimas. O paradigma de Medellín incialmente consensual sofrerá desgastes na medida em que conjunturas eclesiais distintas de seus ideais originais vão sendo construídas no continente a partir de projetos eclesiais centralizadores.

8.2.2 Medellín no interior da luta hermenêutica sobre o Vaticano II

Como já foi dito, o Concílio Vaticano II não adotou parâmetro oficial de interpretação dos documentos conciliares. O resultado dos trabalhos conciliares foi entregue à Igreja para que fossem aplicadas em cada realidade. A recepção do Concílio foi, desse modo, não somente uma aplicação das decisões codificadas nos textos; mas, inevitavelmente, uma interpretação das mesmas decisões feita pelos padres conciliares e pelos teólogos e, a partir desses, pelos sujeitos eclesiais envolvidos no processo de renovação. Mas não se tratava unicamente de uma inevitável interpretação realizada em cada contexto socioeclesial. O que se desenhou foi também um conflito de interpretações que foi se tornando cada vez mais intenso nas décadas seguintes ao grande evento, sobretudo no pontificado de João Paulo II.

Massimo Faggioli expôs de modo magistral esse processo de "luta pelo sentido" do espírito e da letra do Vaticano II desde a sua realização e, sobretudo, após sua conclusão quando se deu sua recepção nos diversos continentes. Se uma maioria de padres foi construindo os rumos e um sentido comum para o Concílio durante as suas quatro sessões nos primeiros anos de sua recepção, a minoria reticente ganhou gradativamente espaço na Cúria e a partir daí impôs uma leitura sobre o Concílio regida pela ideia de uma continuidade com a tradição anterior (FAGGIOLI, 2013).

Se sob o comando de João XXIII os setores conservadores da Cúria tiveram que recuar na condução dos trabalhos conciliares, dando lugar ao novo órgão criado precisamente para auxiliar nos trabalhos (Secretariado para a União dos Cristãos) e entrando no jogo do consenso conciliar na condição de minoria, com a eleição de Paulo VI retomam certo protagonismo que só não será pleno como na era dos "papas pios" pelo fato de ter como pontífice um "burocrata" da Cúria e, ao mesmo tempo, um bispo convicto da necessidade do *aggiornamento* e das tarefas decorrentes dessa opção. Entretanto, logo após a conclusão do Vaticano II, a Cúria Romana retoma efetivamente seu protagonismo sob o comando de Alfredo Ottaviani, voz perdedora nos debates e decisões conciliares. E não se tratava de um comando meramente burocrático da máquina curial, em princípio, a serviço do papa na condução da Igreja, mas de um comando da vida eclesial como um todo e em todas as suas dinâmicas. De fato, a Cúria agregou progressivamente as forças eclesiais reticentes e contrárias às renovações conciliares, implantando um projeto de retomada de padrões pré-conciliares como meio de restaurar a antiga unidade perdida (LIBANIO, 1984).

8.2.2.1 A Conferência sob relativo controle

A Conferência de Medellín acontece já nessa conjuntura eclesial de rápida retomada do controle das ideias e das práticas eclesiais, a partir de referências teológicas e disciplinares pré-conciliares. Pode-se dizer que fica instaurada uma dicotomia no governo geral da Igreja onde um comando central se sobrepõe à colegialidade. As mudanças sugeridas pelo Vaticano II vão sendo assimiladas pelos velhos esquemas eclesiástico-administrativos e repensadas pelos paradigmas teológicos anteriores. Esse esforço de retomada do controle curial da Igreja já impacta a realização da Conferência. Monsenhor Samoré, presidente da Comissão para a América Latina, será nomeado copresidente da Conferência e terá influência na elaboração do regulamento interno, na escolha dos expositores. A Cúria interfere também na composição do quadro de peritos, rejeitando alguns e ampliando o número de 4 para 8, e o documento final foi submetido à aprovação de Roma. Mesmo que a Conferência tenha, de fato, construído uma recepção emblemática do Vaticano II e uma Igreja-fonte no continente, ela ocupará, desde então, um lugar estratégico para as distintas interpretações do Concílio.

8.2.2.2 A posição ambígua na luta pelo sentido

A II Conferência constituiu aos olhos do mundo católico um evento emblemático de recepção do Vaticano II, na direção do *aggiornamento* da Igreja no mundo. Além da avaliação positiva de Paulo VI, os seus resultados se expandem para além do continente como fonte de significado para a Igreja universal. Os bispos e os teólogos latino-americanos se tornam divulgadores desse paradigma teológico-pastoral dentro e fora do continente. Os bispos se encarregam de fazer ecoar os ensinamentos nos sínodos realizados em Roma. Os teólogos aprofundam esses ensinamentos e, ao mesmo tempo, os adotam como referência eclesial legitimadora de suas reflexões cada vez mais enraizadas nas realidades continentais. Medellín foi, de fato, o epicentro de um novo paradigma teológico que emergiu no continente após o Vaticano II e que se tornou, muito cedo, o foco de atenção da teologia mundial e a frente mais evidente e exposta de conflitos com uma teologia oficial que se instalou a partir da Cúria Romana, como sinônima de ortodoxia fiel à tradição, com a autoridade de teologia legítima vinculada ao magistério e, realismo epistemológico à parte, como *o método teológico*.

No entanto, Medellín fez ecos pelo mundo afora e chegou ao magistério papal, sobretudo quando exercido colegialmente. É possível verificar sua recepção nos primeiros sínodos realizados após o Concílio. Os representantes da América Latina no II Sínodo referente à cooperação entre a Santa Sé e as conferências episcopais (1969) levaram um extenso documento que oferecia uma reflexão latino-americana a respeito da colegialidade, tendo em vista a experiência concreta de Medellín. O III Sínodo sobre a Justiça no Mundo (1971) beberá das experiências e reflexões de Medellín a respeito da justiça por meio da Comissão de Justiça e Paz e, de modo particular, do episcopado peruano (DUSSEL, 1981: 56-59). No relatório final, os ecos de Medellín são visíveis como se pode verificar em passagens como esta:

> Ao ouvirmos o clamor daqueles que sofrem violência e se veem oprimidos pelos sistemas e mecanismos injustos, bem como a interpelação de um mundo que, com a sua perversidade, contradiz os desígnios do Criador, chegamos à unanimidade de consciência sobre a vocação da Igreja para estar presente no coração do mundo, a pregar a Boa-nova aos pobres, a libertação aos oprimidos e a alegria aos aflitos. A esperança e o impulso que animam profundamente o mundo não são alheios ao dinamismo do Evangelho, que, pela virtude do Espírito Santo, liberta os homens do pecado pessoal e das consequências do mesmo na vida social (SÍNODO, 1971, Intr.).

A presença de lideranças episcopais nos sínodos na década de 1970 será expressiva e levará as marcas eclesiológica e pastoral de Medellín para os debates e as definições. Mais um eco pode ser encontrado no Sínodo da Evangelização de 1974:

> São conhecidos os termos em que falaram de tudo isso, no recente Sínodo, numerosos bispos de todas as partes da Terra, sobretudo os do chamado "terceiro mundo", com uma acentuação pastoral em que se repercutia a voz de milhões de filhos da Igreja que formam esses povos. Povos comprometidos, como bem sabemos, com toda a sua energia no esforço e na luta por superar tudo aquilo que os condena a ficarem à margem da vida: carestias, doenças crônicas e endêmicas, analfabetismo, pauperismo, injustiças nas relações internacionais e especialmente nos intercâmbios comerciais, situações de neocolonialismo econômico e cultural, por vezes tão cruel como o velho colonialismo político. A Igreja, repetiram-no os bispos, tem o dever de anunciar a libertação de milhões de seres humanos, sendo muitos destes seus filhos espirituais; o dever de ajudar uma tal libertação nos seus começos, de dar testemunho em favor dela e de envidar esforços para que ela chegue a ser total. Isso não é alheio à evangelização (EN 30).

O projeto-Medellín tornou-se emblemático para a Igreja mundial como chamada de consciência da Igreja para a realidade dos pobres e para a luta pela justiça. A opção pelos pobres se mostra presente como norma evangélica nos debates e relatórios sinodais. A *Evangelii Nuntiandi* menciona os pobres como destinatários privilegiados da evangelização (EN 6), como sinal da presença do Reino (EN 12), como aqueles que têm sede de Deus (EN 48), como um dos sujeitos das "comunidades de base" (EN 58) e como sujeitos da evangelização (EN 76). O papa exorta a todos os sujeitos eclesiais a serem testemunhas de Jesus Cristo em nossos dias: "O mundo reclama e espera de nós simplicidade de vida, espírito de oração, caridade para com todos, especialmente para com os pequeninos e os pobres" (EN 76).

As encíclicas sociais publicadas a partir da década de 1970 acolhem de modo explícito a temática justiça para com os pobres e a opção da Igreja por eles. Na mesma linha, mas agora em um esforço de sistematização mais completa, o *Compêndio da Doutrina Social* dedica ao assunto numerosas passagens nos seus doze capítulos. No primeiro item do primeiro capítulo aparece o título "O agir libertador de Deus na história", e a "opção preferencial pelos pobres" explicitada no título do número 182 é apresentada como questão social e teológica. Os pobres são aqueles que se "acham em condição de marginalidade" e em condições de vida que lhes impedem o crescimento adequado. A esse propósito afirma o *Compêndio*: "deve ser reafirmada com toda a sua força a opção preferencial pelos pobres". Mas trata-se de uma opção inspirada na própria prática de Jesus pobre com os pobres e que se mostra incompatível com amor imoderado pela riqueza (cf. CDSI 183-184).

8.2.2.3 A luta pelo sentido das conferências

As ressonâncias de Medellín estiveram presentes nas conferências seguintes, ainda que inseridas em um processo de releitura que muitas vezes abafou seu carisma original sob óticas hermenêuticas pré-conciliares. A Conferência de Puebla de 1979 foi um acerto de contas com o carisma ainda vivo de Medellín e as forças conservadoras que vinham da Cúria Romana, então sob a direção no novo papa polonês. Na lógica dos representantes do continente significava um momento de avaliar e dar um passo à frente. Na lógica dos representantes de Roma, investidos de poder de controle, momento de revisão e de mudança de rota. Há que ressaltar que, de fato, a preparação de Puebla no primeiro documento preparatório (documento de consulta) não partiu de Medellín, de forma a promover uma recepção capaz de avaliar e aprofundar as suas opções. Embora nos documentos seguintes, documento de trabalho e os textos que resultarão no documento final, o projeto-Medellín tenha sido resgatado.

De fato, o Documento de Medellín tem uma presença discreta nas fontes utilizadas nas *Conclusões* de Puebla. É citado apenas 11 vezes em um documento de 5 partes compostas de 1.134 números. Vale relembrar a observação de Libanio ao introduzir[42] o documento final: os discursos do Papa João Paulo II são citados mais de 100 vezes. Esse dado, além de denunciar a prevalência dos pronunciamentos recentes

---

42. Texto inserido na versão das Edições Loyola (p. 65-66).

sobre a longa tradição eclesial, indica a dinâmica que, de fato, havia instaurado no processo da III Conferência: a afirmação do controle da Cúria Romana sobre o episcopado local e direcionamento da pauta para temáticas de cunho mais intraeclesial.

Nesse sentido, a intenção de ruptura com Medellín não pode ser disfarçada em todo o processo. É possível perceber dois campos de forças que buscam negociar no jogo concreto da busca de consenso, como costuma ocorrer, nas assembleias eclesiais. Há, sem dúvida, a tradição de Medellín que se apresenta viva na Assembleia e, de modo particular como referência teológica utilizada por um bom número de assessores oficiais e, sobretudo, pelos oficiosos que atuam fora das Sessões regulares. Mas há também o esforço de colocar as Igrejas latino-americanas na rota de uma leitura que se volta para dentro da Igreja e se esforça por recuperar uma identidade eclesial considerada em risco após as renovações do Vaticano II. Essa mudança de rumo se expressa nos eixos fundamentais da Conferência, bem como em tópicos específicos que compuseram a sua agenda. Medellín busca pensar a missão da Igreja em uma sociedade em transformação: a Igreja se revê a partir do olhar para fora de si mesma, como fizera o Concílio. Prevalece a dinâmica da transitividade, da leitura dos sinais dos tempos e do serviço à sociedade em nome do Reino de Deus. A Igreja é sinal, testemunho e serviço, posicionada entre o Reino e a sociedade. Puebla adota como eixo a comunhão e a participação, insiste em definir o que é a evangelização e a verdade sobre a Igreja; manifesta temores sobre a situação do mundo e sobre o perigo das ideologias. A Igreja é um ponto de partida para se pensar a realidade e para planejar a ação. Em termos tipológicos weberianos, pode-se dizer que Puebla acontece em uma luta entre a tradição (o discurso legítimo oficial que afirma a reprodução da grande tradição católica) e o carisma (o discurso da renovação herdado do Vaticano II e que pretende renovar a Igreja e a sociedade).

Contudo, pode-se dizer que o carisma de Medellín se sobrepôs aos esforços de revisão tradicional, ainda que tenha havido um realinhamento em torno do projeto conservador que já havia imposto rumos na reflexão e na participação da III Conferência. A hermenêutica da renovação sustentou os rumos fundamentais da reflexão, garantiu a continuidade do espírito de Medellín, antes, durante e depois da Conferência. Para tanto foi fundamental a assessoria dos teólogos da libertação presentes fora da assembleia, porém, engajados nos debates e dos bispos progressistas que assumiram o protagonismo em muitas das comissões de trabalho (DUSSEL, 1983: 587-588). Os desafios advindos da realidade continental, a reflexão madura da Teologia da Libertação, a presença de bispos engajados na recepção de Medellín e a práxis pastoral consolidada nas Igrejas locais garantiram a continuidade do projeto-Medellín nos resultados de Puebla, ainda que sob novas temáticas. A imagem de Puebla que prevaleceu foi, de fato, a Igreja dos pobres e a luta pela justiça.

A Conferência de Santo Domingo acontece em uma nova conjuntura mundial, continental e eclesial. O pontificado de João Paulo II já havia consolidado uma tendência centralizadora na Igreja e construído um discurso hegemônico revisor do Vaticano II e em franca condenação da Teologia da Libertação. A geração protagonista de Medellín já se vê diminuída depois de mais de vinte anos (1992). O perfil do episcopado latino-americano já está refeito em grande parte. Pode-se falar, nesse sentido, em uma rotinização do carisma de Medellín e de uma afirmação dos aspectos *ad intra* da Igreja, em nome da identidade católica e da comunhão eclesial. Nesse momento, as possibilidades de um direcionamento conservador da Conferência são reais e acontecem, de fato, desde a preparação dos trabalhos. Das conferências realizadas até então, Santo Domingo foi, sem dúvida, a que mais se distanciou de Medellín, no nítido esforço de apresentar uma nova postura evangelizadora para o continente. A data dos 500 anos da chegada dos europeus – e do cristianismo – fornecia uma motivação ambígua e o eixo da cultura se apresentava como uma preocupação de fundo que tirava o foco do clássico eixo dos pobres. A atuação dos representantes de Roma foi direta e garantiu os rumos dos trabalhos antes e durante a Conferência. O clássico método ver-julgar-agir foi rejeitado durante os trabalhos em troca do método dedutivo que, de fato, estrutura o texto final.

No entanto, Santo Domingo reafirmou a opção pelos pobres como postura eclesial, apresentou a evangelização inculturada como um caminho e o protagonismo dos leigos como tarefa. Com essas pautas a Igreja latino-americana manteve o núcleo da tradição inaugurada em Medellín, qual seja, a inserção na realidade do povo e de afirmação da *eclesiologia povo de Deus* (GODOY, 2015: 214-215). Pode-se afirmar que as conferências fizeram cada qual a seu modo e com seus limites uma recepção inevitável de Medellín, o que revela a posição paradigmática da II Conferência na história da Igreja do continente. É nessa linha que se pode situar a V Conferência de Aparecida com suas peculiaridades.

A V Conferência reuniu a geração episcopal pós-Medellín e se desenvolveu sob os conhecidos mecanismos centralizadores de Roma. A conjuntura eclesial era completamente outra, bem como a conjuntura mundial. Os regimes socialistas e os fantasmas do marxismo que assombravam a ortodoxia teológica já não se apresentavam como perigo à fé. Para muitos, a Teologia da Libertação havia morrido; era hora de construir um novo paradigma que fosse capaz de responder ao novo contexto. O novo pontífice, que fora o vigilante maior da identidade católica e o promotor da "hermenêutica da continuidade" do Vaticano II, detinha o controle da unidade eclesial e oferecia a possibilidade de um novo consenso. Nesse sentido, Bento XVI teve um papel central na realização da Conferência. O seu discurso inaugural exerceu uma função performativa no texto final, mesmo que os debates durante a assembleia tenham construído rumos próprios, como no caso da adoção do método ver-julgar-agir que fora evitado na fase preparatória. Os números ajudam a situar as fontes referenciais do documento final. O Papa Bento XVI é citado 71 vezes durante o texto; enquanto Santo Domingo, 14; Puebla, 16; e Medellín, 2. Na introdução, o mesmo é citado 12 vezes, enquanto as referências bíblicas aparecem apenas 7 vezes e não se faz nenhuma referência ao Vaticano II. Em resumo: o magistério papal é a referência central da reflexão. A tradição do magistério local inaugurada em Medellín permanece na retaguarda como memória inevitável que provoca o olhar da Igreja sobre a realidade e sobre si mesma.

O percurso das conferências revela, de fato, uma tensão entre esses dois campos de força eclesiais, com a progressiva supremacia do magistério papal. As estratégias centralizadoras da era Woytila-Ratzinger atingem seu ápice em Aparecida, de forma que os avanços dessa Conferência em relação à anterior se devem não somente ao que restou de Medellín e que ali ainda produziu frutos; mas, sobretudo, ao que orientou o próprio papa em seu discurso inaugural. As orientações dadas pelo pontífice revelam paradoxalmente uma assimilação do magistério local pelo magistério papal, de onde se pode retirar, agora como discurso legítimo, aquelas temáticas lançadas por Medellín, como a opção pelos pobres, as estruturas econômicas injustas, a participação política dos cristãos, a justiça social e a religiosidade popular, além de oferecer elementos da conjuntura mundial e, ao mesmo tempo, apresentar critérios teológicos como pressupostos indispensáveis para a análise da realidade. O discurso enquadrou em uma moldura teológica clássica as pautas históricas das Igrejas latino-americanas. O que fora lançado em Medellín e pensado pela Teologia da Libertação está, agora, suprassumido pelo magistério universal (papal). Em termos dialéticos, pode-se pensar em um momento de síntese de discurso teológico. Em termos weberianos, após a rotina do carisma-Medellín no curso da história que muda e sob as pressões da tradição legítima, instaura-se a fase de institucionalização do mesmo carisma dentro da oficialidade teológica.

8.2.3 A herança de Medellín

Como já foi exposto anteriormente, a II Conferência construiu uma identidade para as Igrejas da América Latina. Em torno de um projeto comum, as Igrejas nacionais e muitas Igrejas locais fizeram uma recepção entusiasta daquelas orientações, o que adquiria um significado de resistência e de crítica ética da realidade continental, marcada pela pobreza e por governos autoritários que persistiam nas décadas de 1970 e 1980. Mas a afirmação das heranças históricas do evento não pode ser na linha preservação estática de um paradigma homogêneo. Ao contrário, os legados históricos são permanências de valores do passado em contextos presentes; são preservações sempre situadas e selecionadas. Nesse sentido, querer encontrar hoje o projeto-Medellín na sua pureza original seria optar por uma hermenêutica conservadora, senão fundamentalista, o que ignoraria os impactos das mudanças históricas sobre as ideias. Portanto, antes de indicar os legados de Medellín, vale verificar algumas mudanças ocorridas no continente (na verdade no mundo) desde o final da década de 1960. É no âmbito dessas mudanças que reconfiguram o planeta sob os mais variados aspectos que se situa a pertinência do projeto-Medellín.

8.2.3.1 As mudanças históricas

O mundo vivenciado e compreendido pelos padres de Medellín não existe mais, embora tenha permanecido a lógica central do modelo liberal que naqueles tempos se estruturava com maior nitidez geográfica (os famosos três mundos, os países ricos e os países pobres), de modo mais polarizado (os centros do capital e as periferias dependentes), com posições mais politizadas (os regimes capitalistas do Ocidente e os socialistas do Leste) e com expressões culturais assimétricas definidas (as culturas tecnológicas e as culturas subdesenvolvidas). A Igreja se situava nessa concreticidade e desde um compromisso continental tomava posições claras contra a dominação e a exploração dos países ricos sobre os países pobres, em nome da justiça. Por outro lado, o continente gemia sobre os regimes ditatoriais, instalados sob a justificativa da defesa das liberdades contra o comunismo e da aceleração de um desenvolvimento econômico e tecnológico no continente atrasado.

A força de superação inerente ao devir histórico cria a distinção entre os modelos válidos do passado e os modelos válidos do presente, assim como a justificada busca nos nexos entre os dois (PASSOS, 2014b: 85-107). Os 50 anos que separam nossos dias do evento eclesial de Medellín se encarregaram de rotinizar seu carisma original, por meio de fatores internos da Igreja e de fatores externos. A chamada globalização reconfigurou o planeta e, por conseguinte, a posição da América Latina dentro dele. A localização, as dimensões, os sujeitos e os processos relacionados aos problemas urgentes apontados pela II Conferência modificaram-se, de forma que se pode falar hoje:
- Em globalização econômica que vincula as nações de modo direto em um mesmo sistema produtivo, em regime financeiro onipresente, em um mercado mundial mais ativo e em práticas de consumo cada vez mais iguais. A América Latina como outros continentes está incluída nesse processo global como agente e como paciente.
- Em globalização tecnológica na medida em que as tecnologias circulam de maneira ágil pelo planeta como condição, como produto e como bem-estar da economia globalizada. Os bens tecnológicos estão, desse modo, disponíveis aos

povos do planeta que deles usufruem em maior ou menor grau, conforme o maior ou menos poder aquisitivo.

• Em globalização da comunicação que conecta os mais distantes recônditos do globo pelas mídias digitais de tempo real, superando todas as formas de isolamento e democratizando a informação para cada indivíduo internauta.

• Em globalização do consumo. Os produtos diversificados e oferecidos sob medida para cada indivíduo em uma lógica de renovação incessante instaura um modo de viver e de ser cada vez mais semelhante em termos de mundo. Fala-se hoje em uma cultura-mundo.

Sobre esse sistema-mundo valem algumas considerações críticas:

• O individualismo crescente que rege as escolhas de consumo e as escolhas políticas e éticas a partir do critério da satisfação individual que dispensa os velhos modos de vida comunitária e os valores tradicionais veiculados pelas antigas instituições.

• O relativismo dos valores que se instaura a partir da lógica da satisfação incessante que tudo liquidifica na busca do bem-estar mais completo no aqui e no agora.

• A consciência da vida planetária como um dado ético e político que une os povos para além das fronteiras de nações, de classes sociais, de gênero e de religião.

• A consciência do direito à diferença de religião, de raça e de orientação de gênero da parte dos sujeitos sociais.

Isso significa que os problemas sociais do continente não podem mais ser explicados somente do ponto de vista das relações Norte-Sul e das políticas desenvolvimentistas nacionais, e as utopias sociais perderam a referência polarizada capitalismo *versus* socialismo. Além dos excluídos pela pobreza, outros sujeitos emergiram com suas pautas políticas inclusivas, tais como as mulheres, os negros e os nativos. Por outro lado, as alienações políticas, tão bem localizadas no jogo das dominações políticas e culturais, perdem sua nitidez e se ampliam para alienações mais profundas e generalizadas nos comportamentos consumistas: a busca da felicidade prometida pelos produtos sempre mais individualizados e "democratizados" torna-se uma cultura mundial e uma sedução permanente que liga os mecanismos dos desejos individuais com os mecanismos produtivos do mercado (LIPOVETSKY, 2008).

8.2.3.2 Discernimentos necessários

Se os resultados da II Conferência se encontram instituídos em um documento final, há, contudo, que distinguir alguns aspectos importantes da totalidade do evento, marco eclesial carregado de potencialidades hermenêuticas, pastorais e políticas. Se o evento foi guardado em textos, na memória eclesial e na historiografia, seu projeto permanece vivo como postura eclesial atual na medida em que vincula as decisões e formulações ao carisma sempre vivo da fidelidade da Igreja ao projeto de Jesus Cristo. É necessário fazer o que fez Medellín em nossos dias e não simplesmente repetir seus ensinamentos ou buscar seu projeto estruturado como nos primeiros tempos. Para tanto há que distinguir:

• *O projeto-Medellín entendido como um modo de ser eclesial que se efetiva como recepção prática das orientações emanadas da Conferência dos textos escritos preservados em sua objetividade para a posteridade.* O projeto é mais amplo que o texto e efetivou-se de modo nem sempre idêntico nas diversas realidades. Se o texto reproduz uma objetividade, a prática é sempre mais ampla e flexível na medida em que seleciona, subtrai ou acrescenta algo ao texto. A Teologia da Libertação, embora beba da referencialidade do texto, constitui um exemplo das possibilidades de fazer o paradigma avançar de modo crítico e construtivo na medida em que recorta novos objetos no ato de reflexão.

• *Os contextos históricos com suas interrogações então presentes do contexto que plasmou o evento e o projeto da II Conferência.* A comparação dos diversos contextos permite verificar a atualidade efetiva de Medellín: submete ao teste da relevância as suas orientações e as suas formulações e permite, ao mesmo tempo, resgatar aquilo que é sua postura fundamental que pode permanecer válida ainda hoje. De fato, a própria postura de Medellín não permite ignorar os contextos históricos ao tratar de sua atualidade. A resposta sensível e fiel da Igreja à realidade presente é normativa em suas orientações e constitui um critério de avaliação da relevância de seus próprios textos no decorrer da história.

• *A objetividade do texto original de suas sucessivas interpretações feitas pela teologia e pelos projetos pastorais.* O texto, como ensinam as regras hermenêuticas, é sempre uma reserva de sentido que vai sendo revelada no decorrer da história a partir das interrogações emergidas dos diversos contextos. As orientações de Medellín não ficaram presas a suas formulações originais; mas, ao contrário, foram sendo aprofundadas e, por conseguinte, ressignificadas em cada época, mesmo que, em certo sentido, perdiam o sentido original atribuído pelos padres da conferência. A noção de pobre que a conferência definiu com toda a sua nitidez econômico-social vai se expandir nas décadas seguintes para uma conotação mais extensa como excluído, noção que inclui outras formas de marginalização que vão além do aspecto econômico.

• *O que ainda permanece válido como substância de sua doutrina de seus modos de formulação ou, ainda, o seu núcleo mais essencial daquilo que é mais periférico.* As orientações de Medellín, embora compostas em um sistema, devem ser lidas dentro das regras que orientaram o Vaticano II e que hoje são reafirmadas pelo Papa Francisco (cf. GS 62b; EG 36; 37). A primeira afirma a necessidade de distinguir a substância da formulação de uma doutrina. O que Medellín formulou como crítica da sociedade de então está por certo superado. No entanto, permanece válida a postura fundamental: a sensibilidade para com a realidade, a tomada necessária de consciência dos problemas, a busca das mediações científicas para entender a realidade, o planejamento de ações efetivas de transformação da realidade. A segunda afirma a necessidade de hierarquização das verdades. A partir dos problemas atuais será sempre útil e necessário discernir naquelas orientações o que é mais essencial do que é mais periférico, ou, o que é mais urgente e válido do que já não se mostra tão relevante.

• *O carisma da II Conferência em seu estado original de seus efeitos residuais no magistério universal e nas práticas eclesiais e políticas atuais*. Como um evento eclesial que ultrapassou o continente como modo emblemático de recepcionar o Vaticano II, como orientações emanadas pelo colégio episcopal continental que vão sendo recepcionadas pelo magistério universal e como referencial teórico para a reflexão teológica, Medellín torna-se, de fato, um paradigma que vai além de seus limites temporais e locais; torna-se uma espécie de semente que germina no conjunto da Igreja, tradição local assimilada pela tradição universal. Nesse sentido, será necessário buscar os resíduos de Medellín em pronunciamentos e em práticas da Igreja como um todo.

A II Conferência se espalhou como sal para toda a Igreja, seu projeto é origem permanente de posturas eclesiais que colocam o Evangelho em diálogo com a realidade, como semente que guarda seu gene original a cada plantio e colheita. O carisma vivo afirma a postura fundamental para a Igreja como sinal do reino na história e o seu método de atuação que interage a Palavra com a realidade, como ensinou e enviou o Concílio:

> Para desempenhar tal missão, a Igreja, a todo momento, tem o dever de perscrutar os sinais dos tempos e interpretá-los à luz do Evangelho, de tal modo que possa responder, de maneira adaptada a cada geração as interrogações eternas sobre o significado da vida (GS 4).

Considerações finais

Medellín: um legado atual e universal

Da *cronologia* da II Conferência recolhe-se, portanto, a sua *kairologia*. Eis o fruto mais maduro do evento de 1968. É a verdade de fé afirmada naquele instante que enriquece a longa tradição da fé cristã e compõe hoje o seu depósito comum. O legado da grande Conferência se encontra hoje na Igreja universal como dom do Espírito oferecido a toda a comunidade dos seguidores de Jesus Cristo no presente da história, expressando-se em doutrinas, em práticas simbólicas, em métodos e em sujeitos eclesiais concretos.

Medellín é semente que foi sendo semeada e renovando-se a cada colheita e não pedra preservada em sua forma intacta. Nesse sentido, a II Conferência funda as demais não somente como marco fundamental de experiência de Igreja continental, mas como carisma vivo que chama para a consciência e a atuação na realidade dos povos do continente. Desde Medellín a Igreja perdeu suas ilusões de instituição autorreferenciada e aliada aos poderes sociais e políticos, despertando-se para a profecia e autocompreendendo-se como sinal do Reino e servidora da humanidade, de modo particular dos pobres. Dizia Paulo VI em seu discurso inaugural: "Por uma convergência de circunstâncias proféticas, hoje se inaugura com esta visita um novo período da vida eclesiástica [...] que parece ser por divina providência conclusivo e decisivo". Na volta ao carisma renovador da Conferência, podem-se verificar os seus frutos tardios e amadurecidos para a Igreja: a opção pelos pobres como valor e norma da vida cristã, a afirmação das Comunidades Eclesiais de Base como forma de vivenciar a fé, a luta pela justiça social como presença histórica do Reino de Deus, a afirmação da missão servidora da Igreja a toda humanidade, a articulação entre as dimensões histórica e escatológica da salvação, o valor do testemunho dos mártires da fé nos dias de hoje, o imperativo da participação política dos cristãos como forma de vivenciar o amor ao próximo, a crítica a todas as formas de dominação e de violação da vida como contrários ao Evangelho, a crítica da exploração econômica do modelo capitalista em vigor no planeta.

Esses marcos doutrinais são acompanhados de práticas concretas de culto que exigem o diálogo com as culturas locais e de símbolos de resistência e testemunhos da parte de muitos cristãos. Alguns se tornaram santos da Igreja ou estão a caminho de reconhecimento oficial. Vale citar Dom Oscar Romero, Dom Helder Câmara, Dom Luciano Mendes e Zilda Arns como personagens que encarnaram em suas vidas a opção pelos pobres e a defesa da dignidade humana como caminho de vida e como causa política. São os santos de Medellín que agora refulgem o seu brilho original.

Mas certamente a herança de Medellín mais visível da Igreja hoje é o próprio Papa Francisco. O seu perfil pessoal, o modo de vivenciar o ministério petrino e a sua programática de governo da Igreja enraízam-se no carisma de Medellín. Ele é um fruto maduro do que a II Conferência traçou para a Igreja continental e sonhou para a Igreja universal. Francisco resgata o projeto-Medellín na sua raiz na medida em que retoma o Vaticano II (cf. EG 17) e assume o "coração do Evangelho" como fundamento primeiro que relativiza todas as demais construções doutrinais (cf. EG 34; AL 58-59). Com Francisco a tradição latino-americana germinada após o Concílio se universalizou; surpreendentemente, na boca e nos gestos do pontífice, a Igreja pobre e para os pobres e a prática da colegialidade, a posição crítica em relação às injustiças e aos regimes econômicos e o diálogo com as culturas locais se tornam, a cada dia, exercício concreto da Igreja e vão assumindo o *status* de Magistério universal.

Com efeito, há que se afirmar a referencialidade de Medellín como marco eclesial para o futuro da Igreja. O evento se tornou paradigmático e produziu efeitos significativos na vida da Igreja como um carisma renovador haurido diretamente do *aggiornamento* conciliar que lê os sinais dos tempos à luz do Evangelho em cada geração. A volta ao carisma original constitui um movimento necessário no cristianismo e nos projetos humanos de um modo geral. A tradição viva faz esse movimento de retorno permanente às suas fontes, sob pena de ser tornar-se tradicionalismo e fundamentalismo. Os atos fundantes carregam consigo elementos utópicos e abrem possibilidades de renovação permanente. Medellín oferece elementos que permitem continuar a chamada conciliar de confronto permanente da Palavra com a realidade presente e de renovação da Igreja. A sua tradição se refaz na medida em que se volta às suas origens em cada contexto presente que coloca suas indagações novas à fé. As posições de Francisco convocam a todos a esse retorno, ainda que não explicite *in verbis* as afirmações de Medellín. A substância da II Conferência se encontra viva e reafirmá-la de novo em nossos dias de mundo globalizado significa afirmar a fé na Igreja de Jesus Cristo pobre com os pobres contra todos os triunfalismos, a Igreja servidora contra os poderes sagrados que dominam em nome de Deus, a Igreja povo de Deus contra todo clericalismo, a *Igreja em saída* contra todas as fixações fundamentalistas e burocráticas, a Igreja da esperança contra todos os conformismos com a ordem reinante.

Referências

ALBERIGO, G. *História dos concílios ecumênicos*. São Paulo: Paulus, 1995.

CASTELLS, M. *O poder da identidade*. São Paulo: Paz e terra, 2001.

CELAM. *Documento de Aparecida*. São Paulo: Paulus/Paulinas, Brasília: Edições CNBB, 2008.

_____. *A Igreja na atual transformação da América Latina à luz do Concílio* – Conclusões de Medellín. Petrópolis: Vozes, 1973.

Compêndio do Concílio Vaticano II. Petrópolis: Vozes, 1986.

DUSSEL, E. (org.). *Historia liberationis* – 500 anos de história da Igreja na América Latina. São Paulo: Paulinas, 1992.

_____. *De Medellín a Puebla I* – De Medellín a Sucre 1968-1972. São Paulo: Loyola, 1981.

_____. *De Medellín a Puebla III* – Em torno de Puebla 1977-1979. São Paulo: Loyola, 1983.

FAGGIOLI, M. *Vaticano II*: a luta pelo sentido. São Paulo: Paulinas, 2013.

FRANCISCO. *Evangelii Gaudium*. São Paulo: Paulinas, 2013.

_____. *Amoris Laetitia*. São Paulo: Paulinas, 2016.

GODOY, M. "Conferências gerais do episcopado latino-americano". In: PASSOS, J.D. & SANCHEZ, L.W. (coords). *Dicionário do Concílio Vaticano II*. São Paulo: Paulus/Paulinas, 2015.

GOTAY, S.S. *O pensamento cristão revolucionário na América Latina e no Caribe*. São Paulo: Paulinas, 1985.

KASPER, W. *A Igreja Católica*: essência, realidade, missão. São Leopoldo: Unisinos, 2012.

KUHN, T. *A estrutura das revoluções científicas*. São Paulo: Perspectiva, 2001.

KÜNG, H. *Teologia a caminho*: fundamentação para o diálogo ecumênico. São Paulo: Paulinas, 1999.

LIBANIO, J.B. *Volta à grande disciplina*. São Paulo: Loyola, 1984.

_____. *Concílio Vaticano II*: em busca de uma primeira compreensão. São Paulo: Loyola, 2005.

LIPOVETSKY, G. *A felicidade paradoxal*: ensaio sobre a sociedade do hiperconsumo. São Paulo: Companhia das Letras, 2008.

MARINS, J. et al. *De Medellín a Puebla*: a práxis dos padres na América Latina. São Paulo: Paulinas, 1979.

MUÑOZ, R. *Nova consciência da Igreja na América Latina*. Petrópolis: Vozes, 1979.

PASSOS, J.D. & SANCHEZ, L.W. *Dicionário do Concílio Vaticano II*. São Paulo: Paulus/Paulinas, 2015.

PASSOS, J.D. (org.). *Sujeitos no mundo e na Igreja*: reflexões sobre o laicato a partir do Concílio Vaticano II. São Paulo: Paulus, 2014a.

_____. *Concílio Vaticano II*: reflexões sobre um carisma em curso. São Paulo: Paulus, 2014b.

_____. *Diálogos no interior da casa comum*: recepções interdisciplinares sobre a encíclica Laudato Si'. São Paulo: Paulus/Educ, 2016.

PINHO, J.E.B. *A recepção como realidade eclesial e tarefa ecuménica*. Lisboa: Didaskalia, 1994.

PONTIFÍCIO CONSELHO DE JUSTIÇA E PAZ. *Compêndio da Doutrina Social da Igreja*. São Paulo: Paulinas, 2005.

SÍNODO DOS BISPOS. *A justiça no mundo*. 1971 [Disponível em: http://www.vatican.va/roman_curia/synod/documents/rc_synod_doc_19711130_giustizia_po.html].

WEBER, M. *Economía y sociedad*. México: Fondo de Cultura Económica, 1997.

Parte II
Promoção humana

1
A justiça em Medellín e as categorias da tradição eclesial libertadora

Agenor Brighenti

Introdução

Medellín é muito mais do que um texto ou um evento. Tornou-se um símbolo da "recepção criativa" (Jon Sobrino) do Vaticano II, levada a cabo pela Igreja na América Latina (BEOZZO, 2000: 361-394). E mais do que isso, está na base da tradição eclesial libertadora, que tem na leitura popular da Bíblia, nas Comunidades Eclesiais de Base, na pastoral social, na Teologia da Libertação e nos mártires das causas sociais, seus mais significativos referenciais. Há um "antes" (o processo de preparação e os antecedentes), um "durante" (a realização da II Conferência Geral dos bispos do continente) e um "depois" (o processo de recepção) de *Medellín*. E tudo isso pertence a "Medellín". É o que gostava de repetir Dom Helder Câmara em relação ao Concílio: "o Vaticano II é o que ele disse, o que ele deveria ter dito e não disse, e o que ele não disse porque não pôde dizer; tudo isso é o Concílio".

A estreita relação de *Medellín* com o Vaticano II está expressa no próprio título do texto: *A Igreja na atual transformação da América Latina à luz do Concílio* (cf. SCATENA, 2008). O Vaticano II tem 16 documentos, o mesmo número de "documentos" de *Medellín*, o que leva a muitos dizer que *Medellín* não é "um" documento, mas 16. Entretanto, na própria apresentação do texto, Dom Avelar Brandão Vilela e Dom Eduardo Pironio, presidente e secretário do Celam na época, respectivamente, falam de "Documento final de Medellín". Esta vai ser também nossa opção, aqui. Aos supostos 16 "documentos", designaremos 16 "capítulos".

"Justiça", entretanto, é mais do que um "capítulo" de Medellín. É um tema ou uma ótica que está, praticamente, no coração dos 16 capítulos. Os capítulos do documento estão agrupados em três blocos: *Promoção humana, evangelização e crescimento na fé* e *A Igreja visível e suas estruturas*. "Justiça" é o primeiro capítulo do primeiro bloco. A importância da questão fica ressaltada ao não estar restrita apenas ao primeiro capítulo do documento, mas presente em praticamente todos os demais. O termo "justiça" aparece no documento 41 vezes e, "injustiça", 23 vezes, totalizando 64. Comparado a outros temas, é um número expressivo.

Antes de entrar na abordagem do tema, convém frisar que aspecto *sui generis* do *Documento de Medellín* é seu gênero literário: enfoque pastoral e profético, linguagem direta e sintética, estruturado em torno ao método ver-julgar-agir. Com esta trilogia os bispos colocam em relevo, por um lado, o imperativo de sempre partir do discernimento da realidade e, de outro, que a consequente transformação da mesma passa por uma ação libertadora no seio da sociedade autônoma e pluralista. A adoção da trilogia, estruturante do texto e da própria reflexão, deve-se à influência da Ação Católica especializada no continente, particularmente da Juventude Universitária Católica (JUC), assim como da Juventude Operária Católica (JOC) e a Juventude Agrária Católica (JAC). Grande parte dos bispos e teólogos atores na Conferência de Medellín eram oriundos da Ação Católica, como assessores ou "assistentes eclesiásticos", tal como se designava na época (cf. BEOZZO, 1984; GOMEZ DE SOUZA, 1984). O que começou como um método de ação com Joseph Cardjin – ver-julgar-agir – já na *Gaudium et Spes* passa a ser também um método de reflexão. Em Medellín a trilogia vai estar presente na estrutura de cada um dos 16 capítulos. E no continente, por décadas, esta trilogia iria se constituir em uma espécie de gênero literário na elaboração de documentos da Igreja em geral, assim como do próprio magistério pontifício. O refluxo da neocristandade nos últimos dois pontificados havia questionado essa racionalidade indutiva e histórica. Entretanto, Aparecida e o magistério do Papa Francisco têm resgatado o espírito da *Gaudium et Spes*, que tem em *Medellín* um de seus melhores frutos.

Com relação ao capítulo dedicado à "justiça" no *Documento de Medellín*, o texto está estruturado nos três momentos da trilogia mencionada: *I. Fatos* – onde se faz uma leitura da situação do continente com respeito à justiça, em especial, à justiça distributiva ou social, priorizando a realidade socioeconômica e cultural. *II. Fundamentação doutrinal* – quando se propõe o ideal evangélico para a situação do continente, segundo as Escrituras e em sintonia com a *Gaudium et Spes*. *III. Projeções de pastoral social* – que corresponde ao "agir" da trilogia, indica pistas de ação para as mudanças sociais nas esferas da família, da organização profissional e dos trabalhadores, das empresas e da economia, da indústria e do campo, sem esquecer da necessária reforma política.

Nossa abordagem, aqui, mais do que apresentar o teor do conteúdo do capítulo sobre a justiça, quer explicitar ou colocar em evidência dois aspectos presentes nas entrelinhas do texto. Primeiro, mostrar que Medellín está estreitamente ligado ao Vaticano II e, no relativo à Justiça, repercute, particularmente, a *Gaudium et Spes* e, em sua esteira, a encíclica *Populorum Progressio*, do Papa Paulo VI, publicada pouco depois do Concílio e pouco antes da Conferência de Medellín (GUTIÉRREZ, 2010: 273-252). Um segundo aspecto que queremos colocar em evidência é que na abordagem da questão da justiça, os bispos em Medellín vão explicitar algumas das mais significativas categorias que caracterizam a tradição eclesial libertadora latino-americana (OLIVEROS, 1990: 35-36), algumas delas já mencionadas anteriormente. Essas e outras presentes nos demais capítulos de Medellín deram à Igreja no continente um rosto e uma palavra própria, superando os limites de uma "Igreja reflexo" (Lima Vaz) do eurocentrismo imperante (McGRATH, 1998: 89-122).

1.1 *Referenciais da abordagem da justiça em Medellín*

O objetivo da Conferência de Medellín, planejada junto ao Papa Paulo VI pelos dois principais responsáveis pelo Celam na época – Dom Manuel Larraín (bispo de Talca, Chile) e Dom Helder Câmara (arcebispo de Olinda e Recife) – era fazer uma "recepção criativa" do Concílio Vaticano II no continente. E dada a situação de "injustiça institucionalizada" reinante, o tema da "justiça" seria um referencial obrigatório. Nesse particular, a influência mais direta sobre Medellín foi a da encíclica *Populorum Progressio* (1967). Esta era fruto de uma promessa de Paulo VI de aterrissar de forma mais concreta na questão dos pobres que, por diversas razões, não tinha sido suficientemente assumida pelo Concílio. Nessa encíclica, entre outros, assume-se de maneira contundente a irrupção dos pobres, a problemática do neocolonialismo vigente nos países do Terceiro Mundo, a necessidade de uma nova ordem econômica mundial e a necessária interrelação entre "justiça" e "paz"[43].

O tema da "justiça" já vinha sendo abordado pela Doutrina Social da Igreja desde seus primórdios (GONZÁLEZ FAUS, 1993: 657). Na *Rerum Novarum* (1891) e na *Quadragesimo Anno* (1931), entretanto, a justiça estava mais restrita à questão do "salário justo", sem dúvida importante, mas sem situá-la de maneira mais explícita, para além da relação patrão-operário[44]. Não que não houvesse um tratamento mais amplo do tema na teologia moral de então. Tomás de Aquino já distinguia entre "justiça comutativa" e "justiça distributiva" (*Suma Teológica*, II, II, q. 58 a 59). A "justiça comutativa", segundo ele, é a justiça relativa à regulação do intercâmbio

---

43. Segundo testemunho de Dom Marcos Macgrath, arcebispo do Panamá e padre-perito do Concílio, Paulo VI pediu a Dom Manuel Larraín e a Dom Helder Câmara o primeiro esboço da encíclica. Talvez aí esteja uma das razões de seu enfoque novo em relação à *Gaudium et Spes*, no qual os países do Hemisfério Sul iriam se reconhecer e ver seu contexto socioeconômico contemplado.

44. A Doutrina Social da Igreja, que tem na encíclica *Rerum Novarum* de Leão XIII seu marco inicial, nasceu no contexto do Catolicismo Social, um movimento sobretudo de leigos, que buscavam dar resposta à questão operária no seio da Revolução Industrial nascente, apoiada em um capitalismo selvagem, a partir do Evangelho.

e do comércio, ou seja, aos direitos das pessoas que estão no mercado. Já a "justiça distributiva" refere-se à regulação da distribuição dos bens entre o conjunto das pessoas da sociedade. Em outras palavras, a justiça comutativa define o direito de uma pessoa em relação à outra no que tange ao justo salário ou ao justo preço ou lucro. Já a justiça distributiva define o direito de cada pessoa em relação ao conjunto daqueles que possuem bens.

Por influência do neoliberalismo, nos últimos séculos, se vinha quase que restringindo a justiça à sua primeira categoria – a justiça comutativa –, em detrimento da justiça distributiva. Entretanto, o acesso aos bens, segundo os Santos Padres, tem mais a ver com justiça distributiva do que com justiça comutativa, pois, com relação aos bens, dado que Deus deu tudo para todos, se tem mais um "direito de uso" do que "um direito de posse". Em outras palavras, a justiça distributiva diz respeito ao direito do conjunto dos pobres, em relação ao conjunto dos ricos e das obrigações do conjunto dos ricos, em relação ao conjunto dos pobres. Como se pode perceber, a justiça distributiva, assumindo a justiça comutativa, acena para um horizonte mais amplo – o bem comum. Consequentemente, uma lei é justa ou injusta na medida em que promove o bem comum. Trata-se dos direitos e deveres das pessoas em relação à sociedade, também chamada de "justiça social" (BIGO & DE ÁVILA, 1986: 170-171; TAMAYO ACOSTA, 1991: 71-78). Para Tomás de Aquino, juntamente com os Santos Padres, os bens, mesmo quando são de um, são para todos (*Suma Teológica*, II, II, q. 58 a2). Nessa perspectiva, a Doutrina Social da Igreja após o Vaticano II deixará de falar em direito "de" propriedade, para frisar o direito "à" propriedade; o direito de uso está acima do direito de posse, consequentemente, em uma situação de extrema necessidade, tudo se torna de todos. É o que o Papa João Paulo II queria dizer ao afirmar que "sobre toda propriedade privada, pesa uma hipoteca social" (JOÃO PAULO II, Discurso Inaugural de Puebla).

Medellín, ao abordar a questão da "justiça", sem esquecer a justiça comutativa, põe em evidência a justiça distributiva na perspectiva da Doutrina Social da Igreja. Não na perspectiva da Doutrina Social do período pré-conciliar, mas tal como havia feito a *Populorum Progressio*, sem esquecer as duas encíclicas sociais de João XXIII, que influenciaram muito o Vaticano II, concretamente, a *Mater et Magistra* (1961) e a *Pacen in Terris* (1963) (ZENTENO, 1971: 39-46; AMAYA, 1998: 272-292). Até então, a Doutrina Social da Igreja estava prisioneira do conflito Leste-Oeste (marxismo/capitalismo). Com João XXIII, a questão social passa a ser vista na perspectiva Norte/Sul, na relação "primeiro mundo" e "terceiro mundo". Toma-se consciência que o conflito real se dá entre Hemisfério Sul e Hemisfério Norte, o que explica a vigência de uma ordem socioeconômica tal que, quanto mais desenvolvimento no Norte, mais subdesenvolvimento no Sul. Paulo VI iria dizer na *Populorum Progressio* que o subdesenvolvimento dos países subdesenvolvidos é um subproduto do desenvolvimento dos países desenvolvidos. Com isso, o papa ressalta a necessidade de "promover o progresso dos povos mais pobres, de favorecer a justiça social entre as nações, de oferecer aos povos que estão menos desenvolvidos um auxílio, de maneira que possam prover, por si próprios e para si próprios, o seu progresso. Justiça e paz é o seu nome e o seu programa" (PP 5).

Foi precisamente, na análise da realidade, a passagem da "teoria do desenvolvimento" para a "teoria da dependência", que fará de Medellín o símbolo de uma postura crítica e profética em perspectiva libertadora. Em lugar de buscar entrar no "primeiro-mundo", o desenvolvimento dos países da periferia depende de libertar-se de uma ordem socioeconômica, em cujo centro estão os países do Hemisfério Norte, que exploram os países do Hemisfério Sul, em uma espécie de neocolonialismo. O Papa João XXIII já chamava atenção sobre isso na *Mater et Magistra*.

1.2 Fatos

É a primeira parte do capítulo dedicado à justiça que corresponde ao "ver" a realidade. Há, aqui, uma análise breve e densa, lúcida e contundente da situação do continente, relativa à justiça. E não se fica apenas nos efeitos da situação, mas se vai às causas, de maneira clara e direta. Vejamos.

1.2.1 Fatos, sintomas e causas

Medellín começa constatando que, no continente, há uma situação de "miséria que marginaliza" e, por ser um "fato coletivo", é "uma injustiça que brada aos céus [PP 30]" (Med 1,1). A marginalização aponta para uma ordem social que gera exclusão e, por ser uma realidade que atinge um grande número de pessoas, mostra que há "causas estruturais". Têm acesso a bens e serviços, somente "os setores de alto poder aquisitivo" (Med 1,2).

Entre os marginalizados, Medellín cita crianças e jovens sem acesso à educação, a situação de inferioridade das mulheres em relação aos homens, assim como os agricultores explorados na comercialização de seus produtos. Como sintoma dessa situação de miséria que marginaliza, está "a frustração de legítimas aspirações que cria um clima de angústia coletiva" (Med 1,1) e gera "instabilidade política" (Med 1,2). Na realidade, há um modelo de sociedade, no qual não cabem todos. Fator agravante para os bispos é a dependência da economia interna de "empresas estrangeiras", respaldada por "estruturas injustas", que levam "a cometer pecado no plano social" (Med 1,2).

1.2.2 Categorias da tradição eclesial libertadora latino-americana

Nessa brevíssima descrição da situação do continente em relação à justiça, Medellín inova, introduzindo algumas categorias, que vão fazer parte da tradição libertadora da Igreja na América Latina. Daqui emergem pelo menos três.

1.2.2.1 Como falar de um Deus Pai, em um mundo de crucificados?

Ao começar solidarizando-se com os marginalizados, Medellín vai ao encontro do preâmbulo da *Gaudium et Spes*: "as alegrias e as esperanças, as tristezas e as angústias das pessoas de hoje, sobretudo dos pobres e de todos os que sofrem, são também as alegrias e as esperanças, as tristezas e as angústias dos discípulos de Cristo" (GS 1). Como havia dito João XXIII, a Igreja só é mestra na medida em que começar por ser mãe. Paulo VI, no imediato pós-concílio, falaria de uma "Igreja samaritana", próxima e solidária dos que sofrem. O fato de essa situação de miséria "bradar aos céus" coloca a questão-chave dos teólogos da libertação, que virão na sequência: "Como falar de um Deus Pai, em um mundo de crucificados?"[45] A situação de miséria de grandes contingentes da sociedade "delata o cinismo dos satisfeitos" (Cecilio de Lora). E, para Hugo Assmann, furtar-se a esta pergunta e ao imperativo de uma resposta eficaz, é fazer uma "teologia cínica" (cf. ASSMANN, 1968: 6-58; 1970, 1971).

1.2.2.2 Assumir o pobre e o seu lugar social

A solidariedade com os marginalizados – pessoas concretas presentes nas periferias do sistema liberal capitalista e da sociedade excludente derivada dele – levará a muitos cristãos, em especial segmentos importantes da vida consagrada, a inserir-se no meio dos pobres, assumindo o pobre não somente "sujeito social", mas também seu "lugar social". É amplamente conhecido o compromisso com os pobres de padres, leigos e leigas mas, sobretudo, de inúmeras comunidades religiosas, morando

---

45. Esta pergunta está na raiz da Teologia da Libertação, nos pioneiros como Gustavo Gutiérrez, Hugo Assmann, Juan Luis Segundo, Jon Sobrino e Leonardo Boff, de quem extraímos o texto que segue como ilustração: "Hoje a maioria da humanidade vive crucificada pela miséria, pela fome, pela escassez de água potável e pelo desemprego. Crucificada está também a natureza devastada pela cobiça industrialista que se recusa a aceitar limites. Crucificada está a Mãe Terra, exaurida a ponto de ter perdido seu equilíbrio interno que se mostra pelo aquecimento global. Um olhar religioso e cristão vê o próprio Cristo presente em todos estes crucificados. Pelo fato de ter assumido totalmente nossa realidade humana e cósmica, Ele sofre com todos os sofredores. A floresta que é derrubada pela motosserra significa golpes em seu corpo. Nos ecossistemas dizimados e pelas águas poluídas, Ele continua sangrando. A encarnação do Filho de Deus estabeleceu uma misteriosa solidariedade de vida e de destino com tudo o que Ele assumiu, nossa inteira humanidade, a natureza e tudo o que ela pressupõe em sua base físico-química e ecológica" (cf. BOFF, 2017).

em favelas das periferias das cidades, apoiados pela Clar, assim como em nosso país da Conferência dos Religiosos do Brasil (CRB), organismos por décadas colocados sob suspeição e calúnias, por parte de altas autoridades da Igreja[46]. É conhecido o aborto do Projeto Palavra e Vida da Clar (cf. MESTERS, 1989: 661-673). Com Medellín, torna-se expressão corrente – "vida religiosa inserida", o que alguns segmentos conservadores da Igreja iriam acusar de "politização da fé" ou de "pobrismo" ideológico. Muitos desses religiosos e religiosas, assim como padres, leigos e leigas inseridos, são contados na constelação de "mártires das causas sociais" (Ricardo Antoncich), que tem em Dom Oscar Romero, graças ao Papa Francisco, o primeiro deles a ser reconhecido como modelo de santidade para nossos dias.

1.2.2.3 *Injustiça institucionalizada e pecado social*

Outras duas categorias importantes introduzidas por Medellín neste breve relato sobre a situação do continente em relação à justiça é a compreensão da miséria coletiva como fruto de uma "violência institucionalizada"[47] (Med 2,16), que ao estar presente na vida da sociedade como um todo, constitui-se em um "pecado social". O pecado social é entendido não como a soma de pecados individuais, que para erradicá-lo bastaria mudar o coração das pessoas, mas como pecados individuais que passaram para as instituições. Para erradicá-lo, só com mudança de estruturas. É verdade que as pessoas fazem as estruturas, mas também é verdade que as estruturas fazem as pessoas. Anos mais tarde, a Conferência de Puebla iria tematizar com mais profundidade a categoria "pecado social", em um primeiro momento parecendo estranha aos censores do documento na Cúria Romana[48], mas que depois iria ser introduzida no vocabulário corrente da teologia, inclusive do magistério pontifício.

1.3 *Fundamentação doutrinal*

Para iluminar a situação constatada, o momento do "jugar", projetando o ideal evangélico para ela e que constitui a missão evangelizadora da Igreja, Medellín elenca

---

46. Em 1989 houve a intervenção na Clar por parte da Congregação para os Religiosos, nomeando-se uma nova diretoria e tirando o direito dos religiosos de eleger sua própria diretoria por anos.

47. É de Rui Barbosa a expressão – *injustiça institucionalizada*. Em Medellín, a expressão *"violência institucionalizada"* é de Dom Affonso Felipe Gregory, então padre sociólogo, perito de Medellín, que, ainda na véspera de sua conferência, tinha dúvidas se iria usar esta categoria que, depois, se tornaria uma das marcas de Medellín.

48. Os censores do Documento de Puebla na Cúria Romana trataram de matizar a categoria "pecado social" por expressões como situações ou estruturas "marcadas" pelo pecado. João Paulo II, na *Sollicitudo Rei Socialis*, vai falar claramente de "estruturas de pecado" (SRS 36).

alguns referenciais da mensagem cristã, apoiado na *Gaudium et Spes*, que por sua vez, em sua "volta às fontes", se remete às Escrituras e aos Santos Padres.

1.3.1 O Evangelho da justiça

Os bispos começam dizendo que todos os seres humanos são portadores da mesma dignidade, pois foram criados à imagem e semelhança de Deus. E que Ele criou a terra e tudo o que ela contém, para o uso de todas as pessoas e povos (Med 1,2). O "uso de tudo por parte de todos", dizem os bispos, nos faz "humildes administradores dos bens" (Med 1,5). Para que todos tenham acesso aos bens, precisamos, por um lado, de "uma profunda conversão para nossa plena libertação e para que chegue a nós o Reino de Justiça, Paz e Amor", e, por outro lado, de uma conversão das estruturas – "não teremos continente novo, sem novas e renovadas estruturas, e sobretudo não haverá continente novo sem pessoas novas" (Med 1,3). Isso porque "salvação é libertação integral". Lembra Medellín que, "na história da salvação, a obra divina é uma ação de libertação integral e de promoção da pessoa em todas as suas dimensões" (Med 1,4). Daí deriva a missão da Igreja de "servir o mundo, irradiando sobre ele luz e vida, que cura e eleva a dignidade da pessoa humana e consolida a unidade da sociedade". É preciso, pois, "avivar a preocupação de aperfeiçoar a terra", dado que "o progresso temporal, na medida em que pode contribuir para ordenar melhor a sociedade, é de grande interesse para o Reino de Deus". Consequentemente, urge, na "busca da salvação, evitar o dualismo que separa as tarefas temporais da santificação" (Med 1,5).

1.3.2 Categorias da tradição eclesial libertadora latino-americana

Nesta sucinta e densa fundamentação teológica da justiça, Medellín explicita outras cinco categorias da tradição eclesial libertadora da Igreja na América Latina.

1.3.2.1 O uso coletivo dos bens é superior ao uso individual

Medellín vai além da justiça comutativa, advogando por uma justiça distributiva, dado que Deus criou tudo para todos e, portanto, o direito individual de posse está subordinado ao direito de uso de todos. É a doutrina social dos Santos Padres do "destino universal dos bens". Inspirada nas comunidades eclesiais dos Atos dos Apóstolos, que "tinham tudo em comum" (At 2,42), a teologia latino-americana irá acentuar que o uso comum dos bens é mais evangélico do que o uso particular. Princípio que o magistério social pontifício iria também reconhecer e recomendar. Daí o incentivo e apoio a projetos de economia solidária, cooperativismo, a hortas, roças e padarias comunitárias, assim como à solidariedade concreta no seio das Comunidades Eclesiais de Base.

1.3.2.2 Conversão das estruturas

Na conversão das estruturas, condição para erradicar o pecado social, está o referencial evangélico da inserção profética e libertadora da Igreja na sociedade, que supera os limites de uma mera conversão pessoal. Tal conversão desautoriza axiomas ingênuos e antagônicos: vamos mudar as pessoas e a nova sociedade surgirá; ou então, vamos mudar a sociedade e irá irromper o homem novo. Paulo VI iria também frisar a exigência de uma conversão das estruturas, afirmando na *Evangelii Nuntiandi* que conversão da pessoa e das estruturas, não só são necessárias, como devem ser trabalhadas simultaneamente, ainda que sempre em uma relação dialética a partir do polo das pessoas, que são sujeitos também das estruturas (EN 36). Para os cristãos, "conversão" das estruturas é mais do que mudança de estruturas, pois são expressão de um "pecado social". Erradicar pecado, só com conversão, que implica mudanças externas e internas, que vão gerar pessoas novas e novas estruturas.

1.3.2.3 Salvação como libertação integral

Historicamente, com a introdução do dualismo grego no cristianismo, salvação passou a significar salvação individual e da alma. O Vaticano II, em sua volta às fontes bíblicas e patrísticas, resgata a antropologia unitária da revelação bíblica e afirma que Deus nos quis salvar como povo, comunitariamente (LG 2). Na *Populorum Progressio*, Paulo VI fala da promoção da vida "do homem todo e de todos os homens" (PP 42) e, mais tarde, já assumindo a tradição libertadora latino-americana na *Evangelii Nuntiandi*, explicita "os laços intrínsecos existentes entre evangelização e promoção humana", entre "plano da redenção e plano da criação" (EN 31). Para expressar essa concepção de salvação, inspirada no Livro do Êxodo, a Igreja na América Latina irá falar de "libertação" ou, melhor ainda, de "libertação integral". Mais tarde, João Paulo II iria dizer que "libertação" se restringe a mudanças sociais, pois libertação e desenvolvimento social são a mesma coisa (SRS 46-49). Mas, Bento XVI, na abertura da Conferência de Aparecida, reafirma a libertação e que a autêntica libertação cristã é uma libertação integral (DAp, Discurso Inaugural). Libertação não é um termo que vem da sociologia, mas das Escrituras judaico-cristãs, aplicado à antiga e à nova Páscoa. Por sua vez, a teologia latino-americana se encarregaria de explicitar seu referencial bíblico e sua consistência teológica, ela mesma se autocompreendendo como "Teologia da Libertação", uma reflexão da práxis da fé, na salvação que Jesus veio trazer com o Reino de Deus, que é um reino de justiça, de paz e de amor.

1.3.2.4 Reino de Deus e nova sociedade

Na tradição libertadora da Igreja na América Latina, em sua dimensão imanente, o Reino de Deus, se confunde com uma "nova sociedade". Nas Escrituras, se fala da "Jerusalém terrestre" e da "Nova Jerusalém" (Ap 21,16). Dado que o reino inaugurado por Jesus expressa os desígnios de Deus para a globalidade da criação e que a ressurreição de Jesus é primícia da nova criação, o compromisso social ou o progresso temporal adquirem uma dimensão transcendental. É a tomada de consciência do Evangelho social e de suas implicações para a justiça social, que exige uma nova ordem econômica, política e cultural, capaz de criar um mundo onde caibam todos. Daí a inserção dos cristãos na política, o imperativo da mudança das estruturas de exclusão, a militância na defesa e promoção de direitos individuais e sociais, assim como o posicionamento profético frente a um sistema econômico, que, como diz o Papa Francisco na *Evangelii Gaudium*, "é injusto em sua raiz" (EG 59), pois promove "uma economia que mata" (EG 53). É em nome do Evangelho, "do desenvolvimento integral de nossos povos" (Med 1,5), que militantes cristãos vão opor-se às ditaduras militares, contribuir com a formação da consciência cidadã, com a organização dos trabalhadores e a criação de partidos políticos comprometidos com projetos de inclusão social.

1.3.2.5 Há uma única história

A introdução do dualismo grego no cristianismo, entre outras consequências, levou à concepção de duas histórias: haveria uma história profana e uma história da salvação. A história da salvação estaria restrita ao espaço do sagrado ou do religioso, à intimidade da consciência, quando muito exteriorizada em práticas de caridade individual. O temporal ou a sociedade civil e suas manifestações como a economia e a política, tudo o que o ser humano faz na esfera "profana", não tem relação com a história da salvação, que se daria em outro plano, o espiritual.

Trata-se da cosmovisão que também sustentou a concepção da Igreja como "sociedade perfeita", único espaço de salvação para a sociedade moderna autônoma da tutela do religioso que, para isso, precisaria ser cristã e integrada à Igreja. Entretanto, o resgate de uma antropologia unitária pelo Vaticano II, assim como dos laços intrínsecos entre plano da redenção e plano da criação, levaram a Igreja na América Latina a postular a existência de uma única história – a história da humanidade – no seio da qual, acontece a história da salvação. Como diz a *Lumen Gentium*, o povo de Deus peregrina na história, no seio de uma humanidade toda ela peregrinante. A salvação se dá na vida. A fé cristã abarca a pessoa inteira e todas as pessoas, em todos os seus atos, realizados em todas as esferas. Nada do que é humano é alheio a Deus, presente em tudo e em todos. E nada do que fazemos é neutro diante dele, assim como os acontecimentos gestados coletivamente pela história da humanidade. A salvação se dá na história, na única história da humanidade, na qual Deus se faz presente e atua por sua graça redentora.

1.4 Projeções de pastoral social

O título do terceiro momento da estrutura do capítulo 1 de Medellín, dedicado à justiça, que corresponde ao "agir", dá a tônica do compromisso cristão no mundo. Não simplesmente uma ação circunscrita ao mundo da moradia, com iniciativas de "caridade assistencial"; nem uma "ação social", restrita ao mundo do trabalho, na relação patrão-operário no nível sindical; e, sim, uma "pastoral social", inserida no mundo da política, no seio da sociedade civil autônoma. A categoria "pastoral social" acena para uma ação transformadora da sociedade, libertadora de toda espécie de mecanismos neocolonialistas e de exclusão social.

1.4.1 Pistas de ação para a promoção da justiça social

Para promover uma "pastoral social", *Medellín* propõe começar de baixo, pela formação da consciência social e do senso crítico, que propicie uma visão objetiva e realista dos problemas da sociedade (Med 1,17). João XXIII, na *Mater et Magistra*, já havia chamado atenção para o gradativo processo de socialização e a sede de participação como um dos novos "sinais dos tempos" (MM 59-67). Na América Latina, pedagogias libertadoras como a de Paulo Freire já promoviam a "conscientização" das camadas populares da sociedade com programas de alfabetização, tal como também fazia a Igreja no Brasil, através do Movimento de Educação de Base (MEB). Medellín pede que a tarefa de formação da consciência social integre os planos de pastoral de conjunto em todos os níveis eclesiais. E adverte que o clero precisa ter mais sensibilidade social e senso crítico frente à realidade, lacuna que pode ser preenchida pela oferta de cursos por parte das conferências episcopais (Med 1,18).

Para Medellín, a formação da consciência social tem por objetivo a organização dos cristãos e da cidadania em geral, nos denominados "corpos intermediários". Estes, para que assumam o protagonismo da mudança social, precisam ser organizações sociais livres da interferência do Estado ou de instâncias superiores (Med 1,7-8). Lembram os bispos que "em especial as classes populares devem ter uma participação receptiva e ativa, criadora e decisiva, na construção de uma sociedade nova" (Med 1,7).

Superando todo resquício de Cristandade, Medellín frisa que "as instituições de ação temporal pertencem à esfera específica da sociedade civil" e que a Igreja "respeita esta autonomia e estimula as organizações, que têm por fim a promoção humana e a aplicação da justiça" (Med 1,23). Uma coisa são os organismos de Igreja, outra são as organizações da sociedade civil autônoma nas quais os cristãos também precisam militar para fazer aterrissar os ideais evangélicos de forma desconfessionalizada a todos, independentemente de credo. O reconhecimento desta autonomia, entretanto, não impede a Igreja de, à luz da mensagem evangélica, condenar tanto o sistema liberal capitalista quanto o sistema coletivista marxista, por terem uma concepção errônea de pessoa, de propriedade e de finalidade da economia (Med 1,10). Para superar toda espécie de neocolonialismo (Med 1,13), é importante "desencadear um verdadeiro processo de desenvolvimento" e de "integração do continente", com "a participação de todos na gestão da empresa" ou da coisa pública (Med 1,11).

O cristão, enquanto cidadão, precisa atuar nos corpos intermediários da sociedade autônoma e, como Igreja, a atuação no social precisa dar-se através da pastoral social, levada a cabo por meio de serviços que unam evangelização e promoção humana, fé cristã e transformação social. Medellín recomenda a *Caritas*, "não apenas como organismo de ajuda, mas inserida operativamente no processo de desenvolvimento" (Med 1,22). Também pede a criação, em todos os países e Igreja locais, da Comissão Justiça e Paz, "integrada por pessoas de alto nível moral, qualificação profissional e representatividade, nos diferentes setores sociais" (Med 1,21).

Finalmente, para a promoção da justiça social, Medellín propõe duas reformas de grande envergadura. A primeira é a reforma agrária, "para a promoção humana dos agricultores e indígenas", não limitada à mera distribuição de terras", mas acompanhada da criação de cooperativas e formas de acesso à cultura, à saúde, ao lazer e à participação na política (Med 1,14). Não menos importante é a necessária reforma política, dada "a necessidade de uma mudança global nas estruturas do continente", cuja finalidade é o "bem comum" da sociedade como um todo (Med 1,16).

1.4.2 Categorias da tradição eclesial libertadora latino-americana

Na indicação das pistas de ação para a promoção da justiça social, Medellín faz emergir mais três categorias da tradição eclesial libertadora da Igreja na América Latina.

1.4.2.1 Cristãos com consciência cidadã

Paulo VI, na *Populorum Progressio*, que juntamente com a *Gaudium et Spes* tiveram uma grande influência sobre Medellín, com respeito ao compromisso social dos cristãos, frisava a importância da política, como meio de construção de uma nova sociedade. A tradição libertadora da Igreja na América Latina tratará de mostrar os laços intrínsecos entre fé e política, com a consequente necessidade de formação da consciência cidadã. Um bom cristão precisa ser, necessariamente, um bom cidadão, dado que é na esfera da cidadania e da mediação da política que se pode contribuir efetivamente com a construção de uma sociedade justa e solidária. Nesse particular, a pastoral operária contribuirá com a formação sindical; a pastoral da terra, com a organização dos sem-terra e a defesa do homem do campo; a pastoral dos direitos humanos, com a presença dos cristãos em conselhos tutelares; a pastoral da saúde, com a construção de políticas de saúde que atendam às necessidades dos mais desamparados; enfim, a pastoral indígena e da consciência negra contribuirão com a busca de reconhecimento dos direitos dos povos.

1.4.2.2 Integração latino-americana

A integração latino-americana é um dos temas caros da tradição eclesial libertadora, fruto da tomada de consciência da necessidade de se romper com a dependência do centro hegemônico do sistema liberal capitalista dos países do Hemisfério Norte, que prolongam, nos países do Hemisfério Sul, estruturas neocolonialistas. Com esse espírito nascem inúmeros organismos eclesiais em nível continental, bem como o apoio da Igreja à criação de iniciativas que aproximem países, povos, culturas e mercados para somar sonhos e esforços comuns da "Pátria Grande". É a necessidade de superar intercâmbios restritos das esferas Leste-Oeste ou Norte-Sul e estreitar laços Sul-Sul, seja em âmbito latino-americano, como também com a África e a Ásia. Em nosso continente, os cristãos, especialmente os católicos, se sentirão "latino-americanos", identidade que encontra expressão nas artes plásticas, na música e na criação de instâncias e organismos de interação. O Conselho Episcopal Latino-americano, as conferências gerais dos bispos do continente, o Instituto Teológico-pastoral do Celam, a Clar, só para citar algumas dessas instâncias, têm se mostrado como importantes fatores de integração latino-americana, para além das fronteiras eclesiais.

1.4.2.3 Pastoral social

É o modelo de presença da Igreja no campo social, que se diferencia de modelos anteriores como a caridade assistencial, restrita ao mundo da moradia ou como a ação social no mundo do trabalho. A tradição libertadora latino-americana irá criar uma série de serviços de pastoral social, respaldados na Doutrina Social da Igreja e, sobretudo, na Teologia da Libertação. São serviços levados a cabo, também em parceria com outras iniciativas, seja de Igrejas, seja do poder público e de entidades não governamentais. Para reforçar a presença dos cristãos no social, através da pastoral social, surgiriam inúmeras oportunidades de formação de agentes, tais como escolas e cursos especializados, nos mais diferentes níveis. Inspirados em Medellín, surgiram cursos de pastoral social em âmbito nacional e latino-americano; encontros e congressos para partilha de experiências e buscas; publicações aterrissando o pensamento social da Igreja no continente; e, sobretudo, a criação de organismos de pastoral social, no seio dos quais muitos cristãos, ao se confrontarem com o poder econômico, político e o poder militar ao seu serviço, foram martirizados.

Considerações finais

Tal como o Concílio Vaticano II, que teve seus movimentos preparatórios, Medellín também, em suas intuições básicas e eixos fundamentais, já vinha sendo gestado, particularmente, nos movimentos sociais e eclesiais dos meios populares. Entretanto, oficialmente, é Medellín que inaugura a tradição eclesial libertadora no continente, que dará à Igreja muitos frutos, entre eles, as Comunidades Eclesiais de Base, os mártires das causas sociais e até um papa, graças a quem teremos a canonização de Dom Oscar Romero. Medellín, tal como o Concílio Vaticano II, é um dos raros momentos na Igreja em que "a teologia e o magistério coincidem" (Comblin). Mas foi por pouco tempo, pois Puebla já vai ser um freio a Medellín, e Santo Domingo, seu estancamento (LIBANIO, 1993). Nessas duas conferências, os teólogos ficaram praticamente de fora e, entre os bispos, os segmentos conservadores ganharam grande terreno e liberdade de ação e de decisão, pois estavam presentes em importantes dicastérios da Cúria Romana. Aparecida será a grande e agradável surpresa, pois iria resgatar o Vaticano II e Medellín e colocar as bases da eleição de um papa latino-americano, que chegou e presenteou a Igreja com a exortação *Evangelii Gaudium*, "uma cópia malfeita de Aparecida", na expressão jocosa e amistosa do próprio papa, por ocasião de um encontro com os bispos do Celam.

No Documento de Medellín estão plasmadas as categorias principais da tradição eclesial libertadora da Igreja no continente, que a Teologia da Libertação se encarregaria de fundamentar biblicamente e sistematizar teologicamente (cf. SOBRINO, 1993: 27-48). De maneira particular, o capítulo do documento dedicado à questão da justiça, que está no coração da *Gaudium et Spes*, da *Populorum Progressio* e de Medellín, marca a fisionomia da postura profética e libertadora da Igreja no continente. Colocando-a como apóstola da justiça distributiva ou social, para além dos parâmetros tradicionais da justiça comutativa, os bispos da América Latina e Caribe inauguram um novo tempo na Igreja – um *kairós* – no qual o Reino de Deus anunciado e tornado presente em Jesus de Nazaré pode ser visto, porque presente nas práticas dos cristãos, em prol da defesa e promoção da vida, em especial, dos pobres e excluídos.

Referências

AMAYA, J.P. "Medellín y la justicia social. Novidades y desafios". *Boletin Celam*, 281, 1998, p. 272-292.

ASSMANN, H. Aporte cristiano al proceso de liberación. In: *Movilización popular y fe cristiana*. Isal, Montevidéu, 1971.

_____. *Teología de la Liberación*. Montevidéu, 1970.

_____. "Tarefa e limitações de uma teologia do desenvolvimento". *Revista de Cultura Vozes*, n. 62, 1968 [cf. "Caracterização de uma Teologia da Revolução". *Ponto Homen*, n. 4, 1968, p. 6-58].

BEOZZO, J.O. "Medellín: Inspiration et racines". In: DORÉ, J. & MELLONI, A. (orgs.). *Volti di Fine Concilio* – Studi di Storia e Teologia sulla Conclusione del Vaticano II. Bolonha: Il Mulino, 2000, p. 361-394.

_____. *Cristãos na universidade e na política*. Petrópolis: Vozes, 1984.

BIGO, P. & ÁVILA, F.B. *Fé cristã e compromisso social* – Elementos para uma reflexão sobre a América Latina à luz da Doutrina Social da Igreja. São Paulo: Paulinas, 1986, p. 170-171.

BOFF, L. *Os crucificados de hoje e o crucificado de ontem*. 2017 [Disponível em: https://leonardoboff.wordpress.com/2017/04/08/os-crucificados-de-hoje-e-o-crucificado-de-ontem/].

GOMEZ DE SOUZA, L.A. *JUC*: os estudantes católicos e a política. Petrópolis: Vozes, 1984.

GONZÁLEZ FAUS, J.L. "Justicia". In: FLORISTÁN, C. & TAMAYO, J.J. (orgs.). *Conceptos fundamentales del cristianismo*. Madri, 1993, p. 657.

GUTIÉRREZ, G. "A atualidade de Medellín". In: *Conclusões da Conferência de Medellín (1968)* – Trinta anos depois, Medellín ainda é atual? São Paulo: Paulinas, 2010, p. 273ss.

LIBANIO, J.B. *A volta à grande disciplina*: reflexões teológico-pastorais sobre a atual conjuntura de Igreja. São Paulo: Loyola, 1993.

McGRATH, M. "Vaticano II-Medellín: Iglesia de los pobres y teologia de la liberación". *Cuestiones teológicas y filosóficas*, 63, 1998, p. 89-122.

MESTERS, C. "O projeto Palavra-Vida e a leitura fiel da Bíblia de acordo com a tradição e o magistério da Igreja". *REB*, 49, 1989, p. 661-673.

OLIVEROS, R. "Historia de la Teología de la Liberación". In: ELLACURÍA, I. & SOBRINO, J. *Mysterium Liberationis* – Conceptos fundamentales de la Teología de la Liberación. Madri: Trotta, 1990, p. 35-36.

SCATENA, S. *In populo pauperum*: La chiesa latino-americana dal Concilio a Medellín (1962-1968). Bolonha: il Mulino, 2008.

SOBRINO, J. "De una teología sólo de la liberación, a una teología del martirio". *Relat*, 28, 1993, p. 27-48.

TAMAYO ACOSTA, J.J. "A la paz por la justicia – Praxis de Liberación". *Biblia y Fe*, 49, XVI, 1991, p. 71-78.

ZENTENO, A. "Justicia: Denuncia-Anuncio-Compromisso en Medellín". *Christus*, 428, 1971, p. 39-46.

2
Paz com sentido plenamente humano

Edson Donizete Toneti

Introdução

Em meados do século passado, em um contexto em que forças belicosas provocaram destruição e morte, o Papa João XXIII proclamou sua mensagem de paz, *Pacem in Terris*, amplamente desenvolvida na constituição pastoral *Gaudium et Spes* (cf. GS 77s.). A Conferência de Medellín deu-se em um contexto diverso, mas reclamando a mesma urgência de paz como fruto da justiça.

Para concretizar tal intuito a Igreja na América Latina decidiu comprometer-se, entre outras opções, com a causa dos setores populares mediante a *opção preferencial pelos pobres*. Ao ler os *sinais dos tempos* na realidade latino-americana, impulsionada pelo espírito do Concílio Vaticano II, a Igreja na América Latina buscava filtrar um desenvolvimento verdadeiro, capaz de transformação social e fundamental para o alcance da paz. Esse espírito conciliar reavivou a consciência eclesial latino-americana, com especial convocação à direção do Celam e ao episcopado latino-americano, quando de sua acolhida por Paulo VI na segunda sessão conciliar com estas palavras:

> A Igreja, aberta ao mundo humano, olha com especial interesse os pobres, os necessitados, os aflitos, os esfomeados, os doentes, os encarcerados; olha para toda a humanidade que sofre e chora. Esta lhe pertence por direito evangélico, e comprazemo-nos em repetir a quantos a integram: "Venham a mim todos os que sofrem" (Mt 11,28) (PAULO VI, 1966: 773).

O convite surtiu efeito, e a forte expressão adotada por Medellín – *violência institucionalizada* –, escancarada pela pobreza, analfabetismo, exclusão política, repressão etc., passou para a história como "momento do compromisso claro e inequívoco da Igreja a favor da justiça, dos pobres e de sua libertação cristã" (CIPOLINI, 1987: 86). A força de uma evangelização libertadora para o futuro da Igreja latino-americana demandava um olhar sobre uma das "muitas questões que (ainda) hoje a todos preocupam [...] a paz" (GS 46b).

Invocando a responsabilidade, "cuidado reconhecido como obrigação em relação a um outro ser, que se torna 'preocupação' quando há uma ameaça à sua vulnerabilidade" (JONAS, 2006: 352), a presente reflexão objetiva retomar um dos aspectos fundamentais da promoção humana no contexto de Medellín, a paz. O problema da *violência desumana* que se espraia, praticamente por todas as localidades, exige um perseverante revigoramento da concepção cristã da paz, visto que "as religiões têm hoje e continuarão a ter um papel proeminente a desempenhar na conservação da paz e na construção de uma sociedade digna do homem" (CA 60).

A atenção aos *sinais dos tempos* torna possível um redobrado discernimento sobre a *violência institucionalizada* de outrora, mas traz igualmente à reflexão um traço que perpassa os documentos das conferências de Medellín e Aparecida:

> [...] a opção pelos pobres, não como uma decisão da razão e da vontade, mas como fruto do afeto, do estar junto. Dessa maneira, a Igreja quer ser a "casa dos pobres", uma Igreja samaritana, que sai em auxílio dos sofridos da sociedade, os "novos excluídos", quer ser, portanto um sinal concreto de salvação (TEPEDINO, 2010: 391).

Na tentativa de leitura do evento-Medellín e de seu impacto na realidade eclesial latino-americana, a abordagem principia por um singelo olhar sobre os sinais de paz, em constante embate com a cultura da violência no cotidiano do continente (I); a seguir, a tratativa da promoção humana em Medellín sob a ótica da paz cristã (II); e, por fim, uma prospectiva mínima dos 50 anos de Medellín na construção de uma paz possível (III).

2.1 Ver os sinais da paz?

Dos 50 anos que nos separam da situação latino-americana retratada na Conferência de Medellín, emerge uma nova situação injusta promotora de tensões que conspiram contra a paz. Ao reconhecer que a paz é fruto da justiça, a responsabilidade dos cristãos e as ações da Igreja não ignoram nem deixam de valorizar os esforços positivos que se realizaram e que se realizam em diferentes níveis para a construção de uma sociedade mais justa e solidária. A não inclusão desses esforços aqui se deve ao fato de a intencionalidade permanecer sendo a de chamar a atenção, precisamente, para aqueles aspectos que constituem uma ameaça ou negação da paz.

"Se o desenvolvimento é o novo nome da paz" (PP 87), algumas tensões no contexto latino-americano continuam reforçando a injusta situação econômica, sociocultural e política, promotora de uma cultura da violência que conspira contra a paz e emerge como uma *violência institucionalizada e desumana* extremamente sutil, rivalizando com a construção de uma cultura solidária e de paz. A cultura da violência é uma cultura excludente, pois invariavelmente associa a violência às classes sociais e raciais, criando, assim, estigmas sociais que são imunizados de sua força destrutiva no afã de praticamente descriminalizar a cultura da violência. Por raramente ultrapassarmos o nível da indignação leve diante dos dados que se nos apresentam, essa espécie de naturalização da violência se converte em indiferença.

Segundo relatório publicado em 2016 pelo Banco Mundial, na América Latina e no Caribe ocorrem 400 homicídios por dia ou quatro a cada 14 minutos. Essas estatísticas ressaltam a necessidade de pôr fim à epidemia de violência nos centros urbanos da região, o que exige um compromisso de longo prazo e um conjunto de políticas públicas. Apesar de um considerável crescimento do PIB e um declínio acentuado da pobreza extrema, a América Latina e o Caribe ainda presenciam uma média anual de 24 homicídios por 100 mil habitantes. Segundo a Organização Mundial da Saúde (OMS), uma taxa acima de 10 homicídios por 100 mil habitantes caracteriza uma violência epidêmica. Isso significa que em muitos países a violência tem realmente atingido proporções preocupantes (cf. THE WORLD BANK, 2016).

No âmbito econômico, por exemplo, algumas áreas demonstraram avanços, porém em constante tensão com estruturas que continuam estagnando mudanças mais significativas.

> Na América Latina, desde finais dos anos de 1990, precisamente após o ano de 2000, os movimentos sociais conseguiram pautar uma questão central para os governos progressistas na região: a desigualdade social. Desde então, os níveis de desigualdade social diminuíram visivelmente, conforme consta em vários relatórios da Comissão Econômica para a América Latina (Cepal). Segundo a Cepal (2012), as taxas de pobreza também declinaram de forma significativa, ancoradas, sobretudo, em políticas e programas sociais direcionados aos setores mais vulnerabilizados. [...] Os indicadores de pobreza rural vêm diminuindo, mas se mantêm em patamares muito elevados na América Latina. De acordo com a Cepal (2012), em 2008, 34 milhões de pessoas estavam em condição de indigência no meio rural da região, embora em cada país haja bastante variação dos percentuais de pobreza em relação à população rural total. [...] Os modelos de desenvolvimento econômico adotados na região latino-americana nos últimos anos não foram capazes, portanto, de afetar os elevados índices de pobreza rural, evidenciando, ao menos, a existência de uma profunda clivagem entre os setores agropecuários mais dinâmicos e os campesinatos empobrecidos (COSTA & LOUREIRO, 2016: 90-91).

Se a erradicação da pobreza e a diminuição da desigualdade são fatores essenciais para o desenvolvimento, no âmbito da participação política as idas e vindas evidenciam o desafio de se desvincular de uma prática patrimonialista e de concessão de privilégios, marcada invariavelmente pela corrupção e mau uso dos bens públicos. Ademais, ainda não se alcançou um nível ideal de participação popular nos processos de formulação e implementação de políticas públicas, o que colabora para o êxito reticente das mesmas na América Latina.

> Finalmente, pode-se afirmar que, após as análises dos escores e indicadores do relatório da FH fica nítido, pelo menos quantitativamente, que de 20 países analisados na América Latina, apenas 8 deles são considerados, concomitantemente, tanto democracias eleitorais quanto democracias liberais, o que corresponde a 20% do total. São considerados apenas democracia eleitorais 14 países, o que representa 70% dos mesmos. Finalmente, 6 países sequer são considerados democracias eleitorais, o que perfaz 30% da amostra analisada. Portanto, compreendendo que a configuração do regime político repercute na cidadania, afirma-se que na América Latina a não consolidação da democracia liberal e, por conseguinte, do Estado de direito, permanecem fragilizando a cidadania no que concerne à dimensão dos direitos civis e políticos (ALBUQUERQUE & CECATO, 2016: 199).

Há tendências que remanescem no contexto latino-americano ou que se aperfeiçoaram para a manutenção de uma situação injusta, causadora de tensões que conspiram contra a paz e sedimentam uma cultura da violência. Sinalizá-las não pressupõe superação, mas é um *modus operandi* de perscrutar os sinais dos tempos: o individualismo, em um extremo solipsismo, que enfraquece os vínculos comunitários e deixa de lado a preocupação pelo bem comum; a afirmação desmedida dos direitos individuais e subjetivos sem a devida contrapartida nos esforços para garantir os direitos sociais, culturais e solidários; a mercantilização da ciência e da técnica e, até mesmo, da cultura, imprimindo às mesmas um caráter meramente de consumo; o decrescimento da dignidade da mulher, visível no tráfico humano, na violação, na escravização, no assédio sexual, na desigualdade na esfera do trabalho, da política e da economia; a globalização que segue uma dinâmica de concentração de poder e de riqueza nas mãos de poucos; o tráfico de drogas e de armas; o desemprego e a exploração da mão de obra; a proliferação de enfermidades graves; a migração; a insegurança nos centros urbanos; os conflitos armados; a fome e a miséria; a má distribuição de terras e a falta de acesso à moradia; as formas de regressão autoritária por via democrática; o enfraquecimento dos estados; a corrupção no âmbito político; a ausência de políticas públicas de equidade social, educacional e de saúde; a falta de proteção à biodiversidade e aos recursos naturais etc. A continuidade dessas e de outras tensões permite "que nosso mundo seja uma terra cada vez mais degradada e degradante" (JOÃO PAULO II, 1987).

Dos oprimidos e marginalizados aos excluídos há um movimento velado e ardil em prejuízo da dignidade da pessoa humana, especialmente dos mais pobres e vulneráveis, passíveis, além da exploração, de serem taxados de supérfluos e descartáveis. Considerado não como bloco econômico, mas como uma rica realidade cultural, cresce a consciência dos povos latino-americanos de que, "dada a interdependência cada vez maior entre os povos, não é possível que entre eles reine uma paz durável e fecunda, se o desnível das condições econômicas for excessivo" (MM 154).

Considerando que nas formações sociais mora a violência e/ou a paz, a exigência ética convida a que "todos se convertam com espírito renovado à verdade da paz" (GS 77). Os sinais de paz podem ser vistos no verso das tensões supracitadas, mas não apenas como reverso da situação precária e negativa, e sim como empreitada humana e promessa divina, que demandam esforço contínuo da sabedoria humana e responsabilidade ética frequente. No contexto latino-americano, a paz permanece tendo a conotação de uma inevitável tensão e luta, expresso no

> espírito de Medellín: acabar com a separação entre fé e vida. Mais do que adaptar-se aos tempos e realidades, Medellín assume criticamente a condição do homem e do processo histórico latino-americano com parte e conteúdo da mensagem de salvação, com uma dimensão da história da salvação na América Latina (CIPOLINI, 1987: 85).

À medida que a cultura da violência se atualiza por meio de ações sociais e a própria sociedade vai institucionalizando e sistematizando alguns comportamentos, tendenciosamente as populações mais vulneráveis é que vão sendo mais vitimadas – é a situação dos pobres na América Latina. Para além da identificação da violência como cultura e como sistema, com vítimas concretas, há que se iluminar essa realidade com o Evangelho e a Doutrina Social da Igreja.

2.2 Julgar a partir da paz

A partir da reflexão sobre o "desenvolvimento integral" proposto por Paulo VI na *Populorum Progressio*, Medellín opera uma ousada passagem do tema do desenvolvimento para o da libertação integral, como exigência da mensagem cristã. Tal perspectiva conversa em pé de igualdade com a assertiva do Papa Francisco sobre a paz: "a Igreja proclama o 'Evangelho da paz' (Ef 6,15) e está aberta à colaboração com todas as autoridades nacionais e internacionais para cuidar deste bem universal tão grande" (EG 239). Essa aproximação revela-se mais ligada à grande tradição da Igreja e mais conforme às Sagradas Escrituras. O viés conciliar de uma Igreja "servidora do mundo" assume a feição de serviço "integral", que, na realidade latino-americana, vai implicar na libertação dos pobres.

A persistente realidade de exclusão, desde 1968 para cá, permite reafirmar que "a paz deve ser continuamente construída" (GS 78). No diapasão do Concílio Vaticano II, a paz é ação histórica e libertadora em contínua progressão. Daí a força de uma Igreja que não busca apenas ser ator pacifista, mas empreende a luta para defender os direitos e vidas dos mais pobres, sob pena de, ao não combater a injustiça, converter-se em um pacifista que é aliado implícito dessa situação. À Igreja cumpre um serviço a favor do pleno desenvolvimento do ser humano e a busca do bem comum, exercitando o diálogo com os estados, com a sociedade – que inclui o diálogo com as culturas e as ciências – e com os crentes de outros movimentos religiosos e não crentes. O simples alargamento das perspectivas da razão, na busca da verdade da paz, permite almejar mais palpavelmente a libertação integral almejada por Medellín, especialmente discernir sobre interesses que distorcem o discurso ético da paz.

O encaminhamento dessa questão permanece em aberto. Que tipo de paz a comunidade humana busca? Como Igreja latino-americana, as ações de hoje, assim como as de ontem, não podem se desviar do amor e da compreensão recíproca. Dar ao desenvolvimento e à paz um sentido plenamente humano demanda vislumbrar um horizonte que não apenas subtraia a *violência institucionalizada,* mas que alcance um sentido de bem-estar capaz de contemplar uma realidade multidimensional, englobando todos os âmbitos da vida humana: material, psicológico, espiritual, social e político.

Biblicamente, a concepção cristã de paz, da verdadeira paz – a ideia de *xalôm* – significava que as condições para o desenvolvimento de uma vida boa em comunidade estava acessível para que todos pudessem desfrutar. A paz "supõe e exige a instauração de uma ordem justa" (PT 167), mas também deve contemplar a aliança com Deus.

> O processo de teologização, que irá pôr o *xalôm* no centro das relações do homem com Deus, não perderá de vista este conteúdo englobante. O *xalôm* dos oráculos proféticos, especialmente os de caráter messiânico, cobrirá de fato todo o amplo leque de aspirações do homem enquanto membro do povo de Israel e da imensa família humana. Por isso, não poderá ser obra dos poderes políticos, mas apenas de Deus (VIDAL, 1999: 722).

Estar em paz com Deus é habitar com Deus e toda a criação divina em uma comunidade harmoniosa, justa e amorosa – a pacífica comunidade do Profeta Isaías (Is 11,6). É lembrar que o poder divino é maior do que a maldade humana e que um dia Deus reinará sobre a terra – esta é a paz como esperança futura no âmbito do *ainda não*, o destino final da humanidade. Na América Latina, os inúmeros mártires testemunharam e continuam testemunhando que não se consegue a paz senão criando uma ordem nova que "comporte uma justiça mais perfeita entre os homens" (PP 76), senão apostando na superação dos antagonismos e da violência. Se a paz proclamada pelos profetas bíblicos faz referência, fundamentalmente, à perspectiva escatológica – Javé voltará a reunir seu povo, cumulando-o com sua paz (cf. Is 11,1-4; Am 9,9-11) –, a paz universal como objetivo de longo prazo sustenta a esperança e a busca constante de superação das injustiças.

Medellín pontuava que a paz é construção e missão permanentes. A inspiração profética para o cristão – "artesão da paz" (Ml 5,9) – sustenta a percepção paulina de que Cristo nos redimiu, de que Deus realmente perdoa nossos pecados e de que somos amados muito além do que merecemos. Essa é a paz interior que um indivíduo experimenta ao viver na presença de Jesus – "Ele (o Cristo) é nossa paz" (Ef 2,14). A paz autêntica implica capacidade inventiva e conquista permanente. Por isso, o povo latino-americano persiste no enfrentamento das injustiças, uma vez que o ministério da paz é fruto de sua opção de fé cristológica e de sua opção eclesial pelos pobres. De posse dessa consciência, acontece um autêntico empoderamento, pois "a inserção no evento salvífico funda um *ethos* que vai até o centro da pessoa e, como tal, a projeta necessariamente para a sua tradução efetiva em imperativos concretos, um dos quais é justamente o da paz" (VIDAL, 1999: 729).

A paz também tem seu significado político. A esse tipo de paz Santo Agostinho denominou de *tranquillitas ordinis,* mas não a obediência a uma ordem injusta estabelecida, que é mais desordem do que necessariamente ordem. Uma ordem de tranquilidade é o resultado de uma comunidade política bem estruturada, o que significa que as pessoas vivem na verdade, na caridade, na liberdade e na justiça direcionadas ao bem comum. A realidade latino-americana prescinde de uma ordem política enganosa, na qual a paz é a realização de um estado de harmonia que é garantido de uma vez por todas, e cujo dever cristão é sua manutenção. Sem sombra de dúvida

> a indiferença e consequente desinteresse constituem uma grave falta ao dever que cada pessoa tem de contribuir – na medida das suas capacidades e da função que desempenha na sociedade – para o bem comum, especialmente para a paz, que é um dos bens mais preciosos da humanidade (FRANCISCO, 2016).

O Papa Pio XI, em discurso proferido à Federação Universitária Italiana em 1927, intuiu a política como a "forma mais perfeita de praticar a caridade", exatamente porque diz respeito a todos e a quase tudo. Soa inegável que toda prática de amor, na qual o bem dos outros se coloca acima do próprio bem, corrobora a realização plena do mistério de Deus na vida humana, pois "aquele que permanece no amor, permanece em Deus e Deus permanece nele" (1Jo 4,16).

Para o cristão latino-americano essa dimensão mística deve ser apreendida como experiência teologal: no seu amor aos outros, ele vive o amor do Pai. Portanto, a paz permanece sendo fruto do amor (GS 78), expressão de uma real fraternidade entre as pessoas. Neste diapasão, a política é compreendida como um exercício de transformação libertadora da sociedade, e a mística que plasma esta relação é conversão permanente ao amor. "O amor é a alma da justiça. O cristão que trabalha pela justiça social deve cultivar sempre a paz e o amor em seu coração" (Med 14). A paz é a face social da caridade e se torna um valor único que invariavelmente se vincula a outros valores, como a solidariedade e a fraternidade. A solidariedade humana não pode ser realizada senão em Cristo, que dá a paz que o mundo não pode dar (cf. Jo 14,27).

> A meta da paz, tão desejada por todos, será certamente alcançada com a realização da justiça social e internacional, mas contar-se-á também com a prática de virtudes que favoreçem a convivência e nos ensinam a viver unidos, a fim de, unidos, construirmos, dando e recebendo, uma sociedade nova e um mundo melhor (SRS 39).

O discernimento, diante das situações diversas de violência e de instabilidade social no âmbito latino-americano, leva a crer que elas se enraízam na *perenidade* da injustiça social, e esta persiste atingindo considerável parcela da população do continente. A superação destas situações de violência começa pelo respeito à dignidade da pessoa humana, defendendo e promovendo a dignidade da vida humana em todas as etapas da existência, tratando o ser humano como fim, e não como meio. Mitigar os efeitos da violência ou criar paliativos, realizando pequenas reformas sociais, sem que ocorra uma profunda transformação do sistema, capaz de estabelecer a justiça nas relações sociais, pode produzir um efeito reverso e protelar o sonho dos povos do continente de encontrar uma paz duradoura e nela construir sua história.

> A paz com Deus é o fundamento último da paz interior e da paz social. Por isso mesmo, onde a paz social não existe, onde há injustiças, desigualdades sociais, políticas, econômicas e culturais, rejeita-se o dom da paz do Senhor; mais ainda, rejeita-se o próprio Senhor – Mt 25,31-46 (Med 2,14).

À Igreja latino-americana, proclamadora do "Evangelho da paz" (Ef 6,15), cumpre, ainda, a projeção de um ambiente de diálogo. Nessa linha, o próprio Papa Francisco mediou a negociação para a normalização das relações entre os Estados Unidos e Cuba e atuou para estabelecer a paz entre o governo venezuelano e a oposição do país. Na Colômbia, Francisco ofereceu sua influência pessoal e a da Igreja Católica para ajudar nas negociações com as Forças Armadas Revolucionárias da Colômbia (Farc). No Equador, colocou os representantes do governo e da oposição nacionais lado a lado e, na Bolívia, pediu perdão pelos crimes cometidos pela Igreja Católica aos povos indígenas da América do Sul durante a colonização. Ao estabelecer a paz global como objetivo de seu papado e colocar-se ao dispor de mediações de conflitos, o Papa Francisco serve de exemplo para o que a religião pode alcançar quando sua influência é utilizada para atingir a cooperação internacional na busca de consensos que não se apartem da utopia de uma sociedade justa e solidária, sem exclusões ou violências que se reinventem.

Cuidar da paz como bem universal é essência da mensagem da Igreja, pois "ao anunciar Jesus Cristo, que é a paz em pessoa (cf. Ef 2,14), a nova evangelização incentiva todo o batizado a ser instrumento de pacificação e testemunha credível de uma vida reconciliada" (EG 187). Estabelecer um acordo para viver juntos, como uma espécie de pacto social e cultural, mesmo nas tensões, nas oposições e nos conflitos, invoca uma convicção ética em favor da paz, que não se esgota em uma única manifestação. O pluralismo de instrumentos para a efetivação de uma cultura de paz e solidariedade é um indicador da riqueza ética que se encontra no corpo social. Desse modo, a sociedade civil deve se permitir acreditar que "a paz tem de ser inventiva, preventiva e operativa" (PAULO VI, 1975). Assim, a cultura de paz e solidariedade pode vir a alcançar, na precariedade histórica da realidade humana, níveis cada vez mais elevados no ideal de uma paz possível.

2.3 *Agir por uma paz possível*

Em mensagem para o Dia Mundial da Paz de 2007, o Papa Bento XVI recordava que a raiz da ausência de paz está localizada no contexto da desigualdade social:

> Na raiz de não poucas tensões que ameaçam a paz, estão certamente as inúmeras injustas desigualdades ainda tragicamente presentes no mundo. Dentre elas são, por um lado, particularmente insidiosas as desigualdades no acesso a bens essenciais, como a comida, a água, a casa, a saúde; e, por outro lado, as contínuas desigualdades entre homem e mulher no exercício dos direitos humanos fundamentais.

A constatação, sobretudo na realidade latino-americana, de que a necessidade de superar a violência caminha *pari passu* com a necessidade de superar as desigualdades sociais predispõe a Igreja latino-americana a revigorar o anúncio do Evangelho da paz. Faz-se mister, então, reassumir no dia a dia da ação pastoral a luta dos pobres pela transformação social. São eles que gritam que a situação não é satisfatória e precisa ser mudada; é em favor deles que se deve fazer a transformação social, e é ao lado deles que a Igreja se engaja para também lutar por essa transformação, fazendo que o processo de libertação dos pobres aproxime mais o mundo do Reino de Deus anunciado por Jesus. De Medellín para o cotidiano eclesial contemporâneo, novos rostos da pobreza emergiram, de forma que não cabe mais a concepção do fenômeno da pobreza unicamente sob a ótica econômica, embora ele seja desgraçadamente marcante para os povos latino-americanos. Um alargamento do conceito de pobre implica "aprofundar o mundo da insignificância, de vê-lo em seus diferentes aspectos. [...] O conceito de pobre precisava abrir-se também aos discriminados ou excluídos por questão de raça, língua, cultura, cor, gênero, idade etc." (BRIGHENTI, 2004: 107).

Dentro dessa perspectiva, a questão social e a exigência de justiça adquiriram uma dimensão global, o que demanda um esforço contínuo dos povos latino-americanos para decifrar incansavelmente os sinais dos tempos. Medellín aconteceu em um momento da história latino-americana e mundial em que a pessoa humana passou a ser, paulatinamente, reduzida a recurso humano. A transformação da pessoa em recurso humano tem implicado diretamente na vida dos pobres, sobretudo na sua condição de descartabilidade. Para eles, o direito à existência está em função do grau de utilidade – a pior situação para um recurso humano é tornar-se um recurso de capacidades obsoletas, para o qual não cabe mais reciclagem, pois tal situação evidencia a exclusão. A consciência da importância dos pobres, alavancada em Medellín, fortalece a compreensão de uma Igreja, Povo de Deus, constituída a partir deles e mais próxima do desígnio salvífico de Deus. "O serviço de caridade da Igreja entre os pobres é um campo de atividade que caracteriza de maneira decisiva a vida cristã, o estilo eclesial e a programação pastoral" (DAp 394).

Sendo assim, a paz não se reduz a uma produção técnica, oriunda de acordos entre governos ou, até mesmo, de iniciativas tendentes a assegurar ajudas econômicas eficientes aos mais vulneráveis e pobres. A autenticidade de que a Igreja dos pobres é e permanece sempre uma interpelação à Igreja universal, no universo das pessoas de boa vontade, inclusos aí os cristãos latino-americanos, confere à missão de dar ao desenvolvimento e à paz um sentido plenamente humano, esforços de efeitos mais duradouros, que se apoiem sobre valores radicados na verdade da vida. Faz-se jus, assim, ao vínculo imprescindível da construção da paz com a promoção da dignidade humana e dos direitos humanos. De fato,

> [...] é preciso ouvir a voz das populações interessadas e atender à situação delas para interpretar adequadamente os seus anseios. De certo modo, deve-se colocar em continuidade com o esforço anônimo de tantas pessoas decididamente comprometidas a promover o encontro entre os povos e a favorecer o desenvolvimento partindo do amor e da compreensão recíproca (CV 72).

Outra consequência significativa para a consciência eclesial latino-americana, sob o impulso de Medellín, diz respeito ao aprofundamento, à tenacidade e à ousadia na ação evangelizadora dos cristãos leigos, visto que a causa da paz abrange a causa dos direitos humanos, que se atualizam historicamente na autêntica democracia e na justiça, sobretudo econômica. Se no âmbito da ação evangelizadora a presença dos cristãos leigos se estende à participação com as pessoas de boa vontade, na vida social a paz também requer "cristãos qualificados, não pela ciência, mas pela vivência da fé,... não apenas objeto da evangelização, mas realmente *sujeitos da evangelização e da promoção humana integral*" (FRANÇA MIRANDA, 2009: 176). Tem-se a percepção real de que apenas a transformação de uma dada situação social excludente é que pode gerar paz, por isso "quando nos lembramos de Medellín vêm-nos à mente as denúncias da violência institucionalizada" (De SOUZA, 1999: 226).

Ao vislumbrar um continente marcado pela desigualdade social, traço ainda reinante, além de uma profunda mácula no exercício da política e no cuidado com a coisa pública, uma das grandes preocupações da Igreja e marca da teologia e ação evangelizadora latino-americanas permanece sendo a ressignificação da ação política dos cristãos leigos. A imprescindibilidade dessa ação foi expressa pelo Papa Francisco:

> É hora de saber como projetar, numa cultura que privilegie o diálogo como forma de encontro, a busca de consenso e de acordos, mas sem a separar da preocupação por uma sociedade justa, capaz de memória e sem exclusões (EG 239).

Trata-se da importância de pensar o social e sua organização em benefício dos pobres, uma vez que é preciso haver mediações que operacionalizem as boas intenções presentes no coração das pessoas. Não é apenas o humano que faz a sociedade, mas também o inverso, daí a necessidade de transformar as estruturas da vida social para que a justiça econômica se concretize. "Todo cristão é chamado a essa caridade, conforme a sua vocação e segundo as possibilidades que tem de incidência na *polis*. Esse é o caminho institucional – podemos mesmo dizer político – da caridade" (CV 7). Desse modo, é preciso agir como cristão, e a política é uma forma privilegiada de viver a caridade, também dentro das mediações institucionais da *polis*, já que por meio dela se podem estabelecer relações mais justas entre as pessoas. Mas não se trata de qualquer política, e sim daquela que quer pensar o bem comum com base no mais fraco, reconhecendo sua dignidade e protegendo seus direitos. A educação para a paz é ferramenta *sine qua non* para a conquista e construção de uma sociedade assentada e centrada na vida digna de cada pessoa e na convivência solidária entre seus membros, cimento para a cultura de paz.

Nas idas e vindas pelas quais as democracias latino-americanas têm passado nos últimos 50 anos, a busca por uma justiça social duradoura reclama o revigoramento da presença do laicato no âmbito da política, equilibrando o que deve ser feito com o que é possível de ser alcançado. Dentro das prospectivas que Medellín refunda para o exercício do laicato no mundo da política, está a moralidade, no bojo das exigências éticas e evangélicas, expressa no convite do teólogo Mario de França Miranda ao citar Paul Valadier, reflexão hábil e atual para o estado de coisas do continente latino-americano:

O indivíduo entra na política movido pela vontade moral de transformar algo do mundo; ele deve aceitar converter essa convicção em exigências de ação próprias às estruturas e ao *ethos* da política; mas não deve jamais abandonar suas convicções morais, suas razões de viver e de esperar... Se essas convicções se desmoronam, se eles retêm o indivíduo numa recusa descontente, então a esfera política (indivíduo e partidos) torna-se o campo dos espertos, dos mais violentos que, pela ausência de lei moral, farão que sejam respeitadas sua lei e sua arbitrariedade (FRANÇA MIRANDA, 2013: 90).

Considerações finais

A mais genuína presença que Medellín trouxe à América Latina se assenta sobre o compromisso cristão no que tange à injustiça ou violência institucionalizada e os direitos civis violados. Ao defender, segundo o mandato evangélico, os direitos dos pobres e denunciar os abusos e injustiças, consequências das desigualdades sociais, a Conferência sinalizou fortemente, e esta sinalização cabe na realidade hodierna, que os gestos de paz comportam solidariedade, respeito pela dignidade da pessoa humana, relações justas, fraternas e tolerantes, cooperação responsável, diálogo, educação e uma cultura de paz. Fica evidente a necessidade de superar a violência superando as desigualdades sociais.

A partir de Medellín, a Igreja latino-americana começou a caminhar de forma original, crente de que em Deus não há violência (*Carta a Diogneto*, VII, 4), portanto a superação de todo tipo de violência é reafirmação dos direitos humanos, sem os quais a paz é vã ilusão. "Dizer paz... é postular uma condição de autêntico respeito da dignidade e dos direitos de cada ser humano, de tal modo que lhe consinta realizar-se plenamente" (JOÃO PAULO II, 1993). Daí que a promoção da paz é parte integrante da missão da Igreja, colocada por Cristo como sinal e instrumento de paz no e para o mundo. Se não nos parece estranho o protagonismo da sociedade civil como sujeito de projetos morais em prol da paz, o discipulado cristão exercido na seara política promove uma espécie de ética cívica da paz, que é gérmen da cultura de paz e da solidariedade.

A construção de uma cultura de paz, mediante a consolidação de políticas públicas e participação ativa na vida política e na defesa dos direitos civis, reclamam o enfrentamento de uma miríade de formas de violência. Se nos deparamos com a ausência de cristãos e lideranças que se dediquem a uma atuação mais criativa, ousada e cidadã, sobretudo nas esferas de governo, primeiras responsáveis pela consecução do bem comum, Medellín relembra que uma forte e viva fé em Cristo e uma decisão radical de segui-lo pelos caminhos da paz, como Ele a anunciou e a testemunhou com sua vida, sua morte e sua ressurreição, é impulso para assumir o amor preferencial pelo pobre.

Não há novidade no fato de que a superação da violência, em primeira instância, começa pelo respeito à dignidade da pessoa humana, tratando o ser humano como fim, e não como meio.

> Para fazer a paz é preciso coragem, muito mais do que para fazer a guerra. É preciso coragem para dizer sim ao encontro e não à briga; sim ao diálogo e não à violência; sim às negociações e não às hostilidades; sim ao respeito dos pactos e não às provocações; sim à sinceridade e não à duplicidade. [...] Ouvimos uma chamada e devemos responder: a chamada a romper a espiral do ódio e da violência, a rompê-la com uma única palavra: irmão (FRANCISCO, 2014).

À falta de competência humanística e de responsabilidade, cuidado em relação a um outro ser, cuja ameaça à sua vulnerabilidade é real, Medellín recorda que o outro não é apenas o outro: ele é irmão.

Referências

ALBUQUERQUE, A. & CECATO, M.A.B. "Democracias eleitorais e cidadania na América Latina: uma análise empírica a partir do relatório Freedom in the World 2016". *Revista Jurídica,* vol. 03, n. 44, 2016, p. 182-206.

BENTO XVI. *Caritas in Veritate* (2009) [Disponível em: http://www.vatican.va/holy_father/benedict_xvi/encyclicals/documents/hf_ben-xvi_enc_20090629_caritas-in-veritate_po.html].

_____. *Mensagem para o XL Dia Mundial da Paz* (2007): A pessoa humana, coração da paz [Disponível em: http://w2.vatican.va/content/benedict-xvi/pt/messages/peace/documents/hf_ben-xvi_mes_20061208_xl-world-day-peace.html].

BRIGHENTI, A. *A Igreja perplexa*: a novas perguntas, novas respostas. São Paulo: Paulinas, 2004 [Coleção Soter].

Carta a Diogneto. Trad. de Luiz Fernando Karps Pasquotto [Disponível em: http://veritatis.com.br/patristica/165-obras/1406-carta-a-diogneto – acesso em: 20/12/2017].

CELAM. *Documento de Aparecida* – Texto conclusivo da V Conferência Geral do Episcopado Latino-Americano e do Caribe. 7. ed. Brasília/São Paulo: Edições CNBB/Paulinas/Paulus, 2008.

CIPOLINI, P.C. *A identidade da Igreja na América Latina*. São Paulo: Loyola, 1987.

Concílio Vaticano II. Madrid, 1966 [BAC].

COSTA, C.A. & LOUREIRO, C.F. "A ecologia política de Enrique Dussel: aproximações para as lutas sociais na América Latina". *Em Pauta*, n. 38, vol. 14, 2016, p. 86-113.

COSTA, L. (org.). *Documentos do Concílio Ecumênico Vaticano II (1962–1965)*. São Paulo: Paulus, 1997.

DE SOUZA, L.A.G. "A caminhada de Medellín a Puebla". *Perspectiva Teológica*, 31, 1999, p. 226.

FRANÇA MIRANDA, M. *Igreja e sociedade*. São Paulo: Paulinas, 2009.

FRANCISCO. *Mensagem para o XLIX Dia Mundial da Paz* (2016): Vence a indiferença e conquista a paz [Disponível em: http://w2.vatican.va/content/francesco/pt/messages/peace/documents/papa-francesco_20151208_messaggio-xlix-giornata-mondiale-pace-2016.html].

_____. *Invocação pela paz* (2014) [Disponível em: http://w2.vatican.va/content/francesco/pt/speeches/2014/june/documents/papa-francesco_20140608_invocazione-pace.html].

_____. *Evangelii Gaudium* (2013) [Disponível em: http://w2.vatican.va/content/francesco/pt/apost_exhortations/documents/papa-francesco_esortazione-ap_20131124_evangelii-gaudium.html].

JOÃO PAULO II. *Mensagem para o XXVI Dia Mundial da Paz* (1993): Se queres a paz, vai ao encontro dos pobres [Disponível em: http://w2.vatican.va/content/john-paul-ii/pt/messages/peace/documents/hf_jp-ii_mes_08121992_xxvi-world-day-for-peace.html].

_____. *Centesimus Annus* (1991) [Disponível em: http://w2.vatican.va/content/john-paul-ii/pt/encyclicals/documents/hf_jp-ii_enc_01051991_centesimus-annus.html].

_____. *Homilia na celebração da Palavra para os fiéis da Zona Austral do Chile 7*; Punta Arenas, 04 de abril de 1987 [Disponível em: http://w2.vatican.va/content/john-paul-ii/es/homilies/1987/documents/hf_jp-ii_hom_19870404_fedeli-sud-cile.html].

_____. *Sollicitudo Rei Socialis* (1987) [Disponível em: http://w2.vatican.va/content/john-paul-ii/pt/encyclicals/documents/hf_jp-ii_enc_30121987_sollicitudo-rei-socialis.html]

JOÃO XXIII. *Pacem in Terris* (1963) [Disponível em: http://w2.vatican.va/content/john-xxiii/pt/encyclicals/documents/hf_j-xxiii_enc_11041963_pacem.html].

_____. *Mater et Magistra* (1961) [Disponível em: http://w2.vatican.va/content/john-xxiii/pt/encyclicals/documents/hf_j-xxiii_enc_15051961_mater.html].

JONAS, H. *O princípio da responsabilidade*: ensaio de uma ética para a civilização tecnológica. Trad. de Marijane Lisboa e Luiz Barros Montez. Rio de Janeiro: Contraponto, 2006.

PAULO VI. *Mensagem para o VIII Dia Mundial da Paz* (1975): A reconciliação, caminho para a paz [Disponível em: http://w2.vatican.va/content/paul-vi/pt/messages/peace/documents/hf_p-vi_mes_19741208_viii-world-day-for-peace.html].

_____. *Populorum Progressio* (1967) [disponível em: http://w2.vatican.va/content/paul-vi/pt/encyclicals/documents/hf_p-vi_enc_26031967_populorum.html].

TEPEDINO, A.M.L. "De Medellín a Aparecida: marcos, trajetórias, perspectivas da Igreja Latino-americana". *Atualidade Teológica*, ano XIV, n. 36, 2010, p. 376-394.

THE WORLD BANK. *Violência urbana: um desafio de proporções epidêmicas*. 06/09/2016 [Disponível em: http://www.worldbank.org/pt/news/feature/2016/09/06/urban-violence-a-challenge-of-epidemic-proportions – acesso em: 18/12/2017].

VIDAL, M. (org.). *Ética teológica*: conceitos fundamentais. Trad. Jaime A. Clasen e Ephraim F. Alves. Petrópolis: Vozes.

3
A família no centro dos desafios da Igreja: de Medellín a Francisco

Celia Soares de Sousa

Introdução

Este capítulo tem o objetivo de analisar, a partir dos documentos do Magistério da Igreja Católica, se ao longo de 50 anos a Igreja conseguiu resposta para os problemas identificados e apontados por Medellín no que diz respeito à família cristã e o seu papel na sociedade enquanto membros cristãos batizados, quais foram os avanços e as descontinuidades, e o que ainda se tem a fazer enquanto família formada sob a chancela do Sacramento do Matrimônio.

A proposta é perceber como o magistério concebe a noção de família a partir do Concílio Vaticano II até o pontificado do Papa Francisco através da leitura de documentos do próprio magistério da Igreja Católica em que a temática da família aparece. Os documentos-base desse estudo foram: *Lumen Gentium* e *Gaudium et Spes*, do Concílio Vaticano II; *Humanae Vitae*, do Papa Paulo VI; *Familiaris Consortio* e *Carta às famílias*, do Papa João Paulo II; *Deus Caritas Est* e *Sacramentum Caritatis*, do Papa Bento XVI; *Lumen Fidei* e *Amoris Laetitia*, do Papa Francisco.

Podemos nos perguntar: Onde se situa a importância da célula familiar com a contribuição de valores evangélicos que são sempre atuais para a construção de uma sociedade justa e fraterna? Uma parte desse diálogo é o que tentaremos propor nas páginas que se seguem.

3.1 Do Concílio Vaticano II a Medellín

O Concílio Vaticano II é considerado pelos estudiosos da religião como um dos maiores acontecimentos da Igreja Católica no século XX, porque marca sua estratégia no sentido de romper com uma estrutura de dois mil anos de história e por provocar novos desdobramentos no sentido de uma Igreja mais atuante, mais próxima e em dia com os anseios da contemporaneidade.

Tanto que, mal terminado o Concílio Vaticano II, em 1968, surge por parte dos religiosos latino-americanos a necessidade de adaptar os documentos finais a uma realidade mais próxima daquela em que vivia a população da região. Nasce, assim, a ideia da Conferência de Medellín. Partia-se do pressuposto que a teologia europeia guardava uma distância imensa da realidade dos latino-americanos. O encontro de Medellín marca, portanto, o início de uma nova etapa para um tipo de teologia que se distanciaria, pouco a pouco, dos modelos europeus e ganharia um rosto próprio, o rosto do Cristo no pobre e no excluído (VEIGA, 2009).

A Conferência de Medellín visava a uma releitura dos documentos do Concílio Vaticano II com o pensamento voltado para a realidade da América Latina, como nos mostra Dom Paulo Evaristo Arns: "Medellín era como o Vaticano II traduzido para a América Latina". Segundo Veiga,

> Medellín é fruto da liberdade que o Concílio concedeu aos episcopados nacionais de aplicar e adaptar as suas conclusões aos contextos de cada país. No entanto, essa liberdade resultou em uma aplicação mais radical do que aquelas sugeridas nos documentos conciliares.

A Conferência causou no continente latino-americano um impacto talvez até maior do que o causado pelo Vaticano II. As formas com as quais se fazia a concepção de Deus, por exemplo, eram as mais variadas, fazendo alusão a um Deus que estava presente na pessoa do homem sofrido e marginalizado da sociedade, como nos mostra Gustavo Gutiérrez:

> O encontro de Medellín causou, para a América Latina, um impacto semelhante aquele do Concílio para o mundo, sobretudo no que diz respeito a uma concepção de Deus pouco baseada nos dogmas e tradições e mais na experiência que flui a partir do contato com os vencidos da história, "como os indígenas, os quais Las Casas denominava de Cristos açoitados da América" (GUTIÉRREZ, 1981: 35).

Segundo Brito, "Ao invés de partir da dogmática para fazer um documento abstrato, doutrinário, optou-se pelo método da Ação Católica, o ver-julgar-agir, que partia da realidade para julgá-la aos olhos da fé e atuar nela a partir deste julgamento" (BRITO, 2017).

A Conferência de Medellín nos remete à criação de uma teologia católica latino-americana: a Teologia da Libertação. A questão mais importante de tal conferência é a transformação dos caminhos da Igreja Católica na América Latina. O termo libertação foi criado a partir da realidade cultural, social, econômica e política sob a qual se encontrava a América Latina a partir das décadas de 1960 e 1970. Os teólogos desse período, católicos e protestantes, assumiram a libertação como paradigma de todo fazer teológico.

A Teologia da Libertação é uma corrente teológica que se desenvolveu a partir dos anos de 1970 inicialmente na América Latina. Engloba diversas teologias cristãs baseadas na opção preferencial pelos pobres. Trata-se de um movimento teológico que quer mostrar aos cristãos que a fé deve ser vivida em uma práxis libertadora e que ela pode contribuir para tornar esta práxis mais autenticamente libertadora.

3.2 A família na Conferência de Medellín

Um papel fundamental da Conferência de Medellín, como apontado acima, foi auxiliar no despertar da Igreja para uma visão mais plural do ambiente familiar levando em conta aspectos social, político, cultural e econômico. Conforme Libanio, "o sujeito moderno penetrava na Igreja portas adentro" (LIBANIO, 2005: 25).

A revolução econômica do capitalismo, as novas relações de trabalho, a rápida industrialização em conjunto com diversos acontecimentos no campo social levaram a cultura da Modernidade para os campos teológico e eclesial. De acordo com Libanio, "o sujeito moderno faz questão de ser ele mesmo. Deixou para trás o ideal de 'forjar-se no rigor do método', segundo as tradições que recebia na família, na Igreja e na sociedade. Passou a olhá-las com desconfiança, a passá-las pelo crivo da sua própria existência" (LIBANIO, 2005: 52). Muitos dos valores que eram aceitos passam a ser questionados pela subjetividade do sujeito moderno. Esse sujeito "passa a adentrar a Igreja com suas normas e prescrições fortemente moralistas", na opinião de Libanio, o que deve ter exigido um enorme esforço da Igreja para corresponder a esses anseios!

A contribuição da Conferência de Medellín, de acordo com Beozzo, foi "o método de trabalho adotado": ver-julgar-agir:

> Partindo da teologia dos sinais dos tempos, o ponto de partida, em Medellín, foi sempre o estudo atento da realidade tanto econômica, política e social quanto eclesial do continente latino-americano e caribenho. O segundo passo consistiu em identificar as interpelações que brotavam da realidade, analisando-as à luz da Palavra de Deus, do Vaticano II e do magistério e da experiência de toda a Igreja. O terceiro passo, o mais importante, foi o de propor pistas de ação pastoral, visando a transformar, no sentido do reino de Deus e da libertação dos pobres, a realidade atravessada por estruturas de pecado e pelo clamor e esperança dos pequenos (BEOZZO, 1998).

Esse método trouxe, a partir das definições do Vaticano II, inúmeras contribuições para um novo jeito de ser Igreja, uma delas a ação pastoral para e com a família:

"Pastoral familiar buscando fazer de nossas famílias uma força viva a serviço da construção da Igreja, do desenvolvimento e da realização necessárias transformações em nosso continente" (Med 3,21).

Graças à sua natureza profética, a Conferência de Medellín, convocada pelo Espírito renovador do ambiente pós-Concílio Vaticano II, foi capaz de diagnosticar a realidade da família à luz das transformações do mundo. Mais do que isso, ela desafiou a própria Igreja a uma renovação profunda.

As "más condições de vida e cultura, baixo nível de salubridade, baixo poder aquisitivo" (Med 3,1) foram alguns dos motivos que levaram a transformações da família na América Latina. Nas *Conclusões* de Medellín foram apontados quatro fenômenos sociais fundamentais: passagem de uma sociedade rural a uma sociedade urbana, promovendo uma transformação no sistema patriarcal; o processo de desenvolvimento implica riquezas para algumas famílias, e insegurança e marginalidade social para outras; rápido crescimento demográfico; o processo de socialização, que subtrai à família alguns aspectos de sua importância social e de suas zonas de influência, mas que deixa intactos seus valores essenciais e sua condição de instituição básica da sociedade.

Alguns fenômenos da sociedade global adentram o ambiente familiar cristão: a) baixíssimo índice de casamentos, indicando alta porcentagem de uniões ilegais; b) crescimento da desagregação familiar seja pelo divórcio, pelo abandono do lar, pelas desordens sexuais; c) acentuação do hedonismo e do erotismo; d) desproporção entre os salários e as condições reais das famílias; e) sérios problemas de moradia; f) má distribuição de bens como alimentação, vestuário, trabalho, meios de comunicação, descanso, diversões, cultura etc.; g) impossibilidade material e moral para muitos jovens constituírem dignamente uma família.

A Igreja em Medellín sugere uma conversão à pobreza evangélica. Ela lembra que a pobreza que aflige a realidade latino-americana afeta sobremaneira as famílias, tendo como consequências a desagregação e a falta de fidelidade aos valores e princípios pregados pela Igreja.

Considerando as instruções do Concílio Vaticano II, especialmente a *Gaudium et Spes* e a *Lumen Gentium*, não por acaso reconhecidas como os dois grandes textos do Vaticano II, Medellín destacou três valores fundamentais que a doutrina da Igreja atribuiu à família cristã, a fim de que esta possa cumprir sua missão:

a) *Família formadora de pessoas*: como responsável pela formação de indivíduos, a família é chamada a assumir a missão recebida diretamente de Deus. É dever dos pais a criação de um ambiente animado pelo amor. É necessária a presença dos modelos distintos e complementares do pai e mãe (masculino e feminino).

b) *Educadora na fé*: muitas famílias da América Latina são incapazes de se tornar educadoras na fé. Continuam com o modelo patriarcal ou com o mero tradicionalismo. Espera-se dos esposos cristãos que sejam cooperadores da graça e testemunhas da fé.

c) *Promotora do desenvolvimento*: espera-se que a família cumpra sua missão de ser "a primeira escola das virtudes sociais necessárias às demais sociedades" (GS 3) e, assim, promova a justiça e demais boas obras a serviço de todos os irmãos que padecem de necessidade.

Esses valores passaram a ser confiados a uma ação pastoral, por julgar a Igreja ser capaz de contribuir com as famílias, especialmente diante da omissão de políticas públicas comprometidas com a vida, tanto que o que se vê é a adoção de política demográfica antinatalista. Paulo VI, no discurso da ONU, em 1965, profeticamente propõe: "Trata-se, com efeito, não de suprimir os comensais e sim de multiplicar o pão".

3.3 Beato Paulo VI e o amor conjugal

Com a encíclica *Humanae Vitae* (1968), o Beato Paulo VI (1963-1978) evidenciou o vínculo íntimo entre amor conjugal e geração da vida. Ao tratar sobre a regulação da natalidade, este documento veio a se constituir um marco da Doutrina Social da Igreja nas questões sobre aborto, esterilização e regulação da natalidade por métodos artificiais e cuja doutrina, ali explicitada, serviu de base para vários documentos pontifícios posteriores ao tratarem do tema da família, da ética conjugal e da bioética.

A encíclica *Humanae Vitae* evidenciou o vínculo intrínseco entre o amor conjugal e geração de vida:

> o amor conjugal requer dos esposos uma consciência da sua missão de "paternidade responsável", sobre a qual hoje tanto se insiste. [...] O exercício responsável da paternidade implica, portanto, que os cônjuges reconheçam plenamente com os próprios deveres para com Deus, para consigo mesmos, para com a família e para com a sociedade, em uma hierarquia de valores (HV 10).

Pagot afirma em sua pesquisa que

> o controle de natalidade e o debate contra a contracepção não são o alvo principal da encíclica *Humanae Vitae*, apesar de visar orientar os fiéis nesse sentido. Karol Wojtyla (São João Paulo II) participou da elaboração da encíclica e, nos anos seguintes, desenvolveu seus principais pontos. O desenvolvimento mais significativo foi na década de 1980, quando começou a proferir as catequeses da teologia do corpo (PAGOT, 2017).

3.3.1 Puebla e a família

O Documento de Puebla, resultado da III Conferência (Puebla, 27/01/1979-13/02/1979) anima cada um em sua missão como agente e cooperador do desígnio de Deus a uma vida nova em Cristo, sentindo-se atraído pelo Espírito de Amor, que o impele a sair de si mesmo, a abrir-se para os irmãos e a viver em comunidade. O dom maravilhoso de viver em comunidade também se realiza na família. Como bem definiu a III Conferência, família é sujeito e objeto de evangelização, centro evangelizador e participação.

Os padres da Conferência de Puebla perceberam que "a família é uma das instituições em que mais influiu o processo de mudança dos últimos tempos" (DP 571), porque é nela que repercutem os sintomas de uma sociedade que gera pobreza e até miséria, ignorância e analfabetismo, condições desumanas de moradia, entre outros.

Percebe-se a família como

> vítima dos que convertem em ídolos o poder, a riqueza e o sexo, por meio de estruturas injustas que contribuem para propagar os divórcios, a infidelidade conjugal e o aborto ou a aceitação do amor livre e das relações pré-matrimoniais (DP 574).

Compreender a família cristã como aquela que cultiva o espírito de amor e serviço é um convite que o Papa São João Paulo II fez de forma contundente. Para ele, a família é imagem de Deus, que "no mais íntimo do seu mistério não é uma solidão, uma família" (DP 582), e irá encontrar na Eucaristia sua plenitude de comunhão e participação.

3.4 *São João Paulo II e a missão da família cristã*

São João Paulo II dedicou especial atenção à família, através de suas catequeses sobre o amor humano. Seu pontificado foi extenso e, por isso, temos uma parte maior de documentos e também um momento importante: o Sínodo para as famílias, ocorrido em 1981. A exortação *Familiaris Consortio* é a conclusão desse sínodo e trata exatamente da missão da família cristã.

Os padres sinodais ocuparam-se ainda de apontar as diversas situações da família naquele contexto histórico em que ela e outras instituições teriam sido colocadas em questão "pelas amplas, profundas e rápidas transformações da sociedade e da cultura" (FC 1):

> uma consciência mais viva da liberdade pessoal e uma maior atenção à qualidade das relações interpessoais no matrimônio, a promoção da dignidade da mulher, a procriação responsável, a educação dos filhos; há, além disso, a consciência da necessidade de que se desenvolvam relações entre as famílias por uma ajuda recíproca espiritual e material, a descoberta de novo da missão eclesial própria da família e da sua responsabilidade na construção de uma sociedade mais justa. Por outro lado, contudo, não faltam sinais de degradação preocupante de alguns

valores fundamentais: uma errada concepção teórica e prática da independência dos cônjuges entre si; as graves ambiguidades acerca da relação de autoridade entre pais e filhos; as dificuldades concretas, que a família muitas vezes experimenta na transmissão dos valores; o número crescente dos divórcios; a praga do aborto; o recurso cada vez mais frequente à esterilização; a instauração de uma verdadeira mentalidade contraceptiva (FC 6).

Há, sem dúvida, evidências, na exortação *Familiaris Consortio*, de uma realidade que dificulta a percepção do sentido de ser família, que São João Paulo II nomeou de "os sem-família":

> Infelizmente há no mundo muitíssimas pessoas que não podem referir-se de modo algum ao que poderia definir-se em sentido próprio uma família. Grandes setores da humanidade vivem em condições de enorme pobreza, em que a promiscuidade, a carência de habitações, a irregularidade e instabilidade das relações, a falta extrema de cultura não permitem praticamente poder falar de verdadeira família (FC 85).

As várias orientações para uma pastoral familiar, bem definidas na exortação *Familiaris Consortio*, demonstram a preocupação por uma Igreja mais atuante, mais próxima às diversas realidades de família. A pastoral familiar passou a atuar no que nomeou como casos difíceis: famílias dos imigrantes, famílias ideologicamente divididas, matrimônios entre católicos e outros batizados. Outra iniciativa foi sugerir uma ação pastoral mais atuante diante de algumas situações irregulares, como a de casais separados e divorciados sem segunda união, divorciados que contraem nova união e os sem-família.

Em particular, ao tratar a caridade conjugal, São João Paulo II descreveu como os cônjuges, no seu amor recíproco, recebem o dom do Espírito de Cristo e vivem a sua chamada à santidade. A família é dom de Deus, e "está estreitamente relacionada ao mistério divino da Encarnação do Verbo". Para o Papa São João Paulo II, segundo as orientações do Concílio Vaticano II (GS 2), a Igreja considera o serviço à família uma de suas obrigações essenciais, é o que afirma na carta às famílias *Gratissimam Sane* (1994).

Com essa catequese o desejo do papa era de que as famílias se tornassem "uma comum e incessante oração de cada uma das Igrejas domésticas e de todo o Povo de Deus! Dessa oração, beneficiem-se também as famílias em dificuldade ou em perigo, as famílias desanimadas ou divididas, e aquelas que se encontram nas situações que a exortação *Familiaris Consortio* qualifica como irregulares. Possam sentir-se todas abraçadas pelo amor e pela solicitude dos irmãos e das irmãs.

3.5 Papa emérito Bento XVI – *O amor de Deus e o amor humano*

Durante o pontificado de Bento XVI não foi redigido um documento especificamente para as famílias, mas encontramos em alguns parágrafos da encíclica *Deus Caritas Est* uma atenção para a sua realidade. "Deus é amor; quem permanece no amor permanece em Deus, e Deus nele" (1Jo 4,16). Essas palavras, com as quais se inicia a encíclica, exprimem o centro da fé cristã. Em um mundo em que o nome de Deus é por vezes associado à vingança ou mesmo ao dever do ódio e da violência, é uma mensagem de grande atualidade.

A encíclica é composta por duas partes. A primeira oferece uma reflexão teológico-filosófica sobre o "amor" nas suas diversas dimensões – *eros*, *philia*, *agape* – especificando alguns fatos essenciais sobre o amor de Deus pelo homem e a intrínseca ligação que tal amor tem com o humano. A segunda parte trata do exercício concreto do mandamento do amor ao próximo.

A encíclica *Deus Caritas Est* destaca o amor humano e sua realização em Deus e no outro porque, em si mesmo, é necessária a relação para se alcançar a plenitude da sua existência. É na relação que o ser humano pode experimentar receber amor e ser amado. Mesmo não falando direta e exclusivamente para as famílias, o tema tratado é próprio e essencial à formação humana e, por isso, indicado para aqueles que são responsáveis por educar no amor. Bento XVI reafirma: "O matrimônio baseado em um amor exclusivo e definitivo torna-se o ícone do relacionamento de Deus com o seu povo e, vice-versa, o modo de Deus amar torna-se a medida do amor humano" (DCE 11).

A encíclica *Caritas in Veritate* admite como obrigação dos estados

> instaurar políticas que promovam a centralidade e a integridade da família, fundada no matrimônio entre um homem e uma mulher, célula primeira e vital da sociedade, preocupando-se também com os seus problemas econômicos e fiscais, no respeito da sua natureza relacional (CV 44).

Para Bento XVI o motivo principal para o subdesenvolvimento não é o aumento da população. Afirma que o papel da Igreja é educar para uma sexualidade responsável, e recomenda o respeito aos valores humanos também no uso da sexualidade: o mesmo não pode ser reduzido a um mero fato hedonista e lúdico, do mesmo modo que a educação sexual não se pode limitar à instrução técnica, tendo como única preocupação defender os interessados de eventuais contágios ou do "risco" procriador.

3.6 Papa Francisco – *A realidade e a vocação das famílias*

No pontificado do Papa Francisco veremos uma aproximação das preocupações sociais relacionadas à realidade das famílias. A encíclica *Lumen Fidei*, apesar de não ter como centro a temática da família, apresenta-a como o primeiro lugar iluminado pela fé. É onde a união estável entre homem e mulher "nasce do seu amor, sinal e presença do amor de Deus". O pontífice relaciona a fé com o cotidiano da família, especialmente orienta para que

> os pais cultivem práticas de fé comuns na família, que acompanhem o amadurecimento da fé dos filhos. Sobretudo os jovens, que atravessam uma idade da vida tão complexa, rica e importante para a fé, devem sentir a proximidade e a atenção da família e da comunidade eclesial no seu caminho de crescimento da fé (LF 53).

A fé, diz ele, "não é refúgio para gente sem coragem, mas a dilatação da vida". A família torna-se o lugar da importância do outro e ao mesmo tempo acolhedora do cuidado concreto por cada pessoa, como o é o amor de Deus.

Na *Evangelli Gaudium*, o Papa Francisco, ao destacar que a Igreja é chamada a ser sempre casa aberta do Pai", complementa que,

> na vida eclesial, todos podem, de alguma forma, fazer parte da comunidade, e nem sequer as portas dos sacramentos se deveriam fechar por uma razão qualquer. [...] A Eucaristia, embora constitua a plenitude da vida sacramental, não é um prêmio para os perfeitos, mas um remédio generoso e um alimento para os fracos (EG 47).

Seguimos na compreensão de que a família tem como essência e dever comunicar o amor na qual tem o seu fundamento, pois reflete o amor de Deus por toda a humanidade e o mistério de Cristo e a Igreja. Os pais cristãos têm a missão de educar seus filhos no amor para amar, porque a experiência do amor familiar é luz para o mundo.

3.7 *A família chamada a ser sinal de misericórdia*

O pontificado de Francisco é muito mais disposto a ouvir os problemas humanos e a dialogar em busca de soluções do que foram os de São João Paulo II e do papa emérito Bento XVI. Também a exortação apostólica pós-sinodal *Amoris Laetitia* teve a família como foco, apresentando diversas propostas para a Igreja, para a família e para a ação pastoral. E o fez com um olhar prático, atento, porém misericordioso, porque é assim que Deus nos ama e é assim que Ele nos convida a amar.

Papa Francisco expõe o significado da exortação apostólica no contexto do Ano Jubilar da Misericórdia[49]

---

49. O Ano Santo Jubilar proposto pelo Papa Francisco iniciou-se no dia 08/12/2015 com a abertura da Porta Santa, na Basílica de São Pedro. Francisco enfatizou o sentido desse Ano Santo: "Precisamos sempre contemplar o mistério da misericórdia. É fonte de alegria, serenidade e paz. É condição da nossa salvação. Misericórdia: é a palavra que revela o mistério da

> como uma proposta para as famílias cristãs, que as estimule a apreciar os dons do matrimônio e da família e a manter um amor forte e cheio de valores como a generosidade, o compromisso, a fidelidade e a paciência; e porque se propõe a encorajar todos a serem sinais de misericórdia e proximidade para a vida familiar, onde não se realize perfeitamente ou não se desenrole em paz e alegria (AL 5).

Percebe-se aqui o desejo de incluir "todos" em um ambiente harmonioso onde os diferentes que se amam dialoguem, se acolham e se aceitem, vivam a dimensão divina, a união da Trindade no seio da família.

O próprio Jesus nasce em uma família modesta, que às pressas tem de fugir para uma terra estrangeira. Essa constatação remete a uma leitura atenta da exortação; trata-se de orientações não às famílias perfeitas, mas às muitas famílias que, bem longe de se considerarem perfeitas, vivem no amor, realizam a sua vocação e continuam caminhando, embora caiam muitas vezes ao longo do caminho, cheias de alegrias, dramas e sonhos.

Embora seja um imperativo cristão cuidar da alegria, do amor, da ternura do abraço, da espiritualidade, da vida de oração, esta é a condição *sine qua non* no ambiente familiar que se quer cristão. O matrimônio deixa de ser uma convenção social, um rito vazio ou um mero sinal externo de um compromisso. É dom para a santificação e salvação dos esposos. Em sintonia com a teologia da Trindade, o papa afirma que "a Trindade está presente no templo da comunhão matrimonial" (AL 314).

A espiritualidade dos esposos, alimentada a cada dia, nos pequenos gestos reais e concretos, encontra Deus no amor autêntico, oferecido gratuitamente, e o Senhor reina nela com a sua alegria e a sua paz. A atitude de respeito diante das situações chamadas "irregulares" é uma atitude singular. Afirma o papa que é preciso "evitar juízos que não levem em consideração a complexidade das diversas situações" (AL 79).

Seguindo essa metodologia, o papa não equipara uniões de fato ou entre pessoas do mesmo sexo ao matrimônio; nem diz que o primeiro é igual ao segundo casamento, e afirma o ideal da

> união entre um homem e uma mulher, que se doam reciprocamente com um amor exclusivo e livre-fidelidade, se pertencem até a morte e se abrem à transmissão da vida, consagrados pelo sacramento que lhes confere a graça para se constituírem como Igreja doméstica e serem fermento de vida nova para a sociedade (AL 292).

Santíssima Trindade. Misericórdia: é o ato último e supremo pelo qual Deus vem ao nosso encontro. Misericórdia: é a lei fundamental que mora no coração de cada pessoa, quando vê com olhos sinceros o irmão que encontra no caminho da vida. Misericórdia: é o caminho que une Deus e o homem, porque nos abre o coração à esperança de sermos amados para sempre, apesar da limitação do nosso pecado" (*Misericordiae Vultus*, abril de 2015).

Assumindo que algumas formas de união "contradizem radicalmente esse ideal" e outras "o realizam pelo menos de forma parcial e analógica", Francisco afirma que "não é possível dizer que todos os que estão em uma situação chamada 'irregular' vivem em estado de pecado mortal, privados da graça santificante". Declara também que "um pastor não pode sentir-se satisfeito apenas aplicando leis morais àqueles que vivem em situações 'irregulares', como se fossem pedras que se atiram contra a vida das pessoas" (AL 305).

Assim, o papa propõe três ações — acompanhar, discernir e integrar a fragilidade — admitindo que a história da Igreja foi-se construindo umas vezes a partir da lógica da marginalização e outras da integração, optando claramente pela segunda, mesmo que seja um grande desafio e com contornos pouco definidos. Para ele, ninguém pode ser condenado para sempre, porque essa não é a lógica do Evangelho (AL 297). Por várias vezes, ele lembrou nesta exortação que "nenhuma família é uma realidade perfeita e confeccionada de uma vez para sempre, mas requer um progressivo amadurecimento da sua capacidade de amar" (AL 325).

A *Amoris Laetitia* lança um apelo à Igreja e à sociedade quando afirma que "a família é um bem de que a sociedade não pode prescindir, mas precisa ser protegida", isso porque o atual sistema econômico produz diversas formas de exclusão social, seja pelo desemprego ou falta de perspectivas e ofertas de trabalho para os jovens, pela falta de moradia e precárias condições de habitação e saneamento. É responsabilidade do Estado garantir condições dignas à família, porém, há falta de interesse e vontade política.

O sínodo concluído em outubro de 2015 nos ofereceu um panorama da realidade das famílias de todo o mundo. Os desafios dessa realidade permearam o capítulo II da *Amoris Laetitia*, apontando temas como o ritmo de vida atual, o estresse, a pornografia e a comercialização do corpo, o avanço das biotecnologias, a industrialização, a revolução sexual, a superpopulação, as famílias caídas na miséria, a violência em seu seio, a toxicodependência, entre outros. Também salientou a dificuldade de apresentar o matrimônio como um caminho dinâmico de crescimento e realização.

Exige-se de toda a Igreja uma conversão missionária para não se contentar com o anúncio teórico desligado da realidade das famílias. Em particular, essa preocupação é dirigida à pastoral familiar, chamada para alimentar a fé e a esperança das famílias diante das mais diversas situações de necessidades e/ou conflitos, promovendo formação, orientação, ajuda para vivenciarem o Sacramento do Matrimônio e a participação nas comunidades. Afirma o papa que a pastoral familiar

> deve fazer experimentar que o Evangelho da família é resposta às expectativas mais profundas da pessoa humana: a sua dignidade e plena realização na reciprocidade, na comunhão e na fecundidade. Não se trata

apenas de apresentar uma normativa, mas de propor valores, correspondendo à necessidade deles que se constata hoje, mesmo nos países mais secularizados (AL 201).

A partir dos debates do sínodo foram apresentadas outras demandas para a pastoral familiar. Assumindo a ideia de que todas as famílias cristãs são, pela graça do sacramento nupcial, os sujeitos da pastoral familiar, os agentes que a assumem como um serviço de evangelização e libertação, porque anunciam primeiramente o Evangelho de Jesus Cristo, e Ele garante que "a Palavra vos libertará", elas devem necessariamente estar em profunda sintonia com os desafios e as dificuldades de cada família, para que "a semente possa cair em terra boa".

3.7.1 A família como "espaço teologal"

Dois elementos importantes para o amadurecimento dos laços de afinidade da família foram aos poucos sendo sufocados em nossa sociedade moderna: o espaço e o tempo. Com a falta de tempo para o lazer, para o diálogo entre os esposos, os simples gestos de sentarem-se à mesa para as refeições e de dedicarem maior atenção aos filhos deixaram de ser prática em muitos lares.

O Papa Francisco, ainda na *Amoris Laetitia*, dedica um capítulo ao tema da espiritualidade conjugal e familiar (AL 313-325). Destaca que o Concílio Vaticano II "punha em realce a espiritualidade que brota da vida familiar", e que a espiritualidade dos leigos "deverá assumir características especiais, a partir do estado do matrimônio e da família", no encontro, na oração e no amor construído com pontes, e não com muros.

É inegável que o isolamento, a falta de tempo, a falta de diálogo, os sofrimentos, as lutas, entre outros, são realidades que desafiam diariamente a família. O grande convite, porém, é reconstruir uma "espiritualidade matrimonial como espiritualidade do vínculo, habitado pelo amor divino", e desejar que as ocasiões da vida em família sejam uma ocasião para abrir mais o coração, e isso torna possível um encontro sempre mais pleno com o Senhor.

"Tornar, mesmo os dias mais amargos, uma comunhão profunda com o Senhor, para suportar os piores momentos", afirma o Papa Francisco. Fazer do "espaço teologal da família lugar onde se pode experimentar a presença mística do Senhor Ressuscitado". Encontrar alguns minutos em família, para cada dia estar unidos na presença do Senhor em oração, é um meio privilegiado para permitir que cresça o amor, o respeito ao outro e uma convivência fraterna.

A vocação dos cristãos leigos e leigas no âmbito eclesial e social remete à sua presença no mundo, chamados a santificarem no cotidiano da família, sendo ao mesmo tempo uma Igreja doméstica e uma célula viva para transformar o mundo.

Francisco reconhece que "nenhuma família é uma realidade perfeita e confeccionada de uma vez para sempre, mas requer um progressivo amadurecimento da sua capacidade de amar". Nesse sentido, todos são incluídos em seu convite: "não perder a esperança por causa dos nossos limites, mas que também não renunciemos à procura da plenitude de amor e comunhão que nos foi prometida".

3.7.2 Reforma do processo de nulidade do matrimônio

Em *motu proprio*, escreve o Papa Francisco a carta apostólica *Mitis Iudex Dominus Iesus* sobre a reforma dos processos canônicos para as causas de declaração de nulidade no *Código de Direito Canônico* e no *Código dos Cânones das Igrejas Orientais*.

É a preocupação pela salvação das almas que levou o sucessor de Pedro "a oferecer aos bispos esse documento de reforma" sobre as causas de nulidade do matrimônio. Na esteira dos seus antecessores e dando continuidade à obra iniciada antes do Sínodo Extraordinário sobre a Família, Francisco cria uma comissão de estudo sobre o tema e reitera que o matrimônio é "fundamento e origem da família cristã". Ressalta, todavia, que a finalidade do documento não é favorecer a "nulidade dos matrimônios, mas a rapidez dos processos".

O papa coloca sob a responsabilidade de cada bispo diocesano a nomeação do chamado "juiz único", que tem de ser um clérigo, e pede que os bispos ofereçam "um sinal de conversão das estruturas eclesiásticas", sem deixar essa questão "completamente delegada aos ofícios da cúria".

Os bispos são chamados a assumir pessoalmente uma "função judicial" em matéria matrimonial, com a criação de uma forma de processo "mais breve" para julgar os processos de causas de nulidade em que existam "argumentos particularmente evidentes", como, por exemplo, quando a questão é colocada pelos dois cônjuges ou com o consentimento do outro. Percebe-se claramente a preocupação do Papa Francisco com um olhar pastoral, e não necessariamente doutrinário. Ele quer uma Igreja acolhedora para todos, e que ninguém fique de fora.

Considerações finais

A sociedade moderna, caracterizada entre outros aspectos pelo individualismo, é um risco para o ambiente familiar, pois pode levar à cultura do desencontro. Aliás, um grande número de famílias não tem consciência dos conflitos decorrentes desse comportamento individualista preconizado por nossa contemporaneidade.

Bauman, em *Amor líquido*, ao refletir sobre a liquidez do mundo moderno, constata que não há mais lugar para relações duradouras:

> Afinal, a definição romântica do amor como "até que a morte nos separe" está decididamente fora de moda, tendo deixado para trás seu tempo de vida útil em função da radical alteração nas estruturas de seu parentesco, às quais costumavam servir e de onde extraíam seu vigor e sua valorização (BAUMAN, 2004: 10).

O autor retrata ainda a dificuldade do encontro nos lares, lugar que se transformou em *"playgrounds* do amor", onde cada morador ocupa seu espaço individualmente, cada qual fechado em si e no seu espaço.

Como estabelecer relacionamentos duradouros quando o outro é objeto de consumo? Bauman propõe a moxofilia, que cria possibilidades do encontro, no lugar da mixofobia, quando tem medo de se misturar, tem medo do diferente do outro. No ambiente familiar, isso significaria lugar para a ternura, que aproxima os esposos e os capacita a ver o que há de belo no outro.

O papel da Igreja, por sua vez, tem sido justamente o de promover a aproximação e o diálogo, com generosidade e misericórdia no âmbito familiar. Inúmeras iniciativas nas pastorais, equipes e movimentos da Igreja realizam um serviço de escuta e acompanhamento às famílias nas suas mais diversas realidades. Certamente, a pastoral familiar almejada por Francisco requer uma pastoral de conjunto, a saber, um esforço que integre a pastoral familiar, a pastoral da criança, a pastoral do idoso, a catequese, a pastoral do batismo, entre outras. Que todas se sintam igualmente convocadas pelo papa: que toda a Igreja seja uma Igreja em saída, com as portas abertas, indo ao encontro das "periferias existenciais e geográficas".

Retomar o caminho proposto pela Conferência de Medellín é uma maneira atualizada de assumir com alegria o convite de "sair para oferecer a vida de Jesus Cristo", com a força e insistência do Papa Francisco. No testemunho de muitas famílias que se abrem à caridade, ao amor fraterno, às suas próprias necessidades, mas especialmente à caridade às vítimas de catástrofes, de imigrações por motivos de guerras, separando famílias inteiras, seja pela morte ou pela distância geográfica, vimos despontar a alegria do amor gestada no seio familiar. É isso que irrompe da Conferência de Medellín, ecoando no chão frio da cidade, um desabrochar do "amor que abre os olhos e permite ver melhor, além de tudo, quanto vale um ser humano" (AL 128), a exemplo do que vivenciou a família de Nazaré.

Por meio do seu testemunho e coragem, Francisco tem se mostrado animado ao falar às bases: povo de Deus organizado nas pequenas comunidades. O pontífice sabe que estas sustentam nas alegrias e nas tristezas de cada dia a vida da Igreja, por isso ele não se cansa de convocar seu rebanho: "Avancemos, famílias, continuemos a caminhar! O que nos é prometido é sempre mais. Não percamos a esperança por causa dos nossos limites, mas também não renunciemos à procura da plenitude de amor e comunhão que nos foi prometida" (AL 325).

Referências

BAUMAN, Z. *Amor líquido* – Sobre a fragilidade dos laços humanos. Rio de Janeiro: Zahar, 2004.

BENTO XVI. *Caritas In Veritate*. São Paulo: Paulinas, 2009.

_____. *Deus Caritas Est*. São Paulo: Paulinas, 2006.

BEOZZO, J.O. *Medellín*: inspiração e raízes. 1998 [Disponível em: http://www.servicioskoinonia.org/relat/202.htm – Acesso em 04/01/2018].

FRANCISCO. *Amoris Laetitia*. São Paulo: Paulinas, 2016.

_____. *Evangelli Gaudium*. São Paulo: Paulinas, 2013.

_____. *Lumen Fidei*. São Paulo: Paulinas, 2013.

GUTIÉRREZ, G. *A força histórica dos pobres*. Petrópolis: Vozes, 1981.

JOÃO PAULO II. *Familiaris Consortio* [Disponível em: http://w2.vatican.va/content/john-paul-ii/pt/apost_exhortations/documents/hf_jp-ii_exh_19811122_familiaris-consortio.html].

LIBANIO, J.B. *Concílio Vaticano II* – Em busca de uma primeira compreensão. São Paulo: Loyola, 2005.

PADIN, C.; GUTIÉRREZ, G. & CATÃO, F. *Conclusões da Conferência de Medellín* – Trinta anos depois, Medellín é ainda atual? São Paulo: Paulinas, 1998.

PAULO VI. *Humanae Vitae*. São Paulo: Paulinas, 1968.

4
A opção pelos jovens e o caminho das juventudes no século XXI

Rosemary Fernandes da Costa

Introdução

Em tempos em que cresce a desesperança e o ceticismo em alguns segmentos da sociedade, também podemos constatar uma dinâmica fecunda e surpreendente. Sim, nas ruas, nas escolas, nos corredores e pátios, nas praças e nas casas, a juventude se incomoda, fica indignada, conversa, cria novas estratégias, avalia práticas sociais, econômicas e políticas, revê suas pertenças e suas identidades. Enfim, a juventude acolhe o grito da terra, dos povos, sente o grito dos corpos, das vidas escravizadas e as dinâmicas que promovem desigualdades de tantas dimensões, se deixa fecundar e transformar, e devolve com voz, mãos, passos, a luta pela vida para todos e todas, para toda a criação, para todo o cosmos.

Retomar a Conferência de Medellín é resgatar a dimensão profética e pedagógica da Igreja como fonte de orientação para os caminhos da missão eclesial no mundo de hoje. Medellín é sinal da Igreja presente na história: uma Igreja que dialoga com a sociedade e, portanto, se vê desafiada a construir respostas novas e emergentes que colaborem na construção de estruturas de humanização e vida digna para todos. No Concílio Vaticano II, esse diagnóstico não apenas constatou situações de injustiça e desumanização, mas respondeu com reflexões fundamentais e ações afirmativas aos desafios apresentados pelas sociedades e culturas modernizadas.

A Conferência de Medellín denuncia que as questões políticas e sociais enfrentadas pela América Latina são muito maiores do que a Igreja. Nas *Conclusões* de Medellín encontramos um olhar para os jovens como aqueles que clamam e também que semeiam uma nova sociedade, como um *novo corpo social* que possui seus próprios valores e sonhos, mas que não são ingênuos com relação às estruturas de desumanização. A Igreja se percebe como pastora, como ouvinte e como aprendiz dessa comunidade juvenil em suas mobilizações na direção de um projeto de transformação social latino-americana.

> Ela [a juventude] se apresenta, em grande parte do continente, como um novo corpo social [com perigo de detrimento na relação com os outros corpos sociais], portador de ideias próprias e valores inerentes ao seu próprio dinamismo interno. Procura participar ativamente, assumindo novas responsabilidades e funções, dentro da comunidade latino-americana (Med 5,1).

Ao trazer o tema da transformação social, da educação libertadora, a Conferência de Medellín está atenta a tudo o que nega o projeto de humanização, de justiça, de condições dignas de vida para os povos latino-americanos.

No apelo presente no documento está sedimentada sua índole profética, crística e orientada à integração das mais diversas estruturas na direção da humanização do continente:

> Que se apresente cada vez mais nítido o rosto de uma Igreja autenticamente pobre, missionária e pascal, desligada de todo o poder temporal e corajosamente comprometida na libertação do ser humano por inteiro e de toda a humanidade" (Med 5,3).

Desde sua introdução, o Documento de Medellín é coerente nesse direcionamento que integra as principais estruturas de humanização dentro do continente latino-americano e caribenho. É dentro dessa profunda integração que reside a preocupação e as orientações quanto à juventude, sua educação, formação e dinamismo pessoal e social.

As décadas seguintes à Conferência de Medellín foram marcadas por reações da juventude aos governos radicais militares, opressores e coniventes com os sistemas econômicos que trouxeram maior desigualdade e injustiças sociais em todo o país. Através de manifestações políticas e estéticas, a juventude se fez presente, arriscando a própria vida e a liberdade por causas que ultrapassaram a cidadania local, na direção da cidadania global. Da parte dos interesses políticos e econômicos, também surgiram reações de opressão, censura e construção de um imaginário social que prometia o bem-estar social de todos os povos latino-americanos.

Nesse contexto, podemos recordar o significativo movimento contracultural que, sob o tema "Paz e amor", propunha valores e um ideal alternativo, criativo e radicalmente livre. Esse movimento representava uma forma de mobilização e de contestação social, através das inovações estéticas, da emergência de culturas alternativas ou mesmo marginais. Surgiram espaços nos quais eram possibilitados olhares, leituras, novas hermenêuticas ante a cultura vigente, apresentada como moderna e vanguardista, mas que, subliminarmente, abafava identidades e massificava gostos, ideias, escolhas e até mesmo metas pessoais e sociais.

Na década de 1980 um novo fenômeno parece integrar a juventude em protesto contra as ideologias dos governos latino-americanos. Estava cada vez mais clara uma ideologia que não visava aos direitos fundamentais do ser humano, e sim aos interesses econômicos e privilégios de uma minoria. Militância era a palavra de ordem, na direção da defesa dos direitos humanos e da busca por um continente mais justo.

Contudo, desde os anos de 1970, as *Conclusões* de Medellín também diagnosticavam diferentes características e atitudes na juventude desse período:

> Enquanto um setor da juventude aceita passivamente as formas burguesas da sociedade (deixando-se levar, às vezes, pelo indiferentismo religioso), outro rejeita com marcado radicalismo o mundo que seus pais construíram, por considerar seu estilo de vida carente de autenticidade; rejeita igualmente uma sociedade de consumo que massifica e desumaniza o homem. Esta insatisfação cresce de momento a momento (Med 5,3).

Nos anos de 1990, podemos observar fenômenos distintos no universo da juventude. Aqueles jovens que promoveram os manifestos políticos e estéticos dos anos de 1970 também se transformaram. Alguns foram absorvidos pelo sistema econômico e pelo projeto ideológico liberal, outros estavam nas lideranças partidárias, universitárias, nas salas de aula e grupos de estudos e reflexão. E a juventude dos anos de 1990, como se posicionava diante de seu contexto histórico? Um misto de convivência, alienação, desesperança, manifestações nas ruas e imersão no mundo dos *games*. No Brasil, este também é o momento dos "caras-pintadas", da demanda por Diretas Já. Eram os filhos da ditadura ainda na luta por dignidade para todos e todas.

Mais uma vez, verificamos Medellín apontando profeticamente para esse tempo histórico:

> A juventude, particularmente sensível aos problemas sociais, reclama as mudanças profundas e rápidas que assegurem uma sociedade mais justa: exigência que, constantemente, sente tentação de expressar por meio da violência. É um fato constatável que o excessivo idealismo dos jovens os coloca facilmente sob a ação de grupos de diversas tendências extremistas (Med 5,3).

Contudo, é também neste tempo que os movimentos juvenis perdem a força política dos anos anteriores. A Modernidade, com seus muitos mecanismos de sedução, chega para todos, afeta os hábitos e também as crenças, as atitudes, a ética, as escolhas fundamentais. O individualismo ocupa os espaços, os hiatos, as desesperanças. Pensar em futuro, em narrativas de sentido, parece discurso ilusório, ingênuo, perda de tempo.

Chegamos aos dias atuais, nos quais as emoções estão em primeiro plano e, com elas, a presentificação, a flexibilização e a fragilidade, a conexão virtual e a desconexão real, a dificuldade nas dialogias, na escuta, no acolhimento das diferenças. No entanto, em todo o planeta eclodem manifestações de cunho sociopolítico, com variações em suas demandas, formatos e linguagens. Sem emitirmos julgamentos de valor, o que enfatizamos é seu ressurgimento.

Também no Brasil, novas manifestações surpreendem analistas e céticos com relação à aparente paralisia política da juventude. Para aqueles que diagnosticavam uma cidadania adormecida, alienada, amortecida, as manifestações surpreendem e nos convocam a repensar os exercícios de cidadania locais e globais. As jornadas de junho de 2013 surgem para nos provocar novos olhares, novas leituras e também novos posicionamentos.

Quando o Documento de Medellín convoca a comunidade latino-americana a reagir na busca da posse de sua autorrealização pelo serviço e no amor, ele faz alusão ao eixo referencial da juventude. A emergência da convocação tem como fundamento a percepção enraizada e consciente da juventude.

> [...] já soou a hora para nossos povos de descobrirem seu próprio ser, pleno de originalidade; está orientada no sentido de sustentar uma economia baseada na ânsia de "ter mais", quando a juventude latino-americana exige "ser mais", na posse de sua autorrealização pelo serviço e no amor [...].
> Os jovens são mais sensíveis do que os adultos aos valores positivos do processo de secularização. Esforçam-se por construir um mundo mais comunitário, que vislumbram, talvez, com mais clareza do que os antepassados. Estão mais abertos a uma sociedade pluralista e a uma dimensão mais universal da fraternidade (Med 4,4).

Observamos no pequeno histórico acima o quanto o fator do tempo foi fundamental para determinar este enraizamento dos temas elencados em Medellín em seu caráter processual, ou seja, Medellín aponta para um chamado, convoca desde o *ethos* do povo latino-americano, na direção das relações sociais, econômicas e políticas que sejam coerentes e fomentadoras deste *ethos*. É claro que essa profecia possui a mão dupla do anúncio e da denúncia. As orientações para a juventude ecoam de uma dinâmica de escuta e diálogo fecundo com as realidades. As orientações falam de um caminho com bases promissoras, mas também entraves concretos, possui o movimento fecundo dos sonhos, mas também a realidade dos conflitos de visões de mundo e interesses diferenciados e, na maioria das vezes, antagônicos.

Notemos que Medellín propõe projeto, trajetória. Enfim, se concebe como impulso pastoral e ético, e também pedagógico e histórico. Por isso mesmo, a juventude ecoa no chão latino-americano seus sonhos, lutas e inquietudes. A juventude nos fala de esperança, de resgate dos sonhos, de ousadia e identidade, de trincheiras conscientes e firmes em sua vocação profética.

O contexto eclesial que suscita Medellín está embebido de possibilidades históricas que favoreceram suas reflexões e orientações. Agenor Brighenti nos recorda o chão que possibilita a emergência de Medellín, e aponta especialmente a presença dos movimentos juvenis neste contexto.

> Foram muitas as buscas e realizações, iniciativas e acontecimentos no campo eclesial que confluíram em Medellín e passaram a ser constitutivos de suas conclusões. A começar pela Ação Católica, mais propriamente a Ação Católica Especializada, em especial a Juventude Agrária Católica (JAC), a Juventude Operária Católica (JOC) e a Juventude Universitária Católica (JUC), que já havia incidido sobre o Concílio Vaticano II, sobretudo na teologia do laicato. Na América Latina, foram os jovens da Ação Católica que tematizaram as principais questões relativas à relação fé e política. Também foi dos quadros dos assistentes eclesiásticos da Ação Católica que provieram grande parte dos bispos da geração-Medellín, que se destacariam pelo seu preparo teológico-pastoral, liderança, testemunho de pobreza e presença pública da Igreja (BRIGHENTI, 2009).

Propomos adiante alguns eixos orientadores já apontados em Medellín e que ecoam na juventude hoje. Nossa reflexão tem por base as estruturas observadas especialmente nos movimentos que articulam a fé e a política, a espiritualidade e a ética, a abertura para o transcendente e o enraizamento histórico. Apesar de talvez não possuírem visibilidade nas redes sociais editoradas pelas mídias corporativas, os movimentos juvenis crescem, se articulam, emergem, se agregam, por todo o solo latino-americano. Podemos citar alguns para nossas referências: Pastoral da Juventude, Pastoral Juvenil Latino Americana, Juventude Franciscana, Rede Brasileira de Centros e Institutos de Juventude, Cajueiro: Centro de Formação, Assessoria e Pesquisa em Juventude, Levante Popular da Juventude, Rede Ecumênica de Juventude, Mística e Revolução, Pastoral Luterana Popular, Pastoral de Juventude Estudantil, Pastoral de Juventude do Meio Popular, Movimento de Atingidos por Barragens, Cáritas, Movimento Nacional Fé e Política, Judeus Progressistas, Rede Nacional de Adolescente de Jovens Comunicadores e Comunicadoras, Conselho Nacional da Juventude Evangélica, Koinonia Presença Ecumênica e Serviço, Asociación de Juventudes Agostino, Rede Conesul de Centros Laicos.

O primeiro eixo orientador trata de uma nova dinâmica de planejamento, não demarcada pela concepção de individualidade, e sim na subjetividade relacional, fruto das estruturas dialógicas. Trata-se da concepção de pessoa como um texto aberto, plural, capaz de muitas vozes, novos acordos, novos significados. É a prática de subjetividades abertas, construídas a partir das relações, nas quais cada pessoa recebe a alteridade e é constituída a partir das muitas subjetividades.

Os encontros possuem estruturas dialógicas, abertas, acolhedoras das diferenças de ideias, credos, gêneros, posicionamentos filosóficos, econômicos e políticos. Um desafio para a prática já costumeira de reuniões nas quais, tantas vezes, a pauta chega predeterminada por uma equipe, na qual as pessoas não são consideradas em sua particularidade, e sim como participantes de uma meta comum. A estrutura intersubjetiva considera as identidades em sua originalidade, em diálogo aberto, escuta ativa, acolhedora e também interpelante. As narrativas pessoais são consideradas parte da construção dos projetos, as estratégias e decisões são processuais, flexíveis, abertas a avaliação e revisões constantes.

Nesse novo campo relacional, a proximidade é um dos eixos. Ao contrário do individualismo arraigado nos espaços sociais, a juventude vivencia o dinamismo relacional com todos os seus desafios e possibilidades. Experimentam as próprias limitações, a negação do individualismo e a corresponsabilidade. É um campo novo para culturas nas quais as pessoas se percebem de forma solitária e distanciadas. Na dinâmica das intersubjetividades somos interpelados a construir aproximações: de significados e representações, de linguagem, de identidades e pertenças, de visões de mundo.

Enfim, é uma mudança paradigmática em gestação e já dando seus frutos fecundos que modificam os projetos, os planejamentos, a própria percepção pessoal, comunitária e de mundo. No entanto, para o cristianismo, não estamos exatamente falando de uma mudança de paradigma ou de uma novidade epistemológica e sim do resgate do centramento vital cristão, no encontro com o outro, na relação dialógica, para a experiência do crer que se traduz em amor, como lembra a epístola joanina – "Amemo-nos uns aos outros, pois o amor vem de Deus; e todo aquele que ama nasceu de Deus e chega ao conhecimento de Deus. Quem não ama não descobriu a Deus, porque Deus é amor" (1Jo 4,7). Só a experiência do amor é capaz de superar a aporia do conhecimento sem amor.

O segundo eixo orientador nos conduz a uma dialogia marcada por narrativas pessoais e coletivas, mais etnográfica do que investigativa, mais biográfica do que filosófica.

Esse princípio está em consonância com o anterior, contudo percebemos que ele tem um lugar de destaque nos movimentos juvenis observados, por perceberem uma integração profunda entre memória pessoal e coletiva, entre história pessoal e coletiva. Ou seja, as histórias de vida pessoais são compreendidas como um conjunto de histórias que antecedem cada pessoa, vivido não apenas pela pessoa que narra, mas constituinte de sua biografia, de sua identidade e pertencimento.

A narrativa em si já é um exercício dialógico que instaura um novo modelo nas relações. Narrar é contar uma história, é convidar à escuta, à sensibilidade, à empatia. É um convite à interpretação e à acolhida. Ela não impõe, mas propõe; ela não argumenta, mas conta uma história; ela é livre e convida à liberdade; ela é composta de imagens, símbolos, é viva; ela é contextualizada e remete ao contexto presente; ela é presente e futuro, narrativa e metanarrativa. Como nos disse J.B. Libanio, a narrativa torna-se um exercício para si mesmo e para o outro, pois ela necessita recolher a história na experiência, elucidar a caminhada percorrida e convida o ouvinte à escuta dialógica e hermenêutica (LIBANIO, 2003: 166-167).

Contudo, não devemos confundir esse princípio com uma metodologia. A dialogia fundada nas narrativas não é uma ferramenta para os grupos, é um princípio ativo, uma razão de ser, o que proporciona a interação e a constituição das identidades pessoais e coletivas na direção das metas também pessoais e coletivas.

Representa a superação da individualidade para a subjetividade relacional, tomada como processo, como exercício cotidiano no qual as dimensões de pessoal e comunitário estão inter-relacionadas incessantemente. É uma mudança substancial nas relações comunitárias e na construção de projetos participativos.

Estamos mais uma vez diante de uma das dimensões proféticas dos movimentos de juventude, pois, ao se compreenderem como identidade pessoal e coletiva, como corpos e vidas de muitas vozes e histórias, abraçam pessoal e comunitariamente as causas de grupos, etnias, expressões religiosas, escolhas diversas com, por exemplo, a causa da luta contra o extermínio da juventude negra, pobre e periférica; a luta pela justiça no campo, pela dignidade dos povos indígenas e quilombolas; as lutas contra qualquer tipo de intolerância.

O terceiro eixo que desejamos demarcar consiste na articulação entre os mínimos de justiça e os máximos de felicidade. É uma perspectiva ética que articula os direitos humanos fundamentais e a realização das dimensões de escolhas religiosas, estéticas, de lazer, de realização profissional.

Os movimentos de juventude atuais não apenas estão atentos às necessidades básicas e fundamentais para a dignidade da vida humana, mas também para as dimensões de expressão, realização e busca de felicidade a partir das culturas, dos contextos, dos desejos, dos projetos pessoais e coletivos. Medellín aponta para o papel renovador da juventude, das estruturas pessoais e coletivas e também atenta ao que é fundamental: "A juventude tem a tarefa de reintroduzir constantemente o sentido da vida. Renovar as culturas e o espírito significa trazer e manter vivos novos sentidos da vida" (Med 5,11).

Podemos observar que a busca pela justiça é como uma bandeira permanente na luta pela dignidade de todos os seres humanos e de todo o ambiente, profundamente violado pelo sistema desenvolvimentista. É o valor central para todo projeto que percebe a desumanização, a injustiça, as desigualdades, os conflitos sociais causados pelas relações ricos-pobres, desenvolvimento-subdesenvolvimento, primeiro-terceiro mundos. Quando Medellín conclama a juventude como sujeito social, reconhece a centralidade de seu agir no mundo, de seu agir na história, como presença profética e transformadora (Med 5,13).

Na medida em que a luta pela justiça e pela dignidade se torna central, a juventude abre um leque de diagnósticos de situações desumanizantes e também de necessidades a serem conquistadas e construídas. Muitas causas entram nesse leque como, por exemplo, a igualdade de oportunidades, a assistência à saúde, a oferta e acolhimento de projetos pedagógicos, o apoio à moradia e ao transporte público de qualidade. São as reivindicações dos mínimos de justiça. São irrenunciáveis, inegociáveis, como nos orienta a filósofa Adela Cortina – que dedicou vários de seus trabalhos a esse tema (cf. CORTINA, 1996; 2005; 2008).

É aqui que entra a articulação entre os mínimos de justiça e os máximos de felicidade que observamos nos movimentos de juventude. No empenho por projetos de justiça e dignidade, a juventude não se detém apenas nesta luta, mas vai em busca da realização das estruturas que apontem para o que é bom para cada situação pessoal ou comunitária. Um exemplo bem próximo é o das ocupações secundaristas que ocorreram por todo o Brasil, em 2016. Elas iniciam com uma pauta voltada para os mínimos de justiça, mas ao longo dos dias, nas reuniões, assembleias e construções de metas compartilhadas, a pauta é acrescida de elementos de estética, higiene, qualidade de vida, alimentação saudável, direitos dos funcionários, direitos dos professores, autonomia na eleição das direções, avaliação comunitária.

Em alguns depoimentos de jovens secundaristas que participaram das ocupações de 2016, podemos constatar o nível de consciência de cidadania local e global, a integração entre identidade e pertença, a construção de metas locais e de metas para além dos muros das escolas, a consciência de que essa é uma ação política relevante, histórica e transformadora.

> 1) Ocupamos para dar voz aos que não tem voz. Adotamos a Filosofia Ubuntu (*Ubuntu* é uma ética de origem africana que tem como eixo as alianças entre as pessoas, entre tudo que é vivo. Na língua portuguesa, poderíamos traduzir por "humanidade para com os outros").
> 2) Os estudantes mudaram. Antes estavam desinteressados, desanimados. Agora sentem amor pela escola e pelo estudo. Experimentaram outro olhar para o espaço.
> 3) O direito fundamental vai se tornar mercadoria. Durante esse tempo, os alunos mudaram: mais responsabilidade, compaixão, fortalecimento do movimento estudantil, menos individualistas, noção de coletivo, de exercício político. Ganhamos como pessoas (COSTA, 2017).

Esses movimentos juvenis secundaristas, na faixa entre 15 e 18 anos, receberam muitas críticas, mas o que ressaltamos nesta reflexão é o fato de emergirem como cidadãos, capazes de reconstruir as bases dos direitos humanos e de lutarem juntos pela ética dos mínimos de justiça. Seu movimento de exercício de cidadania passa pela experiência pessoal, comunitária e coletiva, como cidadãos do mundo.

Essa experiência reflete a compreensão mais ampla de cidadania, como exercício político local da comunidade civil, para conviver de forma organizada, digna e pacífica, com a garantia de um mínimo de valores para todos e para cada pessoa. E ainda avança para uma segunda instância, na qual vislumbramos o exercício dialógico com a identidade de cada homem e de cada mulher, como membros da grande comunidade humana e sociocósmica. Portanto, concretamente, integram as duas instâncias, dos mínimos de justiça e dos máximos de felicidade.

O quarto eixo presente nas práticas da juventude também nos fala da amplitude da dimensão relacional presente neste novo tempo histórico, e já apontada como necessidade nas *Conclusões* de Medellín quando exorta à responsabilidade de cada ser humano na administração dos bens criados e na sua distribuição para todos: trata-se da relação com a terra, com o solo, com as vozes que ecoam do chão, dos corpos, das vidas – empatia e corresponsabilidade ética local e global.

Na base desse eixo está também a consciência da primazia da vida e de que há um *ethos* comum, da qual todos participamos, seres humanos e todos os seres criados, uma consciência da grande morada humana.

A juventude que atua nos movimentos que integram a fé e a política não apenas vem resgatando o *ethos* humano, em sua dimensão pessoal e dialógica, mas estende esta relação no *ethos* da terra, mãe cuidadora, zelosa e também responsabilidade de cada ser humano. Sendo assim, as pautas e estratégias, integram o cuidado com o ambiente com todas as demais dimensões: social, econômica, política, cultural, afetiva – é o que podemos chamar de mística da terra. Esta é uma experiência concreta dos povos da terra, indígenas e quilombolas, que foi, em muitas culturas, perdida em função das práticas desenvolvimentistas e distantes do respeito ao ambiente natural.

Assim como, na configuração da identidade pessoal, os jovens se dão conta das múltiplas vozes e histórias que os habitam, de sua família, de seu povo, de sua terra; assim também se dão conta de que a relação com a terra é parte integrante de seu ser, de sua identidade e, portanto, também de suas metas de justiça, fraternidade e dignidade.

Em Medellín, muitas vezes encontramos a preocupação com as culturas que estavam diretamente relacionadas com esse cuidado com a terra, como os indígenas e camponeses. O documento aponta para as consequências provenientes dos sistemas econômicos em sua relação com os bens de produção tanto industriais como rurais. A lógica da economia capitalista está voltada para metas desenvolvimentistas e, com isso, afeta a base fundamental e dinâmica das culturas que se relacionam diretamente com o ciclo da terra e com os bens da natureza de forma amorosa, cuidadosa, fraterna. O documento chega a denunciar que "o sistema liberal capitalista parece esgotar, em nosso continente, as possibilidades de transformar as estruturas econômicas" (Med 1,0) E, mais adiante, profeticamente, o documento propõe as condições para essa revisão de prioridades:

> A promoção humana das populações camponesas e indígenas não será viável se não for realizada uma autêntica e urgente reforma das estruturas e da política agrárias. Essa transformação estrutural e suas políticas correspondentes não podem limitar-se a uma simples distribuição de terras. Torna-se necessário fazer um estudo profundo das mesmas, segundo determinadas condições que legitimam sua ocupação e seu rendimento, tanto para as famílias camponesas como para sua contribuição à economia do país (Med 1,4).

Esse é um eixo referencial muito presente nas práticas juvenis. A perspectiva de cidadania mundial unida à morada, não apenas humana, mas de todas as criaturas, a casa de todos, a casa comum, como aponta o Papa Francisco na *Laudato Si'*. Sendo morada de todas as criaturas, ela nos pede que cuidemos de cada dimensão dessa morada, em uma atitude zelosa, amorosa, fraterna. Portanto, não se trata apenas de uma morada como a nossa casa, a nossa cidade ou o nosso país. É o inteiro Planeta Terra, feito *ethos*-casa comum.

> O urgente desafio de proteger a nossa casa comum inclui a preocupação de unir toda a família humana na busca de um desenvolvimento sustentável e integral, pois sabemos que as coisas podem mudar. O Criador não nos abandona, nunca recua no seu projeto de amor, nem se arrepende de nos ter criado. A humanidade possui ainda a capacidade de colaborar na construção da nossa casa comum (LS 13).

Um quarto e último eixo referencial nos remete às alianças e pactos que vão sendo construídos e demarcam ritos e marcos históricos. Esta é uma das grandes heranças de Medellín para a América Latina: a luta pela justiça e a legitimidade da luta pela libertação de todos os homens e mulheres que sofrem pelos processos de desumanização. Essa herança é expressa de forma concreta em um ritual muito presente nas assembleias, reuniões, movimentos juvenis, que são as cartas-compromisso. Elas expressam um pacto, uma aliança, uma orientação para as metas, propondo conversão das estruturas pastorais, econômicas, sociais, políticas, ambientais. São cartas-força dos movimentos, elas expressão a dinâmica de memória, história e continuidade do projeto comum.

Trazemos aqui trechos de algumas dessas cartas, a fim de nos sintonizarmos com a dimensão de aliança presente nesses documentos. Vale a pena ler com atenção, pois são reflexões proféticas que valem como compromissos orantes com toda a comunidade humana e ambiental.

Comprometemo-nos com a luta pela construção de uma democracia popular, que socialize com qualidade as terras, a água, a energia, os meios de comunicação, o acesso à saúde, à educação, à moradia, ao transporte. Com a luta pela soberania, porque os povos devem tomar seu país e sua história nas mãos, sem serem sujeitados pelo imperialismo ou outros poderosos. O desenvolvimento deve ser ambientalmente sustentável e estar voltado ao interesse do povo.

Com a prática permanente de solidariedade com todos os povos que sofrem e lutam. Com atenção especial para nossos *hermanos* latino-americanos, que carregam a mesma história de opressão e luta que nós (I Acampamento Nacional do Levante Popular da Juventude, 05/02/2012, Santa Cruz do Sul – RS).

Fizemos memória de nossas origens, desde a Ação Católica Especializada, o Concílio Vaticano II, as conferências de Medellín e Puebla, as Comunidades Eclesiais de Base e a caminhada da Pastoral da Juventude catarinense. Refletimos e aprofundamos o seguimento de Jesus Cristo e o compromisso com a construção do Reino de Deus. Provocados por nossa história e na fidelidade ao seguimento, nos debruçamos sobre a identidade e a espiritualidade da Pastoral da Juventude, reafirmando nosso jeito jovem de ser Igreja.

Iluminados por tudo que vivemos, partilhamos e reafirmamos:

• nossa Fé em um Deus trino, vivo, verdadeiro e libertador, que se fez jovem e pobre e caminha conosco, no anúncio e testemunho de outro mundo possível;

• nossa ousadia, resistência, compromisso e esperança no seguimento de Jesus, anunciando as bem-aventuranças e denunciando as injustiças e situações de morte;

• nossa opção preferencial pelos jovens empobrecidos e especialmente por causa destes, a defesa da vida plena para a juventude (PJ-SC, 18/11/2012).

Reconhecemos que a espiritualidade libertadora é um modo de viver, de expressar o apelo radical feito por Jesus quando assumiu a nossa humanidade. A espiritualidade deve nos levar à boa notícia da vida plena e abundante para todas as pessoas e toda a criação. Uma vida sem muros, sem as barreiras do individualismo, fundamentalismos e intolerâncias.

Com este espírito, com humildade e rebeldia amorosa, nos comprometemos a:

• denunciar e lutar contra o extermínio da juventude negra, pobre e periférica, configurado como verdadeiro genocídio;

- combater o capitalismo, o patriarcado e o machismo, que (des)estruturam a nossa casa-comum e destroem e ceifam as vidas de tantas mulheres e desumanizam os homens;
- sensibilizar e assumir a defesa de uma justiça socioambiental que garanta a vida do nosso planeta e de seus habitantes, assegurando os recursos naturais para as futuras gerações;
- engajar-se na luta pela justiça no campo, pela realização de uma reforma agrária popular, pela demarcação das terras indígenas e das terras ancestrais de quilombolas e outras comunidades tradicionais, como também pela integridade de suas culturas. Essas dimensões são fundamentais para evitar o genocídio destas populações;
- lutar contra todo tipo de atitude ou expressão de intolerância religiosa e assumir a profecia de uma vivência ecumênica que testemunhe o Mistério atuante na diversidade reconciliada (Carta de Fortaleza – I Encontro Nacional de Juventudes e Espiritualidade Libertadora, 01-04/05/2014).

Afirmamos que o atual modelo de desenvolvimento baseado na sociedade de consumo e na degradação ambiental está repleto de contradições. Essas contradições são produto do funcionamento normal desse desenvolvimento: o valor máximo da liberdade é propiciado pelo consumo, esquecendo a igualdade associada à solidariedade.

O que queremos ensaiar é a compreensão de Deus, não de maneira metafísica, em uma relação de comunhão, diversa e plural. Tomamos a ciranda, uma dança circular, como base. Nela estamos humanidade-criação-Deus.

Assim assumimos como nossos compromissos:
- Garantir e fortalecer o direito das pessoas de participar ativamente dos processos de construção de alternativas de desenvolvimento, através da valorização e fortalecimento de grupos e organizações já existentes, promovendo a ativa participação [dos feridos] pelo progresso e a articulação e atuação em redes.
- Potencializar as relações de gênero, interculturalidade e ecumenismo na construção da justiça socioambiental, valorizando a sabedoria da cultura popular, suas histórias e religiosidades, reconhecendo o eixo comum que une localmente o trabalho em prol da justiça socioambiental.
- Articular os espaços de nossas organizações para atuar em conjunto, favorecendo partilhas de experiências e incidência, através de seminários e encontros de troca de experiências, estimulando cursos de formação da base que priorizem como temas transversais, resiliência, reciclagem, relações de gênero e de gerações, sucessão vegetal e social. Formar redes com ações concretas integradas, fortalecendo as organizações da socie-

dade civil (Carta Compromisso com a Justiça Social, São Leopoldo – RS, 22/11/2012)[50]

Quanta aprendizagem! Quanta sabedoria vivida! Em Medellín: o chamado, a profecia, a convocação. Hoje, a juventude caminha nesses passos, em fidelidade e continuidade com o chamado que vem da comunidade eclesial, que vem da terra, dos povos em luta, dos corpos violados, dos rostos desfigurados, da esperança que não se deixa abater e renasce, revigorada e nutrida pela força da fé e dos sinais de vida presentes em toda a história.

A juventude, em suas palavras e gestos, faz profecia hoje. Somos hoje mais do que testemunhas dessa eclosão espiritual, social e política. Somos convocados à parceria solidária, ao exercício coletivo da cidadania, a aprendermos juntos novas formas de construção desse mundo que tanto desejamos, e que somos capazes de conquistar.

A Conferência de Medellín, como assembleia eclesial, assume o diagnóstico, o discernimento e as orientações para a transformação das estruturas que não corroboram para a justiça, a fraternidade e a dignidade dos povos. Fala sobre o mundo, de dentro do mundo e para o mundo. Projeta uma visão integral do ser humano, compreendido a partir de suas dimensões sociais, econômicas, políticas, espirituais. Convoca para a encarnação libertadora. "Vê, portanto, na juventude o contínuo recomeço e a persistência da vida, ou seja, uma forma de superação da juventude"(Med 5,10).

Essa vocação ecoa no coração da juventude atenta aos sinais dos tempos e ao desejo de vida plena que reside em cada coração e que é legítimo e inviolável. E aqui a juventude nos convoca, a todos os latino-americanos, a não apenas observarmos e diagnosticarmos; mas, a partir do discernimento espiritual e crítico, comunitário e propositivo, nos encarregarmos das estruturas humanas, ambientais, na direção do projeto do Reino de todos, de todas, de toda a criação.

> Na juventude, assim entendida, a Igreja descobre também um sinal de si mesma. Um sinal de sua fé, pois fé é a interpretação escatológica da existência, seu sentido pascal, e através dele, a "novidade que o Evangelho encerrado. A fé, anúncio do novo sentido das coisas, é a renovação e rejuvenescimento da humanidade (Med 5,10).

---

50. Promotores: Fundação Luterana de Diaconia (FLD), as Faculdades EST, o Conselho de Missão entre Indígenas (Comin), o Centro de Apoio ao Pequeno Agricultor (Capa), o Movimento Nacional de Catadores de Materiais Recicláveis (MNCR) e Secretaria Geral da Igreja Evangélica de Confissão Luterana no Brasil (IECLB). Organizações parceiras: Fórum Ecumênico ACT Brasil, Rede Nacional de Adolescente de Jovens Comunicadores e Comunicadoras, Clai Brasil, Obra Gustavo Adolfo, Rede Ecumênica da Juventude, Diaconia, Koinonia, Conselho Nacional da Juventude Evangélica, Ajuda da Igreja da Noruega, Igreja da Suécia, Federação Luterana Mundial, Conselho Mundial de Igrejas, EED.

Referências

BRIGHENTI, A. "O contexto de uma ousadia que continua fazendo o caminho: a propósito dos 40 anos de Medellín". *Pistis & Praxis*, vol. 1, n. 2, 2009.

CELAM. *Conclusões de Medellín*. São Paulo: Paulinas, 1970.

CORTINA, A. *Aliança e contrato* – Política, ética e religião. São Paulo: Loyola, 2008.

_____. *Cidadãos do mundo* – Para uma teoria da cidadania. São Paulo: Loyola, 2005.

_____. *Ética civil e religião*. São Paulo: Paulinas, 1996.

COSTA, R.F. *Ocupações secundaristas* [Disponível em: http://www.ihu.unisinos.br/556179-ocupacoes-secundaristas – Acesso em 25 de julho de 2017].

LIBANIO, J.B. "Desafios da Pós-modernidade à teologia fundamental". In: TRASFERETTI, J. & GONÇALVES, P.S.L. (orgs.). *Teologia na Pós-modernidade* – Abordagens epistemológica, sistemática e teórico-prática. São Paulo: Paulinas, 2003.

PAPA FRANCISCO. *Laudato Si'* [Disponível em: http://w2.vatican.va/content/francesco/pt/encyclicals/documents/papa-francesco_20150524_enciclica-laudato-si.html – Acesso: 28/04/2017].

5
A juventude em Medellín
Memória, desafios e perspectivas, 50 anos depois

Emerson Sbardelotti

Introdução

Na apresentação das *Conclusões* de Medellín, afirma-se que o documento final é fruto de um trabalho intenso, realizado na fecunda intimidade do Senhor Jesus; amadurecido nas jornadas fraternas de Medellín, onde o Espírito de Deus tornou patente sua ação iluminadora congregando toda a Igreja do continente ali representada e reunida. Nas palavras dos bispos: "um autêntico Pentecostes para a Igreja Latino-americana". E um pedido que na época era necessário; hoje, se faz urgente: "Agora é preciso assimilar o espírito, aprofundar as Conclusões, aplicar o resolvido". 50 anos depois, relendo e reinterpretando Medellín, procurando atualizá-lo para os dias atuais, é ter a responsabilidade de manter viva a chama da esperança. Apesar de todas as dificuldades e problemas, o Mestre de Nazaré continua no meio de nós, caminhando e incentivando cada passo.

A preocupação ainda continua a mesma: promover a vida humana. Indo adiante: defender a vida humana. Continua-se a lutar por justiça, paz, saúde, educação, fim da violência e do extermínio de jovens, de todas as cores, línguas e sotaques. É necessária uma revisão evangélica da Igreja para que de fato ela seja uma Igreja pobre para os pobres!

Em Medellín fica claro que somos todos: Povo de Deus!

Somos uma Igreja em saída, em diálogo constante e fecundo de amor, que olha para a juventude com carinho e deseja que ela rejuvenesça toda a Igreja fazendo-a ser novamente, inundada, pela profecia e pelo bem-viver; fazendo-a ser instrumento de cuidado com a Casa Comum, fazendo-a se abrir cada vez mais para a boa-nova trazida pela juventude, que segue os passos de Jesus de Nazaré, sua pedagogia e prática libertadora, com atitude samaritana e estética evangélica.

5.1 Contextualização

A partir da década de 1960, a imprensa latino-americana passou a noticiar o envolvimento de leigos e leigas, religiosos e religiosas, padres e bispos da Igreja Católica Apostólica Romana nas lutas populares, em protestos contra a ditadura militar, denunciando as prisões, as torturas, as mortes e sua mobilização na defesa de seus membros, perseguidos por suas atividades políticas. Muitos jovens se envolveram na luta por democracia e direitos humanos.

De 1960 a 1989, a Igreja se posiciona claramente ao lado dos pobres (sendo então muito perseguida e acusada de heresia e comunismo; sofrendo com as incompreensões por parte de seus próprios membros e por parte da Santa Sé que notificou e silenciou teólogos e teólogas, fechou seminários, dividiu dioceses e transferiu bispos considerados progressistas).

Para José Comblin, a Igreja latino-americana nasceu em Medellín. Antes disso era um apêndice da Igreja europeia:

> A Conferência de Medellín foi preparada quanto ao conteúdo profético pelo Pacto das Catacumbas – assinado por 40 bispos na Catacumba de Santa Domitila, no dia 16 de novembro de 1965. A maioria era do Terceiro Mundo. Desde a introdução, o Documento de Medellín define-se como palavra para o mundo. Em Medellín, os bispos olham para o mundo. Em Medellín, a Igreja vai descobri-la no homem latino-americano. O Documento de Medellín é profético. Em Medellín, tudo gira em torno da pobreza. Medellín não tinha medo da palavra "libertação". Usa-a muitas vezes sem nenhum adjetivo. Nos tempos de Medellín, a Teologia da Libertação ainda não existia. De certo modo, podemos dizer que a Conferência de Medellín fundou a Teologia da Libertação. Medellín não tem medo da palavra "justiça" – que aparece muitas vezes. As classes dirigentes não suportam a palavra justiça. Sentem-na como uma ofensa. A publicação do Documento de Medellín foi um grito profético, um apelo para que a Igreja percebesse qual era a sua tarefa na América Latina. A repercussão foi extraordinária (COMBLIN, 2008: 203-207).

Um grupo de bispos a emancipou da dependência passiva. Foram bispos profetas que despertaram uma Igreja sonolenta e fizeram com que ela encontrasse de novo o caminho do Evangelho:

> Aqueles bispos, pouco mais de quarenta, aos quais se somaram, nos dias seguintes, outros quinhentos, assumem o Concílio como um caminho de conversão e de compromisso pessoal com os pobres, seus sofrimentos, suas necessidades, suas lutas e esperanças. Não pregam para os outros, mas examinam a si mesmos e à sua Igreja. Assumem o propósito de ser

> pastores identificados com seu rebanho e querem que sua *Igreja* seja *servidora* e *pobre*. O que não foi possível alcançar no Concílio Ecumênico Vaticano II tornou-se realidade três anos depois na Conferência de Medellín (BEOZZO, 2015: 9).

Segundo Boaventura Kloppenburg (cf. 1968: 623-626), a ideia da II Conferência Geral do Episcopado da América Latina surgiu em 1965, em Roma, quando encerravam-se os trabalhos do Vaticano II. Dom Manoel Larraín, então presidente do Celam, sentia que era chegada a hora de reunir a Igreja latino-americana para adaptá-la mais objetiva e concretamente ao Espírito e às decisões do Concílio, como também às novas situações sociais, econômicas e religiosas do continente. Em novembro de 1967, em uma reunião em Lima, Peru, o Celam determinou o tema central da Conferência: *A Igreja na atual transformação da América Latina à luz do Concílio* (CELAM, 1969). Em janeiro de 1968, em Bogotá, reuniram-se bispos e peritos (BEOZZO, 1988: 771-805): A delegação brasileira para Medellín: 1) Bispos escolhidos durante a X Assembleia Geral da CNBB, reunida no Rio de Janeiro de 15 a 20 de julho de 1968: Dom Vicente Sherer – arcebispo de Porto Alegre (RS); Dom Agnelo Rossi – cardeal-arcebispo de São Paulo (SP); Dom Alberto G. Ramos – arcebispo de Belém (PA); Dom Helder P. Câmara – arcebispo de Olinda e Recife (PE); Dom José Newton de A. Batista – arcebispo de Brasília (DF); Dom Fernando Gomes – arcebispo de Goiânia (GO); Dom Vicente Zioni – arcebispo de Botucatu (SP); Dom José de Castro Pinto – bispo auxiliar do Rio de Janeiro (RJ); Dom José Maria Pires – arcebispo da Paraíba (PB); Dom Geraldo Penido – bispo de Juiz de Fora (MG). 2) Bispos participantes *ex-officio*, pelos cargos que desempenhavam no Celam: Dom Avelar Brandão Vilela – arcebispo de Teresina (PI) e presidente do Celam; Dom Lucas Moreira Neves – bispo auxiliar de São Paulo (SP), primeiro suplente que assumiu no lugar do Cardeal Rossi, cujo lugar já estava garantido por ter sido eleito presidente da CNBB; Dom Aloísio Lorsheider – bispo de Santo Ângelo (RS) – delegado da CNBB junto ao Celam e recém-eleito secretário-geral da CNBB; Dom Eugênio de Araújo Sales – administrador apostólico de Salvador (BA) e presidente do Departamento de Ação Social do Celam; Dom Cândido Padin – bispo de Lorena (SP) e presidente do Departamento de Educação do Celam; Padre José Ávila Coimbra – secretário executivo do Departamento de Ação Social. 3) Membros eleitos diretamente pelo Papa Paulo VI: Dom João Resende Costa – arcebispo de Belo Horizonte (MG); Dom Nivaldo Monte – arcebispo de Natal (RN); Dom Geraldo Fernandes – bispo de Londrina (PR); Dom José Freire Falcão – bispo de Limoeiro do Norte (CE); Dom Tiago Ryan – bispo de Santarém (PA), este nome consta da lista de Kloppenburg, mas não da lista da *Sedoc*; Dom José Gonçalves da Costa – bispo auxiliar do Rio de Janeiro (RJ) e até então secretário-geral da CNBB. 4) Um membro nomeado pelo Papa Paulo

VI, entre os seis representantes do clero diocesano admitidos na assembleia: Monsenhor José Maria Moss Tapajós, do clero do Rio de Janeiro (RJ). 5) Três membros da Conferência dos Religiosos do Brasil (CRB) que integravam a delegação da Clar: Padre Antônio Aquino, SJ; Padre Júlio Munaro – Camiliano; Frei Vital Wilderink, O. Carm. 6) Quatro peritos, dentre os 15 indicados para a Conferência: Padre José Marins; Padre Afonso Felipe Gregory; Frei Boaventura Kloppenburg, OFM; Marina Bandeira. No total, a delegação brasileira somava 30 pessoas, 29 homens e 1 mulher, dos quais quatro eram peritos, um secretário executivo do Celam, três religiosos, um sacerdote diocesano e 21 bispos. 25 entre eles tinham direito a voz e voto, compondo 19,23% dos 130 participantes com o mesmo direito. Entre os peritos, a participação brasileira passava de um quarto, mais exatamente 26,6%, especialmente convocados para um primeiro estudo mais aprofundado do tema e elaboração de um texto-base preliminar (cf. KLOPPENBURG, 1968: 431-461), que em junho daquele ano seria revisado. A Conferência de Medellín, inaugurada na Catedral de Bogotá, com um discurso feito pelo beato Papa Paulo VI, presente na capital colombiana por causa do 39º Congresso Eucarístico Internacional, continua sendo uma convocação para reexaminar a missão da Igreja frente às transformações globais daquele momento histórico da América Latina e do Caribe e o momento presente, passados 50 anos de sua realização.

Sinivaldo Silva Tavares relembra que Medellín tinha por escopo principal estender o clima e as intuições do Concílio Vaticano II ao mundo não europeu, neste caso, ao continente da esperança, assim como era descrito, na época, o continente latino-americano. A partir das angústias e das esperanças e dos anseios dos pobres do continente, a recepção criativa do Vaticano II, operada em Medellín conferiu densidade humana e evangélica às melhores intuições do Concílio. As sementes mais fecundas do Vaticano II encontraram nas terras latino-americanas um terreno fértil e após uma surpreendente floração, produziram seus melhores frutos (TAVARES, 2009: 27-52).

João Batista Libanio afirmará:

> A Conferência de Medellín – convocada pelo próprio Papa Paulo VI – pretendeu em um primeiro momento, ser a aplicação do Concílio Vaticano II às Igrejas da América Latina. Tal foi o desejo e proposta de Paulo VI, mas na realidade foi mais. Já não se viviam os anos de otimismo do tempo conciliar. Implantara-se no continente um capitalismo transnacional, apoiado pela ideologia desenvolvimentista. O mundo político incendiou-se com o surgimento de movimentos populares e estudantis, com a conscientização e organização dos sindicatos urbanos e rurais e, sobretudo, com movimentos revolucionários, uns clandestinos, outros a céu aberto. A Revolução Cubana exerce atração. Personagens simbólicos como Fidel Castro, Che Guevara, Camilo Torres e outras povoavam

o horizonte utópico, especialmente o dos jovens. Em contrapartida, a repressão militar e policial organizava-se, financiada interna e externamente pelos interesses burgueses, chegando a construir regimes de exceção, ditatoriais. Apoiavam-se na ideologia da segurança nacional. Sucederam-se golpes militares no Brasil (1964), na Argentina (1966) e no Peru (1968). Esse clima de tensão envolveu Medellín. No âmbito cultural, a pedagogia de Paulo Freire, a instalação de centros de cultura popular e os movimentos de educação de base alimentavam propostas revolucionárias. O clima mundial que explodiu na França em maio de 1968 favorecia na América Latina a esperança revolucionária até mesmo pela via armada. Reforçou-se a abertura social de João XXIII e do Concílio Vaticano II, defendendo-se a mística da Igreja dos pobres. As CEBs começaram a surgir no Nordeste do Brasil e depois em muitos outros lugares. Medellín rompeu nitidamente com a teologia apologética e clerical da Conferência do Rio e avançou para além do Concílio Vaticano II, ao interpretar, a partir da categoria socioteológica dos sinais dos tempos, a realidade social e eclesial do continente, especialmente o conflito entre opressão e libertação. Deixou de lado a tradição de mero ensinamento de verdades e prescrições morais. A pregação, a teologia e a prática da Igreja focalizaram a justiça social. Superou-se a concepção intimista do pecado, trabalhando a realidade do pecado social. Para conhecer a realidade social em vista de pastoral transformadora, lançou-se mão da metodologia do ver-julgar-agir a qual bebeu em duas fontes: na tradição da JEC, JUC e JOC, e na constituição pastoral *Gaudium et Spes* (LIBANIO, 2007: 21-24).

Podemos dizer que a Conferência de Medellín é de longe o salto qualitativo, o evento mais importante na história da Igreja na América Latina na década de 1960 na linha da promoção humana e justiça social. Nela encontram-se os três pontos básicos da originalidade da Igreja dos pobres na América Latina: 1) opção pelos pobres; 2) comunidades eclesiais de base; e 3) espiritualidade, pastoral e Teologia da Libertação.

Em uma visão sintética do fenômeno juvenil, Hilário Dick afirma que a década de 1960 é o período do qual mais se fala em termos de juventude. Destacam-se no ano de 1968 as revoltas de estudantes nos Estados Unidos, na França; o massacre dos estudantes no México, um pouco antes da realização das Olimpíadas; a "Primavera de Praga", com as reformas políticas sendo brutalmente sufocadas pelos tanques soviéticos e a guerra estúpida do Vietnã. Essa guerra tornou-se, aos olhos da juventude, verdadeiro exemplo de resistência, despertando o espírito de solidariedade internacional. Nela morreram 1,2 milhão de civis e militares. A idade média dos soldados americanos mortos era de 19 anos. Deu-se o assassinato de Martin Luther King nos Estados Unidos. 1968 foi o ano da ousadia, da recusa dos partidos políticos tradicionais, com forte distanciamento da política oficial, recusa do mundo da mercadoria e dos valores burgueses opressivos, e também recusa do marxismo burocratizado praticado na União Soviética. A morte do estudante Edson Luís, em 28 de março, foi suficiente para, em meio à repressão, haver grandes marchas de protesto, especialmente no Rio de Janeiro (DICK, 2003: 243-248).

O Celam (1997: 81), atento aos sinais dos tempos na América Latina, aumentou sua participação na animação e consolidação de uma proposta de pastoral da juventude para todo o continente, dedicando, no Documento de Medellín, o n. 5 à juventude (fase do ciclo de vida em que se concentram os maiores problemas e desafios, porém, é a fase de maior energia, criatividade, generosidade. A idade adotada no Brasil para este período vai dos 15 aos 29 anos).

Foi a primeira vez que a Igreja produziu um documento oficial sobre essa temática. Medellín foi assim uma força geradora e renovadora de um projeto e processo de pastoral da juventude, que é a ação organizada da Igreja para acompanhar os jovens e descobrir, seguir e comprometer-se com Jesus de Nazaré, sua pedagogia e prática libertadora, a fim de que, transformados em seres humanos novos, e integrando sua fé e sua vida, se convertam em protagonistas da construção da civilização do amor. É a expressão concreta da missão pastoral da Comunidade Eclesial de Base no que tange à evangelização da juventude. É uma boa-nova para a Igreja e uma proposta de transformação para as pessoas e para a sociedade. A PJ vem sofrendo com ataques e difamações por parte de setores conservadores da Igreja, mas se mantém firme nos ensinamentos de Medellín e na missão de sair, indo ao encontro das ovelhas e ter o cheiro delas, como bem pede o Papa Francisco, que deve ser revisitado, retomado, refundado em toda a América Latina.

5.2 A juventude em Medellín

1968 foi um ano carregado de significados e de mensagens na América Latina e no restante do mundo. Foi o ano em que coisas impossíveis de repente pareciam possíveis. Foi o ano das revoluções juvenis nos Estados Unidos e na Europa; na verdade, mais sociodramas do que revoluções, porém, profundamente questionadoras da sociedade estabelecida, acabaram por destruir a tranquila consciência ingênua das burguesias. Esta irrupção da juventude fez com que a sociedade ficasse dividida entre a burguesia repressiva, apoiada por uma maioria silenciosa que quer segurança, e todos os que queriam uma sociedade realmente justa e fraterna. Esse fervilhar de emoções e reações chegou à América Latina com seus significados e mensagens influenciando a II Conferência e o documento final. Era o último ano da euforia conciliar, o ano de todas as esperanças. Na América Latina, era o ano do fim das democracias, o ano dos golpes militares (a América Latina tinha 268 milhões de habitantes, 70% eram jovens;

60% dos países estavam sob ditaduras militares, que destruíam seus opositores, na maioria, jovens).

1968 foi o último ano antes do cativeiro latino-americano. Após a II Conferência, aos 13 de dezembro, foi editado o Ato Institucional 5 (AI-5) no Brasil, que acabaria com toda e qualquer liberdade de expressão no país. O Congresso Nacional foi fechado. Em nome da censura e da Lei de Segurança Nacional muitas lideranças juvenis foram exterminadas e seus corpos nunca foram encontrados para que as famílias pudessem dar um enterro digno. A juventude foi considerada um dos principais inimigos do regime. Qualquer crítica era considerada como subversão e o acusado era imediatamente punido.

No Documento de Medellín a temática da juventude aparece como 5º tema dentro da primeira parte: Promoção humana. A metodologia é o ver-julgar-agir, utilizada também na *Gaudium et Spes*: onde se parte da realidade, se reflete sobre ela à luz da fé e se propõem linhas de ação. Com o passar dos anos acrescentam-se ao método mais três momentos-passos: rever-celebrar-sonhar. Depois de partir, se refletir e propor linhas de ação na realidade, é o momento de rever a caminhada; celebrar tudo o que aconteceu e o que virá a acontecer e manter vivo o sonho por uma sociedade mais justa e fraterna. A temática é original, pois possui a definição do despertar da juventude como um corpo social novo querendo se afirmar, com sonhos, alegrias e virtudes. Não mais dependente de outros corpos sociais (família, escola, Igreja e o ambiente de trabalho).

O Instituto Teológico Pastoral do Celam afirma:

> A juventude constituiu o grupo mais numeroso da sociedade latino-americana. A mudança cultural e social a afetou profundamente. A juventude forma hoje uma espécie de unidade dentro da sociedade. Antigamente estava presente nos diversos organismos sociais: família – centros docentes e de trabalho. Chegava-se a eles através das instituições dirigidas por adultos. Agora a juventude se apresenta como um novo corpo social, com suas próprias ideias e valores e seu próprio dinamismo interno, buscando novas responsabilidades e novas funções dentro da comunidade latino-americana. Vive numa época de crises e mudanças, que provoca conflitos entre as diversas gerações. Os jovens rejeitam a imagem do mundo que foi plasmada pelos mais velhos por considerar inautêntico seu estilo de vida. Esta rebeldia cresce cada vez mais. A juventude deseja criar novas soluções para uma sociedade mais justa (ITP-CELAM, 1993) [Tradução livre].

Tais palavras ainda hoje possuem o sabor da novidade que é comum à juventude: liberdade, rebeldia, irreverência, espontaneidade, vontade de conhecer o diferente, experimentar as mudanças que ocorrem com seu próprio corpo e ao seu redor, quer fazer o acontecer da utopia de uma sociedade mais justa e fraterna. Esse dinamismo foi sentido por aqueles que estavam em Medellín, e chegou aos grupos de jovens espalhados por toda a América Latina e Caribe nos anos posteriores, formando uma pastoral da juventude forte e profética. Muitos jovens se tornaram lideranças em diversos estratos sociais; porém poucas lideranças continuaram com o serviço pastoral. Mesmo assim, a profecia não se curvou frente à realidade opressiva imposta.

No Documento de Medellín o tema da juventude está organizado em três seções: 1) Situação da juventude; 2) Critérios básicos para uma orientação pastoral; 3) Recomendações pastorais (com respeito à juventude em geral; com respeito aos movimentos de jovens). Infelizmente, não temos como nos aprofundar em cada uma das seções, mas apontaremos aqueles pontos que chegaram até nós, 50 anos depois, como profecia viva, inquietante e provocadora, que não nos deixa dormir em paz.

5.2.1 Situação da juventude

Medellín destaca:

> A juventude vive uma época de crise e de mudanças que são causa de conflitos entre as diversas gerações. Conflitos que estão exigindo um sincero esforço de compreensão e diálogo, tanto da parte dos jovens quanto dos adultos. Trata-se de uma crise que atinge tudo e, ao mesmo tempo que produz um efeito purificante, traz também, não raro, a negação de grandes valores.
> Os jovens são mais sensíveis que os adultos aos valores positivos do processo de secularização. Esforçam-se por construir um mundo mais comunitário que, talvez, vislumbrem com mais clareza que os antepassados. Estão mais abertos a uma sociedade pluralista e a uma dimensão universal da fraternidade.
> Frequentemente os jovens identificam a Igreja com os bispos e sacerdotes. Por não os termos chamado a uma plena participação da comunidade eclesial, não se consideram pessoalmente Igreja. A linguagem ordinária de transmissão da Palavra (pregação, escritos pastorais etc.) lhes é muitas vezes estranha e por isso não tem nenhuma repercussão em suas vidas. Esperam que os pastores não só divulguem princípios doutrinais, mas também os corroborem com atitudes e realizações concretas (Med 5,2-5).

Para a CNBB (cf. 2007: 15-23), os jovens de hoje e a Igreja são influenciados diretamente pelos impactos da Modernidade e da Pós-modernidade: subjetividade, novas expressões da vivência do sagrado e a centralidade das emoções.

A evangelização da juventude exige, portanto, uma atualização permanente do conhecimento da dinâmica de sua subjetividade. O ideal de construir um mundo melhor foi sendo substituído por uma preocupação com os sentimentos, com o próprio corpo, com a confiança e a autoestima, enfim com as necessidades pessoais. O perigo de viver para suprir as necessidades pessoais na busca de sensações e emoções passageiras é fortalecer a cultura do descartável, imediatista e individualista.

Muitos jovens, mesmo dentro da Igreja, não se envolvem com as equipes, com as pastorais, com os serviços; outros jovens buscam razões para viverem sem a Igreja.

Hoje se exalta e acentua a emoção, em contrapartida há um esvaziamento intelectual, uma falta de consciência crítica e de um compromisso transformador conduzindo a juventude para uma infantilização da fé, em alguns casos para o fundamentalismo e fanatismo religioso.

Para o Celam (cf. 2013: 87), a juventude inicia um novo caminhar, convidando para uma compreensão, escuta e aproximação comprometida com o ser jovem na América Latina e no Caribe, com a busca constante pelo reconhecimento do juvenil como novidade, por meio da música, dos símbolos, das linguagens, dos modismos, da corporalidade, das crenças, dos ideais, da fé. A juventude latino-americana não quer mais ser invisível. Quer ser reconhecida no mundo em que todas as decisões importantes estão nas mãos das pessoas adultas.

O documento preparatório para o Sínodo dos Bispos, que acontecerá em outubro de 2018 entende que:

> Os jovens não se percebem como uma categoria desfavorecida ou um grupo social a ser protegido e, consequentemente, como destinatários passivos de programas pastorais ou de escolhas políticas. Não são poucos dentre eles os que desejam ser parte ativa dos processos de mudança do presente, como confirmam as experiências de ativação e inovação a partir da base que veem os jovens como principais, talvez únicos, protagonistas (SÍNODO DOS BISPOS, 2017: 22).

5.2.2 Critérios básicos para uma orientação pastoral

Medellín destaca:

> A Igreja vê na juventude a constante renovação da vida da humanidade e nela descobre um sinal de si mesma: "a Igreja é a verdadeira juventude no mundo".
> Com efeito, vê na juventude o contínuo recomeço e a persistência da vida, ou seja, uma forma de superação da morte. Isso não só tem um sentido biológico, mas também sociocultural, psicológico e espiritual. A juventude está, pois, chamada a ser uma perene "reatualização da vida".
> Na juventude assim entendida, a Igreja descobre também um sinal de si mesma. Um sinal de sua fé, pois a fé é a interpretação escatológica

da existência, seu sentido pascal, e nele a "novidade" que o Evangelho encerra. A fé, anúncio do novo sentido das coisas, é a renovação e o rejuvenescimento da humanidade. A juventude é um símbolo da Igreja chamada a uma constante renovação de si mesma, ou seja, a um incessante "rejuvenescimento" (Med 5,10-12).

A Igreja precisa ser a comunidade a serviço do Reino de Deus, continuadora da missão libertadora de Jesus de Nazaré. A Igreja é feita de mulheres e homens pecadores, que erram e acertam; por isso ela tem necessidade de conversão permanente. Guiada pelo Espírito Santo, ela vai descobrindo na história do povo o seu melhor jeito de ser em cada tempo, sendo assim, fiel à missão que lhe foi confiada: "que todos tenham vida e a tenham em abundância" (Jo 10,10).

5.2.3 Recomendações pastorais

Medellín destaca:

> Adotando uma atitude francamente acolhedora para com a juventude, a Igreja saberá discernir os aspectos positivos e negativos que no momento apresenta.
> Por um lado, quer atentamente auscultar as atitudes dos jovens que são manifestações dos sinais dos tempos: a juventude anuncia valores que renovam as diversas épocas da história; a Igreja quer aceitar a juventude em seu seio e em suas estruturas com alegria, e promovê-la a uma ativa participação das tarefas humanas e espirituais.
> Por outro lado, em consonância com os desejos de sinceridade que mostra, a juventude deverá ser chamada a um constante aprofundamento de sua autenticidade e a uma autocrítica de suas próprias deficiências, apresentando-se-lhe os valores permanentes para que sejam por ela reconhecidos.
> Tudo isto demonstra a sincera vontade da Igreja de adotar uma atitude de diálogo com a juventude (Med 5,13).

O diálogo, o respeito e o encontro são posturas essenciais herdadas pela PJ enquanto comunidade de irmãos e irmãs, enquanto Igreja em saída. Nesta perspectiva o Papa Francisco conclama:

> Nunca percam a esperança e a utopia, vocês são os profetas da esperança, são o presente da sociedade e da nossa amada Igreja, e sobretudo são os que podem construir uma nova civilização do amor. Joguem a vida por grandes ideais. Apostem em grandes ideais, em coisas grandes; não fomos escolhidos pelo Senhor para coisinhas pequenas, mas para coisas grandes!" (FRANCISCO, 2017).

5.3 Memória, desafios e perspectivas

"A Pastoral da Juventude é a maior escola de formação de lideranças da Igreja". A afirmação é de Dom Vilson Basso, SCJ, da Comissão Episcopal Pastoral para a Juventude da CNBB. Foi assessor nacional da Pastoral da Juventude do Brasil, no Setor Juventude da CNBB, de março de 1994 a fevereiro de 1998. Bispo da Diocese de Imperatriz, no Maranhão. Exaltando a caminhada da Pastoral da Juventude em mais de 40 anos de serviços prestados à Igreja no Brasil, feita na abertura do 11º Encontro Nacional da Pastoral da Juventude ocorrido na cidade de Manaus, no Amazonas, em janeiro de 2015. Nesse encontro, o Papa Francisco enviou uma mensagem singela, cheia de amor e de esperança, motivando a PJ a se deixar moldar pelo modo de ser do Mestre de Nazaré:

> Meus queridos e minhas queridas jovens, tenho muita esperança em vocês que dão testemunho com as suas vidas desse Cristo libertador. Esse Cristo que "olhou o jovem com misericórdia e o amou", a Igreja também ama vocês, e por isso peço-lhes que não se deixem abater pelas coisas que possam chegar ao ouvido da juventude. Em todo tempo histórico se falou pejorativamente dos jovens, mas também em todo tempo foi essa mesma juventude que dava testemunho de compromisso, fidelidade e alegria (FRANCISCO, 2017).

31 anos atrás, o Estudo 44 da CNBB (1986: 10) dizia que os documentos de Medellín e Puebla apontam os jovens como *agentes importantes na transformação da sociedade e renovação da Igreja*, porque suas vidas moldam a face do mundo de hoje e de amanhã. O texto advertia que nenhuma instituição ou governo pode ignorar as aspirações da juventude por um mundo de justiça e oportunidade nem deixar de escutar o que dizem. Todo esforço para formar uma juventude sadia corresponde à revitalização do corpo social. Continuam válidas todas estas palavras, até porque a juventude não é um corpo estático na Igreja, ela evolui, mesmo quando as aparências mostram uma involução da Igreja, ou uma guinada para um cenário de Igreja hierárquico, fanático e fundamentalista. A juventude que, nos grupos de base, na militância, na assessoria e no acompanhamento, participa ativamente da Pastoral da Juventude se apresenta hoje como grande desafio para a Igreja e sua forma de pensar pastoralmente; pois, em vários momentos de sua história, precisou se posicionar em lado oposto ao da hierarquia, de lideranças e do senso comum da maioria das pessoas que não se comprometem com uma dimensão sociopolítica da fé, mas que participam das paróquias e da sociedade em geral, se mantendo, contudo, segundo sua experiência profunda do Deus da vida, fiel ao Evangelho.

O Celam (1987: 79) recorda que o Reino de Deus é a Terra Prometida, onde se vive a comunhão com Deus, com os irmãos e com as coisas. A experiência do encontro com Jesus, com seu estilo de vida, com sua pessoa, permite reproduzir formas novas da história do cristianismo. O seguimento de Jesus produzirá em nós vida nova para reconstruir hoje a Igreja como proposta do Reino de Deus para uma ordem nova. Os traços da pessoa de Jesus inspirarão, inspira e inspirará à PJ o aprendizado que consiste no seguimento de Cristo no caminho do tornar-se discípulo, a fim de poder discernir na vida de cada dia a melhor forma de evangelizar no mundo hodierno. A pessoa de Jesus de Nazaré é a evangelização do Reino.

A CNBB destaca que a evangelização dos jovens terá sucesso à medida que *responda globalmente às necessidades e aspirações dos mesmos*. É importante que o anúncio evangélico e a formação integral não sejam realizados *apenas de forma abstrata*, mas dentro de um contexto vivencial e por meio de paciente e constante acompanhamento (cf. CNBB, 1986, n. 47).

O Marco Referencial da Pastoral da Juventude no Brasil (cf. CNBB, 1998: 80-81) coloca alguns desafios para evangelizar os jovens, que por conta da atual realidade brasileira, devem ser levados em consideração:

> 1) Como potencializar em todos os sentidos (pessoal, social e religioso) a sociabilidade da juventude e canalizá-la para a vivência do testemunho cristão?
> 2) Como canalizar esse valor da juventude para humanizar as relações de trabalho, a convivência social e a organização da sociedade global?
> 3) Como utilizar a força de viver em grupo dos jovens para realizar melhor sua formação humana e cristã?
> 4) Como tornar a família e a escola comprometidas com a formação ética, moral e religiosa dos jovens?
> 5) Como utilizar todos os recursos tecnológicos disponíveis para o trabalho de formação da juventude?
> 6) Como ajudar os jovens a serem mais críticos e mais ativos na escolha e no uso das opções culturais da atualidade?
> 7) O que fazer para engajar os jovens nas lutas sociais e nos movimentos de defesa da cidadania?
> 8) Como despertar os jovens para assumirem um papel ativo na vida política da cidade, do Estado e do país?
> 9) Como levar os jovens a uma experiência profunda e comunitária de Deus e da vida cristã?
> 10) A ética e a moral sexual, apontadas pela Igreja para a vida das pessoas, estão formuladas de maneira a incentivar e despertar a adesão dos jovens?

50 anos depois, podemos afirmar, com pesar, que pouco se avançou na construção da sociedade justa e fraterna e na civilização do amor. Até mesmo onde se avan-

çou, houve retrocessos. É preciso relembrar sempre que é preocupante a crescente onda de fanatismo e fundamentalismo em setores da Igreja que se colocam contrários à ideia de uma Igreja dos pobres, à Teologia da Libertação e, por isso, à PJ.

No entanto, há pistas pastorais que nascem de uma atenciosa leitura das *Conclusões* de Medellín e dos estudos e documentos do Celam e da CNBB: 1) Voltar às fontes: apresentar a quem está chegando na caminhada a opção pelos pobres já assumida em Medellín e a opção pelos jovens feita em Puebla. 2) Voltar às bases para fortalecer os grupos de jovens que estão nas comunidades. 3) Atualizar o axioma *"Jovens evangelizando outros jovens"*, usando instrumentos pedagógicos atuais de acordo com cada realidade. 4) Criar uma ponte entre assessores que estão nas paróquias e assessores que estão em outras instâncias e que optaram radicalmente pelo serviço à juventude; todos devem ajudar. 5) Manter viva a chama da Teologia da Libertação a partir da opção pelos pobres. 6) Trabalhar a pedagogia, a prática libertadora, a centralidade de Jesus de Nazaré no processo de educação da fé. 7) Não deixar a profecia cair.

Sonhar não custa nada, ou quase nada; já diria um famoso e vencedor samba-enredo da Mocidade Independente de Padre Miguel de 1992, ano da primeira Campanha da Fraternidade sobre a Juventude: *Juventude*: *caminho aberto!* Sonhar faz parte da vida da juventude. Quando a juventude perde a capacidade de sonhar, perde a alegria, a esperança em dias melhores. *Sonhar*, portanto, é a palavra-verbo que completaria o método *ver-julgar-agir-rever-celebrar*, pois reinicia todo o processo, possibilitando a quem esteja utilizando-se dele melhorá-lo e não cometer tantos erros no percurso. *Sonhar é a melhor parte do viver*! (TAVARES, 2007: 76).

O Celam recorda que Deus fez os jovens, na história, portadores de boas notícias para seu povo: Gedeão, Davi, Ester, Jeremias... Maria, escolhida para ser a mãe de Jesus, que nos deu o que Ele é pessoalmente no Evangelho. Jesus de Nazaré chama os jovens para serem os evangelizadores do mundo juvenil, possibilitando situarem suas vidas no processo da história da salvação, construindo um projeto de vida coerente e pleno. O Celam incentiva o jovem a ser evangelizador do jovem; a despertar novas lideranças proféticas; a ter um claro projeto de libertação; a fazer e renovar sempre a opção pelos pobres e pelos jovens; a ter fome de Deus, mas nunca de pão (CELAM, 1987: 123).

Considerações finais

A Pastoral da Juventude afirma:

> Quando, em 1968, nas terras deste continente, em Medellín, a Igreja se reunia para apropriar-se daquela fonte de riqueza que o Espírito soprou para a Igreja no Concílio, "os olhos se abriram" e nós, como Igreja, en-

xergamos muitas situações onde o Reino de Deus necessitava ser anunciado e (enxergamos) milhões de pessoas que necessitavam reconhecer o Deus de Jesus que é amor incondicional, um amor que precisava ser anunciado e, neste anúncio, reconhecer todas as situações onde não se reconhece esse Amor, também no mundo juvenil.

[...] Era urgente que aqueles que desejavam, no seguimento a Jesus, anunciar boas notícias para esta juventude, como pastoral, se colocassem na mesma atitude de Jesus, aquele que cuida, buscando seguir o caminho do Mestre. Converter é mudar de caminho, ou seja, entrar no caminho do Mestre, não para anunciar aos jovens uma proposta pronta, ou estruturas e organizações já arrumadas, mas ajudá-los para que se organizem, na ação, preparando discípulos no estudo da Palavra, na pertença à comunidade e, na vivência e anúncio do Reino a partir da vida cotidiana. Foi assim que surgiu a Pastoral da Juventude no continente... A memória desse caminho, com sua pedagogia, está registrada desde Medellín, expressão do Concílio Vaticano II traduzido para a Igreja da América Latina. Essa memória nos conta que esse caminho se faz a partir dos jovens, isto é, do seu contexto, da sua realidade mais ampla, onde a ação toca nas estruturas de poder, que é expressão de vida para totalidade, assim como Deus desejou e nos criou para sermos felizes (PJ, 2012: 160-162).

É preciso avaliar continuamente a metodologia e o conteúdo da mensagem enviada para cada jovem nos diversos grupos de base, em todas as paróquias e dioceses brasileiras e no continente, a fim de que seja de fato uma resposta libertadora e transformadora da realidade em que está inserida a juventude.

É bom não ter medo de conhecer, aprofundar e se apoderar da Teologia da Libertação. Ela é teologia da Igreja, de uma Igreja dos pobres que, na América Latina e no Caribe, germinou a partir de Medellín. É preciso reler e rezar Medellín, que completa 50 anos. Ler com os olhos dos pobres e de Deus o que aquelas *Conclusões* ainda hoje podem dizer para os grupos de base da PJ.

Praticar a opção pelos pobres e a opção pelos jovens, atualizando-as na vida de cada jovem hoje!

Lembrar do que diz a CNBB: "A juventude será força de renovação da Igreja e da sociedade na medida em que se integrar com outros setores, mesmo não eclesiais, que visem promover os valores do Reino de Deus" (1986, n. 129).

Reassumir com maior entusiasmo os eixos que norteiam a Pastoral da Juventude: 1) formação; 2) ação; 3) espiritualidade; 4) articulação. A formação visa a desencadear um processo formativo que integre a ação pastoral com base em uma organização que torne os jovens protagonistas da sua caminhada levando-os a vivenciar uma espiritualidade mais encarnada (PJ, 2012: 70-71). As ações da PJ são desenvolvidas nas comunidades, paróquias, dioceses e regionais; descobrindo o valor das parcerias com as equipes de crisma, pastoral vocacional, juventude missionária, outras pastorais sociais e as CEBs. Cada vez mais os jovens se inserem nos espaços políticos e se organizam em redes. A Bíblia, a liturgia e os sacramentos são fontes inesgotáveis do mistério de Deus. A PJ tem favorecido espaços para a formação bíblico-litúrgica, missas da juventude, romarias, caminhadas, ofício divino. Reconhecidamente, essa é uma das pastorais mais organizadas do país. E árvore que dá muitos bons frutos, mas leva pedrada de todos os cantos!

A história não se repete. Ela evolui. O importante é que o jovem aprenda a viver com imensa alegria e vontade todos os momentos oferecidos, celebrando cada conquista, cada vitória e também cada tropeço e derrota. Sem nunca esquecer para onde se está caminhando:

> Queremos despertar os jovens para a pessoa e a proposta de Jesus Cristo e desenvolver com eles um processo global de formação baseado na fé, para formar líderes capacitados para agir na comunidade, atuar na própria PJ, em outros ministérios da Igreja e em seu meio específico, comprometidos com a libertação integral do ser humano e da sociedade, levando uma vida de comunhão e participação, de modo que contribuam concretamente com a construção da civilização do amor (PJ, 2012: 34).

Referências

BEOZZO, J.O. *Pacto das Catacumbas* – Por uma Igreja servidora e pobre. São Paulo: Paulinas, 2015.

_____. "Medellín: Vinte Anos Depois (1968-1988) – Depoimentos a partir do Brasil". *REB,* 48, 192, 1988, p. 771-805.

CELAM. *Civilização do amor: projeto e missão* – Orientações para uma pastoral juvenil latino-americana. Brasília: Edições CNBB, 2013.

_____. *Civilização do amor: tarefa e esperança* – Orientações para a Pastoral da Juventude Latino-Americana. São Paulo: Paulinas, 1997.

_____. *Pastoral da Juventude* – Sim à civilização do amor. São Paulo: Paulinas, 1987.

_____. *A Igreja na atual transformação da América Latina à luz do Concílio* – Conclusões de Medellín. 5. ed. Petrópolis: Editora Vozes, 1969.

CNBB. *Marco referencial da pastoral da juventude do Brasil.* 2. ed. São Paulo: Paulus, 1998 [Estudos da CNBB, 76].

_____. *Pastoral da Juventude no Brasil*. São Paulo: Paulinas, 1986 [Estudos da CNBB, 44].

COMBLIN, J. *A profecia na Igreja*. São Paulo: Paulus, 2008.

DICK, H. *Gritos silenciados, mas evidentes* – Jovens construindo juventude na História. São Paulo: Loyola, 2003.

"Documentos para a presença da Igreja Pós-Conciliar na América Latina". *REB*, 28/2, 1968, p. 431-461.

FRANCISCO. *Mensagem à juventude reunida no XI Encontro Nacional da Pastoral da Juventude em Manaus*. 2017 [Disponível em: http://www.pj.org.br/blog/enpj-recebe-carta-papa-francisco/ – Acesso em 07/07/2017].

INSTITUTO TEOLÓGICO PASTORAL DEL CELAM. *25 años de la Conferencia de Medellín 1968-1993* – Separata especial Medellín. Santa Fé de Bogotá: CELAM, n.76, vol. XIX, p. 9, dic., 1993.

KLOPPENBURG, B. "A Segunda Conferência Geral do Episcopado Latino-Americano". *REB*, 28/3, 1968, p. 623-626.

LIBANIO, J.B. *Conferências gerais do episcopado latino-americano* – Do Rio de Janeiro a Aparecida. São Paulo: Paulus, 2007.

PASTORAL DA JUVENTUDE. *Somos Igreja jovem* – Pastoral da Juventude: um jeito de ser e fazer. Brasília: FTD, 2012.

SÍNODO DOS BISPOS. *Os jovens, a fé e o discernimento vocacional* – Documento preparatório com questionário anexo com carta do Papa Francisco aos jovens. São Paulo: Paulinas, 2017.

TAVARES, E.S. *Utopia poética*. São Leopoldo: Cebi, 2007.

TAVARES, S.S. "Aparecida e o legado de Medellín – Trajetórias e perspectivas". *REB*, 69, n. 273, 2009, p. 27-52.

Parte III
Evangelização e crescimento na fé

1
Pastoral popular
Com ênfase na caminhada das CEBs

Benedito Ferraro

Introdução

Retomar Medellín após 50 anos e manter viva sua memória é um convite a refletir sobre o contexto que o gerou, para que se possa fazer sua atualização e apontar perspectivas e prospectivas que estejam em sintonia com os objetivos do Concílio Vaticano II, como também, não sem ambiguidades, retrocessos, avanços, com os objetivos presentes em Puebla (1979), Santo Domingo (1992), Aparecida (2007) e aproximando o texto de Medellín das palavras e ações presentes na vida e na missão do Papa Francisco.

O documento sobre a pastoral popular (Med 6) indica que se vivia, neste momento, um processo de transformação cultural e religiosa devido à explosão demográfica, às migrações internas e às modificações socioculturais, sem excluir as transformações econômicas e políticas presentes nos documentos sobre justiça e paz. Na verdade, a recepção criativa do Concílio Vaticano II, retoma o fio condutor da *Gaudium et Spes*, anunciando que

> As alegrias e esperanças, as tristezas e angústias dos homens e mulheres de hoje, sobretudo dos pobres e de todos os que sofrem, são também as alegrias e esperanças, as tristezas e angústias dos discípulos de Cristo. Não se encontra nada verdadeiramente humano que não lhes ressoe no coração (GS 1). [...] A fé, com efeito, esclarece todas as coisas com luz nova. Manifesta o plano divino sobre a vocação integral do ser humano. E por isso orienta a mente para soluções plenamente humanas (GS 11).

Na mesma orientação do Vaticano II, Medellín indica que a fé se relaciona com todas as dimensões da vida, buscando oferecer sua contribuição para que os homens e mulheres da América Latina e Caribe possam encontrar caminhos de libertação que possibilitem vida digna para os filhos e filhas de Deus. Medellín respira um ar de renovação advinda de vários setores da Igreja e também da sociedade. Bebe do mesmo contexto do Vaticano II. Liga-se com o Movimento Bíblico, com o Movimento Litúrgico, com a renovação teológica da eclesiologia, articula-se com a Ação Católica, especialmente, em seus diversos ramos juvenis: Juventude Agrária Católica (JAC), Juventude Estudantil Católica (JEC), Juventude Independente Católica (JIC), Juventude Operária Católica (JOC), Juventude Universitária Católica (JUC), com a renovação da Doutrina Social da Igreja no diálogo Igreja-mundo. Assume o método ver-julgar-agir presente na *Mater et Magistra* (1961) de João XXIII:

> Para levar a realizações concretas os princípios e as diretrizes sociais, passa-se ordinariamente por três fases: estudo da situação; apreciação da mesma à luz desses princípios e diretrizes; exame e determinação do que se pode e deve fazer para aplicar os princípios e as diretrizes à prática, segundo o modo e no grau que a situação permite ou reclama. São os três momentos que habitualmente se exprimem com as palavras seguintes: "ver-julgar agir". Convém, hoje mais do que nunca, convidar com frequência os jovens a refletir sobre esses três momentos e a realizá-los praticamente na medida do possível. Desse modo, os conhecimentos adquiridos e assimilados não ficarão, neles, em estado de ideias abstratas, mas torná-los-ão capazes de traduzir na prática os princípios e as diretrizes sociais (MM 235-236).

Na América Latina e Caribe, seguindo o espírito das transformações no interior da Igreja, nota-se também um processo de valorização da participação do povo na Igreja e na sociedade, mediante processos de evangelização que buscam superar a pastoral de conservação e que precedem e, ao mesmo tempo, ajudam a preparar o Concílio Vaticano II. No Brasil, podemos nomear a experiência de catequese popular de Barra do Piraí (1956), o Movimento de Natal (1948-1963), a Experiência Pastoral de Nízia Floresta, o Movimento de Ação Católica Brasileira a partir de 1950, ao adotar o modelo belga, canadense e francês da Ação Católica Especializada, o Movimento de Educação de Base, na Diocese de Natal, especialmente a partir de 1963-1964, com sua aproximação ao Método de Paulo Freire, os Planos de Pastoral da CNBB – Plano de Emergência (1963) e *Plano de pastoral de conjunto* (1966-1970) (cf. TEIXEIRA, 1988: 56-126). Essa dinâmica iniciada antes do Concílio Vaticano II (1962-1965) e vivenciada após, colaborou no crescimento de muitas experiências pastorais no meio popular e legitimou aquelas que necessitavam de um maior apoio institucional. Este processo estava em consonância com a afirmação do texto da Pastoral popular (Med 6) que indica a tendência de uma vivência comunitária e que desemboca na constituição das comunidades cristãs de base (cf. Med 15,10) e, posteriormente, conhecidas como comunidades eclesiais de base (CEBs).

Em relação à sociedade, na América Latina e Caribe, a Revolução Cubana (1959) acendeu uma chama na luta pela implantação da justiça nas relações sociais e paz entre os países com base nos direitos fundamentais da pessoa humana. Porém, por medo que esta revolução pudesse influenciar e orientar os outros países na sua direção, os Estados Unidos apoiaram os golpes de Estado pelos militares: na Argentina (1962), no Brasil (1964), no Peru (1968) e, pouco mais tarde, no Uruguai e no Chile (1973), na República Dominicana (1978), na Bolívia (1982). Na Europa aconteciam as manifestações de maio de 1968. A efervescência da época já vinha sendo assinalada por João XXIII, na sua encíclica *Pacem in Terris* (1963), ao apontar os três grandes fenômenos da época entendidos como sinais dos tempos:

> Primeiro, a gradual ascensão econômico-social das classes trabalhadoras. Partindo da reivindicação de seus direitos, especialmente de natureza econômico-social, avançaram em seguida os trabalhadores às reivindicações políticas e, finalmente, se empenham na conquista de bens culturais e morais. Hoje, em toda parte, os trabalhadores exigem ardorosamente não serem tratados à maneira de objetos, sem entendimento nem liberdade, à mercê do arbítrio alheio, mas como pessoas em todos os setores da vida social, tanto no econômico-social como no da política e da cultura. Em segundo lugar, o fato por demais conhecido do ingresso da mulher na vida pública: mais acentuado talvez em povos de civilização cristã; mais tardio, mas já em escala considerável, em povos de outras tradições e cultura. Torna-se a mulher cada vez mais cônscia da própria dignidade humana, não aceita mais ser tratada como um objeto ou um instrumento, reivindica direitos e deveres consentâneos com sua dignidade de pessoa, tanto na vida familiar como na vida social. Notamos finalmente que, em nossos dias, evoluiu a sociedade humana para um padrão social e político completamente novo. Uma vez que todos os povos já proclamaram ou estão para proclamar a sua independência, acontecerá dentro em breve que já não existirão povos dominadores e povos dominados (PT 40-42).

Por todos estes motivos advindos da realidade social e eclesial, a *pastoral de conservação*, baseada na sacramentalização, na religiosidade popular presente desde a conquista, baseada em votos e promessas, peregrinações e devoções, já não atendia às exigências provenientes das transformações do continente. Embora reconheça, nesta religiosidade popular, uma enorme reserva de virtudes autenticamente cristãs, especialmente na linha da caridade, o texto sobre a pastoral popular indica que existe

> na sociedade contemporânea, uma tendência aparentemente contraditória; tendência às manifestações grupais no comportamento humano e, simultaneamente, uma tendência para as pequenas comunidades onde existe melhor possibilidade de realização como pessoas (Med 6,3).

1.1 Comunidades Eclesiais de Base (CEBs): Experiência eclesial genuína da América Latina e Caribe

A partir da vivência comunitária, os cristãos e cristãs iniciam, no final da década de 1950 e nas décadas de 1960 e 1970, movidos pela fé, um processo de compreensão da situação de injustiça presente no Brasil e em muitos países latino-americanos e caribenhos. Como afirmam os bispos do Brasil:

> As CEBs não surgiram como produto de geração espontânea, nem como fruto de mera decisão pastoral. Elas são o resultado da convergência de descobertas e conversões pastorais que implicam toda a Igreja – povo de Deus, pastores e fiéis – na qual o Espírito opera sem cessar (CNBB, 1982, Doc. 25, n. 7).

As CEBs surgem em um contexto de opressão e percebem a necessidade de articular a fé com a vida real. Unindo fé e vida, os cristãos e cristãs entram na luta política de libertação dos pobres, buscando no seguimento de Jesus forças para lutar pela transformação social. Percebem que a "América Latina encontra-se, em muitas partes, numa situação de injustiça que pode chamar-se de violência institucionalizada"... e descobrem que "esta situação exige transformações globais, audazes, urgentes e profundamente renovadoras" (Med 2,16), e que a justiça é condição imprescindível da paz. Unindo fé e vida, entram na luta política de libertação dos pobres, buscando no seguimento de Jesus forças para lutar pela transformação social. Esse processo é bem descrito por Gustavo Gutiérrez:

> A inserção nas lutas populares pela libertação tem sido – e é – o início de um novo modo de viver, transmitir e celebrar a fé para muitos cristãos da América Latina. Provenham eles das próprias camadas populares ou de outros setores sociais, em ambos os casos observa-se – embora com rupturas e por caminhos diferentes – uma consciente e clara identificação com os interesses e combates dos oprimidos do continente. Esse é o fato maior da comunidade cristã da América Latina nos últimos anos. Esse fato tem sido e continua sendo a matriz do esforço de esclarecimento teológico que levou à Teologia da Libertação (GUTIÉRREZ, 1981: 245).

A inserção dos cristãos e cristãs nas lutas de libertação mostra uma nova forma de vivência da fé dos cristãos no diálogo com a realidade. Esta vivência nas comunidades cristãs se mostrava o meio mais apropriado na relação com o mundo que se transformava. Esta indicação já aparecia no *Plano de pastoral de conjunto*:

> A Igreja é e será sempre uma comunidade. Nela estará sempre presente e atuante o ministério da Palavra, a vida litúrgica e especialmente eucarística, a ação missionária, a formação na fé de todos os membros do Povo

de Deus, a presença de Deus no desenvolvimento humano, a organização visível da própria comunidade eclesiástica (CNBB, 1966-1970: 27).

No texto sobre a pastoral popular encontramos a preocupação com a formação de comunidades e que sua vivência possa proporcionar a vivência da fé e do amor:

> A comunidade se formará na medida em que seus membros adquirirem um sentido de pertença que os leve a ser solidários numa missão comum, e consigam uma participação ativa, consciente e frutificante, na vida litúrgica e na convivência comunitária. Para isso se torna mister fazê-los viver como comunidade, inculcando-lhes um objetivo comum: alcançar a salvação mediante a vivência de fé e de amor (Med 6,13).

Medellín torna-se o marco referencial para a consolidação das CEBs como experiência genuína do continente latino-americano e caribenho ao assumi-las como seu principal instrumento pastoral, articulando a forma comunitária de vivência eclesial com a opção preferencial pelos pobres:

> A comunidade cristã de base é o primeiro e fundamental núcleo eclesial, que deve, em seu próprio nível, responsabilizar-se pela riqueza e expansão da fé, como também pelo culto que é a sua expressão. É ela, portanto, célula inicial de estruturação eclesial e foco de evangelização e atualmente fator primordial de promoção humana e desenvolvimento (Med 15,10).

É no bojo deste desenvolvimento que nasce a Teologia da Libertação com base na opção pelos pobres, ligada aos outros setores renovadores da Igreja, como também em denominações evangélicas, fundamentando uma pastoral comprometida com as causas populares. É neste processo que podemos compreender a entrada dos cristãos e cristãs na luta política dos pobres e excluídos, assumindo, apoiando e entrando nos diferentes instrumentos de luta de libertação presentes na sociedade latino-americana e caribenha:

a) Entrada e participação nos movimentos de reivindicações: luta por água, esgoto, creche, escola, posto de saúde, transporte coletivo, estradas, pontes, preço do produto...

b) Entrada e participação nos movimentos específicos:

• Luta pela terra: ocupações com a participação ativa das CEBs, articulação com a Comissão Pastoral da Terra (CPT), com o Movimento dos Sem Terra (MST).

• Luta das mulheres: Grupo de Mulheres da Periferia e articulação com a Marcha Mundial de Mulheres.

• Luta dos povos indígenas pela demarcação de suas terras.

• Luta dos negros: pela demarcação das terras quilombolas e pela afirmação das culturas afrodescendentes.

• Luta pela defesa da natureza (ecologia).

c) Entrada no movimento sindical, tendo como bandeira a primazia do trabalho sobre o capital e a constituição das centrais sindicais como organismo de defesa da classe trabalhadora do campo e da cidade.

d) Entrada nos partidos políticos com proposta popular.

e) Participação nos conselhos de cidadania.

f) Participação nas pastorais sociais: da saúde, da criança, da mulher marginalizada, dos negros, da terra, operária, dos pescadores, carcerária, na maior parte das vezes, fruto das campanhas da fraternidade.

g) Entrada na luta dos direitos da terra e dos bens comuns universais, abrindo-se às grandes discussões dos graves problemas presentes no planeta.

A participação nessas lutas acarreta muitas perseguições entre os pobres e entre aqueles e aquelas que, por livre-opção, mesmo sendo de outras classes sociais, assumem o lado dos pobres e excluídos. Por isso, em toda a América Latina e Caribe, encontramos mártires que vão, como Jesus de Nazaré, até o extremo do derramamento do sangue. São trabalhadores e trabalhadoras do campo e da cidade, indígenas, negros e negras, advogados, religiosas e religiosos, padres, bispos. Muitos destes mártires, homens e mulheres, são saídos das CEBs e expressam a dimensão profética das Igrejas cristãs presentes no continente latino-americano e caribenho. Ao assumir essas lutas, os pobres vão se tornando os novos protagonistas da história. Invisibilizados durante séculos, fazem-se presentes em vários países latino-americanos e caribenhos e indicam a necessidade de mudanças estruturais na sociedade e também na Igreja e apontam para a possibilidade de *um outro mundo possível*, para que haja vida e vida abundante para todos os seres humanos e também vida para toda a natureza.

A "tendência para as pequenas comunidades onde existe melhor possibilidade de realização como pessoas" (Med 6,3) traz a marca da sociabilidade básica e é valorizada na Conferência de Puebla:

> As Comunidades Eclesiais de Base são expressão de amor preferencial da Igreja pelo povo simples; nelas se expressa, valoriza e purifica sua religiosidade e se lhe oferece possibilidade concreta de participação na tarefa eclesial e no compromisso de transformar o mundo (DP 643)[51].

---

51. Puebla reforça esta proximidade da vivência comunitária presente nas CEBs: "A comunidade eclesial de base, enquanto comunidade, integra famílias, adultos, jovens, numa íntima relação interpessoal na fé. Enquanto eclesial, é comunidade de fé, esperança e caridade; celebra a Palavra de Deus e se nutre da Eucaristia, ponto culminante de todos os sacramentos; realiza a Palavra de Deus na vida, através da solidariedade e compromisso com o mandamento novo do Senhor e torna presente e atuante a missão eclesial e a comunhão visível com os legítimos pastores, por intermédio do ministério de coordenadores aprovados. É de base por ser constituída de poucos membros, em forma permanente e à guisa de célula da grande comunidade" (DP 641).

Aparecida retoma a memória histórica das CEBs na perspectiva de Medellín e Puebla e enraíza essa experiência eclesial no seguimento de Jesus de Nazaré e nos Atos dos Apóstolos, afirmando que elas são a expressão visível da opção pelos pobres:

> Na experiência eclesial de algumas Igrejas da América Latina e do Caribe, as Comunidades Eclesiais de Base têm sido escolas que têm ajudado a formar cristãos comprometidos com sua fé, discípulos e missionários do Senhor, como testemunhas de uma entrega generosa, até derramar o sangue, de muitos de seus membros. Elas abraçam a experiência das primeiras comunidades, como estão descritas nos Atos dos Apóstolos (At 2,42-47). Medellín reconheceu nelas uma célula inicial de estruturação eclesial e foco de evangelização. Puebla constatou que [...] as Comunidades Eclesiais de Base permitiram ao povo chegar a um conhecimento maior da Palavra de Deus, ao compromisso social em nome do Evangelho, ao surgimento de novos serviços leigos e à educação da fé dos adultos (DAp 178).

Na *Mensagem ao Povo de Deus sobre as Comunidades Eclesiais de Base*, ao se analisar o contexto de globalização com forte tendência à homogeneização, os bispos do Brasil voltam a insistir na sociabilidade básica com relações fundadas na gratuidade e no cultivo da reciprocidade, na proximidade da vida cotidiana dos pobres:

> A sociedade contemporânea, cada vez mais globalizada, tornou-se ambiente propício ao anonimato das pessoas, perdidas dentro dos mecanismos das macro-organizações, das burocracias e da consequente uniformização de comportamentos. O processo de globalização aproximou povos, mas criou também grande padronização nos modos de ser, pondo em risco as diferenças culturais. Apesar dessa forte tendência à homogeneidade cultural, articula-se, lenta e intensamente, uma reação, no sentido de criar comunidades nas quais as pessoas se conhecem e sejam reconhecidas, podendo ser elas mesmas em suas biografias, dizer sua palavra, ser acolhidas e acolher, atendendo pelo nome próprio (CNBB, Doc. 92, Intr.).

Esta vivência comunitária, buscando ligar fé e vida e articular o micro com o macro a partir da opção pelos pobres, tem sido a caminhada das CEBs nestas últimas décadas e dá sua contribuição para que a Igreja latino-americana e caribenha tenha a opção pelos pobres como a marca de seu rosto eclesial:

> Nossa fé proclama que "Jesus Cristo é o rosto humano de Deus e o rosto divino do homem (ser humano). Por isso, "a opção preferencial pelos pobres está implícita na fé cristológica naquele Deus que se fez pobre por nós, para nos enriquecer com sua pobreza. Essa opção nasce de nossa fé em Jesus Cristo, o Deus feito homem, que se fez nosso irmão (cf. Hb 2,11-12) (DAp 392).

1.2 O Ser humano está sempre social e culturalmente situado

O texto sobre a pastoral popular mostra que os seres humanos se relacionam de formas diferentes em relação à mensagem recebida e à sua vivência da fé. As linguagens não são unívocas, mas se articulam com a cultura de cada povo. Dentro de um mesmo povo, vamos encontrar ritos e fórmulas diferenciadas em relação à mesma mensagem recebida:

> Do ponto de vista da vivência religiosa, sabemos que nem todos os homens aceitam e vivem a mensagem religiosa da mesma maneira. No nível pessoal um mesmo homem experimenta fases distintas em sua resposta a Deus, e no nível social, nem todos manifestam sua religiosidade nem sua fé de um modo unívoco. [...] É mister recordar aos pastores que no fenômeno religioso existem motivações distintas que, por serem humanas, são mistas e podem corresponder ao desejo de segurança, impotência e, simultaneamente, à necessidade de adoração, gratidão para com o Ser supremo. Motivações que se plasmam e se expressam em símbolos diversos. A fé chega ao homem envolta sempre numa linguagem cultural; e na religiosidade natural do homem há gérmens de um chamado de Deus (Med 6,4).

Essa afirmação se liga ao fato de que a fala sobre Deus se encontra sempre social e culturalmente situada. Não há nenhuma religião ou teologia operando fora do contexto cultural de cada povo:

> Nenhuma religião opera no vácuo. Toda religião, qualquer religião, o que quer que entendamos por "religião", é uma realidade situada em um contexto humano específico: um espaço geográfico, um momento histórico e um meio ambiente social concretos e determinados. Toda religião, qualquer religião, o que quer que se entenda por "religião", será sempre, em cada caso concreto, a religião de determinados seres humanos (MADURO, 1981: 73-74).

Nesse sentido, todo discurso religioso está sempre relacionado a um contexto sócio-histórico e todas as afirmações teológicas são sempre culturalmente limitadas, de tal modo que não há uma linguagem universal válida para todos os tempos e lugares:

> Embora Deus, o assunto da teologia, seja eterno; a teologia em si é, como aqueles que a articulam, limitada pela história e pelo tempo. "Embora dirijamos nosso pensamento a seres eternos e transcendentes, nosso pensamento não é eterno e transcendente; embora consideremos o universal, a imagem do universal em nossa mente não é uma imagem universal". É uma imagem finita, limitada pela temporalidade e parti-

cularidade de nossa existência. A teologia não é linguagem universal; é linguagem interessada e, assim, é sempre uma reflexão das metas e aspirações de um povo em particular em um contexto social definido (CONE, 1985: 49).

Subentende-se a partir desta limitação da linguagem que não podemos julgar a religiosidade popular "a partir de uma interpretação cultural ocidentalizada das classes médias e altas urbanas" (Med 6). Temos que levar a sério a densidade cultural presente no continente, como afirma a Conferência de Santo Domingo:

> A América Latina e o Caribe configuram um continente multiétnico e pluricultural. Nele convivem, em geral, povos aborígenes, afrodescendentes, mestiços e descendentes de europeus e asiáticos, cada qual com sua própria cultura que os situa em sua respectiva identidade social, segundo a cosmovisão de cada povo (SD 244).

O Papa Francisco insiste em afirmar que cada povo tem sua cultura própria e que "a graça supõe a cultura, e o dom de Deus encarna-se na cultura de quem o recebe" (EG 115) e declara que "cada cultura oferece formas e valores que podem enriquecer o modo como o Evangelho é pregado, compreendido e vivido" (EG 116).

Na caminhada das CEBs nestas cinco décadas, podemos observar uma interação entre as CEBs e a religiosidade do catolicismo popular, estabelecendo um intercâmbio ora solidário, ora conflitivo e que demonstra um potencial de influência mútua na medida em que as CEBs deitam as suas raízes no catolicismo popular e, ao mesmo tempo, se distinguem dele como sua expressão comunitária e libertária (TEXTO--BASE, CEBs, 1997: 08), assumindo o protagonismo de um novo modelo eclesial, pautado pela consciência de ser Povo de Deus, na perspectiva do Vaticano II e fator de transformação no interior da sociedade. A *Evangelii Nuntiandi* de Paulo VI indica o caminho para uma compreensão desta interação entre CEBs e o catolicismo popular na medida em que se respeitam os diferentes laços que unem evangelização e promoção humana, desenvolvimento e libertação:

> Entre evangelização e promoção humana – desenvolvimento, libertação – existem de fato laços profundos: laços de ordem antropológica, dado que a pessoa humana que há de ser evangelizada não é um ser abstrato, mas é sim um ser condicionado pelo conjunto dos problemas sociais e econômicos; laços de ordem teológica, porque não se pode nunca dissociar o plano da criação do plano da redenção, um e outro a abrangerem as situações bem concretas da injustiça que há de ser combatida e da justiça a ser restaurada; laços daquela ordem eminentemente evangélica, qual é a ordem da caridade: Como se poderia, realmente, proclamar o mandamento novo sem promover na justiça e na paz o verdadeiro e autêntico progresso humano? É impossível aceitar "que a obra da evangelização possa ou deva

negligenciar os problemas extremamente graves, agitados sobremaneira hoje em dia, pelo que se refere à justiça, à libertação, ao desenvolvimento e à paz no mundo. Se isso porventura ocorresse, seria ignorar a doutrina do Evangelho sobre o amor para com o próximo que sofre ou se encontra em necessidade" (EN 31).

Pode-se também compreender esta interação entre CEBs e as manifestações populares na proposta das recomendações pastorais do texto sobre a pastoral popular:

> Impregnar as manifestações populares, como romarias, e peregrinações, devoções diversas, da palavra evangélica. Rever muitas das devoções aos santos, para que não sejam tomados apenas como intercessores, mas também como modelos de vida, de imitadores de Cristo. Tratar das devoções e dos sacramentos de maneira que não levem o homem a uma aceitação semifatalista e sim que o eduquem para se tornar administrador com Deus, de seu destino (Med 6,12).

Notamos, nestas cinco décadas, uma caminhada em que as CEBs conseguem trabalhar no interior das manifestações populares imprimindo nelas a perspectiva libertária a partir da Palavra de Deus, como também assumindo os valores presentes nas devoções aos santos e santas padroeiros, romarias (cf. OLIVEIRA, 1996: 32-33). Essa interação se manifesta nas romarias da terra e das águas, no Grito dos Excluídos, nas Caminhadas dos Mártires, nos Encontros Intereclesiais das CEBs, como também nos encontros latino-americanos e caribenhos de CEBs. Certamente há muito caminho a ser feito, mas há belas caminhadas que apontam para o futuro, pois estão carregadas de esperança.

1.3 Piedade popular e caminhos de encontro com Jesus

Percebe-se no texto sobre a pastoral popular (Med 6) certo ar de desconfiança e, ao mesmo tempo, de crítica, chegando até, em alguns momentos, a certo desprezo pela religiosidade e pela piedade popular, deixando uma pequena brecha para sua valorização:

> Suas expressões podem estar deformadas e mescladas, em certa medida, com um patrimônio religioso ancestral, onde a tradição exerce um poder quase tirânico; correm o perigo de serem facilmente influenciadas por práticas mágicas e supersticiosas, de revelarem um caráter mais utilitário e um certo temor ao divino, que necessita da intervenção de seres mais próximos ao homem e de expressões mais plásticas e concretas. Esses tipos de religiosidade podem ser, entretanto, balbucios de uma autêntica religiosidade, expressa com os elementos culturais de que dispõe (Med 6,4).

Esse processo avançou lentamente a partir de Medellín. Como vimos, as CEBs se aproximam dessa religiosidade e piedade presentes no catolicismo popular, pois deitam suas raízes nele, mas também se diferenciam na medida em que descobrem a força dessa religiosidade. O caminho desta interação não terminou. Na *Evangelii Nuntiandi*, percebe-se que o caminho do reconhecimento do valor da religiosidade e da piedade popular rompia com os preconceitos:

> Tocamos um aspecto da evangelização a que não se pode ser indiferente. Queremos referir-nos àquela realidade que com frequência vai sendo designada nos nossos dias com os termos religiosidade popular. É um fato que, tanto nas regiões onde a Igreja se acha implantada há séculos quanto nos lugares onde ela se encontra em vias de implantação, subsistem expressões particulares da busca de Deus e da fé. Encaradas durante muito tempo como menos puras, algumas vezes desdenhadas, essas expressões assim constituem hoje em dia, mais ou menos por toda a parte, o objeto de uma redescoberta (EN 48).

O texto de Medellín deixa uma brecha aberta em relação ao reconhecimento da religiosidade popular, quando afirma que são *balbucios de uma autêntica religiosidade*. Essa compreensão evolui na *Evangelii Nuntiandi*, mesmo mantendo a desconfiança:

> Se essa religiosidade popular, porém, for bem orientada, sobretudo mediante uma pedagogia da evangelização, ela é algo rico de valores. Assim ela traduz em si uma certa sede de Deus, que somente os pobres e os simples podem experimentar; ela torna as pessoas capazes para terem rasgos de generosidade e predispõe-nas para o sacrifício até ao heroísmo quando se trata de manifestar a fé; ela comporta um apurado sentido dos atributos profundos de Deus: a paternidade, a providência, a presença amorosa e constante etc. Ela, depois, suscita atitudes interiores que raramente se observam alhures no mesmo grau: paciência, sentido da cruz na vida cotidiana, desapego, aceitação dos outros, dedicação, devoção etc. Em virtude destes aspectos, nós a chamamos de bom grado "piedade popular", no sentido religião do povo, em vez de religiosidade (EN 48).

O caminho continua aberto na *Evangelii Nuntiandi*, ao afirmar que "bem orientada, essa religiosidade popular, pode vir a ser cada vez mais, para as nossas massas populares, um verdadeiro encontro com Deus em Jesus Cristo" (EN 48). A Conferência de Aparecida apresenta a piedade popular como lugar do encontro com Jesus Cristo. Indica que ela "é imprescindível ponto de partida para conseguir que a fé do povo simples amadureça e se faça mais fecunda" (DAp 262). Ao afirmar que a piedade popular expressa o sentido da transcendência e que revela uma experiência de amor teologal, chama-a de *espiritualidade popular* como "uma espiritualidade encarnada na cultura dos simples, que nem por isso é menos espiritual" (DAp 263). Finalmente, afirma que "a piedade popular é uma maneira legítima de viver a fé, um modo de se sentir parte da Igreja e uma forma de ser missionários, onde se recolhem as mais profundas vibrações da América Latina" (DAp 264).

O Papa Francisco realça a força evangelizadora da piedade popular e indica que estamos diante de "uma realidade em permanente desenvolvimento, cujo protagonista é o Espírito Santo" (EG 122). Para compreender a piedade popular, Francisco afirma que temos que ter o olhar do Bom Pastor e ter uma conaturalidade afetiva para apreciar a vida teologal presente na piedade dos pobres:

> Penso na fé firme das mães ao pé da cama do filho doente, que se agarram a um terço ainda que não saibam elencar os artigos do credo; ou na carga imensa de esperança contida numa vela que se acende, numa casa humilde, para pedir ajuda a Maria, ou nos olhares de profundo amor a Cristo crucificado. Quem ama o povo fiel de Deus, não pode ver estas ações unicamente como uma busca natural da divindade; são a manifestação de uma vida teologal animada pela ação do Espírito Santo, que foi derramado em nossos corações (cf. Rm 5,5) (EG 125).

Considerações finais

As CEBs deitam suas raízes no catolicismo popular, tendo com ele muita sintonia, pois fazem parte da grande maioria pobre; mas, ao mesmo tempo, se diferenciam dele por serem libertárias, buscando caminhos para a transformação da Igreja e dando sua colaboração também na transformação da sociedade. Nesse sentido, a pastoral popular, a religiosidade popular e a própria piedade popular acabam lançando um desafio para as CEBs:

Em primeiro lugar, o desafio está em como criar laços e fincar raízes para que o povo, com sua religiosidade, possa também assumir a dimensão libertária, aumentando deste modo a base social necessária para toda e qualquer transformação social e eclesial.

Em segundo lugar, tendo as CEBs um papel protagônico em relação a um novo modelo eclesial na perspectiva do Povo de Deus do Vaticano II e de Medellín, elas necessitam criar uma ponte de dupla mão de direção com a massa dos pobres, influenciando-a e, ao mesmo tempo, se deixando influenciar pelos valores reconhecidos na religiosidade popular e na piedade popular. Esse desafio se estende também às Igrejas pentecostais e neopentecostais que têm grande presença no meio popular, no sentido de proporcionar-lhes uma leitura popular e libertária da Bíblia.

Em terceiro lugar, as CEBs, que já se articulam por causa da ligação da fé com a vida, com outros setores libertários do movimento popular, da luta das mulheres, dos negros e dos povos indígenas, como também do movimento sindical e dos partidos políticos ligados às lutas populares, são desafiadas a cativar cada vez mais pessoas que vivem da religiosidade popular no catolicismo popular, como também as pessoas que estão nas Igrejas pentecostais e neopentecostais, para reforçar o projeto de uma sociedade justa, fraterna e igualitária.

Finalmente, as CEBs, para que seja assegurado um futuro para este projeto, são desafiadas a cativar os jovens, que levarão adiante sua construção.

Referências

CELAM. *Documento de Aparecida:* Texto conclusivo da V Conferência do Episcopado Latino-Americano e do Caribe. São Paulo: CNBB-Paulus-Paulinas, 2007.

_____. *A Evangelização no presente e no futuro da América Latina* – Puebla: Conclusões. São Paulo: Loyola, 1979.

_____. *A Igreja na atual transformação da América Latina à luz do Concílio* – Conclusões de Medellín. 6. ed. Petrópolis: Vozes, 1977.

CNBB. *Mensagem ao povo de Deus sobre as Comunidades Eclesiais de Base.* São Paulo: Paulinas, 2010 [Documentos da CNBB, 92].

_____. *Plano de pastoral de conjunto (1966-1970).* Rio de Janeiro: Dom Bosco, 1966, p. 27.

_____. *Comunidades Eclesiais de Base na Igreja do Brasil.* São Paulo: Paulinas, 1982 [Documentos da CNBB, 25].

CONE, J.H. *O Deus dos oprimidos.* São Paulo: Paulinas, 1985.

FRANCISCO. *Evangelii Gaudium.* São Paulo: Paulus/Loyola, 2013.

GUTIÉRREZ, G. *A força histórica dos pobres.* Petrópolis: Vozes, 1981.

MADURO, O. *Religião e luta de classes.* Petrópolis: Vozes, 1981.

OLIVEIRA, P.R. "Catolicismo de massa no Brasil: Um desafio para as CEBs". In: *CEBs: Vida e esperança nas massas.* São Paulo: Dom Bosco, 1996.

PAULO VI. *Evangelii Nuntiandi.* 10. ed. São Paulo: Loyola, 1982.

TEIXEIRA, F.L.C. *Os Encontros Intereclesiais de CEBs no Brasil*. São Paulo: Paulinas, 1996.

_____. *A gênese das CEBs no Brasil*: Elementos explicativos. São Paulo: Paulinas, 1988.

TEXTO-BASE. *CEBs: Vida e esperança nas massas* – 9º Encontro Intereclesial. São Luís-MA – 15 a 19 de junho de 1997. São Paulo: Dom Bosco, 1996.

2
Pastoral das elites

Francisco de Aquino Júnior

Introdução

Não é preciso insistir muito na importância eclesial e social da Conferência de Medellín. Ela inaugura e desencadeia oficialmente o processo de "recepção" do Concílio Vaticano II na América Latina e marca uma "nova etapa" na vida de nossa Igreja. Não sem razão, ao apresentar a edição oficial do documento final, a presidência do Celam falava dessa conferência como "um autêntico Pentecostes" e dizia que com ela começava um "novo período" para a Igreja da América Latina (Med 6). Seu "fruto maior", como bem diz Clodovis Boff, "foi ter dado à luz a Igreja latino-americana como latino-americana". Seus textos representam o "ato de fundação" e constituem a "carta magna" da Igreja da América Latina (BOFF, 1998: 568). Medellín significa/desencadeia a passagem de uma "Igreja-reflexo" a uma "Igreja-fonte" (BOFF, 1998: 568). Com essa conferência, "nossa Igreja começa a adquirir personalidade eclesial" e "começa a aportar, a partir do surgimento de uma consciência profética, uma grande riqueza à Igreja universal" (RAMÍREZ, 1995: 70).

Tampouco é preciso insistir na advertência de que não se pode identificar sem mais Medellín com seu documento final. Por mais que não se possa separar nem muito menos contrapor, é preciso distinguir entre o *evento* (conferência, documento) e o *processo* gestado ou desencadeado por esse evento (imaginário e dinamismo eclesiais). É preciso distinguir entre o que alguns chamam Medellín "histórico" e Medellín "simbólico" ou "querigmático" (cf. LIBANIO, 1988: 22-23, 1995: 80; BOFF, 1998: 586). Libanio chega a afirmar que "o mais importante não foram os textos, mas o significado e o símbolo que se tornou" para a Igreja e para o continente (LIBANIO, 1995: 80). Aliás, cinco anos depois de Medellín, o bispo de Mar del Plata, Eduardo Pironio, então presidente do Celam, já havia dito a mesma coisa: "Medellín vale mais pelo que sugere e inspira do que pelo que diz materialmente" (Apud CATÃO, 2010: 269). E isso que vale para o acontecimento Medellín como um todo vale concretamente para cada um de seus "documentos". Eles nem podem ser tomados isoladamente como algo independente ou, pior, em contraposição ao espírito e objetivo de Medellín, nem podem ser tomados ao pé da letra e reduzidos à sua literalidade.

Também não é necessário insistir em que não se pode equiparar a densidade e a relevância teológico-pastorais dos 16 textos que constituem o documento final de Medellín. Eles têm valor e importância muito diferenciados. Tanto no que diz respeito à sua densidade teórico-teológica quanto, sobretudo, no que diz respeito à sua relevância teológico-pastoral. "A variedade de assuntos tratados em Medellín não ofusca as linhas e preocupações centrais da Igreja latino-americana" (OLIVEROS, 1977: 118s.). Há temas e textos mais centrais e mais decisivos que outros. Juan Luis Segundo chamou atenção para "o fato inegável de que os textos de Medellín não constituem um bloco homogêneo". Isso vale para cada documento em particular: "às vezes a tensão é visível, no interior de um mesmo documento, entre a descrição da realidade, por um lado, e a reflexão teológica ou as recomendações pastorais, por outro". Mas vale, sobretudo, para o conjunto dos documentos: "a tensão mais evidente é a que separa o conjunto dos documentos que comprometem a Igreja frente à justiça e à paz e os que se referem à estrutura interna do trabalho eclesiástico" (SEGUNDO, 1978: 210).

Tudo isso, que aqui é dado por pressuposto, é fundamental para uma abordagem adequada de qualquer um dos 16 textos ou capítulos do documento final de Medellín. E isso vale de modo particular para o texto que nos toca apresentar e analisar: "Pastoral das elites". Talvez o texto mais fraco do ponto de vista teórico-teológico e o menos relevante do ponto de vista do dinamismo eclesial inaugurado e desencadeado por Medellín. Não por acaso, é o documento menos estudado e menos citado. Em todo caso, é um texto que trata de um desafio pastoral e um desafio que adquiriu centralidade no contexto da involução ou seca eclesial que se abateu sobre a Igreja nas últimas décadas e da hegemonia de movimentos conservadores e de cunho pentecostal.

Em nossa abordagem, começaremos fazendo uma apresentação global do texto. Em seguida, nós o analisaremos destacando limites e ambiguidades, bem como o que consideramos suas intuições mais importantes e fecundas. Por fim, faremos algumas considerações de caráter mais prospectivo acerca da problemática e do desafio de uma "pastoral das elites".

2.1 Apresentação do texto

Seguindo a orientação da presidência do Celam (cf. SCATENA, 2008: 472), o texto "Pastoral das elites", como os demais textos que compõem o documento final de Medellín, foi desenvolvido em sintonia com o tema geral da Conferência "A Igreja na atual transformação da América Latina à luz do Concílio Vaticano II" e está estruturado em três partes: "Fatos" (análise da realidade), "Princípios" (fundamentação teológica) e "Recomendações pastorais" (opções e linhas de ação).

2.1.1 Fatos

O texto começa com uma "descrição" das elites, entendidas como "principais agentes da mudança social" (Med 7,1n.). *De modo geral*, "são os grupos dominantes mais adiantados, dominantes no plano da cultura, da profissão, da economia e do poder". De um *modo especial*, são, "dentro desses mesmos grupos as minorias comprometidas que exercem uma influência atual ou potencial nos distintos níveis de decisão cultural, profissional, econômica, social ou política" (Med 7,1).

Em seguida, mesmo consciente "da dificuldade em apresentar uma classificação adequada" das elites, faz um elenco de seus principais setores e sujeitos: *elite cultural* (artistas, homens de letras e universitários); *elite profissional* (médicos, advogados, educadores, engenheiros, agrônomos, planificadores, economistas, sociólogos, tecnólogos); *elite econômico-social* (industriais, banqueiros, lideranças sindicais, empresários, comerciantes, fazendeiros); *elite política e militar* (políticos, poder judiciário, militares) (Med 7,2).

E passa a fazer algumas "observações" (Med 7,4) acerca de "suas atitudes, mentalidades e indicações em vista da transformação social", bem como acerca de suas "manifestações de sua fé, [de] seu espírito eclesial e social" (Med 7,3).

2.1.1.1 Tipos

Do ponto de vista da "transformação social", o texto classifica as elites como *tradicionalistas ou conservadoras* e como *progressistas ou revolucionárias*, reconhecendo, entretanto, que esses grupos não são homogêneos (Med 7,5).

Os *tradicionalistas ou conservadores* "manifestam pouca ou nenhuma consciência social, têm mentalidade burguesa e não discutem o problema das estruturas sociais". Estão preocupados com a "manutenção de seus privilégios" e "sua atuação na comunidade possui um caráter paternalista e assistencial, sem nenhuma preocupação em modificar o *status quo*", mesmo que alguns possam ter "alguma preocupação desenvolvimentista". É uma mentalidade muito frequente "em alguns meios profissionais, em setores econômico-sociais e do poder estabelecido" (Med 7,6).

Os *progressistas* "se ocupam preferencialmente dos meios de produção", "atribuem grande valor à tecnização e ao planejamento", "acham que povo marginalizado deve ser integrado na sociedade como produtor e consumidor" e "dão mais ênfase ao progresso econômico do que à promoção social do povo". Essa mentalidade é mais frequente "entre os tecnólogos e os vários organismos que procuram o desenvolvimento dos países" (Med 7,7).

Já os *revolucionários* "contestam a estrutura econômico-social" e "desejam a transformação radical da mesma, tanto de seus objetivos como de seus meios". Defendem que "o povo é ou deve ser o sujeito dessa transformação". É uma atitude mais comum "entre os intelectuais, pesquisadores, cientistas e universitários" (Med 7,8).

2.1.1.2 Atitudes de fé

Essas mentalidades e posturas se refletem na vivência da fé das elites. E o texto, de novo "do ponto de vista da mudança social", passa a indicar as manifestações de fé correspondentes a essas mentalidades e posturas (Med 7,9).

Entre *conservadores ou tradicionalistas* é muito frequente "a separação entre fé e responsabilidade social". Nesse meio, "a fé é mais adesão a um credo e a princípios morais" e "a pertença à Igreja é mais de estilo tradicional e, às vezes, interesseira" (Med 7,10).

Já entre os *desenvolvimentistas* há uma "tendência a considerar a Igreja instrumento mais ou menos favorável ao desenvolvimento" e "se percebe mais claramente o impacto da dessacralização devida à mentalidade técnica". E, sobretudo entre universitários e profissionais jovens, há uma "tendência que leva ao indiferentismo religioso ou a uma visão humanística que exclui a religião" (Med 7,11).

E os *revolucionários*, por sua vez, "tendem a identificar, unilateralmente, a fé com a responsabilidade social". Eles "possuem um sentido muito agudo de serviço ao próximo e, ao mesmo tempo, experimentam dificuldades no relacionamento pessoal com Deus transcendente na expressão litúrgica da fé". Aqui é mais frequente "crise real de fé" e crítica a "determinadas formas históricas e algumas manifestações dos representantes oficiais da Igreja" (Med 7,12).

2.2 Princípios

De forma muito condensada o texto apresenta alguns princípios teológicos que devem orientar o trabalho pastoral-evangelizador com as elites. Essa evangelização:
- "Deve orientar-se para a formação de uma fé pessoal, adulta, interiormente formada, operante e constantemente em confronto com os desafios da vida atual".
- "Deve ser relacionada com os 'sinais dos tempos'. Não pode ser atemporal nem a-histórica". E os "sinais dos tempos" que são "lugar teológico" e "interpelações de Deus", entre nós, "se manifestam, sobretudo, na área social."
- "Deve ser realizada mediante o testemunho pessoal e comunitário, que se expressará de forma especial no contexto do próprio compromisso temporal."
- "Deve tornar explícitos os valores de justiça e fraternidade, contidos nas aspirações de nossos povos, em uma perspectiva escatológica."
- E "precisa, como suporte, de uma Igreja-sinal" (Med 7,13).

2.3 Recomendações pastorais

2.3.1 De caráter geral

O texto começa falando da necessidade de "animar, dentro das elites, as minorias comprometidas, criando equipes de base". Sugere o uso da "pedagogia da revisão de vida" e destaca a importância de serem "apóstolos de seu próprio ambiente" e de manterem "contatos com os demais grupos na vida paroquial, diocesana e nacional", insistindo que "esta pastoral das elites não deve ser separada da pastoral total da Igreja" (Med 7,14). Adverte e exorta que os sacramentos e a vida litúrgica "adquiram o sentido de apoio e desenvolvimento, o amor de Deus e do próximo, como expressão da comunidade cristã" (Med 7,15). E recomenda "maior atenção a esse tipo de pastoral especializada" na formação do clero (Med 7,16).

2.3.2 De caráter especial

Retomando a classificação feita na primeira parte, o texto faz algumas recomendações pastorais para o trabalho com cada um dos grupos ou setores indicados:
• *Artistas e homens de letras*: importância da "presença da Igreja nesses ambientes"; "caráter de diálogo, longe de toda preocupação moralizante ou confessional, em atitude de profundo respeito à liberdade criadora, sem detrimento da responsabilidade moral"; solicitação de "ajuda a expressão estética de sua palavra litúrgica, de sua música sacra e de seus lugares de culto" (Med 7,17).
• *Universitários*: "recomendações práticas do Encontro Episcopal sobre Pastoral Universitária" – Buga/Colômbia, 1967; "maior compreensão dos problemas próprios dos universitários"; "atenção pastoral" aos jovens latino-americanos que estudam na Europa e América do Norte, mantendo viva neles "a consciência do compromisso de serviço para com seus países de origem" (Med 7,18).
• *Grupos socioeconômicos*: "constituição de grupos e organizações especializadas, cujas metas e metodologias devem manter-se em constante revisão à luz do contexto latino-americano e da pastoral social da Igreja"; "orientar preferencialmente esses grupos para um compromisso no plano das estruturas socioeconômicas e que conduza às necessárias reformas das mesmas"; "atenção especial às minorias ativas (líderes sindicais e cooperativistas) que nos ambientes rural e operário estão realizando um importante trabalho de conscientização e acompanhando pastoralmente suas preocupações com a transformação social" (Med 7,19).
• *Poderes militares*: "inculcar-lhes a ideia de que, além de suas funções normais específicas, têm a missão de garantir as liberdades políticas dos cidadãos, em

vez de lhes pôr obstáculos"; "as forças armadas têm a possibilidade de educar, dentro de seus próprios quadros, os jovens recrutas para a futura participação, livre e responsável, na vida política do país" (Med 7,20).

• *Poderes políticos*: promover "contatos e diálogos entre a Igreja e o poder constituído sobre as exigências da moral social, não excluindo [...] a denúncia, enérgica e prudente, das injustiças e dos excessos de poder"; estimular nos cidadãos "a colaboração nos planos construtivos dos governos" e a contribuição " em uma oposição sadia e responsável para o progresso do bem comum"; manter a "independência" da Igreja "diante dos poderes constituídos e dos regimes que os asseguram", renunciando a formas de presença que se tornem suspeitas "de aliança com o poder constituído e são, por isso mesmo, um contrassinal pastoral"; "colaborar na formação política das elites, por meio de seus movimentos e instituições educativas"; ficar atenta ao surgimento na América Latina do propósito "de se estabelecer uma ordem político-jurídica destinada a proteger melhor na vida pública os direitos da pessoa humana, como são os direitos de livre-reunião, de livre-associação, de expressar suas próprias opiniões e de professar, particular e publicamente, a religião" (Med 7,21).

2.4 Análise do texto

No item anterior fizemos uma *apresentação global do texto*, tal como está no documento final. Agora vamos fazer uma *análise do texto*, relacionando-o com o conjunto dos textos aprovados e com o dinamismo eclesial inaugurado/desencadeado por Medellín e considerando seus pressupostos e suas implicações teológico-pastorais.

Antes de tudo, é preciso situar o texto sobre a pastoral das elites no conjunto do documento final da Conferência de Medellín que está dividido em três partes: *Promoção humana* (justiça, paz, família e demografia, educação, juventude); *Evangelização e crescimento na fé* (pastoral popular, pastoral das elites, catequese, liturgia); *A Igreja visível e suas estruturas* (movimento de leigos, sacerdotes, religiosos, formação do clero, pobreza da Igreja, pastoral de conjunto, meios de comunicação social). O texto em análise situa-se, portanto, na segunda parte do documento.

Embora todos esses textos tenham sido desenvolvidos em sintonia com o tema geral da Conferência "A Igreja na atual transformação da América Latina à luz do Concílio Vaticano II" e estruturados segundo o método ver-julgar-agir, há diferenças enormes entre eles.

Já chamamos atenção com Juan Luis Segundo para as diferenças e tensões entre os textos que tratam do compromisso da Igreja com a justiça e a paz e os textos que tratam da estrutura interna da Igreja. E isso que "levou um observador a fazer o comentário humorístico de que a Igreja receitava remédios mais severos para a sociedade do que para si mesma" pode-se compreender, em parte, considerando que "o primeiro conjunto de documentos leva a marca de Gustavo Gutiérrez, enquanto que no segundo, e de modo especial no documento pastoral de massas [e também pastoral das elites], é visível a [marca] de Renato Poblete" (SEGUNDO, 1978: 210). As teses fundamentais desse autor, condensadas em um artigo intitulado "religião de massa, religião de elite" e apresentadas em Medellín por Dom Luis E. Henríquez, bispo auxiliar de Caracas, são a base teórica dos textos "Pastoral popular" e "Pastoral das elites", cujas comissões de trabalho foram coordenadas por esse mesmo bispo.

O texto "pastoral das elites", além de fundado em pressupostos teóricos problemáticos e discutíveis, destoa bastante do espírito de Medellín.

Na verdade, como afirma o teólogo uruguaio Alberto Merthol Ferré: "Medellín é vítima de uma dicotomia categorial então muito comum e que nos parece não só equivocada, mas de consequências pastorais muito perigosas. Medellín parte da dualidade 'elite-massa', dualidade que nos parece destruidora da própria ideia de povo que é [...] parte da segunda ideia diretriz de Medellín. Essa é uma das inconsequências mais sérias de Medellín. Esse desconjuntamento da ideia de povo se concretiza na separação em dois textos diferentes: 'Pastoral de massas' e 'Pastoral das elites' e no fato de que os dois documentos se tornem compartimentos estanques, perdendo substância e debilitando-se mutuamente". Este "divórcio" dos dois documentos "não é acidental", mas "reside na dicotomia que os rege" (MERTHOL FERRÉ). E essa dicotomia está fundada na sociologia religiosa de Renato Poblete, muito criticada por Juan Luis Segundo (cf. SEGUNDO, 1978, 211ss.).

Além do mais, essas teses apresentadas por Dom Luis E. Henríquez na conferência que fez no início da Assembleia e assumidas nos documentos "Pastoral popular" e "Pastoral das elites", elaborados por comissões por ele presididas, funcionaram como referência teórica dos grupos mais reticentes ao dinamismo teológico-pastoral que vinha se gestando e se consolidando na América Latina na preparação e durante a Conferência de Medellín. Em seu estudo sobre Medellín, Silvia Scatena destaca o caráter "destoante" da conferência de Dom Luis E. Henríquez. Ele apela a uma "atitude de equilíbrio", recomenda "prudência" no compromisso social e na acentuação da dimensão da "encarnação" em prejuízo da dimensão da "transcendência", manifesta preocupação com o risco de "desvalorização do papel da instituição" e de redução da teologia e da pastoral a uma "mera antropologia" e alerta contra a perigosa tendência de se assumir o modelo europeu de uma Igreja "confessante" ou de "diáspora" (cf. SCATENA, 2008: 465s.). No fundo, o texto "Pastoral das elites" não deixa de refletir as dificuldades e os receios de mudança de lugar social da Igreja (elites *versus* pobres) e de funcionar como contraponto à tendência majoritária de Medellín a uma atuação social da Igreja a partir e a serviço dos pobres e marginalizados.

Sem falar de alguns detalhes que não são completamente irrelevantes e que valeria a pena considerar em uma análise mais acurada do texto: não há uma única citação bíblica e dos textos do Concílio Vaticano II há apenas duas referências indiretas (cf. Med 7,13; 7,21) e uma citação direta (cf. Med 7,21) da constituição pastoral *Gaudium et Spes*.

Tudo isso ajuda a compreender o caráter destoante desse texto e sua pouca importância ou sua irrelevância no dinamismo teológico-pastoral inaugurado e desencadeado por Medellín. Não por acaso, a comissão de redação do texto foi a menor de todas as comissões de trabalho da Conferência: enquanto as comissões sobre justiça e educação tinham 17 membros e as demais comissões tinham em média 12 a 13 pessoas, a comissão sobre a pastoral das elites tinha apenas 7 membros (cf. SCATENA, 2008: 473). Daí o motivo de ser o texto menos comentado e referido quando se fala de Medellín e de sua importância na Igreja latino-americana. E chama atenção o fato de Puebla advogar explicitamente pela "superação da distinção entre pastoral de elite e pastoral popular" (DP 1.215a) em aberta contraposição à distinção assumida por Medellín. Algo pouco comum em documentos oficiais da Igreja.

Em todo caso, não se pode negar o esforço de situar a problemática da pastoral das elites no contexto mais amplo de Medellín e suas opções fundamentais nem se pode deixar de reconhecer e recolher as intuições mais importantes e fecundas que aparecem no texto e que permanecem muito atuais.

É preciso destacar antes de tudo a afirmação categórica de que "esta pastoral das elites não deve ser separada da pastoral total da Igreja" (Med 7,14). Não pode ser algo paralelo nem muito menos contrário à "pastoral total" da Igreja. E em Medellín essa "pastoral total" é pensada e proposta em termos de participação "na atual transformação da América Latina à luz do Concílio Vaticano II".

Em sintonia com isso, é preciso reconhecer e destacar o esforço de pensar e propor uma *perspectiva libertadora* para a pastoral das elites. Isso aparece na primeira parte do texto ao "descrever" as elites e sua vivência da fé "em função da transformação social" (Med 3,5-12). Aparece na segunda parte do texto ao relacionar a evangelização com os "sinais dos tempos" e ao advertir que "em nosso continente [eles] se manifestam, sobretudo, na área social", bem como na insistência de que a evangelização "deve tornar explícitos os valores de justiça e fraternidade, contidos nas aspirações de nossos povos" (Med 7,13). E aparece também na terceira parte ao orientar para uma ação que leve a conscientização, a denúncia das injustiças, a garantia de liberdade política e a transformação das estruturas da sociedade (cf. Med 7,19-21).

Merece destaque também a consciência da resistência e até oposição de grandes setores ou mesmo da maioria dos grupos de elite à transformação social. Em geral "não discutem o problema das estruturas", estão preocupados com a "manutenção de seus privilégios", sua atuação tem "caráter paternalista e assistencial, sem nenhuma preocupação de modificar o *status quo*" (Med 7,6) e tendem a uma "separação entre fé e responsabilidade social" (Med 7,9). Mesmo entre setores mais progressistas, dá-se "mais ênfase ao progresso econômico do que à promoção social do povo que vise a participação de todos nas decisões que interessem à ordem econômica e política" (Med 7,7). Isso é muito importante para não se criar ilusões acerca da participação das elites nos processos de transformação da sociedade. E bem poderia servir de alerta contra a ilusão do próprio texto em designar as elites como "principais agentes da mudança social" (Med 7,1n.).

Por fim, dentre as várias orientações para o trabalho com diferentes setores das elites que aparecem na terceira parte do texto, convém destacar três que nos parecem decisivas para uma pastoral verdadeiramente libertadora:

- Sem subestimar as formas assistenciais de ação social, a pastoral da Igreja deve orientar preferencialmente esses grupos para um compromisso no plano das estruturas socioeconômicas e que conduza às necessárias reformas das mesmas [...].
- A Igreja deve prestar uma atenção especial às minorias ativas (líderes sindicais e cooperativistas) que nos ambientes rural e operário estão realizando um importante trabalho de conscientização e promoção humana, apoiando e acompanhando pastoralmente suas preocupações com a transformação social [...].
- A Igreja deve manter sempre sua independência diante dos poderes constituídos e dos regimes que os asseguram, renunciando, se for preciso, às formas legítimas de presença que, por causa do contexto social, a tornam suspeita de aliança com o poder constituído e são, por isso, um contrassinal pastoral [...] (Med 7,19; 21).

2.5 Desafios para uma ação pastoral com as elites

Já chamamos atenção para o caráter destoante e marginal da problemática e do texto "Pastoral das elites" no conjunto da Conferência de Medellín e, sobretudo, no dinamismo eclesial por ela inaugurado ou desencadeado. De fato, o que caracteriza Medellín é a mudança de lugar social da Igreja e seu compromisso com os pobres na luta pela transformação da sociedade. Sempre que se fala de Medellín, pensa-se logo nos pobres, no caráter institucional/estrutural da injustiça ou do pecado, na luta pela justiça, na participação da Igreja nos processos de transformação social. E isso marcou radicalmente a vida de nossa Igreja a tal ponto que, não obstante todos os retrocessos eclesiais que se deram nas últimas décadas, a "opção pelos pobres" permanece como "uma das peculiaridades que marca a fisionomia da Igreja latino--americana e caribenha" (DAp 391) e foi se impondo no conjunto da Igreja como uma de suas características ou notas essenciais (cf. SRS 42-45; DSI 182-184; EG 176-258).

De fato, a "opção pelos pobres" emergiu e se impôs com tanta força na Igreja da América Latina que se tornou o eixo de sua ação pastoral-evangelizadora. Ela é tão central na missão de Jesus e de sua Igreja que nada pode ser pensado e realizado independente e, muito menos, em oposição a ela. Ela está no centro de toda ação pastoral-evangelizadora da Igreja de Jesus.

Essa (re)descoberta da opção pelos pobres e sua centralidade na Igreja latino-americana acabou secundarizando e ofuscando outras preocupações e outros desafios pastorais como é o caso da "pastoral das elites". E o fato de essa bandeira pastoral ser levantada e defendida, sobretudo, por setores reacionários à linha pastoral de Medellín, setores aliados com as elites e pouco comprometidos com os pobres e suas lutas, tornou essa preocupação pastoral ainda mais secundaria e até mesmo suspeita na Igreja latino-americana. Não é que isso tenha sido negado sem mais e que não houvesse lugar para gente da "elite" na Igreja. Não se pode negar a presença e colaboração de pessoas e setores das elites na ação pastoral da Igreja da América Latina, particularmente daqueles setores que o texto classifica como "revolucionários", constituídos, em geral, por "intelectuais, pesquisadores, cientistas e universitários" (Med 7,8). Eles tiveram e têm uma atuação muito importante no compromisso da Igreja com os pobres e suas lutas pela transformação da sociedade. Mas não houve, é verdade, maiores preocupações com um trabalho pastoral mais orgânico com as elites, inclusive com os setores mais afinados e comprometidos com as causas e as lutas populares.

E isso apareceu com muita força nos dois seminários nacionais (1991 e 1992) que reuniram pessoas de classe média em torno da problemática "classes médias e opção preferencial pelos pobres" (ARROCHELLAS, 1993). A questão fundamental girava em torno do "papel das classes médias dentro de uma Igreja que fez a opção preferencial pelos pobres". A discussão teve como ponto de referência o texto de Clodovis Boff "pastoral de classe média na perspectiva da libertação" (BOFF, 1993: 9-34). O texto começa constatando um "vazio pastoral" entre setores da classe média. Faz um elenco de "respostas que estão emergindo" para essa problemática. Enfrenta-se com o "conteúdo teológico da nova pastoral de classe média": "eixo teológico-pastoral Deus-pobre", "ponto crítico: a opção pelos pobres", "atenção às novas questões". E conclui com alguns indicativos de "como organizar a nova pastoral de classe média". Em outro texto (BOFF, 1993: 35-37), onde apresenta uma síntese das discussões realizadas nos seminários, insiste que essa pastoral deve ser feita na "perspectiva da libertação" e destaca três grandes tentações de uma pastoral com pessoas e setores de classe média: 1) "pretender a centralidade pastoral na Igreja, tirando daí o pobre que a isso tem direito por título nada menos que evangélico"; 2) "absorver o melhor das forças pastorais (padres e teólogos) em benefício próprio [...], privando os pobres de serem os 'primeiros servidos' na Igreja de Jesus, quase por 'sequestro afetivo' de seus ministros"; 3) "querer tutelar o movimento dos pobres na base, quando deveria servi-los, favorecendo sua autonomia legítima" (BOFF, 1993: 36).

Em boa medida, as reflexões e os textos de Clodovis Boff, mesmo sem citar explicitamente, retomam e desenvolvem intuições teológico-pastorais que aparecem no documento "Pastoral das elites" de Medellín e que continuam muito atuais e fecundas para uma ação pastoral/evangelizadora junto a esses setores da sociedade.

Antes de tudo, é preciso reconhecer e insistir que a Igreja tem a missão de anunciar o Evangelho de Jesus Cristo a todas as pessoas. Não pode excluir ninguém nem se fechar a ninguém, independentemente de raça, cultura, sexo, orientação sexual etc. e até mesmo de classe social. Nesse sentido, é legítima e necessária uma ação pastoral-evangelizadora entre as elites ou entre os setores dominantes da sociedade. Mas se trata sempre do Evangelho de Jesus Cristo que é a Boa-notícia do reinado de Deus. E isso tem consequências e exigências que não podem ser relativizadas e suavizadas de acordo com os gostos e interesses. Não se pode adocicar o Evangelho para agradar e agregar as elites nem adequá-lo a seus interesses. Nem se pode esquecer que o Evangelho provoca reação e oposição. O Evangelho é o mesmo para todos, ainda que com consequências e exigências diferenciadas. Daí por que "esta pastoral das elites não deve ser separada da pastoral total da Igreja" (Med 7,14). Nas palavras de Clodovis Boff, "a evangelização da classe média, do ponto de vista do conteúdo, não é nem pode ser diferente da que faz a qualquer outra classe. A Igreja não pode deixar, nas palavras de Paulo, de lhe 'anunciar o plano de Deus por inteiro' (At 20,27)" (BOFF, 1993: 23).

E, aqui, convém insistir em um ponto que é central no Evangelho de Jesus Cristo e que constitui a maior dificuldade e o maior desafio da ação pastoral--evangelizadora entre as elites ou os setores dominantes da sociedade: a opção pelos pobres e marginalizados; e não só do ponto de vista assistencial, mas também do ponto de vista socioestrutural. Com bem afirma Clodovis Boff, "a 'passagem para os oprimidos' supõe uma verdadeira 'conversão de classe', enquanto implicada na conversão evangélica. Este é o 'ponto crítico' da pastoral de classe média no duplo sentido de banco de prova e de critério de verdade" (BOFF, 1993: 26). Crítico por envolver uma série de exigências e conflitos de ordem pessoal (padrão de vida, partilha, solidariedade etc.), familiar (interesses, divisão etc.), profissional (carreirismo, abusos, comunhão com os explorados etc.), eclesial (profetismo, compromisso etc.), social (interesses, alianças, conflitos, martírio etc.) etc. (BOFF, 1993: 13).

Mas é algo central e inegociável na fé cristã. E é para todos, independentemente de classe, raça, cultura, sexo etc. O Papa Francisco tem insistido muito nisso: "todo o caminho da nossa redenção está assinalado pelos pobres" (EG 197); "existe um vínculo indissolúvel entre nossa fé e os pobres" (EG 48); "hoje e sempre 'os pobres são os destinatários privilegiados do Evangelho' e a evangelização dirigida gratuitamente a eles é sinal do Reino que Jesus veio trazer" (EG 48). E não se pode abrir mão disso para agradar e agregar as elites na Igreja.

Mas isso não significa ficar indiferente pastoralmente a questões que tocam mais diretamente esses setores (BOFF, 1993: 26), particularmente aquilo que o Papa Francisco tem chamado de "periferias existenciais" – as situações de fronteira e distância e as mais diversas situações de sofrimento em que se encontram muitas pessoas de todas as classes em razão de doença, solidão, depressão, dependência química, relações feridas ou quebradas, orientação sexual, falta de perspectiva etc. Todas essas situações merecem respeito, atenção e cuidado. A Boa-nova do Evangelho deve cruzar todas as fronteiras e tocar e curar todas as feridas humanas, abrindo todas as pessoas para a comunhão fraterna com as outras pessoas e com a natureza e para a relação filial com Deus (cf. FRANCISCO, 2014, 2017). Sem jamais se fechar em seus próprios problemas e interesses, absolutizando-os e tornando-se insensíveis e indiferentes aos problemas e às necessidades dos outros.

Por fim, duas advertências: Em primeiro lugar, é preciso atentar para o risco e a tentação de gueto elitista no trabalho pastoral evangelizador com setores dominantes na sociedade – grupos ou comunidades só de pessoas da elite, onde pessoas dos setores pobres e marginalizados não podem participar. É o perigo, por exemplo, de grupos e comunidades em condomínios de classe média-alta, muitas vezes ao lado de uma favela, onde os pobres não podem nem chegar perto. No limite, isso beira a seita elitista que contrasta com a Igreja de Jesus como lugar de fraternidade com todos e, sobretudo, com os pobres e marginalizados. Em segundo lugar, convém não criar a ilusão de conversão e adesão de toda elite ao Evangelho. Sempre haverá resistência e oposição. E não se pode sacrificar o Evangelho para agradar e agregar as elites. Se a Igreja deve anunciar o Evangelho a todas as pessoas, não pode jamais sacrificar o Evangelho para ter adesão de todas as pessoas. E, assim, a Igreja se abre e se dirige a todos para anunciar um Evangelho que é causa de alegria para uns e de tristeza para outros e que provoca adesão de uns e rejeição e perseguição de outros (cf. Lc 2,34). Um Evangelho que é antes de tudo boa notícia para os pobres e marginalizados (cf. Lc 4,16-21) e que tem neles seu critério e sua medida histórico-escatológicos cf. Lc 10,25-37; Mt 25,31-46). Eles são, no Juiz e Senhor, juízes e senhores de nossas vidas, de nossas Igrejas e de nossas pastorais.

Referências

ARROCHELLAS, M.H. (org.). *Classes médias e a opção preferencial pelos pobres*. São Paulo: Paulinas, 1993.

BOFF, C. "A originalidade histórica de Medellín". *Convergência*, 317, 1998, p. 568-576.

_____. "Aprofundamento da questão da pastoral de classes médias". In: ARROCHELLAS, M.H. (org.). *Classes médias e a opção preferencial pelos pobres*. São Paulo: Paulinas, 1993, 35-37.

_____. "Pastoral de classe média na perspectiva da libertação". In: ARROCHELLAS, M.H. (org.). *Classes médias e a opção preferencial pelos pobres*. São Paulo: Paulinas, 1993, 9-34.

CATÃO, F. "Aos trinta anos de Medellín". In: *Conclusões da Conferência de Medellín – 1968*: Trinta anos depois, Medellín ainda é atual? São Paulo: Paulinas, 2010, p. 253-284.

CELAM. *Conclusões da Conferência de Medellín – 1968*: Trinta anos depois, Medellín ainda é atual? São Paulo: Paulinas, 2010.

FRANCISCO. *Quem sou eu para julgar?* O perdão e a tolerância como caminhos para a paz e a harmonia de cada um de nós e de todo o mundo. Rio de Janeiro: LeYa, 2017.

_____. *A Igreja da misericórdia*: Minha visão para a Igreja. São Paulo: Paralela, 2014.

_____. *Evangelii Gaudium*. São Paulo: Paulinas, 2013.

JOÃO PAULO II. *Solicitudo Rei Socialis*. São Paulo: Paulinas, 1990.

LIBANIO, J.B. "O significado e a contribuição da Conferência de Puebla à pastoral na América Latina". *Medellín*, 81, 1995, p. 71-107.

_____. "Medellín: história e símbolo". *Tempo e presença*, 233, 1988, p. 22-23.

MERTHOL FERRÉ, A. *Pastoral de élites* [Disponível em: http://www.metholferre.com/obras/articulos/capitulos/detalle.php?id=76].

OLIVEROS, R. *Liberación y teologia*: gênesis y crecimiento de una reflexión (1966-1977). Lima: CEP, 1977.

PONTIFÍCIO CONSELHO "JUSTIÇA E PAZ". *Compêndio da Doutrina Social da Igreja*. São Paulo: Paulinas, 2001.

RAMÍREZ, A. "'Medellín' y el origen reciente de la vocación profética de nuestra Iglesia en América Latina". *Medellín*, 81, 1995, p. 45-70.

SCATENA, S. *In populo pauperum*: La chiesa latino-americana dal Concilio a Medellín (1962-1968). Bolonha: Il Mulino, 2008.

SEGUNDO, J.L. *Libertação da teologia*. São Paulo: Loyola, 1978.

3
Medellín e a renovação da catequese na América Latina

Luiz Alves de Lima

Introdução

A Conferência de Medellín foi, sem dúvida, um divisor de águas na história do continente, dando novas orientações e perspectivas que muito influenciaram o pensamento e a atuação da Igreja a partir de então. A dimensão profética, tão expressa, presente, decantada e aprofundada em Medellín, brilha em todos os aspectos da vida eclesial, mas de modo especial nessa atividade tão importante que é a catequese, a iniciação e educação na fé!

Não podemos afirmar que a Igreja que nasceu em Medellín tenha sido fruto apenas dos esforços e avanços de seu povo, pastores e teólogos. Tudo que aí foi gestado, amadurecido, decidido e praticado tem como pano de fundo o Concílio Vaticano II. É comum dizer-se que o verdadeiro espírito e a *receptio* mais autêntica desse Concílio, mais do que em outras partes da Igreja, deu-se aqui no nosso continente... Mas há também aqueles que, diante da tomada de posição da Igreja diante da situação sofrida do povo e de suas arrojadas propostas de transformação da realidade à luz do Evangelho, não tiveram o constrangimento em afirmar que Medellín foi uma interpretação equivocada do Concílio, particularmente na linha política. Daí se qualificar de *polêmicas* suas *Conclusões* e revolucionária a prática libertadora delas nascida.

Entre as atividades eclesiais que grande impacto receberam de Medellín está também a catequese. De fato, logo na introdução ao documento, traçando suas linhas gerais, se afirma que três são os setores a serem considerados durante a Assembleia; em *segundo lugar* está a catequese:

> Em *primeiro* lugar, o setor da promoção do homem e dos povos do continente para os valores da justiça, da paz, da educação e do amor conjugal. *Em seguida*, nossa reflexão se dirigiu para os povos deste continente

e suas elites, que por estarem em um processo de profunda mutação de suas condições de vida e de seus valores requerem uma adaptada evangelização e educação na fé, através da catequese e da liturgia. Finalmente, abordamos os problemas relativos aos membros da Igreja. É preciso intensificar sua unidade e ação pastoral através de estruturas visíveis, também adaptadas às novas condições do continente (Intr., ao final).

À luz do documento sobre a catequese, dedicado à iniciação e educação da fé (Med 8), o conceito de educação da fé irá ser coerente com a visão que Medellín tem da fé cristã e suas consequências para a vida do crente. Assim, ela não mais tratará simplesmente da tradicional preparação aos sacramentos e do aprendizado da doutrina cristã. Sim, tudo isso, mas também as consequências que daí advêm para nossa realidade social. Tal mudança radical de conceitos e que terá consequências práticas, aparece em todos os 16 substanciais números ou parágrafos sobre a catequese. Basta citar este texto: "A catequese não pode ignorar em sua renovação as mudanças econômicas, demográficas, sociais e culturais sofridas na América Latina" (Med 8,5). Será, pois, educação de uma fé bem unida à vida, à atual realidade latino-americana em transformação.

Aqui vamos relatar a origem desse revolucionário texto catequético de Medellín (Med 8), e sua posterior repercussão no movimento catequético latino-americano, tendo presente, sobretudo, a participação do Brasil e de seus catequetas.

3.1 O mítico ano de 1968

O documento "Catequese" está intimamente conectado com outros dois importantes eventos realizados no mesmo ano: a *Semana Internacional de Catequese* (tb. realizada em Medellín, 11-18/08/1968) e o *Encontro Nacional de Catequese* (Rio de Janeiro, 01-05/07/1968). O clima eclesial era o do imediato pós-Concílio, com sua ebulição reformadora e renovadora em toda a Igreja. No campo sócio-político-cultural ocorriam também profundas mudanças.

De fato, acontecimentos de suma importância sobrevieram nesse ano, tanto no panorama mundial como particularmente na América Latina, a ponto de o ano de 1968 tornar-se uma data quase mítica, pelos seus transcendentais eventos. Ficou sendo conhecido como "o ano que não terminou". Houve grandes protestos estudantis por todo o mundo contra a política tradicional e reivindicação de novas liberdades; ficou célebre seu lema: "É proibido proibir". No Brasil, chega ao auge o acirramento do regime militar de 1964 com a publicação, em dezembro de 1968, do Ato Institucional n. 5, fechando o Congresso Nacional e suspendendo as garantias institucionais, diante do combate mais organizado de vários organismos de esquerda contra o governo, tidos como "subversivos". Greves pululavam por toda parte. Foi nesse ano também que a Igreja, diante da violação de direitos humanos, posicionou-se contra o golpe militar, que havia apoiado em suas origens, com uma ação mais expressiva, principalmente através da denúncia de violação dos direitos humanos e a defesa dos perseguidos. Surgia a Teologia da Libertação nos meios brasileiros, enraizada neste húmus que, de resto, era de toda a América Latina. A catequese sentirá também os influxos deste ambiente, ao propor uma renovação de seus conteúdos e métodos a partir da situação histórica de gritante injustiça. O documento "Catequese" recolherá e dará maior autoridade às conclusões desses dois acontecimentos que o precederam: o *Encontro Nacional do Rio de Janeiro* e a *Semana Internacional de Catequese*, também em Medellín.

Com relação ao Brasil, as ideias renovadoras do Concílio Vaticano II chegaram ao conhecimento e atuação de muitos teólogos, sobretudo catequetas, sacerdotes, religiosos e leigos, através do movimento catequético brasileiro, que, já bem antes do Concílio, renovava substancialmente a catequese, impulsionada pelo movimento catequético mundial.

3.2 *O Encontro Nacional do Rio de Janeiro*
Preparação brasileira à Semana Internacional de Catequese e à Conferência de Medellín

A renovação teológica pós-conciliar da catequese teve grande impulso com o *Encontro Nacional* do Rio de Janeiro, brilhantemente assessorado por teólogos especialistas na teologia conciliar[52]. Ele foi não apenas a realização de um dos projetos do *Plano pastoral de conjunto* (1965, projeto 2.9), mas também foi a preparação da *Semana Internacional de Catequese de Medellín* (setembro de 1968)[53] e para a ulterior Conferência de Medellín.

Para esse *Encontro Nacional* foi realizada uma ampla pesquisa em todo Brasil sob a responsabilidade do nascente Ceris[54]. Um minucioso questionário foi enviado a

---

52. Entre eles: Pe. Hugo Assmann, Pe. Rubens Müller, Pe. Marçal Versiani dos Anjos, Ir. Cristina Schröter, Pe. Miguel Papoaski, Pe. José Alberto Castelo, D. Luiz Fernandes, D. José Costa Campos, Pe. Nereu Meirelles da Silveira, Pe. Dorvalino Eloy Koch, Pe. Virgílio Rosa Neto, Ir. Antonio Cechin, Pe. Cláudio Ortigara, Pe. Wolfgang Gruen, Pe. Nélson Queiroz, Pe. Riolando Azzi, Pe. Luciano Castelo, Dr. Carlos Alberto Medina, Dr. César Augusto Barroso Falcão, Ir. Ana Agostinho Roy, Ir. Bernardete Vaz de Melo, Ir. Sílvia Villac (ALVES DE LIMA, 1995: 195, nota 79).

53. De fato, é o que lemos nos objetivos do Encontro de 1968: "Avaliar o movimento catequético do Brasil nos últimos cinco anos e prever as perspectivas para o futuro; preparar a Semana Internacional de Catequese a realizar-se em Medellín" (SNAC, 1968: 2).

54. No relatório feito na reunião dos secretariados regionais (Rio de Janeiro, 08-12/02/1968) se diz: "Está sendo ultimado, pelo Ceris, em colaboração com o Snac, um levantamento quan-

todas as equipes regionais, aos Ispacs e escolas catequéticas, às comissões diocesanas de catequese para ser discutido e respondido. Com os resultados elaborou-se um relatório com dados quantitativos e reflexões dos participantes que serviram como *Instrumento de Trabalho (IT)* para o Encontro Nacional[55]. Realizou-se de 1º a 5 de julho com a participação de mais de 50 representantes de quase todos os 13 regionais da CNBB, os membros do Secretariado Nacional de Catequese (Snac), e representantes de outros organismos eclesiais[56]. Os trabalhos foram coordenados pelo bispo responsável pela catequese nacional, Dom José Costa Campos, bispo de Valença (RJ), e pelo Padre Raimundo Caramuru, da equipe do Snac. A dinâmica dos cinco dias, bastante participativa, constava de uma *conferência* feita por um palestrante, seguida de um *painel* de debates, *grupos* de estudo e *plenário*.

Os grandes temas tratados nesse encontro foram:

1) *Fé e promoção humana*: exigências de uma autêntica promoção humana diante da situação atual do Brasil; que atenção a catequese está dando a esse problema; o que fazer para desenvolver uma educação da fé que responda a estas exigências.

2) *Análise dinâmica da situação de fé hoje no Brasil e exigências que dela decorrem*: que significado teológico possui o pluralismo religioso no Brasil (religiosidade popular, cristianismo sociológico, sincretismo religioso, esforço de renovação eclesial, secularização e pós-cristianismo, pluralismo das denominações cristãs, religiões africanas, animismo indígena).

3) *Fé e comunidade eclesial*: relação entre povo e Deus e as estruturas da comunidade eclesial; o que fazer para que a educação da fé dinamize em sentido mais evangélico as relações entre os membros do Povo de Deus e as estruturas eclesiais (cf. ALVES DE LIMA, 1995: 193-203).

As *Conclusões do Seminário de Estudos sobre a Renovação Catequética* (1968: 987-992) recolhem as intuições maiores dos participantes. É composto de uma introdução e três partes, seguindo basicamente o esquema *ver-julgar-agir*: é o primeiro documento de um organismo da CNBB a ser estruturado neste método. O ponto de partida foi a análise da situação, iluminando-a com princípios teológicos e concluin-

---

titativo da situação catequética no Brasil. O resultado desta pesquisa será um dos subsídios para o seminário (de julho)" (CNBB, 1968: 19; CNBB, 1968b: 11).

55. Disponível na Biblioteca do Instituto Nacional de Pastoral (INP) na sede da CNBB em Brasília, sob a classificação D 15.936, publicado também em *CM*, n. 186, p. 5-41, 1968.

56. Local do encontro: Casa Provincial das Filhas da Caridade (vicentinas) no Rio de Janeiro. Compareceram figuras importantes de catequetas latino-americanos, além dos já nomeados em nota acima: o diretor nacional de catequese da Argentina, Ir. Onésimo O'Gorman e D. Felipe S. Benitez (Paraguai), Pe. Juan O. Usher (Bolívia) (cf. SNAC, *Relação dos Participantes*, s/n, com a relação completa dos 66 participantes).

do com diretrizes para a ação. Tal metodologia, como sabemos, impôs-se até hoje, com variantes. É original essa descrição de *catequese*, à luz do que foi aí refletido, que passará para Medellín: "Entendemos catequese como sendo uma reflexão da comunidade, à luz da fé, do seu próprio processo histórico. É Cristo, presente na comunidade, que revela o homem ao homem (GS)" (SNAC, 1968: 991)[57].

As consequências pastorais que se apresentam são: perceber a importância dos meios de comunicação como fator fundamental para a aceleração ou retardamento do processo histórico e ter uma consciência crítica diante deles; promover as comunidades de base como instrumentos de superação da marginalização humana existente e como sinal do mistério de Cristo atuante. Conclui considerando a figura do "Evangelizador como homem inserido no processo histórico e que serve a comunidade, para que ela atinja maior consciência e expresse sempre mais claramente os aspectos de libertação e construção em Cristo" (SNAC, 1968: 992).

A linguagem é nova e contundente, refletindo, por vezes, os problemas da época (como, p. ex., Cristo histórico), mas que terá continuidade nos dois acontecimentos e anos seguintes impondo-se não somente como discurso, mas principalmente como prática. Estava brotando, neste Encontro Nacional e sob o influxo do *Plano de pastoral de conjunto*, uma perspectiva original e inovadora, destinada a inaugurar uma nova fase na catequese latino-americana (GRUEN, 1984: 35): a realidade histórica, as situações de vida individual e social passam a ser conteúdos, e não apenas motivações para a catequese.

3.3 A Semana Internacional de Catequese em Medellín

Na história do Movimento Catequético Mundial os congressos e semanas internacionais dos anos de 1950-1960 exerceram significativa influência na evolução da catequese. A importância da Semana Internacional de Medellín está no fato de, por um lado, ter recebido influência do Encontro do Rio de Janeiro de 1968 e outros encontros equivalentes na América Latina; e, por outro, ter transmitido a riqueza de suas orientações para a imediata Conferência de Medellín que, com sua autoridade e prestígio, imprimiu maior força para que fossem divulgadas e colocadas em prática em todo o continente.

As semanas internacionais até então realizadas [cinco, conforme a matéria "Retrospectiva dos Congressos Internacionais de Catequese" publicada na *Re-*

---

57. Como se vê, a afirmação de J. Audinet descrevendo a catequese como "acción por la cual un grupo humano interpreta su situación, la vive y la expresa a la luz del Evangelio" (AUDINET, 1969: 35), formulada durante a Semana Internacional de Medellín, e tão citada depois, com muita probabilidade tem seu primeiro esboço e intuição neste documento do *Encontro do Rio de Janeiro*.

vista de Catequese (1992: 77-78); as atas da Semana Internacional de Medellín registram-na como sétima, talvez porque se considere também a de Nimega, em 1959 (cf. GIANETTO, 1992: 4-34; PALOŠ, 1994: 489-490, n. 76)] foram consequência ou confluência de vários congressos nacionais, que desde o início do século se celebravam em diversos países. Também esta semana internacional em Medellín teve uma preparação nos vários países com a realização de semanas ou encontros nacionais, como o nosso, acima referido. Oficialmente, porém, ela foi patrocinada pelo Celam através de seu departamento Comité Latino-americano para a Fé (Claf), com a ajuda da Conferência Episcopal Colombiana e a colaboração do East Asian Pastoral Institute (SIC-68: 10). Daí se vê que por trás deste acontecimento estava também a figura dinâmica de J. Hofinger, fundador e diretor daquele instituto asiático e responsável também pelas semanas internacionais anteriores[58]. A ele coube a presidência do primeiro grupo organizador dessa nossa semana. Entretanto sua direção ficou com o Claf, presidido por Dom Felipe Santiago Benitez Ávalos (Paraguai), tendo como secretários executivos, e verdadeiros condutores, o Padre Juan O. Usher (Bolívia) e John Gorham (Paraguai), que tinham estado no Encontro do Rio de Janeiro de julho de 1968. "O Congresso, em seu aspecto material, teve uma magnífica organização" (AGUILLERA, 1968: 167).

A *Semana Internacional Catequética* de Medellín realizou-se de 11 a 18 de agosto de 1968. Seu *lema* era: *Onde está a vossa fé?* (Lc 8, 25) e o *objetivo*: "A avaliação da fé dos povos latino-americanos como ponto de partida para uma evangelização e uma catequese renovada" (*La "Carta" Catequística*, 147-148; BENITEZ, 136-139; SIC-68: 9). O momento histórico de profundas transformações que estava vivendo a América Latina foi um elemento decisivo para um salto qualitativo no enfoque da catequese: a guinada antropológica. "Do *biblismo* um tanto arcaizante dos últimos decênios, passa-se agora para um novo enfoque da fé sobre o homem e sua realidade secular" (SIC-68: 9).

Quanto aos participantes "houve representantes dos cinco continentes, congregando-se assim o que havia de mais qualificado em matéria de pastoral catequética no

---

58. J. Hofinger, SJ (1903-1984), sacerdote austríaco, discípulo e herdeiro das intuições renovadoras de J. Jungman, na linha da teologia e catequese querigmáticas. Na verdade, ele não aderiu plenamente às novidades antropológicas que emergiam com muita força na Semana Internacional de Medellín, quase que como desdobramento do movimento que ele mesmo havia iniciado. Parecia-lhe ser algo sem fundamento e sem futuro. Como a Semana de Medellín foi o ápice da evolução da catequese antropológica, J. Hofinger quase que ficou à margem das discussões, também pela sua dificuldade de compreensão do castelhano e do português, línguas predominantes na ocasião (GIANETTO, 1986: 330-331). Tomou parte na preparação do Concílio Vaticano II, sob recomendação pessoal de seu amigo e professor J. Jungmann, trabalhando de modo especial na preparação da constituição *Sacrosanctum Concilium*.

mundo inteiro" (*La "Carta" Catequística*, 147)[59]. Além das presenças prestigiosas do Cardeal Villot, prefeito da Congregação para o Clero, do Cardeal Agnelo Rossi, arcebispo de São Paulo, e de 21 bispos, participaram 214 pessoas procedentes de trinta países, ao todo, pois, de 237 membros da Semana, 187 eram de 18 países da América Latina, 15 da América do Norte, 22 da Europa, 11 da Ásia e 2 da África. Com uma predominância tão grande da América Latina, pode-se falar de um Congresso de peso nitidamente latino-americano (SIC-68: 289-293)[60].

Com a experiência das *Semanas Internacionais* anteriores, Padre J. Hofinger pretendia, com um documento de base ou *anteprojeto*, orientar os trabalhos para chegarem aos mesmos resultados das semanas anteriores. Este *anteprojeto* concebia a catequese centrada sobre a História da Salvação, como até então se refletia[61]. Desde o início a assembleia mostrou-se descontente com este texto e já no segundo dia ele foi rejeitado em peso, pois era considerado muito genérico, sem nenhuma ligação com a realidade latino-americana, de cunho intelectualista e escolástico. Não é que rejeitavam o aspecto teológico, mas queriam uma teologia mais existencial, concreta, histórica, que ajudasse a construção integral do homem e da comunidade humana, aberta à transcendência, mas plenamente enraizada na história, enfim, uma teologia mais *política* e menos preocupada com as *essências metafísicas*.

Os participantes queriam produzir documento próprio, discutindo não tanto as questões pedagógicas e metodológicas, mas indo ao centro do próprio conteúdo da catequese a partir das dramáticas situações sócio-político-econômicas do homem la-

---

59. Nomes importantes da catequética da época estavam presentes, como: Francisco De Vos, O. O'Gorman, M. Raspanti (Argentina), J. Gorham, J. Micolta (Colômbia), F. Ugarte Larraín (Chile), F. Aguillera (México), B. Spoletini (Venezuela), A. Barth, A. Exeler (Alemanha), M. Van Caster (Bélgica), C. Florestán (Espanha), J. Hofinger, A. Nebreda (Filipinas), J. Audinet, Pierre Babin, F. Coudreau, J. Puyo (França), Amalorpavadass (Índia). Lista completa dos 16 participantes brasileiros: José C. Campos, presidente do Snac e Delegado do Claf para o Brasil, chefe da delegação, Fermino Caberlon, Ir. Antônio Cechin, marista, Agnelo Rossi, Hugo Assmann, Dr. César A. Falcão e Ir. Maria C. Pinto, Hugo V. Paiva, Dorvalino Koch, Marçal Versiani, José Engel, Nereu Meirelles, Cláudio Ortigara, W. Gruen, Ângelo Barreto, Antônio Fragoso. Como se vê, predominavam também aqui os representantes do Centro-Sul do Brasil, enquanto que o Centro-Oeste, Nordeste e Norte quase não tinham representantes (cf. SNAC, 1968: 3; SIC-68: 289).

60. Esses dados não coincidem com os apresentados por cronistas presentes, como F. Aguillera, que fala de 275 participantes (1968: 167) e J. Puyo (*Réflexions d'un témoin*, p. 114), que estima em 201 o total de participantes.

61. Além de Hofinger, tomaram parte na equipe de redação do *anteprojeto*, entre outros, os seguintes catequetas, quase todos europeus: J. Audinet, A. Nebreda, J. Bournique, A. Exeler, F. Coudreau, e de um modo especial M. Van Caster (cf. GIANETTO, 1992: 23; AGUILERA, 1968: 262). Tal *anteprojeto* não se encontra nas Atas da Semana, mas foi publicado com o título *Orientaciones fundamentales para la oración* [sic! leia-se *acción*] *catequética en Latinoamérica*, p. 276-279 e ainda em italiano: Anteprogetto degli esperti: In: *Catechesi*, 8 (1969), n. 6-7, p. 40-47.

tino-americano. O discurso nas comissões, com muita paixão e confronto direto, principalmente entre latino-americanos e europeus, tomou tal rumo que alguns começaram a pensar que se tratava de um encontro de sociólogos e antropólogos de tendências às vezes marxistas ou revolucionárias e não de catequetas. No entanto, conforme um participante europeu, foi extremamente significativo que em todas as comissões os latino-americanos se encontravam profundamente de acordo sobre as grandes orientações gerais (cf. PUYO, 1969: 114).

Muitos não esconderam a própria insatisfação e outros confessaram o próprio despreparo para enfrentar tal dimensão; mas houve aqueles poucos que tentaram descobrir o valor profundo desta nova visão. J. Audinet, catequeta francês, foi um desses que tentou captar as novas tendências e fazer uma reflexão sobre elas. No dia anterior ao início da assembleia, após o encontro e discussão com a comissão preparatória, e sentindo já o profundo descontentamento dos latino-americanos, tentou elaborar um pequeno subsídio com reflexões em torno da *evangelização e promoção humana*, que serviu de documento complementar ao lado do *anteprojeto*[62]. Mas foi em sua palestra, já quase no final da *Semana*, que o catequeta francês pôde desenvolver mais as suas reflexões. De fato, de todas as palestras, a sua foi a que mais esteve sintonizada com o novo que ali nascia; as pistas traçadas por ele suavizaram as posições radicais e orientou novamente os debates para o campo pastoral-catequético.

Grande parte do pensamento teológico conciliar veiculado durante o Encontro Nacional em julho de 1968 passou para a Semana Internacional de Catequese e, depois, para a Conferência Episcopal de Medellín. De fato, conforme um testemunho da época, o grupo brasileiro foi muito aguerrido e combatente[63].

---

62. Este *documento complementar* foi publicado por J. Audinet (1969: 103-107); ao apresentá-lo, uma nota da redação diz: "Esta nota preparatória trata de uma das questões fundamentais do Congresso. [...] O interesse dela é a maneira com a qual é abordado o problema: não mais a partir de conceitos especulativos, mas numa perspectiva de ação, tentando analisar o "como" de uma ação pastoral. Ela se esforça por encontrar critérios de análise e de orientação deste "como". Os conceitos utilizados são os de uma *teoria da ação*, aplicados ao futuro religioso. Tal linha de pesquisa leva à elaboração de uma *estratégia* de ação pastoral" (AUDINET, 1969: 102; cf. AUDINET, 1968: 268-273). É interessante o fundamento *eclesiológico* que o autor coloca ao afirmar: "As decisões (sobre a relação catequese-promoção humana) dependem da imagem que a Igreja tem de si mesma e de sua missão; por outro lado, essas decisões dependem da imagem que a Igreja dará a seus membros, como aos outros homens" (AUDINET, 1968: 268).

63. A delegação brasileira era "uma equipe da melhor qualidade, um verdadeiro grupo de especialistas em diversos ramos: pastoralistas, teólogos, sociólogos *e algum catequeta* [...] foi o grupo mais inquieto, mais radical e que mais contribuiu para que a reflexão do Congresso abandonasse as vias formais e atitudes convencionais, para lançar-se numa busca profunda, às vezes um pouco cruel, da realidade" (AGUILLERA, 1968: 266). O fato de os catequetas brasileiros já usarem com frequência a linguagem das ciências sociais e políticas nas categorias teológicas, para muitos se tornava difícil identificá-los como catequetas...

Os *temas centrais* e seus expositores foram: 1) *Condições atuais da Catequese na América Latina* (Gustavo P. Ramírez, Colômbia); 2) *Exigências básicas de uma catequese fundamental na atualidade* (Alfonso Nebreda, Filipinas); 3) *A família e a fé na América Latina* (José G. Calderón, Colômbia); 4) *A renovação catequética na situação contemporânea* (J. Audinet, França); 5) *Dimensões sociais do apostolado catequético* (José G. Bauer, Guatemala). Além dessas cinco palestras centrais, nas sete comissões e três subcomissões de estudo foram feitas também importantes palestras em torno dos temas propostos[64].

Em seus 17 números as *Orientações gerais* recolhem as conclusões da Semana (SIC-68: 642-646). Pena que não há aqui espaço para expor a riqueza desse brevíssimo e revolucionário documento. Podemos ressaltar que a categoria teológica da *unidade do plano de Deus*, sobre a qual tanto se insistiu no Encontro do Rio de Janeiro, é novamente reafirmada: sem cair em simplificações e superando todo dualismo, a catequese deve manifestar a *unidade do plano de Deus*, unidade entre o projeto salvífico de Cristo e as aspirações humanas, entre história da salvação e a salvação humana, entre revelação de Deus e experiência do homem. Essa afirmação passará basicamente para a Conferência de Medellín (cf. Med 8,4).

Há ainda fortes destaques sobre: 1) O *pluralismo* na pastoral diante das situações diversas: explícito reconhecimento da necessidade de atitudes diversas por parte da catequese diante das diferentes situações sociorreligiosas. 2) A *Revelação* concebida como ação permanente de Deus, na linha da *Dei Verbum*, sublinhando seu caráter dinâmico e histórico, tendo como consequência a promoção do homem e sua *libertação total*. 3) O *conteúdo da catequese* considerado como a busca de interpretação e de sentido das situações históricas vividas à luz de Jesus Cristo, buscando a continuidade entre valores terrestres e salvação cristã.

Outras acentuações: a clara percepção da necessidade geral de uma *evangelização dos batizados*; a necessidade de usar na catequese a linguagem das *palavras e gestos*, "que consistem no testemunho de uma vida comprometida com o homem de hoje" (Med 8,7), a importância das CEBs, da catequese aos *adultos*, dos meios de *comunicação social*, do *diálogo* com as ciências, dos institutos de catequese, a dimensão *libertadora* da mensagem cristã e da catequese. Estranhamente, o tema da *religiosidade popular* não é valorizado, apesar de ter sido objeto de três grandes apresentações de dois brasileiros e um chileno nas comissões. Isso talvez se explique pela demasiada preocupação dos participantes em acentuar as exigências histórico-transformadoras da fé. Todas essas renovadoras ideias irão aportar no documento sobre a catequese (Med 8).

---

64. *La "Carta" catequística de Medellín*, 147-148. Cf. Semana Internacional de Medellín. In: *Documento Cat. 1, c 35, 1a* (I volume) e *Cat. 1, c 35, 21* (II volume) (mimeografados e encadernados) da Biblioteca do Itepal (Celam, Bogotá), passim; J. Puyo, 114; Presentación. In: *Catequesis Latinoamericana*, Asunción, 1 (1969), n. 3, p. 7.

O catequeta, pastoralista e biblista Padre Wolfgang Gruen, salesiano, participante desses eventos, com sagacidade, assim comenta o que se passou nessa Semana Internacional:

> O movimento querigmático [década de 1950] havia procurado superar o intectualismo dos séculos precedentes insistindo não só na *salvação* (principalmente da alma), mas na *história* da salvação; e nela, ao nexo indispensável que há entre história do povo e Palavra de Deus. Consequentemente, a catequese passou a falar mais da história do povo de então (Bíblia), e de hoje. O princípio estava certo; sua aplicação, porém, era insuficiente. História *contada* ainda não é história: é narrativa. Na América Latina é que se fez a verdadeira mudança que o movimento querigmático apenas vislumbrou: incorporou-se ao conteúdo da catequese a história vivida, realizada; e não só momentos fortes, mas a atuação lenta e firme dentro do próprio processo histórico em sua macrodimensão. A história vivida passou a ser não apenas ponto de partida (motivação pedagógica), mas parte integrante do conteúdo da catequese (GRUEN, 1984: 36-37).

Detivemo-nos mais longamente na realização dessa Semana de Medellín devido à densidade de seus conteúdos e sua importância histórica. A dimensão antropológico-existencial ou situacional da catequese, que timidamente havia despontado em algumas semanas internacionais anteriores, principalmente em Bangkok (Coreia, 1962) e Katigondo (Uganda, 1964), reafirmando-se um pouco mais em Manila (Filipinas, 1967), adquire agora toda a sua força no Encontro do Rio de Janeiro e da Semana de Medellín[65], impondo-se como característica da catequese latino-americana e como contribuição original deste continente à reflexão da catequese em toda a Igreja. E assim chegamos ao ponto alto: a Conferência de Medellín. Ela dará a essa perspectiva catequética uma projeção muito maior.

3.4 A catequese em Medellín

Aqui não trataremos da gênese, contexto sócio-político-econômico em que se situa essa histórica conferência, nem de seu contexto eclesial em pleno pós-concílio, e seu significado e repercussão para a América Latina, com reflexos em outras partes da Igreja, ou do conteúdo de seus 16 proféticos documentos. Igualmente não falaremos de seus 249 participantes, entre os quais o Papa Paulo VI que a abriu, nem de sua eficiente dinâmica nas comissões e plenários, entre confrontos, tensões, diálogo

---

65. Alguns preferem colocar o cume da dimensão antropológica em Manila, denominando a dimensão nascida na América Latina de fase política (cf. GIANETTO, 1992: 20-22; ERDOZAIN, 1969: 575-599).

e abertura aos problemas do continente, condensados em seu título: *A Igreja na atual transformação da América Latina à luz do Concílio*. Nossa atenção será estritamente sobre o modelo de catequese aí surgido, sobretudo em seu documento n. 8.

Os 16 documentos aprovados ao final de apenas duas semanas de trabalho possuem uma força interna, um descortino, linguagem e perspectivas teológicas tão grandes, conhecidas e avaliadas somente depois que desencadearam, ao longo de todo o continente, uma revolução eclesial inimaginável anteriormente (cf. BEOZZO, 1993: 178-182). Na verdade, Medellín não é apenas a grande *receptio* do Vaticano II, por parte do episcopado latino-americano, mas de certo modo dá um passo a mais: em seus documentos desenvolve-se, ao menos germinalmente, a Teologia da Libertação, aprofunda-se a noção de justiça e de paz ligada aos problemas da dependência econômica, dá-se ênfase ao conceito de pecado social, coloca-se o pobre no centro da reflexão da Igreja no continente, emerge pela primeira vez a importância das CEBs, e a catequese é concebida como uma educação de uma fé comprometida com a transformação da realidade.

Nos textos de Medellín encontram-se frequentes referências à catequese (Med 1,3; 2,24; 3,6; 3,19; 4,17; 5,17; 6,1; 6,5; 6,8; 7,13; 8,7; 10,11; 10,19; 11,17; 13,10; 13,33; 14,8; 14,9; 15,10; 16,6-7). Entretanto é no segundo grande bloco, "Evangelização e crescimento na fé", que encontramos um documento inteiramente dedicado a ela: trata-se do *relatório* produzido pela Subcomissão 5C, que se tornou depois o documento n. 8. Nessa subcomissão estavam Dom Felipe S. Benitez, Padre Juan O. Usher, Padre John H. Gorham, Padre José Raimundo e outros que tinham estado presentes tanto no Encontro do Rio de Janeiro como na Semana Internacional de Catequese de Medellín[66]. Eles garantiram a entrada quase que integral das reflexões destas duas reuniões anteriores dentro do célebre documento 8 de Medellín.

Entretanto, nas sessões plenárias, as conclusões da Semana Internacional, bem recebidas e aprovadas na Comissão, foram suavizadas em seus aspectos mais radicais e nas críticas mais duras a pessoas e instituições eclesiais. Porém, o essencial foi mantido, isto é: a forte *dimensão antropológica* que caracteriza a novidade da catequese latino-americana, a nova visão da Revelação que faz a Igreja sentir-se fiel não só a Deus, mas também ao homem em situação, o homem latino-americano, e, daí, o destaque da *dimensão histórico-libertadora da fé*, e a consequente promoção humana. Sobressai ainda a ênfase dada à *dimensão comunitária*, à opção pela *catequese*

---

66. Eram eles: D. Hugo E. Polanco (Porto Rico), presidente; D. Pedro A. Aparício (El Salvador), D. Jesús S. Pastor (Panamá), Pe. José J.M. Varas (diretor do Icla do Chile), Pe. Carlos Palmés (delegado da Clar). Os nomeados pelo papa: D. Raul Primatesta (Argentina), D. Samuel R. García (México), D. José G. Calderón (Colômbia). Os convidados: D. Antonio Cardoso (Portugal) e Pe. Jerome Hamer, O.P. (futuro cardeal e membro da Cúria Romana) (cf. PARADA, 1975: 264).

com adultos, à importância de uma nova *linguagem*, de uma cuidadosa *formação de catequistas* e de *organização* nacional e regional da catequese (cf. BORELLO, 1986: 31-32).

A categoria teológica da *unidade do plano de Deus*, sobre a qual se insistia desde o Encontro do Rio de Janeiro e da Semana Internacional, é novamente afirmada: sem cair em simplificações e superando todo dualismo, a catequese deve manifestar a *unidade do plano de Deus*, unidade entre o projeto salvífico de Cristo e as aspirações humanas, entre história da salvação e a salvação humana, entre revelação de Deus e experiência do homem (cf. Med 4a).

> Ao apresentar sua mensagem renovada, a catequese deve manifestar a unidade do plano de Deus. Sem cair em confusões ou em identificações simplistas, deve-se expressar sempre a *unidade* profunda que existe entre o plano divino de salvação, realizado em Cristo, e as aspirações do homem; entre a história da salvação e a história humana; entre a Igreja, povo de Deus, e as comunidades temporais; entre a ação reveladora de Deus e a experiência do homem; entre os dons e carismas sobrenaturais e os valores humanos (Med 8,2a).

Posto esse princípio, são tiradas as conclusões para a catequese. Citamos aqui um texto que se tornou clássico, um dos mais célebres de Medellín, e citado por quase todos os tratados modernos de catequética, quando fala de sua dimensão social:

> De acordo com esta teologia da Revelação, a catequese atual deve assumir totalmente as angústias e esperanças do homem de hoje, para oferecer-lhe as possibilidades de uma libertação plena, as riquezas de uma salvação integral em Cristo, o Senhor. Por isso deve ser fiel à transmissão não somente da mensagem bíblica em seu conteúdo intelectual, mas também à sua realidade vital encarnada nos fatos da vida do homem de hoje. As situações históricas e as aspirações autenticamente humanas são parte indispensável do conteúdo da catequese. E devem ser interpretadas seriamente, dentro de seu contexto atual, à luz das experiências vivenciais do povo de Israel, de Cristo e da comunidade eclesial, na qual o Espírito de Cristo ressuscitado vive e opera continuamente (Med 8,3a).

Este aspecto *histórico* da catequese, conforme Medellín, faz com que ela mantenha um caráter dinâmico e evolutivo; de fato, a mensagem cristã deve ser continuamente aprofundada e traduzida conforme o ritmo, hoje em dia aceleradíssimo, da evolução dos acontecimentos. Por isso a catequese não pode ignorar as profundas transformações sofridas pela América Latina (cf. Med 8,5), e "cabe a ela ajudar a evolução integral do homem, dando-lhe seu autêntico sentido cristão, promovendo sua motivação nos catequizandos e orientando-a para que seja fiel ao Evangelho" (Med 8,7).

Quanto aos *destinatários*, já não são crianças, mas *adultos*: eles são capazes de viver em maior plenitude o Evangelho em sua dimensão social e política. A evangelização dos adultos precisa "levá-los a um compromisso pessoal com Cristo e a uma entrega consciente à obediência da fé". Daí a importância de buscar "novas formas de catecumenato na catequese de adultos, insistindo na preparação para os sacramentos" (Med 8,3d).

3.5 Medellín e Aparecida: Dois discursos diferentes sobre a catequese?

Com a evolução das décadas seguintes, a catequese no Brasil, através do *Diretório Nacional de Catequese* (DNC), e para toda a América Latina, através da Conferência de Aparecida, assume características da nova evangelização, missionariedade, discipulado, iniciação cristã, catecumenato, dimensão litúrgico-celebrativa, orante e simbólica na transmissão da fé, que perpassa toda a Igreja; tais conceitos expressam a face do novo paradigma de catequese hoje.

Em um primeiro momento pode parecer que a catequese surgida em Aparecida no início do século XXI seja bem diferente da proposta de Medellín na década de 1960 (ALVES DE LIMA, 2008: 6-24). De fato é diferente, mas ao mesmo tempo não. Há diferenças, sim, pois os momentos históricos e culturais são diferentes. O modelo de catequese surgido em Medellín se encontra, no Brasil, no documento CR (1983), ao passo que em Aparecida (2007) encontra-se um modelo de catequese que corresponde mais aos tempos atuais, marcada profundamente pela mística evangelizadora, pelo impulso missionário. No Brasil vivemos um clima político-social diferente do final dos anos de 1960 quando surgiu Medellín; temos hoje um Estado democrático de direito relativamente consolidado, apesar do mar de corrupção; e, na América Latina, em geral, há um avanço (ou retrocesso) no mesmo sentido. O clima religioso, por outro lado, vai-se modificando; a descristianização é visível e a sensação de pós-cristianismo, que já atinge a Europa, faz-se presente também entre nós. Jesus Cristo já não é conhecido por grande parte da população: impõe-se o desafio de uma evangelização explícita.

Por outro lado, a pobreza e a miséria não foram erradicadas, e está longe de sê-lo completamente. E, onde há pobreza, é necessária a Teologia da Libertação, como dizia Dom Aloysio Lorscheider, ou ao menos seu espírito de serviço (diaconia), voltando-se para os sofredores e exigindo promoção humana. Aparecida resgata esse espírito, faz reviver alguns grandes postulados de Medellín que estavam sob as cinzas, como a opção pelos pobres, ou ameaçados de serem esquecidos, como por exemplo o método *ver-iluminar-agir*.

Porém, tal resgate de Medellín não se encontra nos textos de Aparecida que falam da iniciação cristã e da catequese, ao menos explicitamente. O máximo que chega a aludir é a exortação ao uso, na catequese, da Doutrina Social da Igreja (cf. DAp 299). Aparecida insiste mais na proclamação do querigma, na dimensão experiencial da fé (encontro pessoal com Jesus Cristo), na leitura orante da Palavra de Deus, na mistagogia (catequese unida intimamente à liturgia), na unidade dos três sacramentos da iniciação, enfim, no processo catecumenal (cf. DAp 287-294). Assim, temos que integrar, na proposta de *catequese iniciática* de Aparecida, também os ricos aspectos que em outras partes do documento são relevados.

Nesse sentido, o DNC é mais fiel à manutenção do espírito de Medellín: além de insistir nos elementos acima apontados por Aparecida, em seu primeiro capítulo faz uma síntese de CR (que, como dissemos, encarna perfeitamente o espírito de Medellín); declara que o DNC não representa uma *ruptura*, mas uma *continuidade* da caminhada da catequese desde Medellín até hoje. O verdadeiro discípulo de Jesus, formado na escola do Evangelho, é aquele que procura viver não só a fé *em* Jesus, mas a fé *de* Jesus, daquele Jesus histórico que nasceu e viveu como pobre, integrou em sua prática e mensagem todos os aspectos religiosos, culturais e políticos da vida sofrida de seu povo, evangelizou os pobres e por eles morreu, para que todos tenham as riquezas de uma *salvação integral*, como insistia Medellín.

Podemos concluir dizendo que há, sim, diferenças entre os dois modelos de catequese surgidos das duas conferências episcopais (Med e DAp), mas ao mesmo tempo há progressão e continuidade. E com nosso DNC consagrado por Aparecida, e com o documento aprovado na 55ª Assembleia Geral da CNBB (2017) sobre a Iniciação à Vida Cristã, temos orientações seguras para trabalhar na verdadeira *iniciação cristã* e em uma *catequese evangelizadora.*

Considerações finais

Apoiada nos princípios teológicos do Vaticano II, sobretudo *Lumen Gentium, Dei Verbum* e *Gaudium et Spes*, a catequese surgida em Medellín caracteriza-se por uma perspectiva original *situacional-libertadora*, leva a uma leitura diferente da Bíblia, da figura de Jesus, de sua missão, da Igreja, dos sacramentos, da fé. Tudo é visto a partir da *ótica do pobre* em vista de sua libertação: o Evangelho, a catequese, toda a atividade eclesial procuram ser fiéis à *pessoa humana em sua situação concreta*: estão a serviço da realização dos seus legítimos anseios. A *dimensão comunitária* também foi característica do Concílio e aprofundada em Medellín; nesse sentido, as CEBs foram muito valorizadas, pois através delas se favorece a realização do ideal sempre sonhado na catequese: atingir a *todas as faixas etárias*, de um modo especial os *adultos*, e dar a ela uma dimensão *de continuidade,* libertando-a do apego excessivo, quando não exclusivo, às crianças, criado pela longa tradição católica. A *releitura cristológica*, que a teologia fará a partir da realidade do povo, terá consequências imediatas nos *conteúdos catequéticos*, como também na *iconografia*, tão importante para a educação da fé.

Finalmente, deve-se ressaltar a *dimensão bíblica*: a partir da renovação catequética impulsionada por Medellín, a Bíblia será cada vez mais devolvida às mãos dos catequizandos, e a Palavra de Deus se tornará o conteúdo principal catequético. Se o clássico catecismo cai em desuso e os novos textos e manuais ainda procuram o caminho da renovação, a Bíblia ocupa então o lugar central na educação da fé. É um resgate que se mostra muito eficaz e estimula a criatividade das comunidades e catequistas para tornarem sempre mais compreensível a Palavra de Deus, e compreendê-la a partir dos problemas da vida, iluminando assim o sentido da existência. Multiplicam-se os círculos bíblicos; na liturgia, ela é celebrada com criatividade, e começam a aparecer os métodos de leitura popular ou orante da Bíblia.

No Brasil, essa inovadora renovação da catequese provocada por Medellín se concretiza após 15 anos, no também revolucionário documento da CNBB *Catequese renovada, orientações e conteúdo* (1983), assim como no Estudo 53, *Textos e manuais de catequese* (1987)[67]. Pode-se dizer também que todos os documentos da CNBB, pelo menos até o início do novo milênio, e em parte depois também, são marcados pela renovação eclesial de Medellín. Na América Latina esse impulso renovador vem, sobretudo através dos documentos do *Departamento de Catequese* (Decat) do Celam (*A Catequese na América Latina*, 1986. *La catequesis en América Latina*, 1999).

Referências

AGUILLERA, F.M. "La Semana Catequística Internacional de Medellín – Apuntes para una historia interior". *Catequesis Anuncio de Cristo*, 20, 1968, p. 167.

ALBERICH, E. *A catequese evangelizadora* – Manual de catequética fundamental. 2. ed. São Paulo: Salesiana, 2005.

ALVES DE LIMA, L. *A catequese do Vaticano II aos nossos dias* – A caminho de uma catequese a serviço da iniciação à vida cristã. São Paulo: Paulus, 2016.

_____. "História da Catequese no Brasil". In: BELINQUETE, J. *História da catequese nos países de língua portuguesa*. Vol. II. Lisboa: Gráfica Coimbra, 2011, p. 1.443-1.505 [sobre o ERE: 1.507-1.547].

_____. *Medellín-Aparecida*: um diálogo provocador. *Revista de Catequese*, 31, n. 123, 2008, p. 6-24 [publicado também em *Medellín*, 34, n. 136, 2008, p. 593-624].

---

67. A esses se podem acrescentar: CNBB-GRECAT. *Formação de Catequistas*, 1990, e a Primeira Semana Brasileira de Catequese, 1987.

_____. *A face brasileira da catequese*: um estudo histórico-pastoral do movimento catequético brasileiro das origens ao diretório "catequese renovada". Roma: Faculdade de Teologia da Universidade Pontifícia Salesiana, 1995 [Tese de doutorado em teologia, n. 346.]

AUDINET, J. "Evangélisation et Promotion humaine: note préparatoire". *Catéchèse*, 9, n. 34, 1969, p. 103-107 [publicado também em *Catequesis Anuncio de Cristo*, 20, n. 6, 1968, p. 268-273].

_____. La renovación de la catequesis en la situación contemporánea. In: *Semana Internacional de Catequesis, Catequesis y promoción humana*. Salamanca: Sígueme, 1969, p. 35

BENITEZ, F.S. "Los objetivos del encuentro". In: *Didascalia*, 22 (1968), p. 136-139.

BEOZZO, J.O. "Medellín, vinte anos depois". In: BEOZZO, J.O. *A Igreja do Brasil*: de João XXIII a João Paulo II. Petrópolis: Vozes, 1993, p. 178-182.

BORELLO, M. "América Latina". In: *Dizionario di Catechetica*. Leumann (Torino): LDC, 1986, 30-33.

CELAM-DECAT. La catequesis en América Latina: orientaciones comunes a la luz del Directorio General para la Catequesis. *Documentos Celam 153*. Santa Fe de Bogotá, 1999.

_____. *A catequese na América Latina* [Lineas comunes]. São Paulo: Paulinas 1986.

CNBB. *Catequese Renovada, orientações e conteúdo*. São Paulo: Paulinas, 1983 [Estudos da CNBB, 26].

CNBB-GRECAT. *Formação de catequistas*: critérios pastorais. São Paulo: Paulinas, 1990 [Estudos da CNBB, 59].

_____. *Primeira Semana Brasileira de Catequese*: preparação, celebração, conclusão. São Paulo: Paulinas, 1987 [Estudos da CNBB, 55].

_____. *Textos e manuais de catequese*: elaboração, análise, avaliação. São Paulo: Paulinas, 1987 [Estudos da CNBB, 53].

ERDOZAIN, L. "L'évolution de la catéchèse – Panoramique des six semaine internationales de catéchèse". In: *Lumen Vitae*, 24, 1969, p. 575-599.

GEVAERT, J. (ed.). *Dizionario di Catechetica*. Turim: Elle Di Ci, 1986.

GIANETTO, U. *Storia della pastorale giovanile e della catechesi contemporanea –* 5. Il Movimento Catechistico Italiano nel secolo XX. Roma: UPS, 1992 [cópia mimiografada com 61 p.].

"La 'Carta' Catequistica de Medellín: precisiones para una catequesis actual". In: *Didascalia*, Rosario, 23 (1969), p. 147-148.

MERLOS, F.A. "Catequese libertadora na América Latina". In: PEDROSA, V.M. (org.). *Dicionário de Catequética*. São Paulo: Paulus, 2004, p. 160-169.

OLIVEIRA, R.M. *O movimento catequético no Brasil*. São Paulo: Dom Bosco, 1980.

PALOŠ, R. *Il problema del contenuto della catechesi negli incontri catechistici internazionali*. Roma: UPS, 1994 [Tese de doutorado].

PARADA, H. *Crónica de Medellín* – Segunda Conferencia General del Episcopado Latinoamericano. Bogotá: Indo-american Press Service, 1975, p. 264

PUYO, J. "Réflexions d'un témoin". *Catéchèse*, 9, n. 34, 1969, p. 114-119.

"Semana Internacional de Catequese – Orientações gerais ". *REB* 28, 1968, p. 642-646.

Semana Internacional de Catequesis [de Medellín: Atas]. *Catequesis y promoción humana*. Salamanca: Sígueme 1969 [Esse documento é aqui citado como SIC-68].

Semana Internacional de Catequesis [de Medellín]. *Orientaciones fundamentales para la oración* (sic! leia-se *acción*) *catequética en Latinoamérica*. In: *Catequesis Anuncio de Cristo*, 20 (1968), n. 6, p. 276-279.

SNAC. Conclusões do Seminário de Estudos sobre a Renovação Catequética. In: *Nacionais Informam*. Rio de Janeiro, n. 62, p. 1-6, 1968; publicado também em *Sedoc,* Petrópolis, 7 (1969), p. 989-990 e em *Catequesis Latinoamericana*, Asunción, 1 (1969), p. 146-159 [matéria em português].

_____. *Encontro Nacional de Catequese* [Relatório]: Rio de Janeiro, 1968; encontra-se nos arquivos da Biblioteca do INP na sede da CNBB em Brasília, n. *D 01651*, p. 2, mimeografado [inédito].

_____. *Nacionais Informam*. Rio de Janeiro (1968), junho n. 61, e agosto n. 62.

4
Medellín e a liturgia

Gabriel dos Santos Frade

> *Quem somos? Somos uma porção do Povo de Deus, unido a Cristo, único Pastor; por meio do Evangelho e da Eucaristia estamos reunidos pelo Senhor no Espírito Santo representando a Igreja da América Latina* (LANDÁZURI, 1969: 44-45).

Introdução

Há cinco décadas atrás (BEOZZO, 1993: 202) ocorria na cidade colombiana de Medellín um evento que deixaria uma marca profunda no continente latino-americano. Pela segunda vez (LORSCHEIDER, 1977: 3) na história dessa Igreja local, se reuniriam bispos em uma conferência que teria um alcance profético e influências duradouras em todo continente (DUSSEL, 1981: 63s.). Nas origens do encontro, a intuição dos bispos latino-americanos ainda impregnados pelas ideias e visões da grande assembleia conciliar que se reunira na Basílica de São Pedro: o Concílio Vaticano II (1962-1965)[68]. No entanto, além do Concílio, outra coordenada histórica deve ser levada em consideração para a compreensão de Medellín: o final da década de 1960. Esse período, famoso pela contestação da juventude na Europa e nos Estados Unidos, trouxe consigo – ao contrário do que fora vivenciado pelos bispos no Vaticano II – a queda de certo otimismo no episcopado latino-americano, já que os bispos tiveram que lidar com a dura realidade de ditaduras militares em seus países, na maior parte das vezes extremamente violentas. Talvez essas duas coordenadas históricas – a

---

68. Oficialmente, a Conferência de Medellín foi proposta pela primeira vez na IX reunião do Celam, realizada em Roma, por ocasião da última Sessão do Concílio Vaticano II. No entanto, o papel de alguns bispos foi muito importante para que Medellín se tornasse um evento concreto; nesse sentido, citamos os nomes de alguns deles: Helder Câmara (Brasil), o Cardeal Landázuri (Peru), Manuel Larraín (Chile), Bogarín (Paraguai).

abertura propiciada pelo Concílio e a necessidade de dar testemunho cristão frente aos regimes autoritários e a pobreza do continente latino-americano (PAULO VI, 1967: 269s.) – ajudem a compreender por que a assembleia de Medellín fora marcada por uma novidade que as conferências anteriores sequer poderiam ter sonhado[69].

Essa, em poucas palavras, é uma moldura que deve ser levada em consideração para a análise do documento que nos propomos fazer, ainda que em linhas gerais, pois é dentro desse espírito de renovação e de necessidade que a liturgia despontará no Documento de Medellín. Desejamos neste escrito verificar os pontos essenciais relativos à visão da liturgia e, de algum modo, verificar a pertinência dessa visão no contexto hodierno da América Latina.

4.1 *Medellín e a liturgia*

Antes ainda das primeiras discussões em torno do documento, o tema da liturgia já havia entrado na pauta de Medellín: logo na abertura da Conferência, o próprio Papa Paulo VI, na homilia da missa inaugural em Bogotá, acabou por introduzir o tema da liturgia. Dirigindo-se aos bispos, disse o santo padre:

> Os Atos dos Apóstolos nos recordam disso, isto é, a oração e o ministério da Palavra (At 6,4). Tudo vós conheceis a este respeito. Mas permitais que nós vos recomendemos, para o que se refere à oração, a aplicação da reforma litúrgica, nas suas belas inovações e nas normas que a disciplinam, mas sobretudo nas suas finalidades principais e no seu espírito: purificar e autenticar o verdadeiro culto católico, fundado no dogma, e consciente do mistério pascal que ele encerra, renova e comunica; e associar o Povo de Deus à celebração hierárquica e comunitária dos santos ritos da Igreja, ao rito da missa, com familiar e profunda inteligência, em atmosfera de simplicidade e de beleza [...], em exercício não só formal, mas sincero e cordial de fraterna caridade [...] (PAULO VI, 1968).

O papa continua sua homilia retomando o discurso em relação ao ministério da Palavra:

> E depois, acerca do ministério da Palavra, tudo aquilo que será feito para uma instrução religiosa de todos os fiéis, uma instrução popular e cultural, orgânica e perseverante, será bem-feito; não devemos mais ter o "analfabetismo" religioso entre as populações católicas. E será igual-

---

69. Para alguns autores, Medellín representa um ponto de viragem: é a tomada de consciência da identidade latino-americana e a consequente quebra do modelo de "Igreja colonial submetida à Igreja da metrópole europeia". Medellín representa um momento de forte conscientização da Igreja local e de seu papel frente à "transformação da América Latina" (cf. BOFF, Relat 203).

mente bem-feito todo exercício dirigido pela pregação e pela instrução, que vós bispos, como indivíduos e como grupos canonicamente constituídos, querereis dar ao Povo de Deus. Falai, falai, pregai, escrevei, tomai posição, como se diz, em harmonia de planos e de intenções, na defesa e na ilustração das verdades da fé, sobre a atualidade do Evangelho, sobre questões que interessa a vida dos fiéis e a tutela do costume cristão, nos caminhos que conduzem ao diálogo com os irmãos separados, nos dramas, ora grandes e belos, ora tristes e perigosos, da civilização contemporânea (PAULO VI, 1968).

Ao que parece, os bispos escutaram atentamente a homilia do papa, pois, como se verá no documento final da Conferência, essas admoestações de Paulo VI parecem ter tido repercussão nos corações e mentes dos bispos, que – considerando todo o drama do contexto histórico vivenciado por eles na América Latina – tomaram posição e se sentiram livres a ponto de dizer:

> Não basta, certamente, refletir, conseguir mais clarividência e falar. É necessário agir. A hora atual não deixou de ser a hora da "palavra", mas já se tornou, com dramática urgência, a hora da ação. Chegou o momento de inventar com imaginação criadora a ação que cabe realizar e que, principalmente, terá que ser levada a cabo com a audácia do Espírito e o equilíbrio de Deus. Esta assembleia foi convidada "a tomar decisões e a estabelecer projetos, somente com a condição de que estivéssemos dispostos a executá-los como compromisso pessoal nosso, mesmo à custa de sacrifícios" (Med Intr.).

Percebe-se nessa fala dos bispos, uma consagração àquele que será o método muito utilizado pelos teólogos latino-americanos e que terá longa vida na reflexão das Igrejas do continente: ver-julgar-agir. Aqui se percebe, por exemplo, a influência duradoura de Medellín nas Igrejas locais; uma referência, e grande marco para a história desse método, foi a Encíclica *Mater et Magistra* do Papa João XXIII, lançada em 1961. Nela o papa dizia:

> Para levar a realizações concretas os princípios e as diretrizes sociais, passa-se ordinariamente por três fases: estudo da situação; apreciação da mesma à luz desses princípios e diretrizes; exame e determinação do que se pode e deve fazer para aplicar os princípios e as diretrizes à prática, segundo o modo e no grau que a situação permite ou reclama. São os três momentos que habitualmente se exprimem com as palavras seguintes: "ver, julgar e agir" (MM 235).

Em todo caso, após uma introdução com claro sabor profético, os bispos enunciam as grandes linhas, ou setores, em que o documento se desenvolve:

> Nossa reflexão orientou-se para a busca de formas de presença mais intensa e renovada da Igreja na atual transformação da América Latina. Três grandes setores, sobre os quais recai nossa solicitude pastoral, foram abordados em sua relação com o processo de transformação do continente.
> Em primeiro lugar, o setor da promoção do homem e dos povos do continente para os valores da justiça, da paz, da educação e do amor conjugal.
> Em seguida, nossa reflexão se dirigiu para os povos deste continente e suas elites, que por estarem em um processo de profunda mutação de suas condições de vida e de seus valores requerem uma adaptada evangelização e educação na fé, através da catequese e da liturgia.
> Finalmente, abordamos os problemas relativos aos membros da Igreja. É preciso intensificar sua unidade e ação pastoral através de estruturas visíveis, também adaptadas às novas condições do continente (Med Intr.).

Portanto, seguindo a metodologia anteriormente esboçada, a experiência concreta da Igreja latino-americana em um momento de grande transformação se configura como o ponto de partida, para daí se refletir sobre as diversas realidades. Distribuídos dentro dos três núcleos enunciados pelos bispos na introdução ao documento, se desenvolvem 16 números que tratam de aspectos variados da vida da Igreja. No que tange à liturgia, ao entrelaçá-la – e com certa frequência – com os outros temas apresentados ao longo do texto, o documento mostra ter grande consciência da importância do papel dela na Igreja local. Além disso, outro grande e decisivo indicador da importância dada à liturgia é a tratativa específica que se fará no número 9. Toda essa deferência à liturgia, que, pode-se dizer, está no "coração" do documento, denota muito provavelmente a consciência amadurecida dos bispos: no primeiro momento despertada pela vanguarda do Movimento Litúrgico (SILVA, 1983); e, depois, galvanizada pelas grandes discussões relativas ao primeiro documento do Vaticano II: a *Sacrosanctum Concilium*.

4.1.1 A liturgia em Medellín: o "ver"

A liturgia apresentada nesse número do documento é fruto, portanto, da caminhada conciliar e das vivências que os bispos experimentavam na Igreja no contexto latino-americano (cf. PALÁCIO, 1984: 238). Após 50 anos, talvez não seja demasiado retomar *ipsis litteris* alguns pontos sobre a liturgia propostos pelo documento (cf. BEOZZO, 1993: 184) e, em seguida, verificar a sua pertinência e atualidade para as comunidades eclesiais atuais.

Logo no início, o documento constata as imensas dificuldades da aplicação da reforma litúrgica:

A pluralidade da situação na renovação litúrgica é um fato; enquanto em algumas regiões essa aplicação se realiza com crescentes esforços, em outras sua aplicação é feita de forma ainda débil. Em geral é insuficiente. Falta uma mentalidade sobre o conteúdo da reforma, a qual é especialmente importante para o clero, cujo papel na renovação litúrgica é básico. Além disso, é necessário reconhecer que a variedade de culturas provoca difíceis problemas de aplicação (línguas, sinais) (Med 9,1).

Corajosamente, os bispos em Medellín, ao exercitar o "ver", fazem uma autocrítica do momento em que "o bispo nem sempre exerce de forma eficaz seu papel litúrgico, de promotor, regulador e orientador do culto". O documento segue constatando a falta de uma maior adaptação nas traduções dos livros litúrgicos, a necessidade de uma maior integração entre liturgia e a educação católica, e o número insuficiente de liturgistas para atender a imensa demanda de implantação da reforma.

4.1.2 A liturgia em Medellín: o "julgar"

Em seguida, no segundo momento do método – o julgar –, o texto faz uma explanação sobre os fundamentos teológicos e pastorais da liturgia que se tem presente em Medellín, ou seja, se vê com clareza que Medellín segue a *Sacrosanctum Concilium*, interpretando-a, porém, à luz de outros documentos do Concílio – principalmente a *Lumen Gentium* e a *Gaudium et Spes* – e verificando seu desdobramento na história dos povos latino-americanos:

> a) Elementos doutrinários: a presença do mistério da salvação, enquanto a humanidade peregrina até sua plena realização na parusia do Senhor, culmina na celebração da liturgia eclesial (SC 8, 12). A liturgia é ação de Cristo, Cabeça e de seu Corpo, que é a Igreja (SC 7). Contém, portanto, a iniciativa salvadora que vem do Pai, pelo Verbo e no Espírito Santo, e a resposta da humanidade nos que se ligam pela fé e pela caridade no Cristo, recapitulador de todas as coisas (cf. Ef 1,10). Como não vivemos ainda a plenitude do Reino (LG 3, 5), toda celebração litúrgica está essencialmente marcada pela tensão entre o que já é uma realidade e o que ainda não se verifica plenamente (SC 8); é a imagem da Igreja, ao mesmo tempo santa e necessitada de purificação (LG 8; SC 2); tem um sentido de alegria e uma dolorosa consciência do pecado. Numa palavra, vive na esperança (LG 48; SC 8). A liturgia, momento em que a Igreja é mais perfeitamente ela própria, realiza, indissoluvelmente unidas, a comunhão com Deus e entre os homens (LG 1; SC 47), e de tal modo que aquela é a razão desta. Busca-se, antes de tudo, o louvor da glória da graça (cf. Ef 1,6.12.14; SC 10). É certo, também, que todos os homens precisam da glória de Deus (cf. Rm 3,23; SC 10) para serem

> verdadeiramente homens. E por isso mesmo o gesto litúrgico não é autêntico se não implica um compromisso de caridade, um esforço sempre renovado por ter os sentimentos de Cristo Jesus (Fl 2,5), e para uma contínua conversão. A instituição divina da liturgia jamais pode ser considerada como um adorno contingente da vida eclesial, já que "nenhuma" comunidade cristã se edifica se não tem sua raiz na celebração da Santíssima Eucaristia, pela qual se inicia toda a educação do espírito da comunidade. Esta celebração, para ser sincera e plena, deve conduzir tanto às várias obras de caridade e mútua ajuda como à ação missionária e às várias formas de testemunho cristão (PO 6). No momento atual da América Latina, como em todos os tempos, a celebração litúrgica comporta e coroa um compromisso com a realidade humana (GS 43), com o desenvolvimento e com a promoção, precisamente porque toda a criação está envolvida pelo desígnio salvador que abrange a totalidade do homem (GS 41) (Med 9,2-4).

O texto apresenta uma reflexão madura sobre a teologia da liturgia; há que se notar que a visão de Medellín é mais abrangente do que aquela apresentada na *Sacrosanctum Concilium,* pois os bispos em Medellín, iluminados por outros documentos do Concílio e imersos como estavam na realidade latino-americana, souberam reconhecer e afirmar que "a Páscoa de Cristo continua na Páscoa do povo"; e é essa mesmíssima Páscoa "que é celebrada na liturgia, quando anunciamos a sua morte e proclamamos a sua ressurreição, até que Ele venha" (LUTZ, 2003: 10-16). Medellín pôde aprofundar a intuição do Vaticano II (SC 10), quando afirmou que "O gesto litúrgico não é autêntico se não implica um compromisso de caridade, um esforço sempre renovado para ter os sentimentos de Jesus Cristo e uma contínua conversão" (Med 9,3). Além de Medellín ter se beneficiado do conjunto de documentos conciliares que foram publicados após a promulgação do documento conciliar sobre a liturgia, como já acenado, a *Populorum Progressio* também exerceu uma notável influência na visão dos padres latino-americanos. O resultado é um texto equilibrado em que se trata a realidade teológica da liturgia, mas com uma forte abertura ao mundo e à história. Nesse sentido, algumas frases do documento tornaram-se lapidares, como a afirmação: "o gesto litúrgico não é autêntico se não implica um compromisso de caridade, um esforço sempre renovado por ter os sentimentos de Cristo Jesus, e para uma contínua conversão". Afundando as raízes na mensagem evangélica (cf. Mt 5,23-24), o documento retoma a compreensão de liturgia em seu contexto vital, que não se deve restringir apenas à vida do indivíduo ou de um grupo, mas à vida na sociedade latino-americana; em outras palavras, a liturgia deve ter um comprometimento com a vida e a transformação da sociedade. De fato, é o que se lê em seguida: "No momento atual da América Latina [...] a celebração litúrgica comporta e coroa um compromisso com a realidade humana, com o desenvolvimento e com a promoção, precisamente porque toda a criação está envolvida pelo desígnio salvador que abrange a totalidade do homem". Aqui se percebe com clareza alguns elementos que serão tomados e desenvolvidos pela Teologia da Libertação (cf. LUTZ, 1995: 104s.). Há que se notar, no entanto, que um dos temas tão caros à *Sacrosanctum Concilium*, como o da "participação ativa dos fiéis" na liturgia, não aparece explicitamente no número 9 do documento, mas sua presença é percebida apenas difusamente, quando o texto acentua o compromisso com a humanidade.

Ainda dentro do segundo momento do método, Medellín lança o olhar para a dimensão pastoral da liturgia afirmando:

> b) Princípios pastorais: No momento atual de nosso continente, certos estados de vida e certas atividades humanas representam uma importância vital para o futuro. Entre os primeiros cabe destacar a família, a juventude, a vida religiosa e o sacerdócio; entre as segundas, a promoção humana e tudo o que está ou pode ser colocado a seu serviço: a educação, a evangelização e as diversas formas de ação apostólica. Sendo a sagrada liturgia a presença do mistério da salvação, visa em primeiro lugar à glória do Pai [SC 2]. Mas essa mesma glória comunica-se aos homens e por isso a celebração litúrgica, mediante o conjunto de sinais com que expressa a fé, apresenta: 1) Um conhecimento e uma vivência mais profunda da fé [SC 38]; 2) Um sentido da transcendência da vocação humana [GS 41]; 3) Um fortalecimento do espírito da comunidade [PO 26, 27]; 4) Uma mensagem cristã de alegria e esperança [SC 5, 6]; 5) A dimensão missionária da vida eclesial [SC 2; AG 15]; 6) A exigência postulada pela fé, de comprometer-se com as realidades humanas [GS 43]. Todas essas dimensões devem estar presentes onde quer que cada estado de vida realize alguma atividade humana. Para que a liturgia possa realizar, em plenitude, esses objetivos, necessário se faz: 1) Uma catequese prévia sobre o mistério cristão e sua expressão litúrgica [SC 9, 35]; 2) Adaptar-se ao gênio das diversas culturas e encarnar-se nele [SC 37; AG 22; GS 44]; 3) Acolher, portanto, positivamente, a pluralidade na unidade, evitando erigir a uniformidade como princípio *a priori* [SC 37; LG 13]; 4) Manter-se em uma situação dinâmica que acompanhe tudo o que houver de são no processo de evolução da humanidade [GS 1, 42]; 5. Conduzir a uma experiência vital da união entre a fé, a liturgia e a vida cotidiana, em virtude da qual chegue o cristão ao testemunho de Cristo [SC 11, 48] (Med 9,6-7).

A preocupação com a formação e a adaptação às várias culturas e realidades para a realização plena dos objetivos relacionados às várias dimensões da liturgia aparecem como uma das grandes chaves para o bom êxito da liturgia. Ao final, o documento releva a importância da síntese entre fé, celebração e vida cotidiana, para que "chegue o cristão ao testemunho de Cristo".

4.1.3 A liturgia em Medellín: o "agir"

Quanto ao terceiro momento do método, o agir, uma vez que Medellín esclareceu os pontos relativos à doutrina e à pastoral, agora introduz suas recomendações com uma admoestação que resulta como que de uma derivação orgânica desses postulados anteriormente afirmados, alertando para toda e qualquer instrumentalização da liturgia: "Não obstante, a liturgia, que interpela o homem, não pode reduzir-se a mera expressão de uma realidade humana frequentemente unilateral ou marcada pelo pecado".

O texto segue com recomendações referentes aos bispos, que possuem "toda reponsabilidade pastoral" para "promover, singular ou coletivamente, a vida litúrgica" em suas dioceses, e são convidados a celebrar constantemente como "grandes sacerdotes de sua grei". Ainda no âmbito episcopal, se recomenda a utilização das comissões litúrgicas, diocesanas ou interdiocesanas, que foram indicadas pelo Concílio (SC 45). O texto continua citando as conferências episcopais e seus âmbitos de atuação dentro da liturgia como, por exemplo, a adaptação necessária da liturgia à índole dos povos; enfim, se recomenda dentro da esfera de atuação do Celam o fomento a serviços de formação nas várias dimensões da liturgia.

Ao final do texto sobre a liturgia aparecem as "sugestões particulares", que são sumamente interessantes como, por exemplo, a celebração eucarística em pequenos grupos:

> "1) A celebração da Eucaristia em pequenos grupos e comunidades de base pode ter verdadeira eficácia pastoral; aos bispos cabe permiti-la, tendo em conta as circunstâncias de cada lugar" (Med 9,8).

Também as demais "sugestões particulares" têm sua importância, do momento que chamam a atenção para a pastoral sacramental, para as celebrações da Palavra de Deus e sua dimensão ecumênica e a devoção popular, todos temas litúrgicos recorrentes nas tratativas futuras do magistério latino-americano:

> 2) A fim de que os sacramentos alimentem e fortaleçam a fé na situação atual da América Latina, aconselha-se o estabelecimento, planificação e intensificação de uma pastoral sacramental comunitária mediante preparações sérias, graduais e adequadas para o batismo (os pais e padrinhos), confirmação, primeira comunhão e matrimônio [SC 59]. É recomendável a celebração comunitária da penitência, mediante uma celebração da Palavra em observância à legislação vigente, porque isso contribui para ressaltar a dimensão eclesial desse sacramento e torna mais frutuosa, a participação no mesmo. 3) Incremente-se as sagradas

celebrações da Palavra, conservando sua relação com os sacramentos nos quais ela alcança sua máxima eficácia e particularmente com a Eucaristia. Promovam-se as celebrações ecumênicas da palavra, segundo o teor do decreto sobre o ecumenismo, n. 8, e seguindo as normas do Diretório n. 33.35. 4) Sendo tão arraigadas em nosso povo certas devoções populares, recomenda-se buscar formas mais adequadas, que lhes deem conteúdo litúrgico, de modo que se tornem veículos da fé e de compromisso com Deus e com os homens [SC 13] (Med 9,12-15).

4.2 Medellín: Um documento ainda atual?

"No momento *atual* da América Latina..."

A palavra "atual" – juntamente com seus derivados: atualização, atualizado, atualidade... – ocorre cerca de 60 vezes em todo o Documento de Medellín, conferindo um tom de urgência às deliberações tomadas no documento. É natural que nos perguntemos se esse texto, presente em um documento que completa 50 anos de idade, ainda corresponda, pelo menos em sua dimensão litúrgica, ao "atual" contexto vivenciado na América Latina. Naturalmente, muitos querem ver em Medellín – não sem uma pitada de instrumentalização – um documento que correspondeu a determinada situação histórica: à distância de 50 anos, mudado o contexto da América Latina, Medellín se tornaria, *ipso facto*, obsoleto. Obviamente, é certo que o contexto litúrgico vivenciado hoje na América Latina não é mais o mesmo de 50 anos atrás, mas isso nos eximiria de desconsiderar o profetismo das afirmações de Medellín? E, em caso negativo, forçosamente deveríamos nos perguntar em que medida Medellín ainda fala aos povos latino-americanos e à liturgia celebrada e vivenciada nesses novos contextos; portanto, trata-se aqui do conceito de *receptio* das afirmações de Medellín. Recepção pode ser entendida aqui como o "processo pelo qual as práticas, tradições e decisões oficiais são recebidas na vida da Igreja, enquanto comunidade de discípulos que participam da vida de Deus em Cristo [...]. O conceito histórico ou 'clássico' de recepção refere-se ao recebimento de decisões eclesiásticas ou conciliares particulares pelas Igrejas locais" (RAUSCH, 2008: 177).

Certamente seria pretensão desmedida oferecer uma leitura comparativa, em matéria litúrgica, com os tempos atuais, seja porque não teríamos o espaço necessário em um capítulo como este, seja pelas dificuldades impostas pelo próprio objeto da análise: um ambiente que possui uma extensão geográfica – e poderíamos ainda acrescentar: cultural, eclesial, linguística... – amplíssima, como é o caso da América Latina. Portanto, tentaremos, ainda que de modo muito parcial, fazer uma ideia da recepção de Medellín e de suas afirmações em matéria litúrgica, partindo de alguns pontos enunciados no documento, e observando o atual contexto litúrgico brasileiro.

4.2.1 Elementos negativos

Ao observarmos as afirmações de Medellín e verificarmos alguns elementos da realidade litúrgica no Brasil de hoje há uma primeira impressão de amplo fracasso do documento: as celebrações eucarísticas nas comunidades de base e nos pequenos grupos parecem ter deixado seu lugar para celebrações voltadas para grandes massas que, em geral, são realizadas com a finalidade de serem transmitidas pelas mídias; é muito comum essas celebrações serem conduzidas por padres que exercem de maneira sofrível a "arte da presidência", apresentando um perfil de *showman*[70] e com forte ênfase em um neoclericalismo. Em contrapartida, ainda em muitos ambientes eclesiais, a formação litúrgica do povo, isto é, "a catequese prévia sobre o mistério cristão e sua expressão litúrgica", parece ter dado lugar a um neorrubricismo: aparentemente, a liturgia é apresentada como se as regras litúrgicas fossem mais importantes do que o mistério celebrado. Também a formação no âmbito da pastoral sacramental ainda carece daquela gradualidade e seriedade enfatizadas por Medellín: não é raro observar em paróquias uma preparação para o Sacramento do Matrimônio feita apenas em algumas horas. Finalmente, ainda se poderá constatar que a necessária "adaptação e encarnação nas culturas" parece conhecer um grande retrocesso: há que se constatar que esse retroceder é fruto, em parte, de abusos litúrgicos[71] e, atualmente, de uma mentalidade neoconservadora que, ao contrário de Medellín, elegeu "*a priori* a uniformidade como princípio*".

4.2.2 Elementos positivos

Se, em um primeiro olhar, pareceria que a perspectiva litúrgica apresentada em Medellín estaria fadada ao fracasso, a observação atenta indica que há, ao contrário, muitos elementos positivos, e que são diretamente herdeiros dessa compreensão da liturgia. No âmbito da formação, dentre tantas constatações, há que se destacar as inúmeras publicações que foram feitas ao longo dos anos[72] e o surgimento de entida-

---

70. Pensamos aqui nas palavras do Evangelho, e que, provavelmente, não são muito lembradas por esse tipo de ministros: "É preciso que Ele [o Cristo] cresça, e eu diminua [São João Batista]" (cf. Jo 3,30).

71. Na contramão do que fora afirmado, trata-se daqueles ambientes em que as rubricas dos livros litúrgicos deixam de ser observadas e, em seu lugar, se exerce uma "pseudocriatividade" que, na maior parte das vezes, não respeita nem o espírito da liturgia e nem a própria cultura (para o conceito de enculturação, cf. CHUPUNGCO, 1992; FRANÇA MIRANDA, 2001).

72. No tocante às publicações, lembramos, em primeiro lugar, a *Revista de Liturgia*, uma publicação sustentada há várias décadas pelas Pias Discípulas. Nestes últimos decênios, as publicações na área da liturgia aumentaram consideravelmente. Praticamente todas as grandes editoras católicas possuem em seus catálogos obras que tratam da liturgia em suas diversas dimensões, o que denota um maior interesse por parte do público e um maior número de

des voltadas para o fomento da liturgia[73]. Ainda no quesito de publicações, ampliando para as edições dos livros litúrgicos, no Brasil a adaptação ao contexto local pode ser percebida na inserção da Oração Eucarística V no *Missal Romano*, composição feita por ocasião do Congresso Eucarístico de Manaus (1975), pelas aclamações do povo inseridas nas orações eucarísticas, como forma de sua maior participação; também se constitui em um exemplo de aproximação à mentalidade local o Rito Alternativo do Matrimônio, adaptado para o Brasil, e as várias traduções dos livros litúrgicos, também essas adaptadas à índole do povo brasileiro. Tudo isso mostra o esforço da Igreja no Brasil em concretizar os ideais delineados primeiro pela *Sacrosanctum Concilium* e depois por Medellín. Além disso, as celebrações conduzidas nas pequenas comunidades pobres, tanto em âmbito urbano quanto rural – muitas vezes presididas por leigos, haja vista a ausência de padres –, mostram claramente que o ideal de uma liturgia mais participada por todo o povo sacerdotal se concretizou em muitos lugares.

Considerações finais

Malgrado as dificuldades e os inúmeros desafios ainda a se vencer, é perceptível a influência que Medellín exerceu nas várias dimensões da liturgia na América Latina. Outra prova da influência duradoura da conferência, para além dos vários momentos em que a liturgia foi trabalhada pelo magistério latino-americano[74], são os encontros que ocorrem atualmente na América Latina em prol de uma liturgia na visão de Medellín[75]. Finalmente, outro elemento que deve ser levado em consideração para a percepção da continuidade da visão de Medellín sobre a liturgia foi a eleição de Francisco (2013). No início de seu pontificado, em uma entrevista à revista *La Civiltà Cattolica*, fez uma afirmação sobre a reforma litúrgica do Concílio Vaticano II que parece ecoar

---

autores brasileiros, especialistas na matéria. A esse propósito cf. a bibliografia em Silva, 2015: 149-172.

73. Apenas a título de exemplo, dentre tantos grupos, citamos o Centro de Liturgia Dom Clemente Isnard, a Asli e a Rede Celebra.

74. Em 1972 foi realizado um encontro litúrgico-pastoral em Medellín, que ficou conhecido como "Medellín da liturgia" (cf. CELAM, 1977: 19-71); em 1977 houve o encontro de Caracas (cf. CELAM, 1977: 513-540). O tema da liturgia foi tratado, ainda que nem sempre na mesma intensidade, nas demais conferências do episcopado latino-americano: o Documento de Aparecida, p. ex., em sua versão final pouco tratou da liturgia.

75. No Brasil poderíamos citar, apenas a título de exemplo, as semanas de liturgia que são realizadas há décadas pelo Centro de Liturgia Dom Clemente Isnard e costumeiramente envolvem centenas de participantes de todo o Brasil. Há também a reunião de grupos vinculados à visão de liturgia de Medellín e que se reúnem com frequência (Centro de Liturgia Dom Clemente Isnard, Rede Celebra etc.). Recentemente, no âmbito latino-americano, foi realizado em Puebla (México) o I Encontro Latino-Americano e Caribenho de Liturgistas (fev.-mar./2015), que teve como tema: "Para uma liturgia inculturada na América Latina e Caribe" (cf. FONSECA, 2015: 20).

os elementos esboçados em Medellín, quando reconhece em tal reforma um serviço ao povo "a partir de uma situação histórica concreta"[76].

Referências

BEOZZO, J.O. *A Igreja do Brasil* – De João XXIII a João Paulo II; de Medellín a Santo Domingo. Petrópolis: Vozes, 1993.

BOFF, C. "A originalidade histórica de Medellín". *Relat*, 203 [Disponível em: http://servicioskoinonia.org/relat/203p.htm – Acesso: 13/02/2017].

BRIGHENTI, A. & ARROYO, F.M. *O Concílio Vaticano II*: Batalha perdida ou esperança renovada? São Paulo: Paulinas, 2015.

BUGNINI, A. *La riforma liturgica* (1948-1975). Roma: Liturgiche, 1997.

CELAM. *Conclusões da Conferência de Medellín – 1968*: Trinta anos depois, Medellín ainda é atual? São Paulo: Paulinas, 2004.

CHUPUNGCO, A.J. *Liturgias do futuro* – Processos e métodos de inculturação. São Paulo: Paulinas, 1992.

DUSSEL, E. *De Medellín a Puebla* – Uma década de sangue e esperança. Vol. 1. São Paulo: Loyola, 1981.

FONSECA, J. "Primeiro Congresso Latino-Americano e Caribenho de Liturgistas". *Revista de Liturgia*, 250, 2015.

FRANÇA MIRANDA, M. *Inculturação da fé* – Uma abordagem teológica. São Paulo: Loyola, 2001.

FRANCISCO. "Entrevista ao diretor da revista". *La Civiltà Cattolica*, 3.918 (19/09/2013).

LANDÁZURI, J. "Discurso inaugural da II Conferência Episcopal de Medellín". In: CELAM. *La Iglesia em la actual transformación de América Latina a la luz del Concilio*. Bogotá: T.I. Ponencias, 1969.

---

76. "O Vaticano II foi uma releitura do Evangelho à luz da cultura contemporânea. Produziu um movimento de renovação que simplesmente vem do próprio Evangelho. Os frutos são enormes. Basta recordar a liturgia. O trabalho da reforma litúrgica foi um serviço ao povo como releitura do Evangelho a partir de uma situação histórica concreta" (FRANCISCO, 2013: 467).

LONDOÑO, F.T. *Cuarenta años del Celam*. Rio de Janeiro 1955, Fundación del Celam [Disponível em: https://dialnet.unirioja.es/descarga/articulo/1203748.pdf – Acesso: 03/05/2017].

LORSCHEIDER, A. "¿Que es el Celam?" In: VV.AA. *Medellín* – Reflexiones en el Celam. Madri: BAC, 1977.

LUTZ, G. *A natureza da liturgia* [Disponível em: http://www.vidapastoral.com.br/artigos/liturgia/a-natureza-da-liturgia/ – Acesso: 15/07/2017].

_____. *Liturgia ontem e hoje*. São Paulo: Paulus, 1995.

PALÁCIO, C. "Teologia, magistério e comunidade eclesial". *Perspectiva Teológica*, 16, 1984.

PAULO VI, *Homilia de Inauguração da II Assembleia Geral dos Bispos da América Latina*, Bogotá, 24 de agosto de 1968 [Disponível em: https://w2.vatican.va/content/paul-vi/it/homilies/1968/documents/hf_p-vi_hom_19680824.html – Acesso: 09/03/2017].

PAZOS, A.M. *El iter del Concilio Plenario Latinoamericano de 1899 o la articulación de la Iglesia latinoamericana* [Disponível em: https://dialnet.unirioja.es/descarga/articulo/236866.pdf – Acesso: 04/05/2017].

RAUSCH, T.P. *Rumo a uma Igreja verdadeiramente católica*. São Paulo: Loyola, 2008.

SILVA, J.A. *O Movimento Litúrgico no Brasil*: Estudo histórico. Petrópolis: Vozes, 1983.

5
Medellín, o ponto de partida do ecumenismo da Igreja Católica na América Latina e no Caribe

Elias Wolff

Introdução

A Conferência de Medellín marca o início da recepção do Vaticano II na América Latina e no Caribe, e com ele o ponto de partida também da caminhada ecumênica da Igreja Católica nessa região. Esse fato expressa, de um lado, o reconhecimento da contribuição das diferentes Igrejas para o testemunho do Evangelho no continente e a consciência de que os desafios da evangelização precisam ser superados pela cooperação. De outro lado, isso requer uma decisão convicta pelo diálogo que ajude as Igrejas a se acolherem mutuamente e a se disporem a caminhar juntas, superando as contradições na compreensão e na vivência da fé cristã. Medellín impele nessa direção, orientando para um ecumenismo que valoriza a perspectiva sociopastoral e espiritual, dimensões importantes do movimento ecumênico que criam a base para o diálogo teológico que também acontece, a partir dessa Conferência, entre algumas Igrejas do continente.

5.1 Situando Medellín

5.1.1 O contexto ecumênico protestante

No momento da Conferência de Medellín, fatos importantes aconteciam no movimento ecumênico em âmbito mundial e na América Latina. Em 1961, o CMI realizou em Nova Delhi a sua III Assembleia Geral refletindo sobre "Jesus Cristo, luz do mundo". Foi a primeira vez que uma assembleia do CMI contou com a presença de representantes da Igreja Católica. O Departamento de Fé e Constituição do CMI avançava no diálogo teológico realizando a sua IV Conferência Mundial em Montreal, em julho de 1963 (FÉ E CONSTITUIÇÃO, 2005: 915-982), e crescia o ecumenismo espiritual com a Comunidade de Taizé (1940), o Movimento dos Focolares (1944), o Mosteiro de Bose (1963), entre outros. Organizações ecumênicas fortaleciam as iniciativas de diálogo entre as Igrejas, com destaque para o Centro Istina, em Paris; o Movimento Una Sancta, na Alemanha; Centro Pro Unione, em Roma. Essas iniciativas eram sustentadas por uma teologia em perspectiva ecumênica desenvolvida por protestantes e católicos como Paul Tillich, Jurgen Moltmann, Yves Congar, Karl Rahner, entre outros. Esses fatos impulsionavam o movimento ecumênico em âmbito mundial.

Na América Latina, a causa ecumênica nesse período era articulada, sobretudo, pelas conferências evangélicas latino-americanas (I Cela, Buenos Aires, 1949; II Cela, Lima, 1961; III Cela, Buenos Aires, 1969). Em 1963, a comissão Igreja e Sociedade para a América Latina (Isal)[77] realizou no Rio de Janeiro uma consulta sobre "Serviço e Ação Social Cristã na América Latina", publicando a *Declaração do Corcovado*, onde afirmava a necessidade de se criar um organismo latino-americano de cooperação evangélica (PLOU, 1994: 111), o que deu origem à Unidade Evangélica Latino-americana (Unelam), criada de forma provisória em 1964 e definitivamente em 1965.

Destaca-se nessas iniciativas ecumênicas a perspectiva social, sobretudo a partir da III Cela, que empregou "uma linguagem socioanalítica mais precisa e comprometedora. De fato, os documentos revelam um enfoque mais claro e uma percepção mais profunda da realidade latino-americana" (BORRAT, 1996). Verifica-se aqui a sintonia com a nascente "Teologia da Libertação" por trabalhos de teólogos como Rubem Alves e Gustavo Gutiérrez. Temos, assim, um pensamento teológico que sustenta a abertura das Igrejas tanto para a sociedade quanto para o movimento ecumênico.

5.1.2 O contexto eclesial católico na América Latina

Nesse contexto situa-se a Igreja Católica na América Latina, articulada em âmbito continental pelo Celam, criado em 1955. A partir dessa data vai ocorrer uma espécie de renascimento do catolicismo no continente, impulsionado pelas encíclicas *Mater et Magistra* (1961), *Pacem in Terris* (1963) e *Populorum Progressio* (1967). A preocupação marcadamente *ad extra* dessas encíclicas influenciam o episcopado latino-americano na busca do diálogo com a sociedade. Mais tarde, já sob o influxo das orientações do Vaticano II, os bispos afirmam na "Introdução" às *Conclusões* de Medellín:

---

77. O Isal, criado na consulta ecumênica de Huampaní, em 1961, surgiu da ala jovem do movimento ecumênico latino-americano, a União Latino-americana de Juventude Evangélica (Ulaje), e como resultado de um estudo feito pelo CMI, em 1954, sobre "A responsabilidade da Igreja frente às constantes mudanças sociais" (PLOU, 1994, p. 38).

> Encontramo-nos no umbral de uma nova época histórica em nosso continente, cheia de um anseio de libertação de toda servidão, de amadurecimento pessoal e de integração coletiva. Percebemos aqui os prenúncios na dolorosa gestação de uma nova civilização e não podemos deixar de interpretar esse gigantesco esforço (CELAM, 1998: 38).

Dessa forma, a Conferência de Medellín não visa a uma simples aplicação dos documentos conciliares, mas procura fazer uma recepção criativa e contextualizada de todo o ensino do Vaticano II. Isso se caracteriza em Medellín como o "descobrimento da América Latina e a passagem para um compromisso de 'libertação', assumido há anos por alguns poucos, mas em número sempre crescente" (DUSSEL, 1974: 156). Esse fato impulsionou um novo pensar teológico que deixou Medellín conhecida como a "Conferência da Teologia da Libertação"; que, ao influenciar na opção preferencial da Conferência de Puebla (1979), a deixou conhecida como a "Conferência dos Pobres". O Papa Paulo VI, presente em Medellín, recorda aos bispos a importância da "lucidez e valentia do Espírito para promover a justiça social, para amar e defender os pobres" (apud PREMAZZI, 1982: 174). Conclui Dom Helder Câmara: "Se os pobres chegam a ser nossa opção prioritária, teremos que dar nosso adeus, se ainda não o fizemos, a certo estilo de vida que recorda o triunfalismo de ontem. Os pobres poderão nos converter" (DUSSEL, 1974: 161). Medellín é, assim, o acontecimento mais importante na Igreja Católica latino-americana no século XX que teve como centro de atenção o ser humano, e não a Igreja enquanto tal (PREMAZZI, 1982: 174).

5.2 Raízes da inserção ecumênica do catolicismo latino-americano

5.2.1 Movimentos de renovação e recepção do Vaticano II

Esse processo de mudanças na Igreja Católica na América Latina e Caribe está na origem da sua aproximação com o movimento ecumênico. Embora as mudanças tomem vigor a partir do Vaticano II, sua raiz pode ser encontrada em movimentos de renovação eclesial que antecederam o Concílio, como os movimentos bíblico, patrístico e litúrgico. Sobretudo a renovação bíblica dentro do catolicismo foi uma das grandes contribuições para a sua abertura ao movimento ecumênico, fortalecido pela encíclica de Pio XII, *Divino Afflante Spiritu* (1943). Dizem pesquisadores do ecumenismo no continente que

> Tal renovação influi no retorno às fontes na ordem litúrgica, teológica, catequética e pastoral, o que é visto como positivo para o ecumenismo. A renovação da patrística leva a estudar melhor a história da Igreja, e nela a

origem das separações, criando maior objetividade de critérios. Também a abertura para a renovação eclesiológica permite que esta Igreja tenha uma nova visão de si mesma (PLOU, 1994: 144).

Mas foi mesmo a partir do Vaticano II que a Igreja Católica se integrou definitivamente no movimento ecumênico. Esse Concílio tinha como um de seus "principais propósitos" promover o ecumenismo (UR 1), estando a Igreja Católica disposta a "favorecer tudo o que pode contribuir à união dos que creem em Cristo" (SC 1). Os próprios padres conciliares viveram uma importante experiência ecumênica com a presença no Concílio dos observadores delegados de diferentes Igrejas[78]. Um pouco antes, em 1960, o Papa João XXIII havia criado o Secretariado para a Unidade dos Cristãos, com o objetivo de articular as relações com as Igrejas ortodoxas e protestantes, e ajudar na preparação do Concílio. Em 1961, o mesmo papa permitiu que, pela primeira vez, Roma enviasse observadores à assembleia do CMI, em Nova Delhi. E as orientações concretas para a formação e a prática ecumênica dos fiéis católicos vieram com a publicação do decreto *Unitatis Redintegratio,* em novembro de 1964. A partir de 1965, um "grupo de trabalho conjunto" (católicos romanos e Conselho Mundial das Igrejas) se reúne anualmente para discutir problemas e preocupações comuns dos seus integrantes. Trabalhou-se também de um modo ecumênico na Comissão para a Sociedade, o Desenvolvimento e a Paz – Sodepax; na Comissão do Conselho Mundial de Igrejas – Unidade, Justiça e Serviço; e na Comissão Pontifícia de Justiça e Paz, da Santa Sé. No ano de 1969, o Papa Paulo VI visitou o CMI, declarando o fato como "um momento profético e um encontro verdadeiramente bendito".

Os ares de renovação e ecumenicidade da Igreja Católica nesse período a sintonizam com os setores protestantes que na América Latina estão envolvidos com projetos que integram as Igrejas na sociedade e no movimento ecumênico. Essa sintonia possibilitou aos evangélicos o reconhecimento dos ventos de renovação no catolicismo latino-americano pós-Vaticano II, apreciando nele elementos como uma nova atitude em relação às diferentes Igrejas, o interesse pelas Escrituras, o compromisso social (COSTAS, 1979: 54). Emílio Castro definiu esse momento do movimento ecumênico como "ecumenismo aberto", uma vez que não olhava apenas a comunidade protestante; mas, pelo influxo dos novos tempos, incluía também a Igreja Católica (cf. BONINO, 1974).

---

78. Ernesto Bravo, SJ, em sua conferência sobre os "aspectos históricos do ecumenismo na América Latina", relata o número de delegados e de Igrejas que participaram do Concílio: 1ª sessão: 49 delegados de 17 Igrejas; 2ª sessão: 66 delegados de 22 Igrejas; 3ª sessão: 76 delegados de 23 Igrejas; 4ª sessão: 103 delegados de 29 Igrejas (cf. CELAM, 1992: 99-110).

5.2.2 A práxis ecumênica do Celam

As motivações iniciais que levaram à criação do Celam não se apresentavam com ares ecumênicos, até mesmo porque por volta dessa data (1955), não obstante o considerado acima, eram poucos os meios católicos que desenvolviam real convicção ecumênica. Assim, é compreensível que na Conferência do Rio de Janeiro em nenhum momento apareça a preocupação com o ecumenismo, e a Igreja Católica esteja preocupada em resolver apenas questões *ad intra*, como a falta de sacerdotes, a formação e as estratégias de evangelização, ainda como tentativa de combate aos protestantes (BONINO, 1979: 195). Nas *Conclusões* do Rio de Janeiro, os bispos percebem a presença e atividade de outras Igrejas no continente "como uma agressão a sua integridade católica e, por conseguinte, a encaram de maneira defensiva. Não transparece nelas a preocupação pela colaboração na ordem de uma futura unidade" (MEJÍA, 1977: 247).

Mas essa mentalidade começou mudar a com o esforço de recepção do Vaticano II. As orientações pastorais e ecumênicas do Concílio foram determinantes para que a Igreja Católica na América Latina, ao abrir-se à sociedade renovando tanto o seu pensamento teológico quanto a sua prática pastoral, tomasse consciência de que a presença das diferentes Igrejas no mesmo meio social exige a aproximação, o diálogo e a cooperação. Isso significou assumir as convicções ecumênicas do Vaticano II e integrar-se no movimento ecumênico local. Afinal, o Vaticano II emite um olhar positivo para o mundo plural, que já não tem mais uma só religião como determinante, e mesmo o cristianismo enquanto tal não será bem compreendido se for negada a pluralidade das suas manifestações. Isso influenciou para que os bispos católicos desenvolvessem um reconhecimento realista da situação do cristianismo no continente, admitindo a contribuição do testemunho protestante do Evangelho. Assim, eles entendem que as respostas aos desafios sociorreligiosos dos povos latino-americanos devem acontecer em um esforço conjunto das várias confissões cristãs que os sentem.

O primeiro passo foi criar o Departamento de Ecumenismo do Celam, trabalho iniciado na X Assembleia Ordinária (Argentina, 9-15/10/1966), e concluído na XI Assembleia (Peru, 19-26/11/1967). Na ata da assembleia, o dia 11 de outubro de 1966 aparece como o mais dedicado ao tema, com a leitura de uma carta enviada por Dom Gilberto Fuenzalida, bispo de Linares, Chile. O futuro departamento deveria realizar uma função distinta do Comitê Latino-americano da Fé, que cumpriria funções mais catequéticas. A discussão foi rica, mostrando a necessidade de ter pessoas especializadas em ecumenismo para dirigir os trabalhos do futuro departamento; considerar as diferenças entre o ecumenismo europeu e o latino-americano; e, inclusive, criar uma faculdade latino-americana para formar sobre ecumenismo (VIERA, 1988: 200-201).

Decidiu-se que Buenos Aires seria a sede do Departamento, tendo como primeiro presidente Dom Antônio Quarracino, bispo de Nueve de Julio (Argentina), e primeiro secretário executivo o Padre Jorge María Mejía. Essa secretaria teve uma seção especial para tratar das relações da Igreja Católica com o judaísmo, sendo responsável o Padre Luiz H. Rivas (VIERA, 1988: 200-201). A partir de então começa um processo de reflexão ecumênica mais articulada no catolicismo latino-americano, o assessoramento das conferências episcopais do continente, o estudo do pluralismo eclesial na região e o estabelecimento de relações com as diferentes Igrejas. Isso foi fundamental para que, a partir da Conferência de Medellín, a Igreja Católica latino-americana passasse a contemplar o ecumenismo em sua teologia, sua espiritualidade e sua ação pastoral.

5.3 A ecumenicidade da Conferência de Medellín

5.3.1 A ausência do ecumenismo no Documento de Base

O objetivo principal da Conferência de Medellín era avaliar a situação da Igreja Católica no continente, à luz do Vaticano II, buscando entender o processo de transformação social, cultural e eclesial que acontecia naquele momento. Foi o primeiro intento de recepção do Concílio, contextualizando suas orientações na realidade socioeclesial de então. Não se planejava abordar de forma específica a questão do ecumenismo, a problemática sociopastoral absorvia as preocupações na preparação da Conferência. Um encontro de especialistas, em Bogotá, nos dias 19 a 26 de janeiro de 1968, preparou um documento de trabalho da Conferência de Medellín, tratando dos temas "Promoção humana", "A vida da Igreja como instituição na América Latina" e "As tarefas evangelizadoras da Igreja na América Latina"[79]. Diferentes áreas de estudos anteciparam o que seriam as 16 comissões de trabalho da Conferência.

Tratando da situação da fé e da religiosidade no continente, esses estudos destacavam a unidade no âmbito da fé e a diversidade sociocultural. E então, nesse contexto, entrou o tema do ecumenismo, mas não desenvolvido em forma de promoção do diálogo entre as Igrejas. O que se fez foi uma classificação dos diversos grupos religiosos existentes: cristãos católicos, cristãos não católicos, não cristãos e os não crentes. Os cristãos não católicos foram divididos: "Em primeiro lugar, as Igrejas e comunidades imigrantes, vinculadas a grupos estrangeiros... logo, as missões de origem estrangeira dirigidas especificamente aos latino-americanos... e, em terceiro lugar, as Igrejas e comunidades autóctones" (Doc. Base Preliminar, p. 204).

---

79. Os temas foram assessorados, respectivamente, por Renato Poblete (Chile), Raimundo Caramuru (Brasil) e Gustavo Gutiérrez (Peru).

Tal classificação foi mais histórica do que doutrinal e pastoral, em um esforço por encontrar uma tipologia adequada para compreender o pluralismo religioso da região. No Documento de Base aparece uma primeira distinção dos "movimentos não católicos". Esse documento chama de "seitas" os diversos grupos que "se caracterizam por apresentar uma mensagem desencarnada e alheia a todo compromisso social", o que afetava tanto a Igreja Católica quanto as Igrejas protestantes, "antecipando a possibilidade de enfrentar tal desafio a partir de uma perspectiva ecumênica" (Doc. Base, I, 339, p. 204).

O Documento de Base foi distribuído a todas as conferências episcopais do continente e a diversos organismos eclesiais, para análise e envio de sugestões. Nas respostas, apenas a Conferência Episcopal da Venezuela referiu-se ao tema do ecumenismo, entendendo que "a análise dos não católicos é superficial. Não encara os problemas reais do ecumenismo na América Latina, e injustamente lança toda a culpa à Igreja Católica" (Doc. Base, I, 339, p. 205).

Essa análise era, na verdade, uma crítica à atitude defensiva que se observava no Documento de Base e em algumas realidades eclesiais, o que não favorecia a tarefa ecumênica. De fato,

> as diversas formas, inclusive agressivas, através das quais se faziam presentes algumas confissões protestantes, levava muitos bispos a não favorecerem o trabalho ecumênico em suas Igrejas particulares em uma época em que o protestantismo, especialmente de procedência norte--americana, desenvolvia uma difusão sistemática e global no continente (Doc. Base, I, 339, p. 215).

5.3.2 O espírito e o conteúdo ecumênico da Conferência de Medellín

O fato de o ecumenismo não ter sido proposto durante a preparação de Medellín não significou desinteresse pelo tema durante a realização da Conferência. Três fatores foram determinantes para isso: 1) o esforço por coerência na recepção do Vaticano II, que não permitia ignorar a sua orientação ecumênica; 2) um olhar realista para a sociedade latino-americana, que exigia reconhecer a presença evangélica na região e a necessidade da cooperação ecumênica frente aos desafios sociais e da evangelização; 3) a opção por convidar observadores das Igrejas e organizações ecumênicas para a Conferência, e o papel ativo que eles realizaram nas comissões e subcomissões de trabalho. Se as *Conclusões* de Medellín não dedicam uma seção específica ao ecumenismo é porque ele foi inserido no conjunto e na dinâmica de todo o documento. O ecumenismo forma o espírito da Conferência de Medellín, em seu conteúdo e em sua perspectiva.

5.3.2.1 O espírito ecumênico de Medellín

Mais do que em pronunciamentos e em textos, a dimensão ecumênica de Medellín se expressa no espírito que animou a realização do evento. Aqui merecem destaque:

1) O *tema* que sobressai na conferência é o da libertação social, configurando o horizonte teológico e a práxis da evangelização. E esse tema favorece o diálogo com as diferentes Igrejas que estão integradas nas iniciativas ecumênicas acima consideradas. Nesse aspecto, Medellín favoreceu um ecumenismo social, uma vez que a ação libertadora é uma preocupação de diferentes Igrejas do continente – práxis que particularmente as comunidades populares souberam acatar e vincular com a busca da unidade, no que ficou conhecido como "ecumenismo de base" (TIEL, 1998). Essa práxis ecumênica aprofunda suas razões teológicas por uma real cooperação entre teólogos e teólogas de diferentes Igrejas, sintonizados no uso de novas categorias, sendo "libertação" o eixo e também a perspectiva hermenêutica da fé cristã. Com isso, tanto o pensar da fé em perspectiva ecumênica quanto a linguagem da libertação começam a penetrar nas Igrejas através de grupos de reflexão, consultas teológicas, pesquisas e publicações[80]. As comunidades cristãs no continente começam a produzir uma prática eclesial, social e ecumênica a um só tempo, despontando como uma rica contribuição para o movimento ecumênico internacional[81].

2) O *intercâmbio ecumênico* possibilitado pelo convívio dos bispos católicos com os observadores representantes de diferentes Igrejas e organizações ecumênicas (como a Unelam e a Sociedade Bíblica). Ao longo da história do cristianismo na América Latina eram tensas as relações entre os líderes das diferentes Igrejas. Mas no contexto da Conferência de Medellín a mudança de perspectiva e a linguagem positiva nas mútuas apreciações superou animosidades e criou um clima de intercâmbio fecundo. O episcopado católico passou a considerar a positividade da colaboração das Igrejas na tarefa evangelizadora do continente, como expressava o convite enviado aos observadores:

> A presidência do Celam está convencida de que um ato de semelhante transcendência para a presença cristã na América Latina não pode ser

---

80. Na Igreja Católica desempenhou um grande papel para isso o engajamento de suas lideranças nos movimentos populares e também a formação das Comunidades Eclesiais de Base. No protestantismo histórico foi importante a atuação de organismos como o Isal e a Comissão Evangélica Latino-americana de Educação Cristã – Celadec.

81. Dafne Plou nos diz que no âmbito do CMI a corrente da Teologia da Libertação se refletiu entre os anos 1968 a 1980, no comitê sobre Sociedade, Desenvolvimento e Paz (Sodepax), que funcionou como agência ecumênica, sob a responsabilidade da Comissão Pontifícia sobre Justiça e Paz, criada em 1967, e o CMI a partir das Igrejas para a Participação no Desenvolvimento (Cipd) (*Caminos de Unidad*, 157).

levada a cabo sem a presença e a colaboração das Igrejas e comunidades cristãs que cooperam na evangelização em nosso continente (apud VIERA, 1988: 206).

Inicialmente, a participação dos observadores era prevista apenas para assistir às plenárias. Mas os bispos católicos logo perceberam como seria positiva uma contribuição efetiva deles nas discussões dos vários temas tratados na conferência. Então os observadores foram distribuídos de modo a poderem intervir nos trabalhos das comissões e subcomissões, bem como no documento final (BONINO, 1969). O fato de não terem uma presença meramente passiva em meio aos bispos católicos foi reconhecido como um gesto de real irmandade ecumênica:

> Sentimos o espírito de irmandade sensível e autêntica que nos permitiu a participação livre no processo da conferência e que nos convidou a uma identificação pessoal com as deliberações da mesma. Para nós, esta aproximação pessoal é sinal de um crescimento mútuo em uma só fé em Jesus Cristo e como tal expressão da obra do Espírito Santo entre nós (apud VIERA, 1988: 207).

Outro gesto que marcou o clima ecumênico da Conferência de Medellín foi a prática da hospitalidade eucarística. A iniciativa foi tomada por cinco dos observadores, que escreveram à presidência da Conferência solicitando a recepção da Eucaristia: "No momento em que se aproxima o encerramento da Conferência, desejaríamos que nos fosse dada, a título de exceção, a possibilidade de comungar, ao menos uma vez, com todos nossos irmãos cristãos aqui reunidos" (apud VIERA, 1988: 207). Foi-lhes facultada a Comunhão eucarística na missa celebrada no Seminário Maior de Medellín, no dia 5 de setembro, um dia antes do encerramento da Conferência. Não obstante as discussões causadas em torno desse acontecimento (cf. COSTAS, 1976: 69), ele foi a expressão mais significativa de quão grande era o entusiasmo ecumênico vivido entre os bispos e os observadores. Para alguns, tal fato "marcou o reconhecimento oficial da hierarquia católica da presença de outros credos cristãos no continente" (PLOU, 1994: 164).

5.3.2.2 *O conteúdo ecumênico das Conclusões de Medellín*

O ecumenismo nas *Conclusões* de Medellín é tratado de forma mais qualitativa do que quantitativa. Quantitativamente, existem apenas sete referências específicas ao tema (Med 2,26; 2,30; 3,20; 4,19; 5,19; 8,11; 9,14). Isso se explica por duas principais razões: primeiro, porque a preocupação social era mais presente nas preocupações pastorais dos bispos. A questão "ecumênica não era tão grande neste continente de grandes problemas sociais" (NIETO, 1988: 211-212); segundo, porque até então a Igreja do continente não tem ainda uma real experiência ecumênica, e está apenas dando os primeiros passos em direção ao movimento ecumênico.

Mas, qualitativamente, as marcas do ecumenismo nas *Conclusões* de Medellín são muito significativas, mostrando que o empenho pela unidade cristã não é uma tarefa sobreposta à pastoral, mas uma inspiração fundamental que deve animá-las todas. As *Conclusões* expressam o comportamento de respeito, de diálogo e de busca de cooperação entre a Igreja Católica e as diferentes Igrejas, comportamento esse inserido em um contexto social comum.

Os bispos católicos da América Latina procuraram ler, no horizonte do Vaticano II, os "sinais dos tempos" que desafiam a evangelização no continente. E sabem que essa responsabilidade é grande demais para ser realizada isoladamente. Então se propuseram a "Convidar também as diversas confissões, comunidades cristãs e não cristãs a colaborar nesta fundamental tarefa do nosso tempo" (Med 2,26). Afirmam: "Quiséramos oferecer a colaboração dos cristãos, obrigados por suas responsabilidades batismais e pela gravidade do momento. De todos nós depende tornar conhecida a força do Evangelho, que é poder de Deus" (CELAM, 1998: 29).

O princípio da cooperação ecumênica é assumido como fundamental para a evangelização na América Latina. A Igreja Católica no continente está disposta a

> Colaborar com outras confissões cristãs, e com todos os homens de boa vontade que estão empenhados em uma paz autêntica, firmada na justiça e no amor... De maneira particular nos dirigimos a todas as Igrejas e comunidades cristãs que participam conosco de uma mesma fé em Jesus Cristo. Durante esta Conferência, irmãos nossos dessas confissões cristãs estiveram participando de nossos trabalhos e esperanças. Junto com eles seremos testemunhas deste espírito de colaboração (CELAM, 1998: 33).

As *Conclusões* mostram que essa cooperação desenvolve um ecumenismo com forte dimensão social. Incentiva para que, juntos, os bispos, as "diversas confissões religiosas" e os "homens de boa vontade promovam em suas respectivas esferas de influência, especialmente entre os dirigentes políticos e econômicos, uma consciência de maior solidariedade frente a nossas nações subdesenvolvidas" (Med 2,30).

É importante observar que, no convite, os termos "confissões cristãs" ou "religiosas" têm preferência em relação a "protestantismo" ou "seitas". A linguagem positiva ao referir-se às diferentes comunidades cristãs expressa o desejo de valorizá-las em sua identidade e presença na região, reconhecendo a contribuição dessas para a promoção da justiça e da paz social. Isso é claro nas *Conclusões* de Medellín, como uma das linhas pastorais importantes:

> Aos bispos em Medellín não interessava tanto definir o que é uma seita, propor uma tipologia, fazer uma análise doutrinal dos movimentos

sectários ou entrar em um debate teológico com tais grupos, o que lhes interessava era impulsionar o ecumenismo com os movimentos cristãos não católicos a partir de uma nova relação com os "irmãos separados", buscando linhas concretas para um trabalho conjunto com claro acento social (VIERA, 1988: 209).

5.3.2.3 Ambientes e meios da prática ecumênica

A mudança de linguagem e a urgência em implementar um ecumenismo prático nos diversos âmbitos da vida social, eclesial e pastoral levou os bispos a explicitarem alguns ambientes ou meios onde o ecumenismo pode ser especialmente favorecido. Temos:

1) *A família*, sobretudo as empobrecidas e marginalizadas, precisa de um acompanhamento em uma perspectiva ecumênica. O trabalho da Igreja com as famílias católicas deve

> Levar todas as famílias a uma generosa abertura para com as outras famílias, inclusive de confissões cristãs diferentes; e, sobretudo, as famílias marginais ou em processo de desintegração; abertura para a sociedade, para o mundo e para a vida da Igreja (Med 3,20).

2) *A educação*: "A escola católica deverá estar aberta ao diálogo ecumênico" (Med 4,19), como um ambiente privilegiado para formar convicções sobre o respeito, o diálogo e a convivência entre os diferentes modos de ser cristão.

3) *A juventude*: Medellín orienta "que se incentivem as iniciativas de caráter ecumênico entre os grupos e organizações de juventude, segundo as orientações da Igreja" (Med 5,19).

4) *A catequese*: outro espaço onde se deve possibilitar a formação ecumênica. Trata-se de desenvolver uma renovação da catequese, tanto na formação da própria identidade cristã e eclesial quanto na visão das outras Igrejas e dos outros cristãos. Essa mentalidade ecumênica prioriza o amor e a unidade: "Deve-se fazer ressaltar o aspecto totalmente positivo do ensinamento catequético com seu conteúdo de amor. Assim se fomentará um são ecumenismo evitando toda polêmica e se criará um ambiente propício à justiça e à paz" (Med 8,11).

5) *Celebrações ecumênicas da Palavra*: as *Conclusões* de Medellín dão especial atenção ao ecumenismo espiritual, incentivando as celebrações ecumênicas que têm a Palavra em seu centro:

> Fomentem-se as sagradas celebrações da Palavra, observando sua relação com os sacramentos nos quais ela alcança sua máxima eficácia, e particularmente com a Eucaristia. Promovam-se as celebrações ecumê-

nicas da Palavra, conforme o decreto sobre o ecumenismo n. 8 e segundo as normas do diretório, n. 33-35 (Med 9,14).

Neste contexto, Medellín fala da *communicatio in sacris*, retomando as orientações de *Unitatis Redintegratio* e do *Diretório Ecumênico*. Esse incentivo das celebrações ecumênicas mostra que para Medellín não basta o ecumenismo social ou pastoral. Eles se fortalecem e ganham sua maior expressão na reunião para a oração comum, quando os cristãos pedem perdão pelas divisões e se dispõem a ouvir e meditar juntos a Palavra que os convoca à unidade em Cristo.

Assim, são claras as dimensões do ecumenismo em Medellín: social, pastoral e espiritual. Faltam referências teológicas sobre o ecumenismo nas *Conclusões*. Mas os bispos o fazem conscientemente, privilegiando o apelo à cooperação ecumênica em ações concretas. Para fundamentar teologicamente a prática ecumênica, eles remetem às orientações doutrinais do Concílio Vaticano II, sobretudo o decreto sobre o ecumenismo.

5.4 A dimensão social do ecumenismo na América Latina

Na América Latina e no Caribe, fatores eclesiais são somados a fatores sociais que influem na perspectiva do diálogo e da cooperação entre as Igrejas. Por ocasião da III Cela (Buenos Aires, 1969), o secretário de evangelização do Clai, Juan Damián, afirmou:

> os sinais de esperança que divisamos no horizonte latino-americano apontam para a necessidade de promover o ecumenismo solidário e comprometido que surge do sofrimento dos nossos povos, que se expressa em trabalhos e esforços mancomunados, orientados para a libertação dos oprimidos para que constituam um só povo (apud PLOU, 1994: 135).

É clara a convergência dessa afirmação com as orientações ecumênicas dos bispos reunidos em Medellín. A contextualização da reflexão teológica, a prática pastoral em sintonia com os movimentos sociais, e a opção pelos pobres marcam o caminhar ecumênico da Igreja Católica na América Latina e no Caribe. Assim, as Igrejas convergem na dimensão social do ecumenismo, mostrando que a busca pela unidade cristã expressa a opção por Jesus Cristo e pelo seu Reino, em um "movimento centrípeto" (SANTA ANA, 1987: 264) que transcende os limites das Igrejas, abrangendo as forças sociais que possibilitam promover a vida na justiça e na dignidade. A unidade cristã está em função do Reino, e nele os empobrecidos e os que sofrem injustamente têm um lugar privilegiado (bem-aventuranças). Desse modo, o seguimento de Cristo e o ecumenismo estão profeticamente vinculados também com as forças que se comprometem com a promoção da vida e da justiça no continente.

Fica claro nas *Conclusões* de Medellín que a cooperação ecumênica é mais favorável entre as Igrejas que desenvolvem uma reflexão teológica e uma ação pastoral inseridas no meio social de forma profética. A evangelização transforma a vida social no horizonte do Reino como tarefa prioritária da Igreja. Esse fato convida as Igrejas a considerarem primordialmente não as próprias questões, mas a missão comum: "a missão da Igreja na busca da justiça e da paz é uma questão ecumênica, e as perguntas que se apresentam a partir delas também são ecumênicas e exigem um esforço comum" (PLOU, 1994: 146).

5.5 *Retomando a Conferência de Medellín*

A Conferência de Medellín é um aprofundamento da identidade e da missão da Igreja Católica na América Latina e no Caribe na perspectiva do Concílio Vaticano II. Nesse processo ela percebe que não está sozinha na tarefa de evangelizar o continente e precisa formar-se como uma "comunidade visível", onde todas as pessoas desenvolvem a consciência de "participar fraternalmente da comum dignidade dos filhos de Deus", e todas podem "também compartilhar a responsabilidade e o trabalho para realizar a missão comum de dar testemunho do Deus que os salvou e os fez irmãos em Cristo" (Med 15,6). Assim, é construído um novo perfil da Igreja no diálogo com todas as pessoas cristãs e "de boa vontade".

Os anos que se seguiram à Conferência de Medellín foram profícuos no empenho ecumênico da Igreja Católica na América Latina. No Chile, em 1970, a pedido do governo e com o apoio do Cardeal Silva Henriquez, modificações foram feitas no tradicional *Te Deum*, a fim de transformá-lo em uma cerimônia para todas as Igrejas. Durante os primeiros anos do regime de Pinochet, várias Igrejas criaram a Comissão para a Paz que, em 1975, se tornou o Vicariato da Solidariedade; no Caribe, houve o ingresso da Igreja Católica na Conferência Cristã do Caribe, em 1973; no Brasil, em 1975, iniciaram-se vários encontros de dirigentes de Igrejas que levaram à formação do Conic, em 1982. Enfim, em diferentes regiões da América Latina e do Caribe o movimento ecumênico ganhou força nos anos 70 do século XX. Em tempos de forte ditadura militar em muitos países do continente e de aguda pobreza econômica de seus povos, as organizações ecumênicas têm sido um espaço importante para posicionamentos proféticos das Igrejas contra as injustiças sociais.

Há quem considere que, a partir de então, o avanço do ecumenismo na região depende da "evolução que ocorrer na Igreja Católica" (TIEL, 1998: 72). Naturalmente, se essa evolução acontecer no sentido de abertura às outras Igrejas, não sentindo-se a Igreja Católica a única responsável pelo cristianismo em nosso meio. Em tempos de Papa Francisco, vemos essa evolução acontecer na proposta da "Igreja em saída", promovendo a "cultura do encontro" e a "cultura do diálogo". Esse pontificado impele a uma retomada do Vaticano II, e isso, para o catolicismo latino-americano e caribenho, significa também uma retomada das orientações ecumênicas de Medellín.

Considerações finais

A Conferência de Medellín impulsiona um novo comportamento da Igreja Católica na América Latina e no Caribe, mais integrada com a sociedade e com as diferentes Igrejas existentes no continente. Embora o ecumenismo não tenha recebido nenhum destaque nas *Conclusões* de Medellín, ele configurou o clima da assembleia dos bispos pela presença e atuação dos observadores, pelos temas debatidos, pela prática da hospitalidade eucarística. O ecumenismo está no fato e no conteúdo da Conferência, de forma implícita e explícita, impulsionando a Igreja Católica a integrar-se no movimento ecumênico regional. Esse fato situa-se nos esforços de recepção do Vaticano II no continente, redimensionando o ser e o agir da Igreja Católica. Nesse processo, a abertura ao ecumenismo não acontece por fatores circunstanciais da sociedade e da Igreja. É expressão da convicção evangélica e conciliar de que o seguimento de Jesus implica na busca e no testemunho da unidade cristã, "para que o mundo creia" (Jo 17,21).

Referências

BONINO, J.M. "Análisis de las relaciones del protestantismo con el catolicismo romano hasta 1960". In: *Lectura Teológica de América Latina*. Seminário Bíblico Latino-Americano. Costa Rica, novembro de 1979, p. 190-195.

_____. *Visión del cambio social y las tareas desde las iglesias no católicas* – Fe cristiana y cambio social en América Latina. Salamanca: Sígueme, 1974.

_____. "Medellín y el ecumenismo". *Teología*, VII, n. 15-16, mai.-dez./1969.

BORRAT, H. "Hacia un protestantismo latinoamericano". *Cuadernos de Marcha*, 29, set./1996.

CELAM. *Conclusões da Conferência de Medellín, 1968*. São Paulo: Paulinas, 1998.

_____. *Congresso Ibero Americano sobre la Nueva Evangelizacion y ecumenismo*. Madri: Lormo, 1992.

COSTAS, O.E. "Una nueva conciencia protestante". In: KESSLER, J. & COSTAS, O.E. *Theology of the crossroads*. Amsterdam: Rodopi, 1976.

DAMIÁN, J. *Clai, una experiencia latinoamericana.* Quito: CLAI, 1988.

DUSSEL, E. *Historia de la Iglesia en América Latina.* Barcelona: Nueva Tierra, 1974.

FÉ E CONSTITUIÇÃO. "IV Conferência Mundial – Relatório". In: *Enchiridion Oecumenicum.* Vol. 6. Bolonha: EDB, 2005, p. 915-982.

MEJÍA, J. "El compromisso ecuménico de la Iglesia de América Latina en los documentos de Medellín". In: CELAM. *Medellín* – Reflexiones en el Celam. Madri: BAC, 1977, p. 245-250.

NELSON, W.M. "Lectura Teológica de América Latina". *Seminário Bíblico Latino-Americano.* Costa Rica, novembro de 1979.

NIETO, F.S. *Manual de ecumenismo* – Iglesias cristianas y pastoral ecumênica. Santiago: Paulinas, 1988.

PLOU, D.S. *Caminos de unidade.* Quito: Clai/Hela, 1994.

PREMAZZI, J. *Reflexiones sobre el ecumenismo en America Latina.* Genebra: CMI, 1982.

SANTA ANA, J.H. *Ecumenismo e libertação.* Petrópolis: Vozes, 1987.

TIEL, G. *Ecumenismo na perspectiva do Reino de Deus* – Uma análise do movimento ecumênico de base. São Leopoldo: Sinodal/Cebi, 1998.

VIERA, J.C.U. (org.). *El fenómeno de las sectas* – Análisis a partir del magistero latinoamericano. Bogotá: Lito Perla, 1988.

Parte IV
A Igreja visível e suas estruturas

1
Identidade e missão dos presbíteros na "atual transformação da América Latina à luz do Concílio"

Boris Agustín Nef Ulloa

Introdução

O dever de honrar e elogiar os antepassados na fé é uma marca importante na experiência religiosa do povo eleito (cf. Eclo 3,1-16; 44,1-15s.). A cada geração de fiéis é confiada a missão fundamentada no testemunho e na experiência dos antepassados, transmitir sua fé às novas gerações, para que estas não sejam privadas de se alimentar e de beber das fontes genuínas que geraram nossa tradição religiosa e humana (cf. Ex 12,14; Js 4,6s.). Portanto, fazer memória é para nós, discípulos e discípulas de Cristo, um imperativo de fé e de esperança.

Nessa perspectiva situa-se a urgente necessidade de fazer memória da II Conferência Geral do Episcopado Latino-americano (1968) e do seu esforço de acolher o espírito conciliar do Vaticano II e seus documentos (1962-1965). De fato, sabe-se que a Igreja presente na América Latina não seria a mesma se não houvesse esta determinação por parte das gerações eclesiais que nos precederam. 50 anos depois, nós que vivemos em um continente ainda martirizado, somos filhos e filhas dessa tão sonhada renovação eclesial. Por isso, impelidos pelo Espírito, buscamos discernir os sinais dos tempos e, por meio do testemunho de vida cristã, queremos semear a esperança e trilhar um caminho de vida e ressurreição para nossos povos e nações.

Este capítulo tem o objetivo de refletir como a identidade e a missão dos presbíteros católicos foi compreendida e interpretada pelos bispos latino-americanos, em um contexto de transformação do continente, à luz do Concílio Vaticano II. Portanto, lançar um olhar mais apurado sobre os documentos de Medellín, de modo particular sobre o documento 11, intitulado "Sacerdotes", o qual encontra-se na terceira parte:

"A Igreja visível e suas estruturas" (Med 10-16). Contudo, deve-se sublinhar que a instrução sobre os presbíteros é precedida pela reflexão sobre os "movimentos laicais" (Med 10) e seguida pela dos "religiosos e religiosas" (Med 12), o que recoloca os presbíteros e os consagrados inseridos no corpo da Igreja e em uma relação direta e estreita com os leigos e leigas.

Este breve estudo, ao celebrar 50 anos da Conferência de Medellín, não pretende ser pura e simplesmente uma retrospectiva. Nosso olhar recai, também, sobre os desafios que hoje, no início do século XXI, interpelam os presbíteros latino-americanos e caribenhos. Isto é, quais seriam as possíveis perspectivas que, em nosso continente, em um futuro próximo, no que diz respeito à vida e à missão dos presbíteros, podem ser esperadas.

1.1 O contexto latino-americano exigia renovação e compromisso

Se o novo contexto social latino-americano, fruto das crescentes influências externas e internas, exigia mudanças nos diversos campos da sociedade civil, sem dúvida essa exigência se estendia também à Igreja. A transformação da América Latina, à luz do Concílio Vaticano II, colocava a Igreja do continente frente a dois grandes desafios: 1) repensar seu lugar como protagonista do tecido social; 2) redimensionar o alcance de seu testemunho e de sua ação pastoral (GÓEZ, 2010: 147-148).

Sobre o referido contexto, pode-se destacar:

> não foi só o Vaticano II, mas, conjugadas com ele, foram as circunstâncias concretas em que vivia então o continente que levaram a Igreja da América Latina a definir sua identidade. Ora, tal definição ocorreu justamente em função dessa realidade. Ocorreu, portanto, em chave enfaticamente social (BOFF) [Tradução livre].

Somado ao contexto social continental e aos documentos conciliares, deve-se indicar um terceiro elemento que influenciou profundamente a reflexão dos bispos em Medellín: a presença e o magistério de Paulo VI, principalmente a *Populorum Progressio*, publicada um ano e meio antes da realização de Medellín. A II Conferência do Celam foi o que foi graças à histórica visita de Montini à Colombia. Essa relevância histórica foi reconhecida pelo próprio Papa Paulo VI em seu discurso proferido na abertura da Conferência. De fato, sua presença profética fortaleceu os bispos (ZUBIETA, 2004: 204-205) e os estimulou a abraçar com coragem não somente os documentos conciliares; mas, acima de tudo, o espírito conciliar e suas consequências que estavam em pleno desenvolvimento (BRIGHENTI, 2009: 415-434).

No coração deste desafio para a Igreja, os grandes interpelados seriam não somente os bispos, mas sobretudo presbíteros e leigos. Por um motivo muito simples, as grandes mudanças começam na base. E são os presbíteros e leigos que tocam e compartilham, em primeira mão, "as alegrias e as esperanças, as tristezas e as angústias dos homens e mulheres" latino-americanos (cf. GS 1). Assim, tornou-se urgente oferecer fundamentos sólidos para redimensionar os diversos elementos constitutivos do ser e atuar do ministério dos presbíteros à luz do espírito conciliar na América Latina. Essa interpelação é reconhecida pelos bispos reunidos em Medellín, os quais chamam para si a responsabilidade de refletir, favorecer, contribuir e orientar a renovação presbiteral no complexo horizonte do final da década de 1960 e início da década de 1970.

Ao analisar a realidade interna da Igreja, no que se referia aos elementos constitutivos da vida e ministério dos presbíteros, segundo os bispos, havia uma explícita valorização de alguns aspectos e, ao mesmo tempo, a desvalorização de outros. Não obstante a complexidade desse fenômeno, o olhar episcopal esforçou-se por sublinhar a dimensão positiva e construtiva como sinal de esperança para a Igreja do continente.

No documento final observa-se que a realidade da presença e do agir dos presbíteros não é falseada e muito menos escamoteada. Se por um lado se reconhece a generosidade das Igrejas irmãs e das muitas congregações religiosas que, com empenho, tentam suprir, ao menos em parte, a insuficiência de clero ao longo de todo o continente, por outro lado os bispos não se dão o direito de se omitir. Com coragem denunciam uma ferida aberta, a qual não é tanto a falta numérica de presbíteros, mas principalmente a sua péssima distribuição. Cabe sublinhar aqui que 11 anos depois, em 1979, Puebla constatava que, em nível continental, esta distribuição continuava inadequada (DP 674-675).

Denuncia-se, assim, o acúmulo de ministros ordenados nas regiões ricas e abastadas, nos bairros desenvolvidos econômica e socialmente, enquanto os pobres e as regiões mais distantes e necessitadas vivem a carência e a falta de atenção por parte dos pastores. Os pobres, já desprezados socialmente, tornavam-se ainda mais pobres pela falta de assistência pastoral por parte da própria Igreja. Com esta triste constatação, a Igreja latino-americana faz diante de si mesma e de Deus o *mea culpa* e confirma sua decisão de se posicionar pastoralmente junto aos mais empobrecidos do continente. Identifica-se aqui a influência da *Populorum Progressio*, na qual o Papa Paulo VI recorda seu discurso proferido na Assembleia Geral da ONU (04/10/1965) e se descreve como "o advogado dos pobres" (PP 4).

1.2 *Sacerdotes (Med 11)*

Deve-se ressaltar que o documento 11 é um grande testemunho de que os bispos tinham a explícita intenção de alcançar todos os presbíteros, em toda e qualquer condição. Propõe-se um diálogo aberto e franco com cada um, dentro de sua experiência concreta nas Igrejas particulares. Assim, valoriza-se a presença e o trabalho dos presbíteros (nativos e estrangeiros) que, por amor a Cristo e à Igreja, servem com dedicação e confiança o povo do Senhor que lhes fora confiado. Da mesma forma, manifestam seu amor, apoio e solidariedade àqueles que por diversos motivos se encontravam em crise ou em dificuldade no exercício do ministério. E concluem com uma expressão de misericórdia e abertura diante daqueles que o tinham abandonado.

Não falta, ainda, um olhar para os presbíteros avançados na idade e enfermos que, não poucas vezes, sentem-se incapazes ou vulneráveis demais para assumirem com coragem e determinação as mudanças pedidas pelo espírito conciliar. Fato que exige ainda mais um acurado acompanhamento por parte dos bispos e dos demais presbíteros, além de, obviamente, concentrar energias e recursos na formação adequada e qualificada dos futuros presbíteros (OTTAVIANI, 2007: 33-62; ROCKENBACH, 2011: 105-135). Coube, portanto, mais do que nunca a afirmação conciliar "considere-se o seminário como o coração de uma diocese" (cf. OT 5).

Por outro lado, note-se que não existe sequer uma referência à presença e participação de indígenas e afrodescendentes no exercício do ministério presbiteral no continente. O que, sem dúvida, é uma das lacunas mais significativas do documento e revela, em certo sentido, a "inexistência" desses grupos étnicos, no olhar dos bispos, ao menos quando se pensava a Igreja *ad intra*. Ausência esta que se perpetuou até os documentos preparatórios de Puebla (SENÉN; ISIDORO & ELEAZAR, n. 9: 108-115).

Quanto à reflexão dos bispos sobre a identidade e missão dos presbíteros pode-se afirmar que foi construída em uma ampla e sólida base cristológica, pneumatológica, eclesiológica e pastoral. Note-se que, ao longo do texto, os quatro aspectos teológicos não são compreendidos nem separados e muito menos independentes. Pelo contrário, há uma inter-relação entre os aspectos cristológico e pneumatológico, a qual forma o alicerce para explanar o aspecto eclesiológico e, consequentemente, o pastoral.

1.3 A relação cristologia-pneumatologia

Sublinha-se, em primeiro lugar, que na Nova Aliança o único sacerdote é Cristo Jesus, o Senhor Ressuscitado (cf. Med 11,12). E, portanto, aos presbíteros é dada a graça de participar deste único sacerdócio. Em seguida, define-se o ministério hierárquico da Igreja como sacramento de salvação. Sendo que os ministros atuam *in persona Christi* (LG 10; SC 7) para o benefício da vida do povo que lhes foi confiado (PO 12).

Para exercer com eficiência e fidelidade sua vida ministerial os presbíteros latino-americanos são chamados a renovar e aprofundar sua vida de fé. Essa experiência deve ser fundamentada em uma clara e total pertença a Cristo. Isto é, em uma comunhão com o seu mistério pascal e, por meio dele, com o Pai (cf. PO 14). Chega-se, então, ao coração da reflexão, e destaca-se que a missão de Cristo é expressão do indivisível tríplice múnus: profético, sacerdotal e pastoral. Assim, os presbíteros, em sua vida e missão, são chamados a se configurar a Cristo, na liturgia eucarística e na missão pastoral (PO 8).

Note-se ainda que uma das marcas do Concílio foi a valorização da dimensão pneumatológica da Igreja (LG 4; AG 4), o que dava legitimidade à diversidade de dons e carismas, dentre os quais encontram-se os ministérios ordenados (CD 2; PO 12) e não ordenados (AA 3). O agir do Espírito foi evidenciado na perspectiva da santidade, unidade, comunhão e serviço para o bem comum do Corpo de Cristo (cf. 1Cor 12-14). Com isso, repropõe-se um aspecto teológico de envergadura: o ministério ordenado é compreendido, em sua justa medida, como dom do Espírito. Esta realidade pneumatológica reconfigura o lugar do presbítero e seu serviço no seio do corpo eclesial.

Os presbíteros são, portanto, chamados a reconhecer seu próprio ministério como expressão do agir do Espírito em favor da comunidade. E, ao mesmo tempo, são exortados a nunca confundir interesses pessoais e individuais com carismas do Espírito. Com essa renovada visão, reconhece-se a legitimidade da diversidade quando estas convergem para o bem comum dos fiéis.

1.4 A relação eclesiologia-pastoral

A partir dos elementos cristológicos e pneumatológicos sublinham-se também os elementos eclesiológicos e pastorais. Assim, os que exercem o sacerdócio ministerial são chamados a viver na comunhão, como expressão da unidade do corpo de Cristo que é a Igreja. Essa comunhão deveria ser expressada pela íntima união de amor, testemunhada nas preocupações e trabalhos pastorais. Não se concebe, portanto, um bispo desligado ou alheio a seus presbíteros e nem um presbítero desligado do ministério do seu bispo (cf. PO 7). Exorta-se fortemente os presbíteros a viverem um vínculo de verdadeira "fraternidade sacramental" (PO 8).

Os bispos apostam no diálogo e chamam a investir nele como o modo de ser da Igreja. Eles exortam a si mesmos a viver um sadio exercício do diálogo com seus presbíteros. Insiste-se, portanto, no diálogo como via de crescimento, amadurecimento e superação das tensões. Dentro do espírito conciliar, indica-se os conselhos pastorais como um dos mais eficientes instrumentos da renovação da Igreja em sua ação de pastoral de conjunto. Para favorecer a comunhão e a compartilhada responsabilidade entre bispos e presbíteros frente à Igreja pede-se criar espaços, promover ambientes e programar eventos, por meio dos quais os presbíteros se encontrem e vivam com humildade e pobreza evangélica o seu próprio aperfeiçoamento pessoal e comunitário.

Destaca-se, portanto, o espírito de colegialidade e corresponsabilidade no exercício do ministério nas Igrejas particulares. Recorda-se a necessidade de criar o conselho presbiteral em cada diocese e exorta-se que tenha efetivo funcionamento como testemunho da comunhão pastoral existente entre o bispo e os presbíteros. Note-se, porém, que essa colaboração pastoral não se restringe apenas aos ministros ordenados. Da mesma forma, os leigos e leigas, pelo seu sacerdócio comum, proveniente do batismo, são chamados a ocupar seu lugar na ação pastoral e, assim, edificar com seu testemunho a comunidade eclesial. O diálogo entre laicato e ministros ordenados é defendido pelos bispos como um elemento essencial na vivência evangélica e pastoral (GÓEZ, 2010: 148). Espaço que também deve ser ocupado por religiosas e religiosos.

A realidade social, política e econômica do continente latino-americano apresentava uma complexa tensão entre feridas e sinais de esperança, entre dores e progresso humano. Nesse contexto, a Igreja de Cristo é chamada a viver uma ação apostólica que promova a vida e seja coerente com sua fé celebrada na Eucaristia. A Igreja latino-americana assume sua responsabilidade frente à sociedade humana, e em todos os campos se propõe a trabalhar arduamente em favor da promoção integral da vida humana. O momento exigia dos cristãos uma "nova" presença que fosse efetiva e qualificada.

A missão enquanto serviço à humanidade é o objetivo de todo ministério ordenado. Os presbíteros são exortados a viver essa solidariedade em relação aos seus irmãos e irmãs. As preocupações ministeriais devem convergir para uma presença atuante no mundo, de forma que fosse combatido e rejeitado todo espírito de fechamento e indiferença frente às necessidades e dramas que afligem o ser humano.

> O que marcou o sentido da Conferência foi sobretudo o interesse pelo tema da missão pastoral da Igreja, entendida no sentido de uma diaconia histórica capaz de dar resposta aos grandes problemas do mundo, de nossos países, capaz sobretudo de inspirar todo o trabalho de construção de nossas sociedades com um sentido humano profundo, fraternal e social (RAMÍREZ, 2008: 240) [Tradução livre].

1.5 Cristo profeta, Igreja profética, presbíteros profetas

Reconhece-se que, ao se reunir para acolher o espírito do Concílio no continente, a Igreja latino-americana mostrou algumas características que, posteriormente, selariam a sua postura teológico-pastoral: originalidade (BOFF, [s.d.]; COSTA-DOAT, 2012), ousadia, criatividade (BRIGHENTI, 2009: 419, 425-426, 431) e espírito crítico (ZUBIETA, 2004: 270). Os bispos acolheram a novidade do Espírito. E este rio de água viva se alastrou pelo continente. Dentro desse caudal de renovação promovido pelo Espírito foi assumida, na teologia e na pastoral latino-americana, a dimensão profética.

> Medellín foi um acontecimento profético. Mais ainda, em Medellín a Igreja universal redescobriu, de certa forma, a dimensão profética como uma dimensão fundamental de sua missão. Dessa maneira, nossas Igrejas se afirmaram em sua identidade eclesial, dentro da Igreja universal. O Concílio definiu a missão da Igreja em um sentido pastoral. A Conferência de Medellín definiu esse serviço pastoral (diaconia histórica) como um serviço de evangelização em termos proféticos. Mas em que sentido se entende a dimensão profética da missão da Igreja, como a concebeu a Conferência de Medellín? Pode-se dizer que o profetismo que caracteriza o espírito dos trabalhos da Conferência de Medellín tem a ver propriamente com os temas da justiça e da opção pelos pobres (RAMÍREZ, 2008: 241) [Tradução livre].

De fato, a identidade do ministro de Deus que, segundo o Concílio, deveria ser vivida como caridade pastoral (cf. PO 15) exigia mais do que nunca um novo posicionamento pastoral, o qual, devido aos grandes dramas que afligiam o continente, precisaria sem dúvida possuir uma marca profética. E as raízes proféticas do agir pastoral da Igreja poderiam ser encontradas no agir profético de Jesus, o Cristo. Assim, por meio de uma renovada caridade pastoral, o presbítero seria capaz de dar testemunho e oferecer sua vida pelos irmãos, o que reafirma a presença permanente e renovada do Bom Pastor (cf. Jo 10,11; PO 13). A vida dos presbíteros é concebida, portanto, como vivência profética do pastoreio de Cristo (cf. OTTAVIANI, 2007: 33-62).

Dentro dessa perspectiva teológica reafirma-se a pobreza evangélica como um dos aspectos mais importantes quanto à identidade e ao estilo de vida dos presbíteros (cf. PO 17). Entende-se o testemunho dos presbíteros como qualificado e coroado de autoridade na medida em que sua vida cotidiana manifeste sinais concretos de adesão à pobreza de Cristo (ZUBIETA, 2008: 270) e expresse solidariedade com os pobres deste continente (ROCKENBACH, 2011: 131). Sendo que o chamado à solidariedade, compreendida como partilha de recursos econômicos, é dirigido também às comunidades cristãs. Assim, a comunhão de bens entre as paróquias que constituem uma diocese tornar-se-ia um testemunho de que é possível viver a justiça, a equidade e a destinação universal dos bens, como ensina a Doutrina Social da Igreja.

> Neste contexto se compreende bem o anseio de libertação que estava na mente de todo o mundo nesse momento, com o que este propósito implicava. Em uma palavra, converter toda a comunidade em protagonista desta tarefa de libertação a partir da opção pelos pobres, entendida a partir da adesão à pessoa do Senhor de uma concepção conciliar da Igreja (eclesiologia da comunhão), da experiência das comunidades eclesiais de base (RAMÍREZ, 2008: 241) [Tradução livre].

1.6 O reencontro com os pobres

A ação profética de Jesus de Nazaré, o Cristo, tem os pobres como destinatários centrais do anúncio da Boa-nova do Reino de Deus (cf. Lc 4,18a; 6,20). Os seus discípulos são chamados a segui-lo no serviço aos pobres (cf. Lc 14,12-14; 16,19-31; 18,18-30). E a sua Igreja é também chamada a ser pobre para os pobres (cf. EG 48; 198) (MEJÍA GÓEZ, 2010: 149; COSTADOAT, 2012: 579-580, 587-590).

Hoje, 50 anos depois de Medellín, a Igreja de Cristo, com face latino-americana, enquanto peregrina, inserida na grande aldeia global regida pelos interesses do mercado, que deseja ser fiel à sua vocação evangélica, é desafiada a assumir-se como um sinal profético. Esse chamado somente se tornará realidade na medida em que ela, caminhando contra a corrente do sistema vigente e dominador, tomando a sua cruz ("cada dia", cf. Lc) e seguindo o seu mestre e Senhor crucificado, sendo pobre para os pobres, com os pobres e como os pobres (COSTADOAT, 2012: 583-587), poderá contribuir para que os excluídos que compõem os povos sofridos da América Latina e Caribe encontrem verdadeiramente o caminho do desenvolvimento integral, como tanto sublinharam os bispos em Medellín (BRIGHENTI, 2009: 428-430).

Os gritos de parto de uma Igreja latino-americana que, ao longo do caminho, avançou e regrediu, dilatou-se e encolheu-se, e que em síntese oferece hoje à Igreja universal um amadurecido fruto de seu itinerário percorrido ao longo dos últimos 50 anos. Pela primeira vez na sua história, a Igreja Católica possui um papa latino-americano, gestado, criado e crescido neste contexto eclesial de Medellín a Aparecida.

A insistente exortação do Papa Francisco, de que a Igreja precisa hoje de pastores com cheiro de ovelhas, é a universalização mais "genuína da tradição eclesial e pastoral latino-americana que teve seu nascimento em Medellín e foi amadurecida em Aparecida" (BRIGHENTI, 2009: 415-434). Afirma Francisco: "Prefiro uma Igreja acidentada, ferida e enlameada por ter saído pelas estradas, a uma Igreja enferma pelo fechamento e a comodidade de se agarrar às próprias seguranças" (EG 49). O desafio de viver e testemunhar essa marca profética será um permanente chamado a se desinstalar, a sair de si mesma, renovando sua condição de servidora e samaritana. Uma Igreja peregrina e missionária que não tem vergonha de sair pelos caminhos, levantando caídos, curando feridas, enxugando lágrimas, vestindo nus e alimentando famintos, visitando presidiários e doentes, sem medo de sofrer calúnias por amar os miseráveis e os excluídos.

Por isso, as novas gerações de ministros ordenados, presbíteros e bispos, são permanentemente chamados, em consciência, a rever e reavaliar seu lugar na comunidade e na sociedade. O Papa Francisco não tem medido esforços para despertar no coração dos presbíteros e bispos uma ardente caridade pastoral que é presença renovada da caridade pastoral de Cristo, o Bom Pastor, aquele grande profeta que surgiu entre nós e revela que Deus nos veio visitar (cf. Lc 7,16).

Dentro desse grande esforço de colocar no centro da reflexão sobre o ministério ordenado figuras de presbíteros pobres com alto perfil profético, o Papa Francisco, em 20 de junho de 2017, dirigiu-se, em peregrinação, a Bozzolo (Diocese de Cremona) e a Barbiana (Diocese de Florença) para recordar, respectivamente, o testemunho pastoral do Padre Primo Mazzolari (*13/01/1890 – †12/04/1959) e do Padre Lorenzo Milani (*27/05/1923 – †26/06/1967. A visita do Papa Francisco recordou os 50 anos de sua morte), os quais, embora não tenham sido latino-americanos, caracterizam-se por terem sido expressão deste paradigma de presbíteros que deram a vida pelos pobres.

Declarou o Papa Francisco sobre Padre Mazzolari:

> Também ele pensava numa Igreja em saída, quando meditava para os sacerdotes com estas palavras: "Para caminhar é preciso sair de casa e da Igreja, se o povo de Deus já não vem até nós; e ocupar-se e preocupar-se também com as necessidades que, embora não sejam espirituais, são humanas e, assim como podem perder o homem, podem também salvá-lo. O cristão separou-se do homem, e o nosso discurso não pode ser compreendido se antes não o introduzirmos neste caminho, que parece o mais distante e é o mais seguro. [...] Para fazer muito é preciso amar muito", assim dizia o vosso pároco. A paróquia é o lugar onde cada homem se sente esperado, um "lar que não conhece ausências". O Padre Mazzolari foi um pároco convicto de que "os destinos do mundo amadurecem na periferia", e fez da própria humanidade um instrumento da misericórdia de Deus, à maneira do pai da parábola evangélica, tão bem descrita no livro *A aventura mais bonita*. Ele foi definido justamente o "pároco dos distantes", porque sempre os amou e procurou, preocupando-se em propor o discernimento como caminho para interpretar cada homem. Esse olhar misericordioso e evangélico para com a humanidade levou-o a atribuir valor também à necessária gradualidade: o sacerdote não é alguém que exige a perfeição, mas que ajuda cada um a dar o melhor de si. Gostaria de reiterar seu ensinamento, repetindo-o a todos os sacerdotes do mundo: Tenhamos bom-senso! Não devemos esmagar os ombros das pessoas simples (FRANCISCO, 2017).

E ainda afirmou Francisco sobre Padre Milani:

> E quando a decisão do bispo o deslocou de Calenzano para cá, entre os jovens de Barbiana, ele compreendeu imediatamente que o Senhor tinha permitido aquele afastamento para lhe dar novos filhos, para fazer crescer e amar. Restituir a palavra aos pobres, porque sem a palavra não há

> dignidade, e por conseguinte nem sequer liberdade e justiça: eis quanto ensina o Padre Milani. E é a palavra que poderá abrir o caminho para a plena cidadania na sociedade, mediante o trabalho e a pertença plena à Igreja, com uma fé consciente. Isso é válido à sua maneira também para o nosso tempo, no qual possuir unicamente a palavra pode permitir o discernimento das tantas e muitas vezes confusas mensagens que chovem em cima de nós, e dar expressão às instâncias profundas do próprio coração, assim como às expetativas de justiça de tantos irmãos e irmãs que esperam justiça. Daquela humanização que reivindicamos para cada pessoa nesta terra, juntamente com o pão, a casa, o trabalho, a família, faz parte também a posse da palavra como instrumento de liberdade e de fraternidade... (FRANCISCO, 2017).

Devem, ainda, ser incluídas nesse esforço do atual sucessor de Pedro as homilias proferidas nas celebrações eucarísticas nas quais ordenou novos presbíteros e as homilias da missa crismal, às quintas-feiras santas.

> Seja motivo de alegria e de amparo aos fiéis também o perfume da vossa vida, porque a palavra sem o exemplo da vida para nada serve, é melhor voltar atrás. A vida dupla é uma péssima doença, na Igreja [...] um presbítero que talvez tenha estudado muita teologia e obtido um, dois, três diplomas, mas não aprendeu a carregar a cruz de Cristo, não serve. Será um bom acadêmico, um bom professor, mas não um sacerdote (FRANCISCO, 2017).

> Isto vos peço: sede pastores com o "cheiro das ovelhas", que se sinta este – serem pastores no meio do seu rebanho e pescadores de homens. É verdade que a chamada crise de identidade sacerdotal nos ameaça a todos e vem juntar-se a uma crise de civilização; mas, se soubermos quebrar a sua onda, poderemos passar ao largo em nome do Senhor e lançar as redes. É um bem que a própria realidade nos faça ir para onde, aquilo que somos por graça, apareça claramente como pura graça, ou seja, para este mar que é o mundo atual onde vale só a unção – não a função – e se revelam fecundas unicamente as redes lançadas no nome daquele em quem pusemos a nossa confiança: Jesus (FRANCISCO, 2013).

Considerações finais

Pode-se expressar, primeiramente, que a partir da Conferência de Medellín a Igreja latino-americana cresceu e amadureceu na sua convicção de estar em caminho rumo à meta que o Senhor lhe propõe. Os documentos produzidos, a consciência e o espírito eclesial que se desencadeou no continente e a tradição gestada por meio do

Celam são os testemunhos evidentes de que a Igreja continental e nossas Igrejas particulares, ao longo dos últimos 50 anos, não sem percalços, retrocessos e obstáculos, assumiram seu lugar, seu protagonismo no conjunto da Igreja Católica.

Durante esse percurso é perceptível o protagonismo dos presbíteros, os quais, enquanto colaboradores diretos do episcopado, participantes do seu múnus de santificar, governar e ensinar, tornaram-se cada vez mais decisivos nos rumos e na aplicação das orientações pastorais em suas Igrejas particulares, acompanhados da crescente participação da vida consagrada e do engajamento dos leigos e leigas.

Neste tabuleiro complexo e plural que se tornou a Igreja pós-conciliar latino-americana e caribenha, os presbíteros têm sido cada vez mais exigidos tanto *ad intra* como *ad extra*. Para isso, têm contribuído, em maior ou menor grau, dependendo do país: a globalização desenfreada, a laicização de nossos estados nacionais, o crescimento demográfico continental, o crescimento acentuado das metrópoles e das dioceses, o surgimento de novas circunscrições eclesiásticas, a crise do paradigma tradicional de família e a estagnação do crescimento do número de vocacionados ao ministério ordenado.

Certamente, os bispos reunidos em Medellín, há 50 anos, não poderiam sequer imaginar o que estaria por vir sobre o chamado "continente da esperança". E muito menos de como os presbíteros, passo a passo, assumiriam as intuições e orientações vislumbradas naqueles históricos e proféticos dias de agosto e setembro de 1968. É fato: o clero latino-americano e caribenho, hoje, é mais católico (no sentido estrito da palavra), pela simples razão de que não reproduz de forma automática um modelo importado de ministério.

Pelo contrário, dócil ao Espírito, a Igreja em nosso continente foi capaz de gerar um estilo próprio de ministros ordenados. Permanecem, contudo, os desafios de uma renovada identidade e missão em favor dos pobres e excluídos, um aprofundamento da inculturação da fé e da vivência do Evangelho, em uma Igreja de "discípulos missionários de Jesus Cristo, para que nele nossos povos tenham vida e vida em abundância" (cf. Jo 10,10).

Referências

BERNABÉ, S.; TEHUINTLE, I. & LÓPEZ HERNÁNDEZ, E. "Los sacerdotes indígenas – Documento para el Celam III". *Nueva Antropología*, ano 3, n. 9, 1978, p. 108-115.

BOFF, C. "La originalidad histórica de Medellín". *Revista Electrónica Latinoamericana de Teología, RELaT*, 203 [Disponível em: http://servicioskoinonia.org/relat/203. htma –Acesso: 14/07/2017].

BRIGHENTI, A. "O Contexto de uma ousadia que continua fazendo caminho: A propósito dos 40 anos de Medellín". *Pistis e Praxis*, vol. 1, n. 2, 2009, p. 415-434.

COSTADOAT, J. "La novedad del Concílio en América Latina". *Comisión Teológica*, 08/12/2012 [Disponível em: https://comisionteologicacpal.wordpress.com/2012/12/08/la-novedad-del-concilio-en-america-latina/ – Acesso:15/07/2017]

_____. "Seguimiento de Cristo en América Latina". *Gregorianum*, vol. 93, n. 3, 2012, p. 573-592.

Documentos do Concílio Ecumênico Vaticano II. São Paulo: Paulus, 1997.

GÓEZ, Á.M. "Hacia una eclesiología fundamental latino-americana – Un diagnóstico eclesiológico después de Medellín (1968)". *Franciscanum*, vol. 52, n. 153, 2010, p. 127-157.

OTTAVIANI, E.S. "Profetismo e sua relação paradigmática na formação presbiteral". *Revista de Cultura Teológica*, vol. 15, n. 61, 2007, p. 33-62.

PAULO VI. *Populorum Progressio*. 10. ed. São Paulo: Paulinas, 1982.

RAMÍREZ, A.Z. "La conferencia de Medellín y la teología de la esperanza". *Questiones Teológicas*, 35, n. 84, 2008, p. 235-254.

ROCKENBACH, C.R. "La identidad y espiritualidad misionera del presbítero". *Medellín*, 37, n. 145, 2011, p. 105-135.

ZUBIETA, J.F.H. *Los derechos humanos en las conferencias generales del episcopado latinoamericano de Medellín, Puebla y Santo Domingo – Una lectura desde el contexto histórico*. México: Universidad Iberoamericana, 2008.

2
A profecia da vida consagrada, um olhar sobre o documento 12 das *Conclusões* de Medellín, 50 anos depois

Marcelo Barros

Introdução

Um rabino, mestre espiritual dos nossos tempos, afirmava: "Crer é se lembrar". Assim, celebrar em 2015 os 50 anos da conclusão do Concílio Vaticano II, e agora, em 2018, os 50 anos da Conferência de Medellín, sem dúvida, é um ato de fé e um esforço para que essa memória perigosa possa atualizar para nós as graças especiais desses acontecimentos. Recordar Medellín e reler seus documentos podem nos ajudar a ver com mais profundidade o quanto, desde então, seguimos o caminho ali indicado e como dar novos passos na escuta do que o Espírito diz hoje às Igrejas e ao mundo. Na tradição dos concílios e sínodos, a Igreja sempre deu muita importância ao que a história costumou chamar de *"receptio"*, a forma como os documentos ou ensinamentos são recebidos, interpretados e aplicados pelo povo de Deus e por cada porção da Igreja (CONGAR, 1972: 370; LANE apud GUTIÉRREZ, 1998: 6,n. 1).

No caso da Conferência de Medellín, por várias razões a *receptio* toma especial importância, já que esse evento teve uma importância central na história da Igreja Católica em nosso continente. A Conferência de Medellín tinha o objetivo de aplicar o Concílio à realidade latino-americana (e caribenha); mas, ao fazer isso, foi além. Com toda razão, José Comblin e Clodovis Boff insistem que a conferência de Medellín significou o surgimento de uma Igreja propriamente latino-americana. Só a partir de Medellín, a Igreja Católica, na América Latina e Caribe, começa um processo de inserção para assumir a cara e a cor dos nossos povos (BOFF, 1998). Isso se fez a partir de dois eixos teológicos que marcaram profundamente toda a Conferência e cada um dos 16 documentos de *Conclusões* de Medellín: *a teologia dos sinais dos tempos e a opção pelos pobres*. Eram chaves de leitura da realidade eclesial que já vinham da época do Concílio, mas só receberam plena cidadania na Conferência de

Medellín em 1968 (cf. SAAVEDRA, 2011: 27). A teologia dos sinais dos tempos fez Medellín refletir os temas teológicos e os problemas pastorais a partir da realidade social e política do continente (cf. SAAVEDRA, 2011: 31).

2.1 O contexto de Medellín e a vida religiosa

Como minha função nestas páginas é comentar o documento que, nas *Conclusões* de Medellín, já é o de número 12, não é necessário repetir o que, neste livro, outros irmãos e irmãs já afirmaram sobre a realidade social e política do continente nos anos de 1960. Já vimos como o ambiente social é de grande efervescência. Independentemente das Igrejas, a própria sociedade internacional vivia um tempo de abalos institucionais. Grande parte da juventude queria participar das decisões políticas. Buscava refletir sobre a sociedade de modo crítico. Os jovens queriam mudanças. O ano de 1968 ficou marcado como o ano da "revolução dos jovens". Na América Latina, países como o Brasil sofriam uma intensificação das ditaduras militares. Nesse contexto, o Celam procurou fazer, em Medellín, uma apropriação criativa do Vaticano II para o nosso continente. Fez isso não a partir de uma visão ideal da sociedade ou a partir do mundo moderno da Europa, mas sim a partir da realidade dos pobres e de um continente ferido pela injustiça estrutural e pela desigualdade social. Daí a importância do tema geral da Conferência: *A Igreja na atual transformação da América Latina à luz do Concílio.*

Em Medellín, os bispos católicos propuseram que toda a Igreja assumisse como missão a luta pela justiça e a causa dos oprimidos. A missão da Igreja é a "libertação de toda a humanidade e de cada pessoa humana em todas as suas dimensões" (Med 5,15). Pelo fato de que, por todo o continente, muitos religiosos e religiosas já estavam se inserindo ou tinham como projeto a inserção nas periferias, na causa dos pobres ou nas instituições sociais e grupos de juventude, essa perspectiva de missão libertadora mobilizou, de forma especial, a vida religiosa no continente.

Sobre os religiosos e sua vocação na vida da Igreja, o Concílio Vaticano II tratou em diversos textos, especialmente na constituição sobre a Igreja (LG 43-47) e especificamente em um decreto próprio sobre a vida religiosa (PC), ambos os documentos de 1964. Até o Concílio, a teologia mais comum nas congregações religiosas ainda fazia a distinção entre os cristãos comuns que deviam obedecer aos mandamentos e os religiosos que, além dos mandamentos, seriam chamados a seguir os *conselhos evangélicos*. O próprio título do decreto do Concílio sobre a vida religiosa ainda tem essa influência. Repete que a busca da perfeita caridade (a perfeição do amor) buscada através da observância dos conselhos evangélicos vem de Jesus Cristo (cf. PC 1).

Na América Latina, nos anos imediatos ao Concílio, muitos religiosos foram especialmente tocados pelo apelo de João XXIII a uma vida de simplicidade evangélica e ao gesto dos 43 bispos que, em Roma, em 1965, assinaram o Pacto das Catacumbas, comprometendo-se a inserir-se como pobres no meio dos pobres (BRITO, 2010: 81s.).

Assim, na América Latina e em outros continentes, bispos e teólogos, assim como muitos grupos eclesiais, propuseram "uma nova consciência eclesial que chegava a criar [...] como alguns anos depois chegaram a afirmar as Comunidades Eclesiais de Base: 'uma nova forma de ser Igreja', ou mesmo propor a todos os cristãos no continente 'uma nova forma da Igreja ser'" (cf. MUÑOZ, 1974).

Aos 18 anos, entrei em um mosteiro beneditino, no ano em que o Concílio começava em Roma. Três anos depois, aos 8 de dezembro de 1965, quando, em Roma, o Concílio se encerrava, fiz profissão trienal. A partir de então, durante toda a vida, fui visceralmente marcado pelas propostas do Concílio. Quando os bispos se reuniram em Medellín, no começo de setembro de 1968, eu tinha 23 anos e me preparava para a profissão definitiva. Trabalhava como secretário de Dom Helder Câmara para o ecumenismo. E participava da geração de jovens religiosos e religiosas que, para permanecer nas congregações, precisavam acreditar que elas poderiam se renovar no espírito de Medellín.

2.2 Medellín e os religiosos

Antes de ver o que, em Medellín, os bispos escreveram para os religiosos, é importante vermos o que, no seu conjunto, a Conferência de Medellín representou para os religiosos e religiosas da América Latina.

Logo depois do Concílio, nos diversos países da América Latina, a renovação da vida religiosa impulsionou em todas as ordens e congregações uma maior consciência de missão como testemunho do Reino de Deus, ou seja, do amor divino por toda a humanidade. Uma vida religiosa separada por clausura e afastada das pessoas comuns não podia testemunhar o amor divino à humanidade de hoje. Assim, muitos grupos religiosos se deram conta de que seus conventos eram ambientes desumanizados, frios, nos quais as comunidades viviam em função de manter casas antigas e pouco conviviais. Nos conventos tradicionais, o estilo de vida era marcado por uma disciplina hierárquica pouco adaptada à missão nos novos tempos. É verdade que o primeiro esforço de renovação dos ambientes religiosos era mais influenciado pela cultura moderna (cf. CALLIMAN). Muitos religiosos passaram a viver em pequenas comunidades e morar em casas simples, no meio do povo. Buscavam profissionalização adequada e autonomia econômica. Para muitos, era mais uma fase de "modernização" da vida religiosa e mesmo de certo "aburguesamento" do que propriamente de inserção em meio aos mais pobres. Dentro do processo, essa etapa foi necessária como aprendizado de liberdade e de maior discernimento. Mas, na América Latina, surgiu o apelo mais profundo e radical: *mudar de lugar social e assumir uma vida inserida no meio dos empobrecidos*.

Naqueles anos, esse apelo do Espírito às Igrejas soava muito forte. Pelo fato de fazerem um voto público de pobreza, religiosos e religiosas se sentiram especialmente chamados a viver isso. Quando aconteceu Medellín, por todo o continente, diversas congregações religiosas, masculinas e femininas, viviam um ambiente de debates e até de tensões internas sobre como renovar o seu modo de viver, a partir da preocupação com a pobreza e a inserção. Muitos jovens religiosos queriam morar nas periferias, em comunidades pequenas, enquanto outros (em geral, mais velhos) se preocupavam em salvar instituições como colégios e hospitais, mantidos pelas congregações.

2.3 O Documento de Medellín sobre os religiosos (um rápido olhar e resumo do texto)

O documento 12 de Medellín se situa na segunda parte das *Conclusões*, quando os bispos tratam da organização mais interna da Igreja: padres, religiosos e leigos. Começa por uma citação do Concílio Vaticano II (LG 41-42) e afirma que a santidade é um dom de Deus para toda a Igreja. Para todo cristão, em qualquer que seja o seu estado de vida, a consagração fundamental e mais profunda é o batismo. Isso naturalmente faz com que as pessoas se perguntem: Se é assim, então, qual é a vocação específica ou própria dos religiosos e religiosas na Igreja e no mundo?

No documento, os bispos respondem: "É uma missão profética que consiste em viver o testemunho do Reino de Deus recordando sua vinda próxima" (Med 12,2).

Essa vocação, enraizada no batismo, pode ser vivida tanto em congregações de vida ativa como em ordens contemplativas e ainda em institutos de leigos consagrados. Todos vivem a mesma vocação escatológica de lembrar o Reino que vem. Fazem isso, cada qual do seu modo e de acordo com seu carisma próprio. Então, de alguma forma, todos devem se ligar à missão e ao apostolado (Med 12,1-5).

O documento continua: Para viver a vocação religiosa, ao mesmo tempo fiel à sua natureza própria e ao apostolado missionário, os religiosos devem garantir o contato íntimo com Deus na oração e no amor à Eucaristia (Med 12,5).

A partir dessa base, os bispos afirmam que o objetivo do documento não é desenvolver uma reflexão teológica ou mesmo espiritual sobre a vida religiosa *em si*. No documento 12, os bispos se propõem apenas a clarear como os religiosos podem e devem participar da missão da Igreja na América Latina. Começam então a pedir o que chamam de *aggiornamento*, ou atualização da vida religiosa (Med 12,7).

Ali, o documento deixa claro: nos ambientes de vida religiosa, conventos e mosteiros, havia uma crise *grave* (Med 12,17). Muitos religiosos e religiosas tinham deixado a vida religiosa. Os bispos fazem referência ao conflito de gerações e se colocam do lado dos jovens ao pedir que os institutos religiosos se atualizem, se democratizem e aceitem inserir-se mais na realidade em que vivem (Med 12,11-12). Repetem que a ação missionária (vida apostólica) não pode ser algo acrescentado à vida religiosa, mas faz parte da própria natureza dessa vocação (Med 12,13; 12,21). Lembram que Paulo VI tinha pedido aos religiosos a reforma agrária em terrenos e propriedades não essencialmente necessários para a missão. Insistem em um maior esforço de formação nas casas religiosas. Que essa formação possibilite a todos uma mais viva consciência social e inserção na Igreja local e no mundo (Med 12,21; 12,25). Que os superiores respeitem certa estabilidade dos irmãos e irmãs inseridos. Não os troquem de lugar a cada momento (Med 12,25).

O documento dedica alguns números à vida religiosa leiga, aos institutos seculares e aos leigos consagrados. Considera a vida religiosa laical como uma vocação consagrada igual à dos monges e religiosos tradicionais (Med 12,26; 12,27). Insiste em que a ação fora dos conventos (chamam isso de "vida apostólica") não seja algo acrescentado ou alheio à vida comunitária; mas, ao contrário, se integre como parte de uma só vocação. Os últimos números do documento insistem no diálogo e participação dos religiosos da América Latina nas instâncias de decisão de suas congregações na Europa e também da Congregação dos Religiosos em Roma (Med 12,41).

2.4 A recepção e consequências do documento 12 na época

Para os grupos de jovens religiosos que ansiavam por uma mais profunda renovação do seu estilo de vida, o Documento de Medellín sobre os religiosos significou um apoio e um encorajamento no caminho da inserção no meio dos pobres e do fortalecimento das pastorais sociais. Pouco depois de Medellín, surgiu a Teologia da Libertação e, por todo o continente, se espalharam comunidades religiosas inseridas. Sem dúvida, as comunidades religiosas inseridas, além de darem uma excelente contribuição na caminhada dos movimentos sociais e das comunidades eclesiais, também tiveram uma profunda influência na revitalização da própria vocação religiosa. No entanto, como nem o Documento de Medellín sobre os religiosos nem o processo que se seguiu imediatamente à conferência conseguiram desenvolver uma teologia mais profunda que oferecesse uma base teórica e fundamentação teológica para essa renovação, em geral, se manteve certo dualismo. Na pastoral e na relação com os vizinhos, os religiosos inseridos viviam uma mística maravilhosa de comunhão e espiritualidade libertadora. Mas dentro das comunidades e principalmente nos contatos, sempre frequentes, com o conjunto da congregação, sentiam certo descompasso. Às vezes, eram como mundos distantes. Dentro das comunidades, pareciam entrar na máquina do tempo e voltar aos tempos antigos. Apesar de que quase todas as congregações falavam em "carisma do fundador" e viam nisso a preocupação com os pobres e certa inserção, os documentos jurídicos não ajudavam a uma verdadeira transformação do que era considerado o modo de viver religioso. A realidade sofrida do povo pobre, as tensões das lutas sociais e as relações com os vizinhos, sem os muros da clausura nem as proteções naturais dos grandes conventos, lançaram muitos irmãos e irmãs em maior crise afetiva. Toda a teologia dos votos e as formas tradicionais de entenderem a consagração religiosa não os ajudavam. Algumas deserções e a necessidade de maior independência dos superiores que viviam longe e não podiam compreender os dramas vividos na inserção provocaram também conflitos institucionais. Por não viverem diretamente a inserção e, muitas vezes, lerem a realidade a partir da Europa, pouco a pouco, os *superiores* das congregações e os capítulos gerais dos diversos institutos começaram a criticar e a cercear o desenvolvimento dessas experiências de inserção.

De todo modo, em diversos lugares do continente, as comunidades religiosas inseridas existem até hoje e dão excelente testemunho de vida consagrada e de missão no meio dos empobrecidos do campo, das periferias urbanas e aldeias indígenas. Mas, na maioria dos casos, o "núcleo duro" das congregações e a compreensão da vida religiosa em si não chegaram a se deixar impregnar e transformar pela experiência da inserção proposta em Medellín.

2.5 Um olhar teológico sobre o Documento de Medellín hoje

Mesmo se o objetivo do Documento de Medellín sobre a vida religiosa era especificamente pastoral e missionário, há uma teologia subjacente. É importante compreender o seu valor positivo e também os seus limites. A teologia ali contida é totalmente tributária do decreto *Perfectae Caritatis* do Vaticano II. De acordo com essa visão, a vocação religiosa se baseia na consagração fundamental de todos os cristãos, isto é, o batismo. A vida religiosa não é mais consagrada ou mais santa do que a de qualquer batizado. O que ela tem de específico seria a sua função profética. Ao descrever o caráter dessa profecia, o documento retoma a tradição monástica e fala da vocação escatológica de "antecipar o Reino de Deus" (Med 12,2).

Sem dúvida, a conquista nova e o valor maior do Documento de Medellín é insistir na dimensão profética da vocação religiosa. Provavelmente, muitos fariam a diferença entre vocação escatológica (mais para apocalíptica) e vocação profética. O Documento de Medellín une as duas coisas. Mostra que, ao afirmar a próxima vinda do Reino e, de certa forma, em antecipá-lo, os religiosos exercem uma missão profética. Se não se inserem na realidade do mundo e não entram na caminhada social e política do povo, como podem testemunhar essa esperança escatológica?

Ao insistir nisso, Medellín começa a superar a antiga diferença entre religiosos ativos e contemplativos. Desde o Concílio, a diferença já era colocada entre as congregações de vida apostólica (o termo também não muito feliz) e os institutos totalmente consagrados à contemplação. As ordens e congregações monásticas evitam chamar-se de "contemplativas", noção medieval e com cunho mais platônico do que evangélico. Todos os cristãos e, portanto, também todos os religiosos e religiosas têm como vocação viver a oração e a intimidade com Deus em uma contemplação ativa que se expressa no amor solidário e na comunhão. Todos são testemunhas do Reino que virá e, de modos diferentes (conforme a vocação de cada grupo), devem ser ao mesmo tempo inseridos e dedicados à contemplação. Outra consequência do Documento de Medellín é que até aquele momento as tentativas e propostas de renovação da vida religiosa pareciam mais atender às necessidades pessoais e psicológicas dos religiosos, principalmente jovens. Medellín veio mostrar que não era apenas isso. A exigência de renovação da vida religiosa vem da própria missão. É para ser testemunhas do Reino que os religiosos devem se atualizar, simplificar seus costumes e formar uma consciência mais crítica da realidade.

Ao mesmo tempo que podemos valorizar essas boas conquistas, temos de reconhecer que o Documento de Medellín sobre os religiosos têm algumas debilidades ou mesmo incongruências. Para que a renovação proposta dessa vocação pudesse ser profunda seria necessário rever a teologia que baseava a vocação religiosa nos chamados "conselhos evangélicos", compreensão teológica que vinha da Idade Média.

Foi justamente no meio dos pobres, na América Latina, que muitos religiosos compreenderam que aquilo que se chamava de "conselhos evangélicos" não pode ser um luxo reservado a alguns. A interpretação clássica da palavra de Jesus ao jovem rico: "Se queres ser perfeito..." (Mt 19,21), não pode ser compreendida no sentido de que, além dos mandamentos, haveria a possibilidade de um mérito a mais a conquistar. O Reino é dom gratuito e todos são chamados à radicalidade do Evangelho. O rapaz rico que não quis esse *"mais"* foi-se embora e não o seguiu como discípulo... O que estava em jogo era o tudo e não um algo a mais... A questão estava entre a lei e a graça trazida por Jesus, e não entre mandamentos e conselhos, entre leigos e religiosos.

Também a teologia sobre os votos precisa até hoje ser atualizada. Mas, para isso, é preciso contar com a liberdade do debate e da busca. Até hoje, os votos ainda são pensados, mais como obrigação jurídica do que como sinais sacramentais de vida. Os monges e monjas que seguem a Regra Beneditina fazem votos de "obediência, conversão de costumes e estabilidade". As outras ordens e congregações usam a formulação dada por Santo Tomás de Aquino no século XIII: pobreza, obediência e castidade. Serão esses votos a melhor forma de expressar no mundo atual a consagração radical ao Reino e testemunhar o amor de Deus pela humanidade? Esses seriam ainda os votos indicados para quem quer viver uma vida religiosa inserida, como propôs Medellín? Como debater isso se ainda é considerado por muitos um tema-tabu e que o próprio Vaticano e o Direito Canônico não facilitam a discussão?

2.6 De Medellín a hoje

Quem analisa a história da Igreja Católica na América Latina, de Medellín, sabe que, a partir dos anos de 1980, a maioria do episcopado latino-americano parece ter preferido voltar a um estilo de Igreja totalmente romana e romanizada, como se isso significasse ser católica, ou universal. É certo que as dificuldades de uma eclesiologia nova e mais inculturada já se revelaram no tempo mesmo de Medellín, mas principalmente alguns anos depois. Esse fato é muito grave não somente pelo que isso significou para a vida da Igreja latino-americana em si mesma, mas principalmente porque, na década de 1960, de todos os países latino-americanos, a maioria estava sob ditaduras militares ou dividida por guerras civis. O recuo da Igreja institucional, em muitos casos, teve consequências graves para pessoas e para nossos povos. Mesmo nos ambientes eclesiais, quantas mortes poderiam ter sido evitadas se os mártires não tivessem sido isolados e considerados como pessoas boas, mas exagerados e radicais. Será que hoje estaríamos assistindo a canonização de Oscar Romero como mártir, se, na sua época, ele tivesse contado com a solidariedade do Papa João Paulo II e dos bispos de El Salvador? Essa mesma pergunta pode ser feita sobre muitos religiosos e leigos que deram a vida na inserção proposta em Medellín.

A Igreja Católica parece precisar ao menos de vinte ou trinta anos para superar os anos da "volta à grande disciplina" dos tempos de João Paulo II e Ratzinger. As propostas do Papa Francisco ganham a simpatia do mundo leigo; mas, ao menos até agora, não contam com o apoio da maioria dos bispos e do clero. A vida religiosa não parece viver um momento de vitalidade especial. A preocupação com a inserção no mundo dos pobres não parece ser hoje assunto de debate nas instituições religiosas.

Atualmente, existem no mundo inteiro e especialmente na América Latina comunidades alternativas que vivem de um modo mais livre e menos institucional um estilo de vida consagrada. É ainda uma busca importante e frágil, mas cada vez mais cresce o número de cristãos (homens e mulheres, jovens e menos jovens, solteiros e casados) interessados em viver comunitariamente a radicalidade evangélica. Como ajudar essas experiências com uma boa fundamentação teológica e possibilitar um recíproco enriquecimento entre os caminhos tradicionais de vida religiosa e essas novas experiências?

Quando, em Medellín, os bispos falavam em crise nos conventos e comunidades religiosas, eles se referiam a tensões entre uma geração jovem que desejava mudanças e os mais velhos que tendiam à manutenção das tradições.

Nas comunidades religiosas, tanto masculinas como femininas, constata-se certo envelhecimento. O número de jovens tem diminuído e a média de idade se torna mais avançada. Por todo o Brasil e em outros países da América Latina, jovens religiosos, lúcidos sobre a realidade do mundo e da Igreja, dão uma contribuição excelente a suas congregações e ao povo. Eles têm conseguido levar adiante uma síntese entre a memória do passado e a sensibilidade para o hoje do mundo (cf. COMBLIN, 2004:76-95). No entanto, esses representantes de uma juventude aberta e atualizada não parecem ser a maioria dos jovens que, hoje, são acolhidos nas congregações. Tanto na América Latina como em outros continentes, muitos religiosos jovens se revelam mais conservadores do que os mais velhos.

Atualmente, se houvesse alguma tensão nas comunidades religiosas, poderia ser o contrário do que havia na época de Medellín, quando os jovens queriam uma maior renovação da vida religiosa. Agora, em muitos casos e lugares, os religiosos e religiosas mais jovens aparecem como mais conservadores do que os mais velhos. Em 2004, um livro publicado como resultado de uma pesquisa encomendada pela CRB, aborda o "conservadorismo que atrai muitos jovens para a vida religiosa". E formula algumas hipóteses (FABRI DOS ANJOS, 2004:12-14).

Será que a explicação está no fato de as novas gerações de religiosos não contarem com uma adequada formação social e política? Ou os jovens sentem que serão melhor aceitos e mais apoiados por seus formadores à medida que se mostram mais conservadores?

Será mesmo que as razões para esse fenômeno devem ser procuradas na juventude? Ou será que o motivo está mais do lado da instituição? Pode-se pensar que, com algumas exceções, do modo como a vida religiosa se apresenta, o extraordinário e espantoso seria que nos conventos e mosteiros começassem a entrar jovens plenamente inseridos no mundo atual, pessoas afetivamente integradas e em busca de um ideal evangélico vivido no hoje do mundo. A busca se faz a partir do que é oferecido. Com o estilo de noviciado ainda vigente e a proposta de vida que a maioria das ordens e congregações mantém, não há as mínimas condições para que rapazes e moças abertos à vida e ao mundo possam pensar em entrar em tais ambientes. Todos nós conhecemos jovens que desejam e teriam todas as condições de ser pessoas profundamente consagradas, mas não dentro de estruturas ainda autoritárias, com valores claramente superados e que, dificilmente, uma pessoa adulta normal poderia aceitar como vindos de Deus.

Nesse panorama, tenho percebido que, não raras vezes, formadores e responsáveis pelas congregações mantêm uma ambiguidade de posições. De um lado, se queixam do conservadorismo dos jovens que integram as comunidades e dão a impressão de que gostariam que a situação fosse outra. No entanto, não somente nada fazem para mudar isso, como veem nisso a confirmação de suas dúvidas. *Afinal, será que esse não é mesmo o caminho certo para nós?* Além disso, o mais triste é que, como a história não anda para trás, esse neoconservadorismo de muitos religiosos mais jovens não reconstitui o tipo de vida religiosa anterior ao Concílio. Eles retomam um estilo de vida religiosa autocentrada, mas o que eles restauram é a exterioridade de alguns costumes (preocupam-se com o uso do hábito, o estilo da casa, alguns tiques da liturgia antiga); mas, de modo algum, voltam à seriedade da antiga disciplina espiritual. Não estudam nem aprofundam a espiritualidade que os antigos tinham. Demonstram simplesmente uma opção pela mediocridade e pelas aparências que não enganam a ninguém...

Considerações finais

Sem dúvida, do tempo da Conferência de Medellín para hoje, a realidade social e política da América Latina mudou muito. A Igreja também mudou e igualmente a vida religiosa. No entanto, mesmo para a realidade atual, muito diferente dos anos de 1960 e 1970, os dois eixos teológicos propostos por Medellín poderiam ainda hoje nos ajudar a discernir o que o Espírito diz às Igrejas. De um lado precisamos de uma nova *teologia dos sinais dos tempos*.

Nas últimas duas décadas a América Latina viveu um processo social e político importante que chegou a se concretizar em governos mais populares e com propostas como a integração maior dos nossos países em uma só pátria grande, uma maior libertação do império que há tanto tempo nos domina e um caminho novo e democrático para uma socialização que o Papa João XXIII aprovava na *Mater et Magistra* (1962). A partir dos anos mais recentes (2014), esse projeto que podemos chamar bolivariano está em risco. A Venezuela, o Equador e a Bolívia continuam resistindo sob o ataque cerrado de uma guerra suja e violenta.

Parece que a maioria dos cristãos, dos pastores e mesmo dos teólogos e teólogas não tem conseguido ler e aprofundar uma teologia dos sinais dos tempos para interpretar corretamente o que ocorreu na América Latina nas últimas décadas. Podemos fazer críticas a determinados governantes e a seus governos, mas será que não conseguimos ver que, por trás dessa luta, está algo maior e mais profundo e que o novo bolivarianismo, como é chamado na Venezuela, ou a revolução cidadã no Equador ou a revolução indígena na Bolívia têm raízes nas comunidades populares e não são apenas projetos de governos? (cf. BARROS, 2011).

Qual é a participação de religiosos e religiosas no aprofundamento desse caminho social e político novo que vem de comunidades populares e indígenas? Em todos os países, os próprios movimentos sociais parecem fragilizados. Não seria uma missão dos religiosos se colocarem ao lado das comunidades pobres e ajudá-las a se unirem, se organizarem e defenderem o projeto que é de todos? Será que entrar nessa caminhada não seria uma forma atualizada da opção pelos pobres proposta por Medellín?

Atualmente, mais do que no tempo de Medellín, as comunidades religiosas são interculturais. Há muitos religiosos e religiosas negras e de ascendência e identidade indígena. O que isso significa para ordens e congregações, cuja referência ainda é principalmente a cultura ocidental e europeia? Até que ponto o que Medellín pedia como inserção na realidade social poderia hoje se atualizar como inserção nas culturas oprimidas e ainda marginalizadas pela sociedade dominante? Como fazer para que essa inserção necessária nas culturas negras e indígenas não seja novamente apenas uma roupagem externa ou uma atividade "para fora", mas que não toque profundamente e não transforme o próprio núcleo da vocação religiosa? Esse diálogo intercultural pode ser fundamental para que, pouco a pouco, possam surgir novos estilos de vida consagrada a partir dessas culturas, e não somente no modelo clássico europeu de nossas congregações.

No campo mais propriamente eclesial, em sua proposta de renovação, o Papa Francisco tem proposto dois elementos muito ligados ao Concílio e a Medellín: o primeiro é que procuremos nos ligar mais ao essencial da fé (João XXIII e o Concílio falavam em "voltar às fontes da fé"), e o segundo elemento é optar por uma Igreja "em saída". No tempo de Medellín se falava em uma *Igreja pascal*. Sem dúvida, os religiosos e religiosas precisam com urgência de uma teologia da vida religiosa que fundamente uma consagração religiosa descentrada (i. é, não autocentrada) e radicalmente decidida a viver para o outro. Assim, a vida religiosa será sinal e sacramento de um novo modo de a Igreja ser. Nesse caminho, o Documento de Medellín pode ser lido com grande proveito e poderá ser completado com uma teologia dessa Igreja em saída que até agora ainda não tem sido verdadeiramente aprofundada.

Cinquenta anos depois, a proposta de Medellín para uma vida religiosa renovada e inserida deveria nos levar a um modo de viver nossa consagração que expresse uma profunda paixão pela vida, um estilo de vida marcado pela liberdade de ser, de viver e de viver a profecia de uma Igreja em saída, Igreja pobre e simples que dança e se mistura com a humanidade, especialmente com os povos empobrecidos, como uma barquinha frágil em meio às ondas no mar da ternura divina.

Referências

BARROS, M. *Para onde vai nuestra América* – Espiritualidade socialista para o século XXI. São Paulo: Nhanduti, 2011.

BOFF, C. "A originalidade histórica de Medellín". *Convergência*, 317, 1998, p. 568-576.

BRITO, L.L. "Medellín e Puebla: epicentros do confronto entre progressistas e conservadores na América Latina". *Espaço Acadêmico*, 111, ago./2010.

CALLIMAN, C. *Vida religiosa e Igreja na América Latina* [Disponível em: http://ejesus.com.br/vida-religiosa-e-igreja-na-america-latina/ – Acesso 21/02/2017].

COMBLIN, J. "Os interrogantes da vida religiosa no século XXI". *Convergência*, 370, ano 39, mar./2004, p. 76-95.

CONGAR, Y. "La réception comme réalité ecclesiologique". *Revue des Sciences Philosophiques et Théologiques*, 56, 1972, p. 370.

FABRI DOS ANJOS, M. (org.). *Novas gerações e vida religiosa*. Aparecida: Santuário, 2004.

GUTIÉRREZ, G. "Actualidad de Medellín". *Paginas*, 152, ago./1998.

MUÑOZ, R. *Nueva conciencia de Iglesia en América Latina*. Salamanca: Sigueme, 1974.

SAAVEDRA, L.M. *La conversion des Églises latinoaméricaines* – De Medellín a Aparecida. Paris: Karthala, 2011.

3
Pobreza da Igreja

Antonio Manzatto

Introdução

"Ah, como eu queria uma Igreja pobre e dos pobres" (FRANCISCO, 2013). Esta frase de Francisco se liga perfeitamente à tradição de Medellín e confirma uma vez mais a matriz latino-americana da teologia, e especificamente da eclesiologia, do primeiro papa argentino da história. A partir de Medellín a Igreja latino-americana assumiu novo rosto e novo jeito de ser, e o documento "Pobreza da Igreja" daquela conferência tem, sim, muito a ver com essa transformação, e também muito a ver com a afirmação do papa.

Convencionou-se dizer que a Conferência de Medellín e seu documento final constituem como que um dos momentos mais marcantes da Igreja latino-americana no século XX, senão o mais marcante. Reunidos para refletirem sobre "A Igreja na atual transformação da América Latina à luz do Concílio", os bispos do continente reinterpretaram os ensinamentos do Concílio a partir da realidade da vida do povo latino-americano e traçaram uma rota que a Igreja seguiria nos anos seguintes em todo o continente, e que constituiu não apenas sua identidade específica, mas também sua contribuição mais contundente para a maneira de ser e compreender a Igreja em todo o mundo. Efetivamente, os anos que se seguiram à Conferência de Medellín foram muito especiais para a atuação e a presença da Igreja na América Latina. Enquanto em outros lugares a Igreja definhava ou se debatia sem propostas diante da realidade, por aqui a vida eclesial pulsava: comunidades se formavam, mártires apareciam de todos os horizontes, cristãos se engajavam e a sociedade se transformava. Depois, outros ventos levaram a barca por outros rumos e também nestas terras conhecemos o definhar e o debater-se da Igreja que pareceu perder suas propostas diante da realidade do mundo.

Ventos diferentes começaram a soprar com a eleição de Francisco como bispo de Roma em 2013. Uma postura e uma linguagem que já conhecíamos por aqui reapareceu no horizonte da Igreja, um clamor de vida eclesial muito semelhante àquele que Medellín propusera reapareceu e, desde então, a Igreja busca encontrar seu caminho e seu jeito de ser para realizar sua missão no mundo atual. Tem todo o sentido, nesta situação, voltarmos os olhos para aquilo que Medellín propusera como caminho eclesial, sobretudo agora que celebramos os 50 anos daquela Conferência.

3.1 O ensinamento de Medellín

A Conferência de Medellín procurou colocar como centro de sua preocupação, como ensinara o Concílio Vaticano II, o ser humano, não compreendido em uma essência metafísica, mas em sua realidade histórica concreta. Desta forma, a preocupação da Conferência foi o ser humano latino-americano: "a Igreja procurou compreender este momento histórico do homem latino-americano à luz da Palavra, que é Cristo, em quem se manifesta o mistério do homem" (Med Intr., 1). Entendendo, no entanto, que "não basta refletir, obter maior clareza e falar", mas "é preciso agir" (Med Intr., 3), determinava seu modo de proceder com base na metodologia do ver-julgar-agir, já conhecida e amplamente praticada no continente desde o tempo da Ação Católica. É dessa maneira que se estruturarão os diferentes documentos que comporão as *Conclusões* de Medellín.

O documento 14, "Pobreza da Igreja", aparece na última parte das *Conclusões*. Como os outros, ele também se estrutura em torno do ver-julgar-agir, e por isso se subdivide em três partes: realidade latino-americana, motivação doutrinária e orientações pastorais. Não mais do que dez parágrafos compõem o documento, suficientes para proporem uma transformação estrutural na Igreja do continente. Ele é um dos documentos apontados como dos mais importantes da Conferência de Medellín, sobretudo por suas propostas e pelo autêntico movimento de transformação eclesial que provocou, tornando claro que o lugar da Igreja é junto aos pobres e, mais ainda, indicando maneiras pelas quais essa tomada de posição deveria acontecer. Não é sem interesse notar a linha de continuidade existente entre esse documento e o famoso Pacto das Catacumbas (BEOZZO, 2015), celebrado em Roma durante o Concílio Vaticano II. Muitos dos bispos latino-americanos que subscreveram aquele pacto estavam agora presentes na Conferência de Medellín, o que aponta para uma relação estreita entre os documentos.

A primeira parte de "Pobreza da Igreja" (Med 14) traz apenas três parágrafos. Em primeiro lugar, se afirma que a Igreja não pode ficar indiferente à situação de pobreza injusta a que é submetida a maior parte da população do continente, uma pobreza que chega a ser "miséria desumana" (Med 14,1). A convicção que subjaz à esta afirmação é a de que a pobreza no continente é fruto da injustiça institucionalizada, como já fora afirmado anteriormente.

A este perceber como a pobreza se impõe no continente, o documento afirma, em seguida, a triste realidade de que a Igreja é percebida como rica e aliada dos ricos (Med 14,2). Há motivos, sim, para que a Igreja seja assim vista: "os grandes edifícios, as residências dos párocos e religiosos, quando são superiores às dos bairros em que vivem; os veículos próprios, às vezes luxuosos; a maneira de vestir herdada de outras épocas" (Med 14,2), além de um "exagerado sigilo em que se tem mantido o movimento econômico de colégios, paróquias e dioceses" (Med 14,2). Eis algumas das razões para que se perceba a riqueza da Igreja e sua posição como aliada dos ricos. "Na realidade, muitíssimas paróquias e dioceses vivem tremendamente pobres" (Med 14,3), e há muitos testemunhos de religiosos vivendo em autêntica pobreza junto aos pobres. No entanto, diagnosticam os bispos, os membros da Igreja têm, no mais das vezes, seu sustento e assistência garantidos, o que não acontece com grande parte da população e, efetivamente, nem sempre se percebe por parte dos agentes religiosos uma identificação com os pobres e um aliar-se às suas causas.

A esse diagnóstico corajoso, porque não procura ocultar a realidade ainda que dolorida, segue-se uma reflexão doutrinal, o julgar anunciado como "motivação doutrinária". Não deixa de ser curioso que o título da seção seja "motivação", e não fundamentação ou outra palavra congênere. Indica que o que seguirá se entende como elenco de motivos para um comportamento que será definido na terceira parte. Mais do que base teórica que pode fundamentar um comportamento, trata-se de incentivo a um comportamento, já que sua base teórica parece ser suficientemente conhecida e, por isso, não precisa ser grandemente desenvolvida.

A parte doutrinal do documento conta apenas com três parágrafos. O primeiro (Med 14,4) faz a distinção entre pobreza como carência de bens materiais, que é fruto do pecado e, por isso, precisa ser combatida em vista da afirmação da dignidade de todos os seres humanos; já a pobreza espiritual é entendida como abertura ao Senhor, é pregada e anunciada pela Igreja que reconhece que os valores do Reino são superiores às posses deste mundo; e, por fim, a pobreza voluntária é entendida como compromisso com os pobres, para além do desprendimento dos bens deste mundo, em autêntico seguimento de Cristo e atitude de solidariedade efetiva para com os mais necessitados deste mundo. O documento reconhece, em seguida, que há variedade de carismas e formas de vivência da pobreza evangélica, não devendo ser exigido de todos os cristãos o mesmo nível de comprometimento, mas reconhecendo que o chamado à vivência da pobreza evangélica é endereçado a "todos os membros da Igreja" (Med 14,5).

Por fim, o último parágrafo, de longe o mais importante e mais longo desta seção, reconhece que diante da palavra e do testemunho de Jesus, da realidade de sofrimento do povo do continente e dos ensinamentos do Vaticano II, a Igreja precisa assumir uma postura corajosa de vivência da pobreza. Como Jesus, que "sendo rico se fez pobre", viveu ao lado dos pobres e deixou a Igreja "como sinal desta pobreza entre os homens" (Med 14,5), um autêntico e efetivo compromisso com os mais pobres deve ser assumido por todos os membros do corpo eclesial. Tal compromisso será vivido no combate à injustiça, que faz com que haja tanta pobreza e sofrimento entre a gente mais simples do povo, mas também no anúncio da dignidade dos pobres e na disposição em testemunhar a solidariedade para com eles vivendo também uma atitude de pobreza, de forma que "a pobreza da Igreja e de seus membros na América Latina deve ser sinal e compromisso. Sinal do valor inestimável do pobre aos olhos de Deus; compromisso de solidariedade com os que sofrem" (Med 14,5).

A terceira parte do documento é a mais longa, e encaminha o agir em forma de "orientações pastorais", subdividindo-as em "Preferência e solidariedade", "Testemunho e serviço". Lembra que a Igreja precisa ter uma atitude de coerência que liga sua ação evangelizadora à solidariedade vivida para com os pobres (Med 14,7). Segue-se, então, uma espécie de detalhamento, indicações de ordem prática da forma como pode ser vivida a solidariedade eclesial para com os mais pobres (Med 14,8). Em primeiro lugar, diz que é preciso que haja uma presença mais efetiva da Igreja junto aos pobres, encaminhando mais recursos humanos e estruturais para o trabalho junto aos mais necessitados. A essa presença física no meio dos pobres deve corresponder o assumir suas causas e lutas, na denúncia das injustiças, no combate à opressão que os faz sofrer e no assumir a promoção humana como linha evangelizadora preferencial.

O testemunho junto aos pobres (Med 14,9) deve ser vivido assumindo seu próprio jeito de ser. Bispos, pastores e todo o povo de Deus são convidados a uma vida de simplicidade na habitação, no vestuário e nas ações, sem ostentação, e o exemplo começa com os próprios bispos que renunciam aos títulos e dignidades honoríficas e querem se aproximar dos mais pobres, sendo tratados por eles de maneira acessível, simples e direta. Por outro lado, a administração dos bens da Igreja deve ser feita com a presença de leigos e suficiente transparência para que haja clareza no encaminhamento dos recursos em prol da comunidade. Por fim, elenca outra série de comportamentos pedidos aos padres e agentes de pastoral para que, da mesma forma, vivam de maneira simples, modesta e comprometidos com as causas dos pobres, inclusive incentivando padres a assumirem um trabalho profissional e dele viverem, como fazem os pobres com quem convivem. Às comunidades religiosas pede-se que efetivem seu compromisso com os mais pobres, estando com eles e encaminhando as obras sociais em seu benefício. Uma ação pastoral calcada nestes pontos alcançará uma conscientização muito maior, de forma que todos os cristãos, mesmo os jovens e crianças, se educam na referência ao bem comum, e não em simples busca de satisfação de interesses individualistas. Por fim, a Igreja se afirma como servidora (Med 14,10), já que não busca reconhecimento público nem exercício de poder. Por isso ela precisa ser livre das amarras do poder e da riqueza para poder estar a serviço efetivo dos pobres em busca de sua libertação integral. Precisa ser uma Igreja que saiba dialogar e reconhecer a autonomia das realidades terrenas, que se faz presente na história e que se reconhece ao lado dos pobres e assumindo suas causas, e assim conseguirá dar "ao mundo um sinal claro e inequívoco da pobreza do Senhor" (Med 14,10).

3.2 A repercussão de Medellín

Efetivamente a Igreja latino-americana não foi a mesma depois de Medellín. É fato que as transformações não aconteceram em todos os lugares da mesma maneira nem com a mesma intensidade, assim como também é forçoso compreender que nem todas as mudanças aconteceram exclusivamente depois de Medellín. Antes dela, já havia comportamentos eclesiais que encaminharam os debates da Conferência, como já havia acontecido no Concílio. A Igreja dos pobres já estava em gestação no continente, e Medellín como que marca seu nascimento, de maneira que se torna oficial aquilo que já existia como uma espécie de corrente que não era percebida ou não era hegemônica. As Igrejas dos diferentes países latino-americanos se alinharam, então, ao ensinamento de Medellín, cada uma à sua maneira. Em alguns lugares houve mais resistência, em outros a assunção dos compromissos decorrentes da Conferência por alguns indivíduos, em outros por praticamente toda a Igreja. No Brasil, praticamente o episcopado todo se alinhou à proposta de Medellín que foi sendo traduzida de maneira muito prática pela CNBB. As resistências, sempre existentes e perceptíveis, soavam mais como dissonâncias do que como linhas de comportamento.

A questão da pobreza da Igreja obteve grande repercussão na vida eclesial, de tal forma que se tornou um dos pontos preferidos para serem combatidos por aqueles que se tornaram adversários dessa nova maneira de ser e de se comportar da Igreja do continente. Alguns pontos podem ser destacados para que se perceba o alcance do que aqui se diz. Em primeiro lugar, note-se que a questão dos pobres se tornou, efetivamente, a tônica das preocupações da Igreja latino-americana nos anos que se seguiram a Medellín, um pouco como o ar que passou a ser respirado. A elaboração da Teologia da Libertação, que tem o pobre como um de seus eixos de reflexão, só foi possível dentro do ambiente de prática eclesial comprometida com a libertação dos pobres porque para isso Medellín abriu as portas. E efetivamente a Igreja latino-americana daqueles anos se caracterizou por seu compromisso junto aos pobres, por assumir sua causa e por escolher ficar ao lado deles. Toda a elaboração teológica que se seguiu teve o pobre como ponto essencial de articulação, assim como esta também foi a tônica dos planos pastorais que foram se sucedendo em todos os níveis de Igreja.

A Igreja latino-americana passou a ser, de tal forma, a Igreja dos pobres que não apenas contemplamos a irrupção dos pobres na Igreja, mas também a resistência e a reação daqueles setores mais abastados da sociedade reclamando que a Igreja os havia abandonado. Tal reclamação se transformou, em não poucos ambientes, em verdadeira oposição e mesmo perseguição. Muitos foram os mártires da Igreja vitimados pela força que oprimia os pobres e que, agora, se voltava contra a Igreja porque ela assumia como sua a causa dos mais carentes da sociedade (CALLIMAN, 1999; BRIGHENTI, 2009). Aliás, que a Igreja assumiu como suas as causas dos pobres se pode verificar, como dito, nos planos pastorais, no ensino teológico, na figura dos mártires, nas posturas dos bispos e nos ensinamentos do magistério latino-americano. As conferências episcopais, em muitos países, assumiram publicamente a causa dos pobres, denunciando os pecados de injustiça e opressão que os condenava a esta situação. A repercussão de tais posturas, que se pode verificar na própria imprensa local, acabou por fazer com que a situação sociopolítica dos diferentes países do continente fossem se transformando ao longo dos anos. O estabelecimento de sociedades mais democráticas, o abandono gradual das posições mais rígidas do capitalismo selvagem, a valorização das organizações populares e de seus movimentos foram conquistas das quais a Igreja também soube participar articulada com outros setores da sociedade, mas sempre com a oposição dos mais ricos e conservadores.

Na dinâmica da vida eclesial as mudanças também foram percebidas, e não foram poucas. As áreas mais pobres e carentes passaram a ser contempladas na pastoral com prioridade na distribuição de pessoal e de recursos eclesiais. Áreas antes abandonadas ou esquecidas, como as periferias das grandes cidades ou os locais mais distantes e violentos da área rural, passaram a ser objeto constante de preocupação eclesial e mesmo áreas prioritárias de sua ação. Comunidades religiosas decidiram instalar-se no meio dos pobres e viver com eles e como eles. Os pastores tornaram-se muito mais acessíveis, próximos do povo e vivendo com muito mais modéstia do que anteriormente, sem nenhum tipo de ostentação. As habitações de bispos, padres e religiosos passaram a ser casas simples como as do povo, assim como os próprios templos que foram sendo edificados de maneira multifuncional. Na administração dos bens eclesiais também houve mudança, não apenas com a participação de leigos nos trabalhos administrativos, como sugerido por Medellín, mas também pela transparência nas contas, de maneira que os mistérios da administração eclesial diminuíram sensivelmente, chegando a desaparecer em muitos lugares. Padres e religiosos tinham o necessário para viver, mas de maneira austera e pobre, e tal comportamento se tornou norma também na formação do clero e dos agentes de pastoral. Não foram poucos os padres e religiosos que decidiram trabalhar profissionalmente e viverem deste trabalho, em autêntico testemunho de solidariedade radical com os mais pobres. Sim, a Igreja que se seguiu a Medellín se tornou mais pobre e dos pobres. Foi, por isso, muito mais participativa, comunitária e engajada socialmente. Mas também foi muito combatida e perseguida, inclusive, o que é mais dolorido, por setores dentro da própria Igreja. Algum tempo depois, aquele florescer eclesial e aquele desenvolvimento pastoral foram sendo substituídos por outra geração que não conheceu Medellín, por outras opções eclesiais vindas de outros horizontes e por um recolocar em discussão os temas do próprio Concílio Vaticano II.

3.3 O refluxo

O cristianismo nasceu como um movimento marginal oriundo da pregação do profeta vindo do interior da Galileia, reunindo camponeses, pescadores, gente simples do povo, os excluídos do sistema. Cresceu depois, atingindo aos poucos a totalidade do mundo pagão, sempre a partir dos escravos, da gente simples, dos excluídos dos bens da sociedade dominante. Conforme as classes mais elevadas da sociedade se interessavam pela pregação cristã, sua mensagem passou a ser compreendida de forma mais espiritual e menos relacionada às coisas concretas do cotidiano, e a proposta de transformação da sociedade foi cedendo lugar a outra compreensão, de tal forma que o cristianismo passou de religião perseguida a religião oficial do Império Romano. Isso não se fez sem uma aliança com as classes dominantes da sociedade, aliança que perdurou mesmo depois do final do Império e atravessou toda a Idade Média, quando efetivamente a Igreja esteve bem próxima do centro do poder político.

É verdade que, ao longo do tempo, o cristianismo nunca se esqueceu da realidade dos pobres e do desafio que representavam para a sociedade (MOLLAT, 1978). Ao fio dos séculos, os mais pobres passaram de protagonistas da transformação da sociedade a destinatários da caridade cristã, mas nunca foram esquecidos. As grandes obras de caridade originadas do ambiente cristão, como hospitais, asilos e outros serviços de socorro aos necessitados, acabaram passando para a responsabilidade do Estado conforme a Modernidade foi-se instalando na sociedade, mas sua origem em ambiente cristão comprova que os pobres nunca foram de todo esquecidos pelo cristianismo. É verdade também que vários movimentos aconteceram no interior da Igreja questionando sua riqueza, seu poder e sua aliança com os poderosos, e propondo uma volta à pobreza como caminho para recuperar o sentido da pregação original de seu fundador. Talvez o mais conhecido desses movimentos tenha sido aquele liderado por Francisco de Assis, mas seguramente não foi o único. No entanto, tais movimentos tiveram pouco ou nenhum alcance efetivo em termos de transformação das estruturas eclesiais, que permaneceram atreladas ao poder e, muitas vezes, repetindo, em seu interior, os mesmos mecanismos de dominação da sociedade.

Esta situação foi também vivenciada na América Latina desde o princípio da colonização. Embora houvesse, também desde o início, figuras que clamaram pelo respeito à dignidade dos primeiros habitantes do continente, estes foram escravizados, combatidos e, em muitos lugares, exterminados ou reduzidos a uma população sobrante, marginal e abandonada. Figuras como Montesinos, Las Casas ou Vieira (JOSAPHAT, 2000), mostram como pessoas e setores eclesiais se sensibilizaram diante da opressão dos indígenas e, mais tarde, dos negros, mas não foram suficientes para mudar a política colonial de dominação das populações autóctones, nem foram suficientes para mudar o apadrinhamento desta política pela própria Igreja. A mesma situação se estendeu, depois da colonização, durante o período de emancipação política dos países latino-americanos e, com o apoio da política das potências mundiais, chegou praticamente intocada ao século XX.

A atualização da vida da Igreja proposta pelo Vaticano II chegou à América Latina por diversos caminhos, e oficializou-se através da Conferência de Medellín. Ali estavam definidos o caminho e a maneira pelos quais a Igreja do continente deveria fazer sua atualização em uma aproximação com as classes mais pobres da sociedade e consequente afastamento dos mecanismos de dominação. E isso foi efetivamente implementado na América Latina através de uma pastoral decididamente engajada na transformação das estruturas da sociedade em favor dos mais pobres, buscando diminuir-lhes o sofrimento não apenas de maneira pontual ou caritativa, mas de forma estrutural e libertadora.

Essa passagem não se fez sem conflitos. Acostumados à aliança com a religião, as classes dominantes trataram logo de opor-se ao novo comportamento e a Igreja passou a ser perseguida. Os anos que se seguiram da Conferência de Medellín à Conferência de Puebla foram marcados por conflitos gravíssimos entre a Igreja e os governos ditatoriais dos diferentes países do continente (DUSSEL, 1982). Muitos cristãos foram martirizados, a Igreja foi caluniada, perseguida, e reencontrou-se um pouco com os ares iniciais de sua história. A oposição ao renovado comportamento eclesial não veio apenas dos meios políticos, militares ou empresariais, mas veio também de setores eclesiais. A prática libertadora da Igreja e sua Teologia da Libertação foram combatidas em várias frentes e de diferentes modos, sobretudo com a justificativa da presença de pessoas ou pensamentos ligados ao marxismo ateu em seu interior, o que constituiria uma contradição. As críticas foram se estabelecendo e se avolumando e as ações que visavam a minar a prática da Igreja próxima dos pobres foram implementadas paulatinamente, mas com determinação. Com o tempo, novas posturas eclesiais foram incentivadas, novos movimentos de religiosidade apareceram e tomaram o espaço das atividades pastorais; aos poucos a Igreja foi levada de novo à sacristia, ocupando-se apenas de questões religiosas e distanciando-se da vivência social, concretizando uma nova aliança com as classes dominantes da sociedade.

É verdade que isso demorou algum tempo, mas a mudança se fez sentir. As transformações sociais, com a implantação de democracias nos diferentes países latino-americanos, a nova relação estabelecida com as potências estrangeiras, sobretudo na chamada "nova ordem mundial", a nova situação econômica e as transformações impostas pelo capitalismo neoliberal, tudo isso constituiu o conjunto de justificativas utilizado para fomentar uma nova postura eclesial diante da sociedade e uma nova prática no interior da Igreja. O novo milênio se abriu com outra perspectiva de presença eclesial. Tudo não aconteceu de uma vez, foi aos poucos, e não atingiu apenas a Igreja latino-americana. No mundo todo as novas posturas foram sentidas, com uma importância cada vez maior dada aos novos movimentos de espiritualidade e a rediscussão das conquistas do Vaticano II. O ambiente de releitura do Concílio nas imediações de seu cinquentenário parecia conduzir a Igreja a uma espécie de volta ao passado, retomando posturas, argumentos e comportamentos pré-conciliares em uma forma prática de negação do Concílio.

Especificamente com relação ao ensinamento de Medellín, no documento 4, posturas foram revistas e o documento, como toda a Conferência, foi esquecido. Os pobres já não constituíram mais a preocupação primeira da ação eclesial, que se voltou para outros interesses e elegeu outras prioridades. A preocupação com as periferias urbanas e outras áreas esquecidas da sociedade não constituíram mais uma prioridade eclesial, que elegeu a visibilidade como sua maior preocupação. Daí uma presença mais significativa nos ambientes que constituíam como que uma vitrine da ação eclesial, com destaque para a mídia e as áreas mais centrais. Os padres, religiosos e agentes de pastoral não foram mais incentivados a uma presença significativa e uma ação junto às pessoas e áreas mais esquecidas, nem foram formados na linha do desapego no vestir, no morar e no locomover-se. Ao contrário, essas posturas foram substituídas por outras que valorizavam o clericalismo, a grandeza do sacerdote e seu consequente privilégio social. A administração dos bens eclesiais voltou a ser coberta por certo sigilo, assim como as questões relacionadas à subsistência do clero. Certa confusão entre o comunitário e o individual passou a ser tolerada e ocasionou não poucos casos de corrupção ou malversação dos bens da comunidade. A pastoral já não constituía o eixo integrador da formação presbiteral e a promoção humana já não era mais o destaque na formulação dos planos e princípios pastorais. Muitos voltaram a ser ciosos de seus títulos honoríficos e à distinção no tratamento. Pastores se distanciaram de tal forma do povo que este não mais os conhecia. A atenção à transformação da sociedade em benefício dos mais pobres desapareceu do cenário eclesiástico, porque rotulada de simples preocupação política e não religiosa. A presença da Igreja nos meios de comunicação versava unicamente sobre o mundo espiritual e, no mais das vezes, não integrava o planejamento pastoral. O protagonismo das CEBs desapareceu, substituído pelo protagonismo dos novos movimentos de espiritualidade. A Igreja mudou de lugar social e na medida em que os bispos comprometidos com a pastoral oriunda de Medellín envelheceram, foram substituídos por outros alinhados a uma preocupação exclusivamente jurídica e intraeclesial.

Os setores mais conservadores voltaram a ter importância e influência nos destinos da Igreja, como também acontecia, de resto, na sociedade. A pastoral perdia força local com o aparecimento de movimentos de estrutura supradiocesana e aquela nova postura nos meios de comunicação social, de tal forma que praticamente desapareceram da vivência eclesial o princípio de colegialidade e a primazia eclesiológica da Igreja local, elementos tão importantes na teologia do Vaticano II e na Conferência de Medellín. Tudo isso, somado a uma proposta cada vez mais secularista de sociedade, fez com que a Igreja perdesse não apenas seu protagonismo social, mas sua relevância no mundo contemporâneo, fato ampliado de maneira exponencial pela diminuição da prática religiosa na sociedade. Quanto a isso, os números atuais são alarmantes se comparados aos de 50 anos atrás.

3.4 Francisco e os 50 anos de Medellín

Dez anos depois de Medellín, a Conferência de Puebla chegava a formular a "opção preferencial pelos pobres", engajando decididamente a Igreja do continente no caminho de uma pastoral libertadora dos pobres que se tornavam sujeitos de sua história na Igreja e deveriam sê-lo, também, na sociedade. O refluxo eclesial do qual falamos deixou nas sombras tanto essa pastoral engajada quanto a própria opção pelos pobres, reconhecida, não obstante, como a grande contribuição da Igreja latino-americana à totalidade da Igreja universal e afirmada como "implícita na fé cristológica" (BENTO XVI, 2007). Em 2007, a realização da Conferência de Aparecida acenava para a necessidade de a Igreja latino-americana reencontrar-se com sua história recente e com suas características identitárias. O discipulado e a missionariedade dos cristãos eram compreendidos em função da vida dos povos do continente, e deveriam engendrar uma ação pastoral renovada que ultrapassasse a simples prática de manutenção de atividades religiosas para uma decidida ação pastoral em vista da transformação da realidade de exclusão a que eram submetidas tantas e tantas pessoas. Iniciava-se ali um novo processo que reencontraria as intuições e orientações que provinham de Medellín. A renúncia de Bento XVI e a consequente eleição de Francisco ocasionaram um novo momento eclesial. De um lado, confessava-se o fracasso do modelo que realinhava a Igreja às classes dominantes, uma vez que se percebia que as práticas "mundanas" haviam entrado na vivência eclesiástica e a marcavam, sobretudo nos altos escalões, de maneira que denúncias apareciam constantemente sobre *lobbys* nas estruturas de poder, tráfico de influência, suspeitas quanto a operações financeiras, vazamento de informações e outros comportamentos mais próximos da criminalidade do que do ambiente religioso. A imprensa mundial não cessava de noticiar esses fatos, unidos ainda a denúncias de pedofilia que vinham de longa data. Por outro lado, havia a consciência de que era preciso mudar o cenário, promover reformas na estrutura da Igreja e em sua prática de maneira que o Evangelho voltasse a brilhar como luz iluminadora e identificadora da Igreja discípula de Jesus Cristo.

Francisco iniciou seu pontificado com ares de reforma e com uma proposta pessoal e de prática pastoral que lembravam a tônica de Medellín. Ele é o primeiro papa que não participou do Concílio Vaticano II e que, por isso mesmo, simplesmente tomou a sério suas decisões, evitando retomar as discussões que aconteceram durante o Concílio. Para ele, o Vaticano II é um dado e não precisa ser rediscutido, porque ele nunca se considerou seu dono ou intérprete exclusivo. Mais do que retomar a letra das decisões conciliares, retomou seu espírito e tratou de engajar a Igreja naquele processo de atualização anunciado e desenvolvido pelo Concílio, relativizado no momento histórico anterior. Seu comportamento pessoal como que humanizou novamente o papado e suas referências teológicas e pastorais o identificaram como um pastor oriundo da América Latina (PASSOS, 2013; PASSOS, 2016). Não é difícil perceber na prática de Francisco alguns elementos teológicos e pastorais que estão presentes nos ensinamentos de Medellín e que em seus anos subsequentes formaram a identidade da Igreja da América Latina. Basta ver a forma como entende e volta a praticar a colegialidade episcopal, não apenas chamando os bispos à sua responsabilidade pastoral, mas também convocando as próprias conferências episcopais, relembrando-lhes o que podem fazer e, mais ainda, o que se situa entre seus deveres. Ou então sua atenção em exigir transparência na administração dos bens eclesiásticos, como acontece com as contas do IOR.

Três outros elementos, no entanto, caracterizam bem sua ação e sua referência, voluntária ou não, ao documento 14 de Medellín. O primeiro diz relação ao privilégio dos pobres com referência à preocupação cristã e à prática pastoral da Igreja. Com Francisco, os pobres voltam a ocupar o lugar central da atenção eclesial porque, diz ele, esta é a marca dos cristãos. Sem citar textualmente a opção preferencial pelos pobres, mostra já na *Evangelii Gaudium* (2013) o quão essencial é para a manutenção da fidelidade ao Evangelho a prática de solidariedade para com os mais pobres e todos os que sofrem. Conclama a Igreja a ser um hospital de campanha, a diminuir as feridas que a história provoca nas pessoas, sobretudo nos enfraquecidos, e a constituir-se como um ambiente de solidariedade para com os mais sofredores. Por isso proclama a Igreja em saída, em novo paradigma de missionariedade porque deixa sua autorreferencialidade para definir-se em referência aos mais pobres e ao Deus que entre eles se revela e manifesta. Por isso a misericórdia é a marca da ação eclesial. Ligada a esaa preferência pelos pobres, a preocupação de Francisco com as periferias também como que ecoa as palavras de Medellín. Não foram poucas as vezes em que ele se referiu à necessidade de a Igreja voltar a mover-se em direção às periferias, tanto as geográficas quanto as existenciais. É lá, nas periferias, que se concentram os pobres e seus sofrimentos; e, por isso, é lá que precisa estar o melhor dos recursos e da prática eclesial. A atenção para com a periferia não é simples detalhe estratégico de ação pastoral, mas critério de fidelidade a Jesus Cristo, e nisso Francisco retoma sua ligação com a recente teologia latino-americana. A ação eclesial, que brota da misericórdia e que acolhe e socorre a cada pessoa sofredora, alcança também a estrutura do sistema socioeconômico mundial porque há países periféricos e populações empobrecidas que necessitam, também, de justiça no relacionamento internacional e na transformação do atual sistema, porque este exclui dos benefícios da sociedade a grande maioria dos habitantes do mundo (LS 48-52).

Outra marca do comportamento de Francisco é sua simplicidade, livremente assumida e alegremente vivida. A preferência por viver em um pequeno apartamento na Casa Santa Marta, a austeridade de locomover-se em veículos simples, a tranquilidade de quem se considera igual aos outros, e por isso precisa pagar suas próprias contas, no hotel ou na ótica, o simples fato de carregar sua maleta ou sua atenção para com as crianças, idosos e doentes, além da espontaneidade nos encontros com gente simples, mostram que, efetivamente, ele faz disso sua marca pessoal e sua forma de comportamento pastoral. Tal postura lembra que, em Medellín, os bispos diziam querer renunciar aos privilégios e títulos honoríficos, diziam querer estar próximos das pessoas mais pobres e, dessa forma, testemunhar a pobreza da Igreja, à semelhança de Jesus que, sendo rico, se fez pobre por nosso amor (2Cor 8,9). O comportamento simples de Francisco mostra seu entendimento de como a preferência pelos pobres orienta a vida dos cristãos e a prática pastoral da Igreja e, por isso, de alguma maneira retoma e atualiza a tradição que vem de Medellín e continua, segundo ele, a ser referência para a forma de ser Igreja.

Considerações finais

Passados 50 anos, a Conferência de Medellín ainda tem pontos de atualidade e, por incrível que pareça, ainda surpreende por sua originalidade e coerência quando levada a sério e encarnada na realidade de vida do cotidiano eclesial. Especificamente no que toca à pobreza da Igreja, o documento 14 continua tendo orientações de valor e o comportamento do papa mostra como tais orientações ainda são atuais e sua encarnação, necessária nos dias de hoje. A preferência pelos pobres continua sendo a marca dos cristãos, e deve assim permanecer. De um lado, isso se torna manifestação de solidariedade para com os sofredores e, de outro, fidelidade à revelação de Deus e ao ensinamento evangélico de Jesus. A prática pastoral da Igreja continua referindo-se à realização do Reino de Deus e, segundo Francisco, "evangelizar é tornar o Reino de Deus presente no mundo" (EG 176).

Viver com os pobres e como eles passa a ser testemunho exigido do discípulo e missionário de Jesus Cristo como manifestação da presença de Deus ao lado dos sofredores e exercício de sua misericórdia, como praticado por Jesus. Simplicidade de vida, austeridade e liberdade com relação aos bens materiais é marca dos discípulos de Cristo, mais ainda para os pastores da Igreja. Por isso, o comprometimento pastoral para com as populações periféricas e mais pobres. Para ali deve ser encaminhado o melhor dos recursos e dos agentes eclesiais a fim de manifestar a solidariedade com os pobres e o engajamento da Igreja ao seu lado no processo de sua libertação. A pobreza imposta pela injustiça do sistema precisa ser combatida. A pobreza livremente assumida em solidariedade aos empobrecidos do mundo precisa ser alimentada na Igreja. Uma Igreja que sabe ser pobre porque sabe ser livre das amarras dos interesses e privilégios temporais pode ser uma Igreja dos pobres, porque por eles constituída e comprometida com seu processo de humanização. Porque é disso que se trata, a afirmação e o reconhecimento da dignidade humana de todos os empobrecidos, todos os empurrados para as periferias geográficas e existenciais, para onde se dirige a Igreja em saída de si a fim de encontrar-se com as realidades humanas que precisam ser transformadas, por ação de misericórdia, em realidades mais próximas do Reino de Deus.

Referências

BENTO XVI. *Discurso de abertura na Conferência de Aparecida* [Disponível em: https://w2.vatican.va/content/benedict-xvi/pt/speeches/2007/may/documents/hf_ben-xvi_spe_20070513_conference-aparecida.html].

BEOZZO, J.O. *O Pacto das Catacumbas*. São Paulo: Paulinas, 2015.

BRIGHENTI, A. "O contexto de uma ousadia que continua fazendo caminho: a propósito dos 40 anos de Medellín". *Pistis & Praxis*, vol. 1, n. 2, 2009, p. 415-434.

CALIMAN, C. "A trinta anos de Medellín: uma nova consciência eclesial na América Latina". *Perspectiva Teológica*, 31/44, 1999, p. 163-180.

CELAM. *Conferência de Aparecida*. São Paulo: Paulus/Paulinas, 2007.

_____. *Documentos do Celam*. São Paulo: Paulus, 2005.

DUSSEL, E. *De Medellín a Puebla*: uma década de sangue e esperança. São Paulo: Loyola, 1981-1982.

FRANCISCO. *Discurso aos representantes dos meios de comunicação social* [Disponível em: http://w2.vatican.va/content/francesco/pt/speeches/2013/march/documents/papa-francesco_20130316_rappresentanti-media.html].

JOSAPHAT, C. *Las Casas* – Todos os direitos para todos. São Paulo: Loyola, 2000.

MOLLAT, M. *Les pauvres au moyen âge*. Paris: Hachette, 1978.

PASSOS, J.D. *A Igreja em saída e a Casa Comum*: Francisco e os desafios da renovação. São Paulo: Paulinas, 2016.

PASSOS, J.D. & SOARES, A.M.L. (orgs). *Francisco*: renasce a esperança. São Paulo: Paulinas, 2013.

4
Pastoral de conjunto e colegialidade em Medellín

Paulo Sérgio Lopes Gonçalves

Introdução

Objetiva-se neste capítulo analisar teologicamente a "pastoral de conjunto" e a "Colegialidade" na Conferência de Medellín que, por conta dos seus 50 anos, merece ser revisitada e recolocada em movimento de expectativa e prognóstico acerca da missão evangelizadora da Igreja.

A revisitação à Conferência de Medellín se deve ao fato de ela ter marcado profundamente a Igreja na América Latina, em função de adaptar hermeneuticamente o Concílio Vaticano II, levando a sério as questões sociais, econômicas, políticas, culturais e religiosas deste continente. Tratava-se de dar concretude histórica, a partir do continente latino-americano, à relação da Igreja com o mundo, tão presente na esfera conciliar. E não seria possível realizar tal feito sem o espírito de *koinonia*, próprio da eclesiologia conciliar, para propiciar a comunhão no âmbito das estruturas internas da Igreja e na sua relação com outras confissões religiosas e com todo o povo latino-americano. A realização da comunhão eclesial conduz ao tema da colegialidade e por meio deste, a pensar teologicamente a "pastoral de conjunto".

Serão apresentadas três luzes que iluminam a colegialidade e a "Pastoral de conjunto" na Conferência de Medellín: o espírito de *koinonia* do Concílio Vaticano II, o método da referida Conferência e a perspectiva dos pobres como orientadora de Medellín. Em seguida, decifrar-se-á o texto "pastoral de conjunto", para então inferir três elementos fundamentais: a relação da Igreja com o continente latino-americano, o significado da pobreza como perspectiva e a unidade apostólica. Espera-se que este texto contribua para a compreensão da colegialidade na pastoral de conjunto presente nas ações eclesiais, interpessoais e pastorais.

4.1 O espírito do Concílio Vaticano II e a perspectiva de Medellín

Na eclesiologia do Concílio Vaticano II, marcada pela *koinonia*, o tema da colegialidade foi desenvolvido diretamente no capítulo terceiro da *Lumen Gentium*, com referência à colegialidade episcopal. Foi o capítulo mais difícil de ser aprovado na referida constituição e que apresentou maior tensão em sua elaboração. Tratava-se de um lado, de honrar a decisão do Concílio Vaticano I, mediante a *Dei Filius* (1870) em afirmar o primado e a infalibilidade *ex-cathedra* do papa e de outro, de recuperar o lugar do bispo no colégio episcopal e sua ocupação como sucessor apostólico, sem incidir no episcopalismo ou conciliarismo, diminuindo o poder do sucessor de Pedro. Por isso, os conceitos que caracterizam a Igreja – mistério relacionado ao mistério trinitário, que é fundamentalmente de comunhão, Povo de Deus, que possibilita caracterizar o sujeito eclesial e a noção ampla de universalidade salvífica que desemboca na concepção de Igreja como sacramento de salvação universal – propiciam uma eclesiologia que supera a hierarquia piramidal que selou a eclesiologia tridentina.

Resultou dessa perspectiva a necessidade de salvaguardar simultaneamente a hierarquia e a comunhão, acentuar o Sacramento do Batismo/Crisma como referência para a constituição da Igreja e enfatizar o Sacramento da Ordem para acentuar o caráter apostólico da Igreja de Cristo. Nesse sentido, a concepção de mistério de *koinonia* e a de Povo de Deus conduzem à teologia dos ministérios. A Igreja é essencialmente ministerial e os ministérios são frutos do carisma, compreendido como ação do Espírito Santo para irradiar o serviço eclesial que beneficie o bem comum. A instituição dos diversos ministérios foi realizada pelo próprio Cristo, especialmente os que são provenientes do Sacramento da Ordem, cujo fundamento se encontra nos apóstolos, que receberam a revelação direta de Cristo (LG 20).

Na constituição do grupo dos doze, Jesus Cristo deixa-lhes a missão de pregar o Evangelho, instituindo-os como colégio, tendo Pedro como "cabeça" desse colégio, no qual todos os apóstolos estão fundados em Cristo. Desse modo, os sucessores dos apóstolos, que são os bispos, cuja ordenação episcopal receberam do Espírito Santo, assumiram a ministerialidade apostólica, que é a de ser princípio eclesial de efetividade da *koinonia*. São, então, pastores da Igreja que ensinam, celebram e governam a sua Igreja particular, a diocese, compreendida em sua territorialidade geográfica e em sua eclesialidade, pela qual se efetiva a comunhão com o sucessor de Pedro, o papa. Desse modo, distinguindo claramente o supremo poder do papa do poder de cada bispo, a colegialidade se efetiva tanto no âmbito da Igreja particular quanto no âmbito da Igreja universal. Assim como o papa é o princípio de unidade do colégio episcopal, cada bispo em sua singularidade é também o princípio de unidade de sua Igreja particular, a ser realizada junto aos presbíteros, constituindo um presbitério e junto ao laicato, formando um Povo de Deus, coordenado e capaz de ser sujeito histórico e eclesial. Essa unidade se realiza também na relação entre as Igrejas particulares à medida que essas Igrejas desenvolvem a cooperação mútua, seja no âmbito de iniciativas institucionais seja no âmbito das relações interpessoais (LG 20-22).

Destacam-se duas formas institucionais que o Concílio Vaticano II encontrou para a realização da colegialidade episcopal e, por conseguinte, da comunhão eclesial: o Sínodo dos Bispos e as conferências episcopais. São instâncias de identificação de cada bispo como membro de um colégio, de unidade episcopal e de comunhão com o papa, que é a "cabeça" desse colégio (CD 36-37).

As conferências episcopais são formas de realização regional da colegialidade, objetivando fortalecer ações pastorais de conjunto e dar visibilidade à unidade eclesial institucionalizada nas diversas realidades. No caso da América Latina, além das conferências nacionais, há também o Celam que possibilita o exercício da colegialidade no âmbito latino-americano e caribenho, mediante ações pastorais e formativas.

Na América Latina já foram realizadas cinco conferências gerais do episcopado sendo que a extensão ao Caribe ocorreu em Santo Domingo, o que possibilita afirmar "América Latina e Caribe", denotando expansão territorial e espiritual da colegialidade. Algo que se pode apontar como comum a todas as conferências é a efetividade do espírito metódico do Concílio Vaticano II, especialmente oriundo da *Gaudium et Spes* (1966), em que prevaleceu o método indutivo que possibilita analisar a realidade histórica e social do mundo – nesse caso a América Latina e o Caribe – trazendo à tona os diversos problemas, potencialidades e desafios sociais, econômicos, políticos, culturais e religiosos do referido continente. Acompanhando e iluminando essa análise da realidade está a *ratio fidei* que possibilita ajuizar à luz da Escritura e da tradição essa mesma realidade, para então encontrar formas pastorais de superação dos problemas e efetividade pastoral e eclesial em relação aos desafios[82].

A Conferência de Medellín consagrou o método indutivo, utilizando-se da filosofia para conceber o homem e o mundo em sua relação com Deus, inferindo a transcendência das realidades humana e cósmica, e das ciências humanas e sociais para compreender com maior rigor a realidade histórica e social da América Latina. Essa consagração trouxe à tona a perspectiva dos pobres que perpassa toda a Conferência e que ilumina as *Conclusões* de Medellín, cuja dedicação temática é explícita em termos eclesiais, resultando no documento "Pobreza da Igreja", e implícita à medida que se apresenta em todos os demais capítulos, especialmente nos

---

82. Na perspectiva metodológica da Conferência de Medellín já se apontava o diálogo da teologia com a filosofia e com outras ciências, especialmente com as ciências sociais. Nesse sentido, essa Conferência já se situava na esteira da *Gaudium et Spes* e do decreto *Optatam Totius*, de que não é possível fazer teologia sem conhecer o homem e o mundo, com o auxílio da filosofia e das diversas ciências (cf. GONÇALVES, 2004: 69-94).

da "Justiça" e da "Paz" (BEOZZO, 1998: 835). Os pobres foram compreendidos em tríplice dimensão: carência de bens fundamentais à vida humana, estado de espírito simples e humildade, e compromisso solidário com os pobres. Reconheceu-se então a miséria humana – exploração da força de trabalho, desemprego, privação de moradia e terra – e a "violência institucionalizada" (Med 2,16) vividas pelo povo latino-americano, a possibilidade de conceber e viver a pobreza como despojamento e humildade enquanto modelo de vida. Disso resulta o conceito de pobreza como compromisso de solidariedade com os pobres que emitem um surdo clamor por justiça e paz (Med 14,1-2).

Ao assumir a pobreza como perspectiva que ilumina o próprio método empregado na Conferência de Medellín, os respectivos bispos efetivaram a colegialidade na articulação da fé eclesial com a realidade, marcada pela pobreza concebida em sua tríplice dimensão, e a efetivaram realizando uma recepção criativa do Concílio Vaticano II que, embora possuísse a marca de uma "Igreja dos Pobres" evocada por João XXIII (1962)[83], não conseguiu efetivá-la durante toda a assembleia conciliar. A recepção criativa é que a *theologia mundi* conciliar encontrou na América Latina um *locus* concreto de sua realização, com marcas históricas, políticas, sociais, culturais e religiosas próprias do povo latino-americano. A "Igreja dos Pobres" aparecia então como estado de espírito da Igreja ser pobre na humildade, no despojamento e no serviço a Deus, mediante a compaixão e a solidariedade com os pobres, para que a história tenha as marcas da fraternidade, da justiça e da paz. Do compromisso com a pobreza, incluindo o despojamento pleno dos clérigos e leigos, emergiu o projeto de libertação, que correspondia tanto à superação da opressão nas estruturas denotativas de injustiça social, na "violência institucionalizada" – presente especialmente através dos regimes militares do continente – quanto na constituição de estruturas sociais com marcas da liberdade e na efetividade do homem novo que, pela graça de Deus, vence o pecado (COMBLIN, 1992).

A presença da perspectiva dos pobres em todo o texto das *Conclusões* de Medellín possibilitou pensar ações pastorais conjuntas, tanto no plano das particularidades eclesiais quanto na articulação entre essas Igrejas, incluindo o canal do ecumenismo, uma vez que havia um conjunto de observadores de outras Igrejas cristãs na Conferência. Desse modo, buscava-se consolidar a Conferência Geral em seu objetivo de adaptar o Concílio Vaticano II à América Latina e, por conseguinte, estabelecer uma relação da Igreja com o mundo que fosse consoante aos "sinais dos tempos", o que significava que as ações pastorais teriam de ser plausíveis à realidade latino-america-

---

83. In verbis: "*In faccia ai paesi sottosviluppati la chiesa si presenta quale é, e vuol essere, come Chiesa di tutti, e particolarmente la Chiesa dei poveri*" ("Diante dos países subdesenvolvidos a Igreja se apresenta tal como é, e deseja ser, como Igreja de todos, e particularmente a Igreja dos Pobres") (*AAS* 54, p. 681).

na. Por isso, o documento se estruturou em três partes, além do discurso de abertura feito pelo Papa Paulo VI, tendo como espírito tanto o Concílio Vaticano II quanto a carta encíclica *Populorum Progressio* (1967) e a respectiva adaptação ao continente latino-americano. Essas partes são "Promoção humana", "Evangelização e crescimento da fé" e "A Igreja visível e suas estruturas". Na primeira, são desenvolvidos os temas da justiça, da paz, da família e demografia, a educação e a juventude. Na segunda, foram apresentados os temas da pastoral popular, da pastoral das elites, da catequese e da liturgia. Na terceira, desenvolveram-se os temas dos movimentos dos leigos, dos sacerdotes, dos religiosos, da formação do clero, da pobreza da Igreja, da pastoral de conjunto e da comunicação social. Constata-se que a estruturação já indica a articulação entre evangelização e perspectiva dos pobres, o que equivale à relação entre fé e *locus historicus*, levando a cabo o método da Conferência e do próprio documento, pois se conhece a realidade antropológica, ajuíza-a em termos teológicos e buscam-se caminhos eclesiais e pastorais de evangelização. Nesse sentido, não obstante a distinção das partes e dos temas, o documento apresenta unidade eclesial e pastoral, colegialidade episcopal e eclesial, fidelidade à fé da Igreja, professada no Concílio Vaticano II e levada a cabo em Medellín, um instrumento importante para a referida colegialidade.

4.2 O texto "Pastoral de conjunto" como exercício da colegialidade eclesial

O texto sobre a pastoral de conjunto exprime direta e efetivamente a colegialidade episcopal e eclesial. Trata-se de superar o isolamento das Igrejas particulares, de buscar realizar e consolidar um processo de integração eclesial e efetuar, em termos práticos, novos conceitos de qualificação da ação pastoral, especialmente o de "pastoral de conjunto" e de "planificação pastoral". Essa nova forma de pensar a pastoral denota que a relação entre Igreja e mundo há de ser contextualizada e fiel à própria realidade histórica, atendendo a um imperativo da própria fé, que não se efetiva sem articulação com a história real dos seres humanos[84]. A pertença à única Igreja de Cristo e a convicção de que o batismo referencia tanto os clérigos quanto os leigos na Igreja e em sua respectiva missão, torna urgente a conjunção pastoral para tornar plausível a *koinonia* eclesial, que se fundamenta na *koinonia* trinitária, em que as conferências episcopais e o Celam exercem papel fundamental (Med 15,3). Ademais, os bispos da Conferência de Medellín constataram a inadequação das estruturas tradicionais das paróquias, as burocracias das cúrias diocesanas, as atitudes individualistas tanto nas pessoas como nas instituições religiosas, sacer-

---

84. Analogicamente se pode observar a ideia de *locus theologicus* já proveniente de Melchior de Cano e tão cara à teologia e também à Igreja em sua ação pastoral (cf. HAMMES, 2007).

dotes insatisfeitos com a estrutura pastoral e situações de aplicação incorreta da pastoral de conjunto (Med 15,4).

A pastoral de conjunto se fundamenta teologicamente na natureza da Igreja, marcada pela *koinonia* e pela catolicidade. A *koinonia* eclesial, fundamentada na ideia teológico-trinitária de que Deus é substância divina única, constituída de três pessoas trinitárias, que se relacionam pericoreticamente e se distinguem na propriedade e na missão, não havendo ação de cada pessoa que não esteja em comunhão com as outras duas pessoas trinitárias. Essa comunhão também há de ocorrer na Igreja, mediante a unidade nos princípios de evangelização e ação pastoral e o respeito à diversidade dos modos de evangelizar e agir pastoralmente. Disso resulta a importância dos ministérios, caracterizados como serviços de origem carismática, destinados ao bem comum, reconhecidos como tais pela *communitas fidelium*. Os carismas que amparam os ministérios são dons do Espírito Santo, concebido como Pessoa trinitária que é amor no coração humano e é ação de Deus, que é Amor que amou a humanidade por primeiro. Desse modo, o Espírito garante a ministerialidade eclesial, não havendo necessidade de concorrência entre os membros da Igreja, mas unidade na cooperação, na solidariedade e na abertura à verdadeira comunhão católica. Decorre disso uma espiritualidade da comunhão ministerial que impulsiona o serviço evangelizador e pastoral, jamais de modo individualista, mas comunitário e solidário (Med 15,5-9; cf. CALABRESE, 2000).

Ao fundamentar-se teologicamente na comunhão e na catolicidade, a pastoral de conjunto é um canal de renovação das estruturas pastorais, no exercício da colegialidade episcopal e eclesial. Por isso, tem-se nas "comunidades cristãs de base" (Med 15,10) – local ou ambiental – o primeiro e fundamental núcleo eclesial, em que se realiza a fraternidade entre os seus membros, o empenho pela transformação dessas comunidades em "família de Deus", agindo como "fermento na massa" mediante um núcleo que seja "comunidade de fé, esperança e caridade". Sendo núcleo eclesial, essas comunidades se responsabilizam pela riqueza e expansão da fé, cuja expressão é o culto e se torna "a célula inicial de estruturação eclesial, e foco de evangelização, atualmente fator primordial de promoção humana e desenvolvimento" (Med 15,10*)*. Os líderes e dirigentes podem ser sacerdotes, diáconos, religiosos ou leigos e devem prioritariamente ter pertença à comunidade por eles animada. O ânimo difundido por essas pessoas, respaldo na espiritualidade cristã de base trinitária, possibilita que a ação pastoral, realizada na cooperação comunitária, seja um sinal da presença de Deus no mundo e um ponto-chave na pastoral missionária do continente latino-americano (Med 15,11-12).

A unidade denotativa da pastoral de conjunto se realiza nas paróquias, nas foranias e setores pastorais. Nesse sentido, a paróquia é um "conjunto pastoral, vivificador e unificador das comunidades de base" (Med 15,13), cuja eficácia se situa na descentralização pastoral em relação aos lugares, funções e pessoas, de modo que todas as diversidades humanas se manifestem na unidade eclesial e se insiram na universalidade da Igreja. O pároco se manifesta como sinal e princípio da unidade paroquial e se conjuga aos vigários paroquiais e aos agentes pastorais leigos, de modo a promover a cooperação mútua e a pastoralidade paroquial. As paróquias de uma diocese se unem e se estruturam em foranias, buscando realizar a pastoral de modo orgânico e demonstrando unidade de espírito nas ações pastorais (Med 15,13-16).

Por sua vez, o ministério episcopal se desenvolve na diocese de cada bispo e na relação com os outros bispos e com o papa. No âmbito diocesano, o bispo responde pela pastoral de conjunto, conservando a constituição hierárquica de seu ministério em comunhão com os presbíteros e com o laicato, efetivando o conselho presbiteral e o conselho diocesano de pastoral, preservando o princípio da subsidiariedade, em que a *communitas fidelium* está representada nos respectivos conselheiros (JOSAPHAT, 2015). O bispo é também interpelado a orientar para que a cúria diocesana assuma um caráter profundamente pastoral, superando a burocracia e a centralidade administrativa. Os vigários do bispo, que recebem o nome de "vigários episcopais" (CD 37), possuem um caráter eminentemente pastoral, superando a condição burocrática ou decorativa (Med 15,17-19). Por sua vez, o vigário geral, um *alter ego* do bispo há de ser um pastor, "penetrado em toda a amplitude da missão episcopal" (Med 15,20).

As conferências episcopais se constituem em expressão concreta do espírito de colegialidade dos bispos, possibilitando a comunhão das Igrejas particulares e a efetividade da pastoral de conjunto, mediante planos de pastoral que propiciem ações pastorais de autêntica integração pessoal e eclesial (Med 15,22-23). Respaldadas pelo Vaticano II, as conferências episcopais hão de criar espaços para que sua voz ecoe ao laicato, aos presbíteros e aos religiosos e vice-versa, visando a estreitar laços de autêntica integração pastoral, eclesial e apostólica. Para melhor organização há de se valorizar as províncias eclesiásticas e outras instâncias organizacionais, sempre em consonância com as necessidades do apostolado e das circunstâncias sociais e locais (Med 15,24-26; CD 39).

Realça-se ainda que as conferências episcopais são os organismos de aplicação dos acordos das conferências gerais do episcopado latino-americano e hão de estreitar os laços com o pontífice romano e com os organismos da Santa Sé, e com organismos das Igrejas dos outros continentes, tanto para a edificação eclesial universal quanto para a promoção da justiça e da paz no mundo (Med 15,26). Neste conjunto de interrelações, há de se valorizar o Celam, concebido como um "organismo de contato, colaboração e serviço" (Med 15,27), que auxilia a ação e reflexão de toda a Igreja latino-americana. Disso resulta a necessidade de qualificação da comunicação entre os departamentos do Celam, de formação pastoral de pessoas nos âmbitos teológico, pastoral e pedagógico, visando a renovação pessoal e institucional de toda Igreja. Isso significa determinar as prioridades de ação e efetuar com eficácia a planificação pastoral, pela qual se leva a cabo metodicamente a ação de pastoral de conjunto mediante o estudo da realidade histórica e social, a reflexão teológica sobre essa mesma realidade, a descoberta de caminhos para a ação pastoral e a avaliação periódica do que se realizou (Med 15,27-29).

Tem-se então um conjunto de elementos denotativos de uma pastoral de conjunto, com ação planificada, como forma de realização da colegialidade episcopal extensiva a toda a Igreja em seus membros – bispos, presbíteros, religiosos e leigos – e suas estruturas institucionais, objetivando evangelizar com uma presença ativa e renovadora da Igreja em sua relação com o mundo, compreendida na realidade latino-americana.

4.3 Elementos fundamentais

De toda a exposição até este momento urge a necessidade de inferir os elementos fundamentais que denotam a colegialidade na pastoral de conjunto na Conferência de Medellín. Destacam-se a relação da Igreja com o mundo, a pobreza e a unidade apostólica.

A relação da Igreja com o mundo já havia sido apontada no Concílio Vaticano II, especialmente na *Gaudium et Spes*, pela qual se introduziu o método indutivo acima descrito. A introdução desse método condiz com uma nova relação da Igreja com o mundo, cuja identidade teológica é de uma *theologia mundi* que se efetiva de forma contextualizada, como modo concreto de efetuar tal relação. Trata-se de uma relação em que a fé se vincula à história, em que o falar de Deus se articula com a antropologia que possibilita visualizar o homem em sua realidade histórica e existencial e uma hermenêutica teológica denotativa de que a Igreja há de ser sinal eficaz da presença amorosa de Deus no mundo (GUTIÉRREZ, 1984: 41-56).

Ora, se toda a Igreja há de ser sinal da presença de Deus no mundo, então é importante frisar que ao analisar a realidade latino-americana, a Igreja constatar a situação de opressão, marcada pela injustiça e pela violência, e se compadece e solidariza com os pobres (GUTIÉRREZ, 1990: 181-218). Disso resulta o empenho pela justiça e pela paz, em que a Igreja, fundamentada na revelação cristã, estabelece critérios éticos e morais para a efetividade da justiça econômica, política e social (Med 1,4-23), e para a realização da paz no continente latino-americano, tanto na dimensão social quanto na pessoal (Med 2).

Resulta então que a pastoral de conjunto presente na Conferência de Medellín corresponde à territorialidade latino-americana, mas também à articulação com a

Igreja universal, uma vez que se honra a tradição da Doutrina Social da Igreja, principalmente no que refere à dignidade humana, aos direitos humanos e ao desenvolvimento integral dos povos. A dignidade já havia sido realçada no Concílio Vaticano II, tanto na *Gaudium et Spes*, em que se ressalta uma antropologia teológica fundamental que alicerça a referida dignidade, quanto na declaração *Dignitatis Humanae* (1966) para trazer à tona a liberdade religiosa como liberdade primordial e fundamental. Os direitos humanos se constituíram um tema de João XXIII em suas cartas encíclicas *Mater et Magistra* e *Pacem in Terris* (1963), de modo a salvaguardar o que é próprio do homem por direito natural e razão sobrenatural. O desenvolvimento integral foi um tema desenvolvido por Paulo VI na *Populorum Progressio* e correspondia à integralidade do desenvolvimento humano: a economia, a cultura, a educação, a política, a religião. Desse modo, a primazia pelo *humanum* na pastoral eclesial é atenção ao que é fundamental na antropologia teológica: o ser humano é imagem e semelhança de Deus. Isso significa que o homem possui historicidade e escatologicidade, imanência e transcendência, é sujeito e pessoa, livre e responsável, chamado à comunhão com Deus. Resulta, então, que a ação da pastoral da Igreja se preocupa com o homem em sua integralidade de pessoa, que é social, histórica, cultural, existencial e religiosa. A liberdade religiosa, por sua vez, evoca o pluralismo religioso tão relevante e pertinente na América Latina e que, embora não tenha sido desenvolvido tematicamente em Medellín, não deixou de ter sua presença no caráter autóctone na cultura que subjaz a liturgia nessa região.

A pobreza é a perspectiva que se assume nas *Conclusões* de Medellín, conforme já descrito acima. No entanto, há de se realçar ainda que a colegialidade se expressa na sensibilidade pela situação de pobreza na América Latina, pelo compromisso de solidariedade com os pobres e, principalmente pelo modo evangélico de viver a pobreza, mediante a habitação em bairros e residências simples, a aquisição de um estilo humilde de vida, de abertura às pessoas, especialmente as que mais sofrem, e o impulso fervoroso à construção de sociedade livre, fraterna, justa e de paz (Med 11,27; 14,5-6).

A partir da pobreza, a Igreja encontra o *locus* da revelação, pelo qual anuncia o Evangelho e sua universalidade salvífica. Disso resulta sua abertura pastoral tanto às classes populares quanto às classes médias e sua preocupação pastoral com a educação em perspectiva libertadora, visando a formação do ser humano em sua integralidade, de modo a formar a pessoa solidária e de espírito fraterno, capaz de construir a justiça e a paz. Nesse sentido, a pobreza é um *locus* de perspectiva pastoral para toda a Igreja na América Latina, implicando que seus membros, renovados pessoalmente, se disponham a agir pastoralmente para com todas as pessoas segundo a articulação da fé com a pobreza. Emerge então uma espiritualidade da pobreza: "A pobreza espiritual é a atitude de abertura a Deus, a disponibilidade de quem tudo espera do Senhor. Ainda que valorize os bens deste mundo, não se apega a eles, e reconhece o valor superior dos bens do Reino" (Med 14,4). Assim sendo, a Igreja é chamada a se encarnar na realidade latino-americana, mediante a compaixão e a solidariedade com os pobres, a constituição de um processo educativo libertador. Ser uma Igreja pobre espiritualmente é ser Igreja que ama, reza e serve despojada e desprendidamente, livre de amarras com o poder dominante e com o *status quo* da sociedade, profunda e totalmente comprometida com o Evangelho (Med 14,1-4).

Ao ser espiritualmente pobre, a Igreja se compromete com os pobres, por fidelidade a Cristo que, na encarnação sendo rico se fez pobre, denuncia a carência injusta, anunciando e vivendo a pobreza espiritual como testemunho da pobreza de Cristo, sendo materialmente pobre, mudando suas estruturas internas de modo que, na pobreza, exprimam maior compromisso com os pobres (Med 14,5-17).

A unidade apostólica é outro elemento inferido da colegialidade presente no documento 14. Trata-se de realçar a unidade do episcopado latino-americano e deste com os demais bispos do mundo e com o pontífice romano. As conferências gerais, as conferências nacionais e o Celam são instâncias institucionais de colegialidade episcopal e de *koinonia* eclesial das Igrejas particulares que possibilitam a plausibilidade e a eficácia pastoral, para que a evangelização seja marcada pela unidade apostólica. Não se trata de uniformizar maneiras de se realizar a ação pastoral da Igreja, mas de elaborar princípios e orientações que levam a cabo a unidade, a catolicidade, a santidade e a apostolicidade da Igreja.

A unidade é apresentada na reunião dos bispos enquanto Conferência Geral, cujo objetivo era adaptar o Concílio à América Latina. Com os bispos estavam suas Igrejas particulares, abertas aos membros de outras Igrejas cristãs, em movimento dialógico para efetivar a *Lumen Gentium* na América Latina. Da unidade, demonstrou-se a catolicidade em âmbito soteriológico à medida que a salvação foi articulada com a libertação de modo integral através da relação entre fé cristã e pobres como *locus theologicus* (GONÇALVES, 2011). Disso resulta que a santidade, cujo selo vocacional da Igreja, se encontra no batismo, é escatológica e histórica, imbuída de imanência e transcendência, efetivada na inserção da Igreja no mundo – neste caso, no chão latino-americano – a partir do lugar social dos pobres que clamam por libertação. A apostolicidade corresponde à fidelidade à tradição apostólica em matéria de fé e moral, mas também ao modo de a Igreja evangelizar. Ao assumir o método indutivo, a Igreja em Medellín apontou um horizonte de evangelização inculturada. Por inculturação compreende-se o modo de anunciar e testemunhar o Evangelho mediante a cultura em sua originalidade autóctone, de modo tal que a cultura seja denotativa da presença do Evangelho (CARRIER, 1990).

A colegialidade então encontra na unidade apostólica dos bispos e suas respectivas Igrejas particulares um modo real de ser efetivada e tem na pastoral de conjunto, o canal pastoral de ser concretizada mediante o Povo de Deus, que é a Igreja, encarnada na história, tendo um *locus* referencial – os pobres – para ser a Igreja pobre que serve a humanidade, destinatária do amor salvífico de Deus. Disso resulta o grande desafio de possibilitar que a hierarquia eclesiástica não seja piramidal, mas capaz de propiciar um movimento circular na Igreja, de comunhão e participação de todos os membros do Povo de Deus. E mais: ainda que em Medellín os temas do ecumenismo e do diálogo inter-religioso tenham sido pouco desenvolvidos, não obstante a presença de observadores de outras confissões religiosas, a luz conciliar desses temas evoca a colegialidade em perspectiva ecumênica e dialógica, de modo que a Igreja de Cristo que subsiste na Igreja Católica (LG 8), seja sacramento universal de salvação, sendo na América Latina sacramento histórico de libertação e libertação integral (ELLACURÍA, 1984).

Considerações finais

Ao atingir o término deste texto urge rememorar o objetivo, o percurso efetuado e seus pontos fundamentais. Objetivou-se analisar teologicamente a pastoral de conjunto como expressão da colegialidade episcopal e eclesial na Conferência de Medellín. Para atingir esse objetivo traçou-se um horizonte de luzes para a compreensão da "Pastoral de conjunto": O Concílio Vaticano II, o método utilizado em Medellín e a perspectiva dos pobres, superando uma mera visão temática acerca da pobreza. Em seguida, decifrou-se o capítulo sobre "pastoral de conjunto" para inferir três pontos fundamentais: a relação da Igreja com o continente, a perspectiva dos pobres e a unidade apostólica levada a cabo na contextualização das notas tradicionais da Igreja.

O Concílio Vaticano II se tornou a grande luz para a realização da Conferência de Medellín. Por conseguinte, o seu espírito de *koinonia* eclesial, de *aggiornamento* e diálogo iluminaram os bispos latino-americanos para que a Igreja pudesse encontrar formas de evangelização, compatíveis à realidade histórica, social, cultural e religiosa deste contexto. Mas não houve mera transposição do Concílio à América Latina; houve uma contextualização eficaz com originalidade metódica perspicaz – o método indutivo – e com perspectiva fundante instigante, pertinente e relevante: a perspectiva dos pobres.

A partir dessas luzes, foi possível decifrar o texto "Pastoral de conjunto" como expressão de colegialidade episcopal, extensiva como colegialidade eclesial, de intensidade da ministerialidade da Igreja e sua atuação na sociedade latino-americana. Pensar teológica e pastoralmente a pastoral de conjunto implica compreender a realidade latino-americana, avaliá-la à luz da Palavra de Deus e encontrar formas pastorais de enfrentar e superar os desafios. Realizar a pastoral de conjunto é assumir o espírito da colegialidade, concebida a partir do colégio episcopal, como sucessor do colégio apostólico, que estende o seu espírito de comunhão para todos os membros da Igreja. Não obstante a diversidade de ministérios e serviços, o Espírito que anima a todos é o Espírito Santo, que é o Espírito de Cristo, que é a cabeça da Igreja, o seu corpo.

Ao ser a garantia do espírito de *koinonia* da Igreja, o Espírito Santo suscita, então, uma espiritualidade da colegialidade episcopal e eclesial, que possibilita implementar a pastoral de conjunto, denotativa de unidade apostólica de toda a Igreja, da inserção dessa Igreja na América Latina, cumprindo sua missão evangelizadora, que incide em termos de libertação social e pessoal, sendo então "libertação integral", e unindo a fé cristã com a perspectiva dos pobres, exibindo fidelidade a Cristo, que se fez pobre efetivamente no mistério da encarnação.

Enfim, a Conferência de Medellín levou a cabo a colegialidade e buscou efetivá-la na pastoral de conjunto, a ser realizada mediante os organismos institucionais e as pessoas que os levam a cabo, as quais também são interpeladas à renovação pessoal e pastoral, para que a missão evangelizadora da Igreja se realize de modo eficaz e consoante à realidade histórica latino-americana.

Referências

BEOZZO, J.O. "Medellín: inspiração e raízes". *REB*, 58, 1998, p. 835.

CALABRESE, G. *Per um'eclesiologia trinitaria* – Il Mistero di Dio e il mistero della Chiesa per la salvezza dell'uomo. Bolonha: Dehoniane, 2000.

CARRIER, H. "Inculturazione del vangelo". In: LATOURELLE, R. & FISICHELLA, R. (orgs.). *Dizionario di Teologia Fondamentale*. Assis: Cittadella, 1990, p. 587-593.

CELAM. "Medellín". In: *Conferencias Generales* – Rio de Janeiro, Medellín, Puebla, Santo Domingo. Santiago del Chile: San Pablo, 1993, p. 82-223.

COMBLIN, J. "A Igreja em vinte anos de luta pelos direitos humanos". In: DUSSEL, E. (org.). *Historia Liberationis* – 500 anos de história da Igreja na América Latina. São Paulo: Paulus, 1992, p. 607-632.

CONCÍLIO VATICANO I. *"Pastor Aeternus"*. *Civiltà Cattolica*, 21 (1870), III, p. 257-271.

CONCÍLIO VATICANO II. *"Christus Dominus"*. *AAS*, 57, 1965; 58, 1966, p. 673-696.

_____. *"Dignitatis Humanae"*. *AAS*, 58, 1966, p. 929-941.

_____. *"Lumen Gentium"*. *AAS*, 57, 1965, p. 5-67.

ELLACURÍA, I. *Conversión de la Iglesia al Reino de Dios* — Para realizarlo em la historia. Santander: Sal Terrae, 1984.

GODOY, M. "Conferências gerais do episcopado latino-americano". In: PASSOS, J.D. & SANCHEZ, W. (orgs.). *Dicionário do Concílio Vaticano II*. São Paulo: Paulinas/Paulus, 2015, p. 209-217.

GONÇALVES, P.S.L. "A relação entre fé cristã e os pobres na Teologia da Libertação". *Perspectiva Teológica*, 43/121, 2011, p. 315-331.

_____. "A teologia do Concílio Vaticano II e suas consequências na emergência da Teologia da Libertação". In: GONÇALVES, P.S.L. & BOMBONATTO, V. (orgs.). *Concílio Vaticano II* — Análise e prospectivas. São Paulo: Paulinas, 2004, p. 69-94.

GUTIÉRREZ, G. *La verdad os hara libres*. Salamanca: Sígueme, 1990.

_____. *A força histórica dos pobres*. Petrópolis: Vozes, 1984.

HAMMES, É. "A epistemologia teológica em questão — Da dor do mundo gestar futuro". *Perspectiva Teológica*, 39/108, 2007, p. 165-186.

JOÃO XXIII. *"Pacem in terris"*. *AAS*, 55, 1963, p. 257-304.

_____. *"La grande aspetazzione"*. *AAS*, 1962.

_____. *"Mater et Magistra"*. *AAS*, 53, 1961, p. 401-464.

JOSAPHAT, C. "Colegialidade". In: PASSOS, J.D. & SANCHEZ, W. (orgs.). *Dicionário do Concílio Vaticano II*. São Paulo: Paulinas/Paulus, 2015, p. 149-153.

PAULO VI. *"Populorum Progressio"*. *AAS*, 59, 1967, p. 257-299.

5
Meios de comunicação social
Princípios que não envelhecem

Joana T. Puntel

Introdução

Na América Latina, já na Conferência do Rio de Janeiro[85], o Celam considerou os meios de comunicação social como instrumento para o desenvolvimento das atividades de evangelização, e, de modo especial, sua atenção voltou-se para a "promoção" da doutrina católica. No decorrer do tempo fundou um departamento específico de comunicação social (Decos) para articular os serviços e as atividades pastorais no terreno da comunicação junto às conferências episcopais nacionais em cada país do continente.

Mas são os 50 anos de história da Igreja relacionada com os meios de comunicação social, a partir de Medellín, que revelam, sem dúvida, um caminho ascendente e progressivo no âmbito do diálogo e prática entre evangelização e sociedade. A simples constatação de que todos os documentos conclusivos das conferências episcopais latino-americanas apresentam vários artigos dedicados à comunicação comprovam o quanto a Igreja se interessa e toma a comunicação como algo indispensável para a sua evangelização. A Igreja se move dentro de uma sociedade que se transforma continuamente e de modo vertiginoso, exigindo novas aproximações, linguagens adequadas e métodos atualizados para realizar a *nova* evangelização (cf. GS; EN; EG).

No percurso de 50 anos, a trajetória da comunicação na Igreja, sobretudo através de sua pastoral, é pontilhada por numerosas iniciativas que, seja de forma lenta

---

85. O documento final dedica reflexão, incentivo e exortação sobre diversos aspectos da comunicação "diante da crescente importância que a imprensa, o rádio e outros meios modernos de propaganda adquirem na sociedade atual" (parte 6 sob o título *Meios especiais de propaganda*). Importante, porém registrar que, segundo Antonio Manzatto, tal conferência "não deixou marcas maiores na Igreja do continente. [...] Sua preocupção era quase exclusivamente intraeclesiástica".

ou de difícil compreensão por parte de muitos, avançaram percorrendo caminhos construtivos e novos paradigmas comunicativos, resultando em frutos de boa qualidade para o diálogo entre fé e cultura nas várias décadas que compuseram o caminho eclesial desde Medellín.

Entretanto, este capítulo não visa a apresentar as inúmeras realizações que marcaram estes 50 anos no campo Igreja/comunicação. Ele se atém ao âmbito conceitual dos artigos contidos nos documentos das diversas conferências do Celam: Medellín (1968), Puebla (1979), Santo Domingo (1992), Aparecida (2007). Pois o percurso do pensamento da Igreja Católica na América Latina sobre a comunicação, expresso nos vários artigos dos documentos, em nível continental constituem o marco teórico seguido pela Igreja para iluminar e direcionar a sua prática nas diversas pastorais, especialmente no que se refere à comunicação. Trata-se de um marco teórico que expressa a compreensão progressiva da Igreja concernente à comunicação. Tal revelação se demonstra a partir dos títulos que caracterizam a seção sobre a comunicação em cada documento: Medellín – *Meios de comunicação social* (1968); Puebla – *Comunicação social* (1979); Santo Domingo – *Comunicação social e cultura* (1992); Aparecida – *Pastoral da comunicação social* (2007).

5.1 Medellín: ainda a compreensão dos meios de comunicação

No contexto eclesial da América Latina, a aplicação do Concílio Vaticano II em comunicação foi ampliada a partir da década de 1960, sob os auspícios do Decos-Celam (também por meio de outras organizações católicas existentes na época, como Unda-AL, Sal-Ocic, Uclap – secretariados sobre o rádio, cinema e imprensa). Enquanto na sociedade latino-americana vivia-se a teoria da modernização e o surgimento da Teologia da Libertação, surgiam, também, três importantes encontros promovidos pelo Celam, com suas conclusões: primeiro seminário dos responsáveis pelos secretariados nacionais de comunicação social (Santa Inês, Peru) em 1966. Três seminários regionais em Montevidéu, Lima e São José (Costa Rica), de maio a julho 1968.

Já em 1968 realizou-se a Conferência de Medellín, que abordou também a comunicação. Nas *Conclusões*, Medellín dedica dez artigos, no documento 16, aos meios de comunicação social. São conteúdos que retomam as posições do Vaticano II, especialmente do *Inter Mirifica,* sobre as comunicações. O documento demonstra uma visão positiva da comunicação social, reconhecendo que ela "inaugura uma nova época e produz um impacto que aumenta na medida que avançam os satélites, a eletrônica e a ciência em geral" (Med 16,1). O acento recai sobre a visão de que a comunicação forja uma nova cultura colocando-se ao alcance de todos "alfabetizados ou não, fato que não acontecia com a cultura tradicional, que favorecia apenas uma minoria" (Med 16,1).

Embora justificando a essencialidade dos meios de comunicação "para sensibilizar a opinião pública", para ajudar a transformação da realidade do continente, para "impulsionar os centros de poder que inspiram os planos de desenvolvimento" e, assim, orientá-los para servir ao bem comum; para "promover a participação ativa de toda a sociedade" (Med 16,5), Medellín reconhece que poderia haver falhas na pastoral devido "à falta de uma visão clara do que representa a comunicação social em si mesma, e ao desconhecimento das condições que seu uso impõe" (Med 16,3).

A respeito da comunicação, Medellín apresenta uma visão instrumental a serviço do desenvolvimento da pastoral, especialmente quando afirma que os meios de comunicação "são um imperativo dos tempos presentes para que a Igreja realize sua missão evangelizadora" (Med 16,7). Havia uma crença de que a mídia era virtualmente muito poderosa e que, portanto, vista como ferramenta apropriada para promover a mudança social, devia também ser usada na evangelização. De um lado, a crítica à situação socioeconômica do continente, à referência ao subdesenvolvimento dos povos da América Latina, no documento; de outro, porém, como afirma José Marques de Melo (1981: 11) a atitude ingênua com seu encantamento diante das novas tecnologias de comunicação. Viam-se os meios de comunicação como poderosos, capazes de incrementar o desenvolvimento e orientar os planos em direção ao bem comum.

Contudo, as *Conclusões* de Medellín estabelecem uma nova mentalidade de Igreja, deixando transparecer a abertura necessária para um futuro que, então, começava a descortinar-se e que merecia aprofundamento, formação, preparação adequada para o exercício de uma pastoral dinâmica. O direito de a Igreja possuir meios próprios, contanto que "preste um serviço real à comunidade" (Med 16,11), o incentivo para os cristãos se inserirem nos "meios neutros" sendo o fermento na massa, como profissionais católicos, requerem uma formação que "deverá incluir tanto conhecimentos teológicos como sociológicos e antropológicos" (Med 16,14).

Importante observar que Medellín já incentiva para a formação do senso crítico com respeito aos meios de comunicação e que tal capacitação "comece desde os níveis inferiores do ensino e também esteja incluída na catequese" (Med 16,15). E ainda:

> Devido à importância que a Igreja concede aos meios de comunicação social, pedimos aos superiores eclesiásticos que facilitem a capacidade e dedicação de sacerdotes, religiosos e religiosas à tarefa específica da formação, assessoria e inspiração das obras apostólicas, relacionadas com esse campo (Med 16,16).

Na mesma linha de pensamento, o documento recomenda também que estudiosos, intelectuais, universidades e institutos de meios de comunicação aprofundem, na nova cultura, o fenômeno da comunicação social e entre os seus aspectos a teologia da comunicação, bem como se celebre o Dia Mundial das Comunicações, como pede o decreto *Inter Mirifica* e, assim, se ofereça oportunidade para as pessoas se conscientizarem, refletirem sobre algo que lhe toca a vida e forma suas opiniões.

5.2 Puebla: a globalidade da comunicação social

Com o objetivo de preparar a Conferência de Puebla (1979), o Decos elaborou, em 1978, a *Evangelização e a comunicação social na América Latina*. Coordenado por Washington Uranga, na época secretário do Decos, o documento coletou os dados de 18 nações, reuniu comentários de peritos latino-americanos e estrangeiros em trabalho de pastoral e comunicação. Foi a primeira síntese do pensamento da Igreja latino-americana sobre comunicação.

No Documento de Puebla, o tema comunicação ocupa 33 artigos (n. 1.063-1.095). Com referência à temática, Puebla apresentou um avanço sobre Medellín. Ao reconhecer que a comunicação social está condicionada pela realidade sociocultural das nações da América Latina e, ao mesmo tempo, é um dos fatores determinantes na manutenção de tal realidade. As *Conclusões* de Puebla apoiam-se em uma análise mais lúcida sobre a inter-relação dos meios de comunicação com a realidade sociocultural. Pois a comunicação não se reduz aos instrumentos em si, como simples ferramentas. Eles pertencem a grandes e potentes empresas. Mesclam-se uso e poder.

Consciente de que o monopólio da informação só tem aumentado, Puebla denuncia, então, o controle e a manipulação ideológica exercidos pelos grupos poderosos econômicos e políticos através dos mídia (DP 1.071). Atento ao fenômeno da comunicação e suas implicações para a evangelização, o documento volta a reforçar o que Medellín já apontava, insistindo na tarefa de formação no campo da comunicação como uma ação prioritária, e propõe que a hierarquia e os agentes pastorais em geral conheçam, compreendam e experimentem mais a fundo o fenômeno da comunicação, e procurem integrá-la na pastoral de conjunto (DP 1.083), criando onde não existe e potencializando onde existe departamentos ou organismos específicos (nacional e diocesano)[86] para a comunicação social (DP 1.084). Isto porque, em seu n. 1.077, afirma:

> Salvo raras exceções, ainda não existe na Igreja da América Latina uma verdadeira preocupação por formar o Povo de Deus na comunicação

---

86. No Brasil, por parte da CNBB em 1962 fora criado o Secretariado Nacional da Opinião Pública, transformado, em 1971, em Setor de Comunicação Social. O Setor de Comunicação foi coautor de um documento intitulado *Igreja e NOMIC*, julgado pela Unesco como um dos mais importantes produzidos em todo o mundo sobre o tema da democratização dos meios de comunicação. Da equipe surgiram importantes subsídios como o livro intitulado *Como organizar a pastoral da comunicação* (Sepac/Paulinas), por muito tempo o vade-mécum dos agentes da Pastoral da Comunicação no Brasil, a *Carta aos comunicadores*, de 1984, um documento reproduzido em 20 mil cópias distribuídas a todos os jornalistas brasileiros (SOARES, 2003).

social, capacitá-lo para assumir uma atitude crítica frente ao bombardeio dos *mass media* e para opor-se ao impacto de suas mensagens alienantes, ideológicas, culturais e publicitárias. Situação que se agrava pelo pouco uso que se faz dos cursos organizados nessa área, escasso orçamento que se destina aos meios de comunicação social em função evangelizadora e descuido da atenção devida a proprietários e técnicos desses meios.

Um importante e original aspecto do Documento de *Puebla* é que a Igreja, sem rejeitar os "grandes" meios de comunicação, enfatiza o uso da comunicação popular ou comunicação de grupo, como uma alternativa que leva em conta um processo dialógico e participativo de comunicação (algumas experiências vinham já se desenvolvendo desde Medellín). Assim a comunicação grupal, reforçada por Medellín e Puebla, tornou-se a atividade principal na comunicação da América Latina. Ela provinha dos meios audiovisuais para alcançar os objetivos de evangelização e de conscientização para uma mudança social.

Entre os documentos da Igreja no continente na década de 1980, encontramos os de Quito (Equador, 1982) e de Embu (São Paulo, 1982) sobre a Igreja e a Nova Ordem Mundial de Informação e Comunicação (Nomic). Sobretudo este último, foi considerado o mais importante, convocado pela Igreja latino-americana, referente à Nomic (Nova Ordem Mundial de Informação e Comunicação) e contou com a participação de representantes da pastoral da comunicação com destacados pesquisadores da área e formadores de opinião da América Latina, para discutirem o papel e a responsabilidade dos cristãos, mais especificamente dos católicos na construção de uma nova ordem da comunicação. Era o tempo em que a Igreja tomava posição definida e incentivava o acesso à participação e comunicação alternativa.

No que concerne à Igreja e à comunicação na sociedade brasileira, a Igreja aplicou o Vaticano II seguindo os vários pronunciamentos papais, atendo-se às conclusões especialmente de Medellín e Puebla, já mencionadas previamente. Na década de 1970, vive-se no Brasil o advento de uma ordem capitalista e a consolidação de uma Igreja verdadeiramente nacional, que procura se inculturar sempre mais, embora no período militar, em matéria de segurança nacional, os "setores de ponta" se desenvolvessem acentuadamente (computação, setor aeroespacial, armamentos e energia nuclear). Tal transição trouxe grande impacto sobre as relações sociais, os valores. O setor de comunicações de massa passa a produzir e a comercializar a maioria dos bens culturais e, em sentido ideológico, molda de maneira decisiva as imagens predominantes do Brasil. A Igreja passa a denunciar o sistema e, nos meios de comunicação de massa, o seu acesso se torna cada vez mais limitado, com possibilidades sempre menores de transmitir seu conteúdo de evangelização. Inicia-se o debate sobre "ter ou não ter os próprios meios".

Assim, quase que, pela primeira vez, segundo Ralph Della Cava e Paula Monteiro (1981), o "clero" atribui aos meios de comunicação de massa um papel central indispensável para a pregação do Evangelho e na condução do trabalho pastoral da Igreja. Os anos de 1980 poder-se-ia dizer que são anos de "autoconsciência". Afirma Della Cava, referindo-se àquela época: "é possível que o catolicismo brasileiro se encontre em uma encruzilhada, ou mesmo em um impasse, frente à moderna indústria da cultura, cada vez mais poderosa no país".

5.3 Santo Domingo: repetição de estratégias na cultura da comunicação

Prosseguindo a caminhada da Igreja, no que se refere à comunicação, vamos encontrar, também na Conferência de Santo Domingo (1992), alguns artigos sobre a comunicação. Com todas as consequências da história que envolveu a Conferência de Santo Domingo, cujo tema e preparação ficou a cargo sobretudo de Roma, a Conferência não encontrou eco imediato nas Igrejas do continente, portanto, "Santo Domingo permanece como que apêndice na vida da Igreja latino-americana, não tendo a influência eclesial desempenhada pelas duas conferências precedentes" (MANZATTO, 2006). Na verdade, a IV Conferência quis enfatizar as linhas mestras de um novo impulso evangelizador "que pusesse Cristo no coração e nos lábios, na ação e na vida de todos os latino-americanos" (SD 3). Assim, o esforço concentrou-se em fazer com que "a verdade sobre Jesus Cristo, a Igreja e o homem penetrem mais profundamente em todos os estratos da sociedade" (SD 3) e a nova evangelização (segundo parâmetros preestabelecidos!) foi a ideia central de todo o documento.

No terceiro capítulo da segunda parte, "A cultura cristã", a comunicação recebe a consideração em oito artigos que, na prática, repetem e refletem sobre considerações a respeito da comunicação social, feitas em outros documentos da Igreja. Assim, na perspectiva teológica (SD 279) segue a orientação de Puebla e vê a comunicação como um "caminho que deve ser seguido para se chegar à comunhão (comunidade)". Referências são feitas também à *Aetatis Novae*, que por sua vez cita a *Communio et Progressio*.

Ao se referir aos desafios pastorais, o documento fala dos progressos tecnológicos, do desenvolvimento da indústria das comunicações, dos perigos da publicidade e da programação televisiva em geral. Sublinha a insuficiente presença da Igreja nos meios de comunicação e nas telecomunicações. Há referência também à elaboração de "políticas de estratégias de comunicação, à preparação técnica, doutrinal e moral de todos os agentes de pastorais e a uma adequada educação dos receptores dos meios de comunicação. Encoraja-se, ainda, a pesquisa nas universidades católicas.

A respeito de Santo Domingo, é preciso concluir que, embora o documento não avance além da originalidade de Medellín e de Puebla sobre a comunicação social na

América Latina, as *Conclusões* demonstram preocupação em "dar impulso a uma eficaz ação educativa e a um decidido empenho para uma moderna comunicação" (SD 300).

5.4 *Aparecida: o imperativo de uma pastoral da comunicação*

No caminho ascendente da compreensão da Igreja a respeito da comunicação, mencionado anteriormente, o Documento de Aparecida focaliza, sobretudo, a necessidade da pastoral da comunicação (DAp 484-490). Para desenvolvermos uma "pastoral", entretanto, é necessário, realmente, considerar a comunicação não somente como um elemento transversal, mas dar-lhe o seu lugar específico na evangelização, que necessita investir enfaticamente em uma pastoral midiática, e ser tratada como tema próprio. Nesse sentido, e considerando que a mídia constitui-se muito mais que um simples instrumento, ela configura a atual cultura, lugar onde se desenvolve o discipulado missionário em favor da vida plena.

Se considerarmos o fato de que vivemos, nestes últimos anos, uma evolução histórico-tecnológica no conceito de comunicação, verificamos que, de "meios de comunicação social" passou-se para "comunicação social" e, finalmente, chegamos à "cultura da comunicação". Cabe a nós, a partir do mandato missionário de Jesus (cf. Mt 28,16-20), integrar a mensagem cristã nessa nova cultura criada pelas modernas comunicações (RM 37c).

No entanto, o que a revolução tecnológica introduz em nossa sociedade não é apenas uma quantidade inusitada de novas tecnologias, criativas, potentes e abrangentes, mas um novo modo de relacionar processos simbólicos e formas de produção e distribuição dos bens e serviços. É preciso, porém, estarmos atentos à comunicação que mais e mais remete, não tanto aos meios, mas sim a novos modos de percepção e de linguagem, a novas sensibilidades e escritas.

Foi levando em conta este e outros aspectos, descritos nos números 484 a 490, que a Igreja latino-americana e caribenha, com o Documento de Aparecida, se propõe a formar discípulos e missionários, conhecendo e valorizando a "nova cultura da comunicação", atitude que implica o desenvolvimento, entre muitas iniciativas, a de formar e educar as pessoas para a comunicação.

Considerando, ainda, que as linguagens da comunicação configuram-se, hoje, elas próprias, tanto em elemento articulador das mudanças na sociedade, quanto em meios de difusão, Aparecida reafirma que "o primeiro anúncio, a catequese ou o posterior aprofundamento da fé não podem prescindir dos meios de comunicação" (DAp 485).

No que concerne à comunicação, no Documento de Aparecida, convivem tanto o sentido antropológico da comunicação, enquanto espaço de produção de cultura (espaço que precisa ser "conhecido e valorizado"), quanto o conjunto dos recursos da informação como instrumentos a serem usados na evangelização.

Aparecida entende e enfatiza a comunicação como uma "nova cultura", que deve ser compreendida e valorizada, e que diz respeito a todos. Portanto, os bispos se comprometem a "acompanhar os comunicadores", não descuidando, porém, "a formação profissional na cultura da comunicação de todos os agentes e cristãos" (DAp 486b).

O documento é também pródigo em elogios aos promotores das práticas comunicativas na Igreja e relaciona as atividades que devem ser prioritárias em um plano de pastoral, tais como: criar e manter meios próprios; estar presente nos meios de massa; formar comunicadores competentes; educar na formação crítica dos receptores; colaborar para que haja leis que se voltem à proteção de crianças e jovens em relação aos efeitos negativos da mídia; aproximar-se dos novos meios; especialmente da internet, com realismo e confiança. Lembra, contudo, que a riqueza da animação da pastoral da comunicação dependerá do "espírito de comunhão" a partir do qual for concebida e desenvolvida.

Além de sugerir um cuidado mais explícito com as manifestações artísticas, valorizando sempre mais os espaços de diálogos entre fé e ciência, inclusive dos meios de comunicação, Aparecida recomenda a necessidade de que as ações da Igreja, neste campo, sejam acompanhadas pelo melhoramento técnico e profissional (nesse sentido, cita, p. ex., as celebrações litúrgicas).

Finalmente, o Documento de Aparecida recomenda que "se incentive a criação de centros culturais católicos, necessários especialmente nas áreas mais carentes, onde o acesso à cultura é mais urgente" (DAp 490).

A leitura dos elementos de Aparecida referentes à pastoral da comunicação permite que as paróquias, os movimentos e as dioceses encontrem subsídios para a elaboração de seus próprios planejamentos, com criatividade e em "espírito de comunhão".

Percebemos, então, que o discurso da Igreja que dá sustentação às suas políticas de comunicação social tem estado atento às mudanças de paradigmas próprios do fenômeno comunicativo como integrante da cultura contemporânea. Em termos teóricos, torna-se necessário entender a cultura e, em termos programáticos, compreender como articular, na cultura (como inculturar), as práticas pastorais, tornando-as eficazes e adequadas ao momento histórico pelos quais passamos.

Cabe, pois, à pastoral da comunicação vivificar todas as demais manifestações pastorais, pregando insistentemente a necessidade constante do diálogo e da abertura para a participação de todos. No caso, a pastoral da comunicação volta-se, simultaneamente, para o ser humano, enquanto "ser de relação" (Paulo Freire) e para a máquina, enquanto espaço de relação (Pierre Levy). Sem dúvida, tal conjuntura traz um intrigante desafio para a pastoral da comunicação.

Além do desafio de promover as relações entre as pessoas, ampliando os caminhos da expressão no espaço da comunidade, é preciso pensar o uso dos recursos e meios não apenas para difundir mensagens, mas especialmente para ouvir a cultura e ampliar o diálogo intercultural e inter-religioso.

5.5 Conquista e diretrizes para a comunicação da Igreja no Brasil

Com o objetivo de oferecer incentivo e "atualizar" a compreensão comum sobre a comunicação, sobretudo para os pastores e agentes pastorais de todo o país, a CNBB publicou em 2014 o *Diretório de Comunicação da Igreja no Brasil* (DCIB), fruto de pesquisa, trabalho de elaboração e reflexão da, então, Equipe de Reflexão sobre a Comunicação, da CNBB[87]. Trata-se das diretrizes que devem ser seguidas pela Igreja do Brasil a respeito da comunicação, por isso, motiva e orienta o pensamento e o planejamento das ações evangelizadoras no contexto da cultura em que vivemos nesse início de milênio, pois, hoje, torna-se inviável pensar uma evangelização coerente, um diálogo entre fé e cultura, sem um bom entendimento da comunicação, também como eixo transversal de toda a ação pastoral.

O documento é composto de dez capítulos que sintetizam a compreensão da comunicação, por parte da Igreja, "como uma prática que incide na vida das pessoas e, por isso, necessita ser objeto de reflexão" (DCIB 7); entende que a "comunicação diz respeito aos processos de construção simbólica que possibilitam a interação pessoal e a organização social" (DCIB 12). Por isso, o documento aponta para a compreensão da comunicação como um processo, um "acontecimento" centrado no relacionamento pessoal, antes de pensá-lo como conjunto de meios de informação. A comunicação é então compreendida para além dos aparatos, superando o deslumbramento frente às tecnologias, mas reafirmando a centralidade do ser humano, como um ser de comunicação, integrado a ecossistemas comunicativos abertos e criativos nos mais diversos espaços onde acontecem as relações. Entende que "as ações comunicativas permeiam todo o tecido social em suas interações na família, no trabalho, no lazer, na comunidade, na escola, na Igreja" (DCIB 12). Permite, assim, ao ser humano afirmar-se como pessoa que é ativa e interage em uma sociedade de mudanças.

O desafio é justamente o de encontrar o sentido que as tecnologias têm para a sociedade e como delas fazer uso na prática pastoral. Para tanto, o estudo convida

---

87. Ao longo das últimas décadas foram produzidos vários documentos sobre comunicação. Entre os que mais marcaram as ações evangelizadoras da Igreja no Brasil estão *Comunicação para a Verdade e a Paz* (CF-1989); *Comunicação e Igreja no Brasil* (Setor de Comunicação Social, 1994); *Igreja e Comunicação rumo ao novo milênio*: conclusões e compromissos (Assembleia Geral, CNBB, 1997).

o cristão a uma abertura sincera e humilde para um processo contínuo de aprendizagem sobre como promover a comunicação através dos instrumentos colocados a serviço da humanidade, independentemente do lugar que este agente pastoral ocupe, na sociedade e na estrutura da Igreja. Em outras palavras, para dar sentido às tecnologias e usá-las adequadamente, faz-se necessário compreendê-las, levando em conta o que diz *Aetatis Novae*, quando afirma que "a mídia possui a capacidade de pesar não somente sobre a modalidade, mas também sobre os conteúdos do pensamento" (AN 4). Em outros termos, segundo o documento, os meios de comunicação constituem bem mais que simples instrumentos: são verdadeiros agentes de uma nova cultura, de uma nova linguagem.

O desafio, pois, é superar visões simplistas e reducionistas que ora limitam a comunicação às relações interpessoais e ora as definem exclusivamente como ação dos que dominam os meios e recursos de informação. Todos nós somos sujeitos nesses complexos processos e já não há mais lugar para dividir as pessoas em "emissores" e "receptores".

Tal fato traz consequências para os processos de catequese e de evangelização, muitas vezes colocando em conflito a tradição e a modernidade. Isso pode levar à rejeição do novo, provocando a estagnação e a indisposição para o diálogo ou, em sentido oposto, permitir a abertura de novo horizonte: o "sal na terra", capaz de antever, representar, fecundar. Olhar com os olhos da fé a mídia significa reconhecer, por certo, os seus limites; porém, ainda mais, a sua potencialidade e agir de maneira a que se torne um recurso concreto para a missão da Igreja.

Colaborando com essa reflexão, o documento oferece um roteiro de dez capítulos, iniciando pela *Igreja e comunicação em um mundo em mudanças*, seguido pelo enfoque fundamental sobre *Teologia da comunicação*; *Comunicação e vivência da fé*, onde o acento é colocado a partir da ótica da comunicação, na catequese (DCIB 68s.), liturgia (DCIB 79s.), homilia (DCIB 89s.), transmissão de celebrações litúrgicas pelas mídias (DCIB 98). Seguem os temas "Ética e comunicação", "O protagonismo dos leigos na comunicação evangelizadora", "A Igreja e a mídia, Igreja e mídias digitais", "Políticas de comunicação", "Educar para a comunicação", "Comunicação na Igreja: a atuação da Pascom". Importante notar que, ao final de cada capítulo, o documento oferece pistas de ação, facilitando a assimilação e conteúdo, além de uma ótima estratégia pedagógica[88].

---

88. Joana T. Puntel fez parte da equipe que elaborou o texto *Comunicação na vida e missão da Igreja, no Brasil* (CNBB/Paulus, 2011) e também da equipe que elaborou o *Diretório de Comunicação da Igreja no Brasil* (2014).

Considerações finais

O caminho percorrido pela Igreja, de Medellín a Aparecida, aponta uma crescente abertura na compreensão do fenômeno da comunicação, que ultrapassa o conceito inicial de Medellín na consideração da comunicação reduzida aos meios. Abertura que se constata, inclusive, nos títulos das seções, nos documentos, e que, por si só, revelam um progressivo entendimento do mundo da comunicação e, por consequência, a necessidade de renovar-se nas linguagens, nos métodos pastorais para uma renovada evangelização. Relevância é dada para o Brasil que, após grande labuta, tem, agora, as diretrizes a serem seguidas pela Igreja a respeito da comunicação.

Digna de nota é a atualidade de Medellín, seja porque, considerando 50 anos atrás, já colocou princípios válidos que atravessaram todos os documentos que se seguiram. Temos como exemplo a insistência para a formação das pessoas na comunicação, inclusive com aspectos teológicos, sociológicos, antropológicos. Para quem pesquisa a comunicação nos documentos oficiais da Santa Sé, que vieram depois de Medellín, é surpreendente perceber, como, às vezes até com mesmas palavras, esses documentos insistem nos mesmos pontos. A formação para a comunicação é sim, uma das constantes; porém, o que se evidencia com maior frequência é que a formação se ocupou em aprimorar mais o campo da produção, ou seja, de como usar os meios. Neste sentido são inúmeras e crescentes as iniciativas. Falta uma formação mais completa de entendimento da comunicação que ultrapasse o simples uso dos meios sem o devido preparo para discutir, por exemplo, a ética da comunicação, a lógica e a linguagem que a rege nestes tempos de redes digitais interativas.

Atualmente, vivemos o desafio da continuidade (e certamente do avançar!) de projetos iniciados em gestões anteriores, dificultando o trabalho e a linha de entendimento para certas visões e opções individuais de quem preside alguns setores. Enquanto a sociedade se organiza para o "trabalho colaborativo" decorrente dos novos processos comunicativos, a Igreja ainda precisa enfrentar novos processos comunicativos, diferenciados, no exercício da comunicação com incidência nos seus métodos pastorais.

Referências

CELAM. *Documento de Aparecida*. São Paulo/Brasília: Paulus/Paulinas/CNBB, 2007.

_____. *Conclusões da Conferência de Medellín*. São Paulo: Paulinas, 1998.

_____. *Conclusões da IV Conferência do Episcopado Latino-americano em Santo Domingo*. São Paulo: Paulinas, 1992.

_____. *Conclusões da Conferência de Puebla*. São Paulo: Paulinas, 1979.

CNBB. *Diretório de Comunicação da Igreja no Brasil*. Brasília/São Paulo: CNBB/Paulinas, 2014.

CONCÍLIO VATICANO II. *Gaudium et Spes*, 1965 [Disponível em: http://www.vatican.va/archive/hist_councils/ii_vatican_council/index_po.htm – acesso: 15/09/2017].

DECOS-CELAM. *Para uma teologia da comunicação na América Latina*. Petrópolis: Vozes, 1984.

DELLA CAVA, R. & MONTEIRO, P. *E o verbo se faz imagem* – Igreja Católica e os meios de comunicação no Brasil: 1962-1989. Petrópolis: Vozes, 1991.

FRANCISCO. *Evangelii Gaudium*. São Paulo: Paulinas, 2013.

JOÃO PAULO II. *Redemptoris Missio*. 1990 [Disponível em: http://w2.vatican.va/content/john-paul-ii/pt/encyclicals/documents/hf_jp-ii_enc_07121990_redemptoris-missio.html – acesso: 15/05/2017].

MANZATTO, A. "As primeiras conferênias do Celam". *Vida Pastoral*, jul./ago. 2006, p. 3-8 [Disponível em: http://www.vidapastoral.com.br/artigos/documentos-e-concilios/as-primeiras-conferencias-do-celam/ – acesso 15/07/2017].

MARQUES DE MELLO, J. *Comunicação e libertação*. Petrópolis: Vozes, 1981.

PAULO VI. *Evangelii Nuntiandi*. São Paulo: Paulinas, 2006.

PUNTEL, J.T. *Comunicação*: diálogo dos saberes na cultura midiática. São Paulo: Paulinas/Sepac, 2010.

SOARES, I.O. "Celebrando 50 anos de comunicação sob a liderança da CNBB". In: *Presença pública da Igreja no Brasil: 1952-2002*: jubileu de ouro da CNBB – Instituto Nacional de Pastoral. São Paulo: Paulinas, 2003.

Os organizadores

Emerson Sbardelotti

Mestre em Teologia pela PUC-SP. Bacharel em Teologia pelo Instituto de Filosofia e Teologia da Arquidiocese de Vitória. Licenciado em História pelo Centro Universitário São Camilo de Vitória.

Ney de Souza

Pós-doutorado em Teologia pela PUC-Rio. Doutor em História Eclesiástica pela Pontifícia Universidade Gregoriana de Roma, com seu título convalidado pela USP. Professor-pesquisador permanente do Programa de Estudos Pós-Graduados em Teologia PUC-SP. Líder do grupo de pesquisa junto ao CNPq Religião e Política no Brasil Contemporâneo. Coordenador dos créditos teológicos na PUC-SP.

Os autores

Agenor Brighenti

Doutor em Ciências Teológicas e Religiosas pela Université Catholique de Louvain, Bélgica. Mestre em Teologia Pastoral, Universitè Catholique de Louvain. Bacharel em Teologia pelo Instituto Teológico de Santa Catarina. Licenciado em Filosofia pela Universidade do Sul de Santa Catarina. Especializado em Pastoral Social pelo Instituto Teológico do Celam. Professor da PUC-SP.

Alex Villas Boas

Livre-docente na Área de Teologia pela PUC-SP. Doutor em Teologia pela PUC-Rio e coordenador e professor do Programa de Pós-Graduação em Teologia da PUC-PR.

Antônio Manzatto

Doutor em teologia pela Universidade Católica de Lovaina; líder do grupo de pesquisa Lerte: Literatura, Religião e Teologia; professor titular de teologia na PUC-SP.

Benedito Ferraro

Doutor em Teologia pela Universidade de Friburgo, Suíça. Assessor da Articulação Continental das CEBs. Membro da Ampliada Nacional das CEBs do Brasil. Assessor da Pastoral Operária de Campinas. Colabora com as Comunidades Eclesiais de Base da Paróquia Nossa Senhora Auxílio da Humanidade, na Arquidiocese de Campinas-SP. Presidente do Ceseep.

Boris A. Nef Ulloa

Doutor em Teologia pela Pontifícia Universidade Gregoriana de Roma. Assistente doutor no Departamento de Teologia Fundamental da PUC-SP. Professor na graduação em Teologia e docente permanente no Programa de Estudos Pós-Graduados em Teologia. Diretor da Faculdade de Teologia da PUC-SP.

Celia Soares de Sousa

Mestra em Teologia Sistemática pela PUC-SP, leiga, casada. Atuante na formação de leigos em diversas assessorias teológicas e pastorais. Leciona no curso básico de Teologia Escola de Ministérios Padre José Fernando de Brito (desde 2000) e na Escola da Palavra, da Diocese de Guarulhos (desde 2004).

Diego Irarrazaval

Ensina e assessora programas sociais e eclesiais (1975-2004, no Peru e outros lugares; 2005-2016, no Chile). Membro da equipe de editores da *Concilium*. Dirigiu o Instituto de Estudos Aymaras (1981-2004) e coordenou a Associação de Teólogos do terceiro mundo (1995-2006). Professor na Universidade Católica Silva Henriquez e vigário paroquial.

Edson Donizete Toneti

Doutor em Teologia pela PUC-Rio. Mestre em Filosofia pela PUC-SP. Bacharel em Teologia pela Faculdade de Teologia Nossa Senhora da Assunção. Membro do Grupo de Pesquisa Religião e Política no Brasil Contemporâneo.

Elias Wolff

Doutor em Teologia pela Pontifícia Universidade Gregoriana, Roma. Mestre em Filosofia pela Pontifícia Universidade Santa Cruz, Roma. Membro do Programa de Pós-Graduação em Teologia da PUC-PR. Coordenador do Grupo de Pesquisa Teologia, Ecumenismo e Diálogo Inter-religioso (PUC-PR); coordenador do Núcleo Ecumênico e Inter-religioso (PUC-PR). Bolsista Produtividade CNPq.

Francisco de Aquino Júnior

Doutor em Teologia pela Westfälische Wilhelms-Universität de Münster, Alemanha; professor de Teologia na Faculdade Católica de Fortaleza (FCF) e na Universidade Católica de Pernambuco (Unicap). Presbítero da Diocese de Limoeiro do Norte.

Gabriel dos Santos Frade

Doutor em História da Arquitetura e da Arte pela Faculdade de Arquitetura e Urbanismo da USP. Graduado em Filosofia e Teologia pela Pontifícia Universidade Gregoriana de Roma. Mestrado em Teologia pela PUC-SP. Professor na Faculdade de Teologia do Mosteiro São Bento de São Paulo. Editor assistente das Edições Loyola.

Joana T. Puntel

Doutora em Ciências da Comunicação pela Simon Fraser University, no Canadá e pela USP. Docente no Sepac/Paulinas, em São Paulo, e no Programa de Pós-Graduação no Curso de Teologia na Escola de Humanidades da PUC-RS.

João Décio Passos

Livre-docente em Teologia pela PUC-SP. Doutor em Ciências Sociais PUC-SP. Mestre em Teologia Itesp e Mestre em Ciências da Religião PUC-SP. Assistente editorial da Editora Paulinas. Professor na PUC-SP.

Luiz Alves de Lima

Doutor em Teologia Pastoral Catequética, assessor de catequese na CNBB e Celam, membro fundador da Scala (Sociedade de Catequetas Latino-americanos) e do SBCat (Sociedade Brasileira de Catequetas), conferencista, professor no *Campus* Pio XI da Unisal e outros centros de estudo; editor adjunto da *Revista de Catequese*. Participou do Sínodo dos Bispos de 2012 sobre a *Nova Evangelização* como consultor. Salesiano.

Marcelo Barros

Monge beneditino, teólogo e escritor. É assessor das Comunidades Eclesiais de Base e de movimentos sociais. Atualmente é coordenador latino-americano da Associação Ecumênica de Teólogos do Terceiro Mundo (Asett).

Maria Cecília Domezi

Doutora em Ciências da Religião PUC-SP, mestra em História PUC-SP e em Teologia pela Pontifícia Faculdade de Teologia Nossa Senhora da Assunção. Professora no Itesp.

Mario de França Miranda

Doutor em Teologia pela Pontifícia Universidade Gregoriana, Roma com o mestrado obtido na Faculdade de Teologia da Universidade de Innsbruck, Alemanha e professor-associado na PUC-Rio. Por onze anos fez parte da Comissão Teológica do Vaticano.

Paulo Sérgio Lopes Gonçalves

Doutor em Teologia pela Pontifícia Universidade Gregoriana de Roma e pós-doutor em Filosofia pela EU, em Évora. É docente-pesquisador do Programa de Pós-Graduação *Stricto Sensu* em Ciências da Religião e leciona nos cursos de graduação em Teologia, Filosofia e Direito, da PUC-Campinas.

Rafael Rodrigues da Silva

Doutor em Comunicação e Semiótica pela PUC-SP e Livre-docente em Teologia pela PUC-SP. Professor adjunto da Universidade Federal de Alagoas, *Campus* Arapiraca. Mestre em Ciências da Religião pela Umesp e em Teologia pelo Itesp/Ateneu Santo Anselmo; assessor do Cebi.

Rosemary Fernandes da Costa

Doutora em Teologia Sistemático-Pastoral pela PUC-Rio, especialista em mistagogia, assessora da CRB e CNBB e de comunidades educativas e pastorais. Professora de Cultura Religiosa na PUC-Rio e de Filosofia na Secretaria de Educação do Rio de Janeiro.

Sérgio Ricardo Coutinho

Licenciado e mestre em História pela Universidade de Brasília (UnB) e doutor em História pela Universidade Federal de Goiás (UFG). Foi assessor da Comissão Episcopal Pastoral para o Laicato (Setor CEBs) da CNBB (2005-2014). Professor do Curso de Serviço Social no Centro Universitário Iesb e no Departamento de História das Faculdades Integradas Upis, Brasília.

Welder Lancieri Marchini

Doutorando em Ciências da Religião pela PUC-SP. Bolsista Capes. Mestre em Ciências da Religião PUC-SP. Bacharel em Filosofia PUC-Campinas e em Teologia pelo Itesp. Editor teológico da Vozes.

CULTURAL
- Administração
- Antropologia
- Biografias
- Comunicação
- Dinâmicas e Jogos
- Ecologia e Meio Ambiente
- Educação e Pedagogia
- Filosofia
- História
- Letras e Literatura
- Obras de referência
- Política
- Psicologia
- Saúde e Nutrição
- Serviço Social e Trabalho
- Sociologia

CATEQUÉTICO PASTORAL
Catequese
- Geral
- Crisma
- Primeira Eucaristia

Pastoral
- Geral
- Sacramental
- Familiar
- Social
- Ensino Religioso Escolar

TEOLÓGICO ESPIRITUAL
- Biografias
- Devocionários
- Espiritualidade e Mística
- Espiritualidade Mariana
- Franciscanismo
- Autoconhecimento
- Liturgia
- Obras de referência
- Sagrada Escritura e Livros Apócrifos

Teologia
- Bíblica
- Histórica
- Prática
- Sistemática

REVISTAS
- Concilium
- Estudos Bíblicos
- Grande Sinal
- REB (Revista Eclesiástica Brasileira)
- SEDOC (Serviço de Documentação)

VOZES NOBILIS
Uma linha editorial especial, com importantes autores, alto valor agregado e qualidade superior.

VOZES DE BOLSO
Obras clássicas de Ciências Humanas em formato de bolso.

PRODUTOS SAZONAIS
- Folhinha do Sagrado Coração de Jesus
- Calendário de mesa do Sagrado Coração de Jesus
- Agenda do Sagrado Coração de Jesus
- Almanaque Santo Antônio
- Agendinha
- Diário Vozes
- Meditações para o dia a dia
- Encontro diário com Deus
- Guia Litúrgico

CADASTRE-SE
www.vozes.com.br

EDITORA VOZES LTDA.
Rua Frei Luís, 100 – Centro – Cep 25689-900 – Petrópolis, RJ
Tel.: (24) 2233-9000 – Fax: (24) 2231-4676 – E-mail: vendas@vozes.com.br

UNIDADES NO BRASIL: Belo Horizonte, MG – Brasília, DF – Campinas, SP – Cuiabá, MT – Curitiba, PR – Fortaleza, CE – Goiânia, GO – Juiz de Fora, MG – Manaus, AM – Petrópolis, RJ – Porto Alegre, RS – Recife, PE – Rio de Janeiro, RJ – Salvador, BA – São Paulo, SP